KB211144

여호수아

ESV 성경 해설 주석

편집자 주

• 성경의 문단과 절 구분은 ESV 성경의 구분을 기준하였습니다.
• 본문의 성경은 《성경전서 개역개정판》과 ESV 역을 주로 사용하였습니다.

ESV Expository Commentary: Joshua
© 2021 Crossway
Originally published as *ESV Expository Commentary*, Volume 2: *Deuteronomy-Ruth*
Published by Crossway
a publishing ministry of Good News Publishers
Wheaton, Illinois 60187, U.S.A.

This Korean translation edition © 2023 by Sarang Plus, Seoul, Republic of Korea.
This edition published by arrangement with Crossway through rMaeng2, Seoul,
Republic of Korea. All rights reserved.

This publication contains The Holy Bible, English Standard Version®, copyright © 2001
by Crossway, a publishing ministry of Good News Publishers. ESV Text Edition: 2016.
The ESV® text appearing in this publication is reproduced and published by cooperation
between Good News Publishers and Sarang Plus and by permission of Good News Publishers.
Licensed through rMaeng2, Seoul, Republic of Korea. Unauthorized reproduction of this
publication is prohibited.

The Holy Bible, English Standard Version (ESV) is adapted from the Revised Standard
Version of the Bible, copyright © Division of Christian Education of the National Council of
the Churches of Christ in the U.S.A. All rights reserved.

The Holy Bible. Old and New Testaments. New Korean Revised Version. © Korean Bible
Society 1998, 2000, 2003, 2005. Used by permission. All rights reserved.

이 한국어판의 저작권은 알맹2를 통하여 Crossway와 독점 계약한 (사)사랑플러스에 있습니다.

이 한국어판에 사용한 ESV의 저작권은 Crossway에 있으며, 알맹2를 통하여 사용 허락을 받았습니다.

본서에 사용한 《성경전서 개역개정판》의 저작권은 재단법인 대한성서공회의 소유이며 재단법인 대한성서공회의 사용 허락을 받았습니다.

이 책은 신저작권법에 의하여 한국 내에서 보호받는 저작물이므로 무단 전재와 무단 복제를 금합니다.

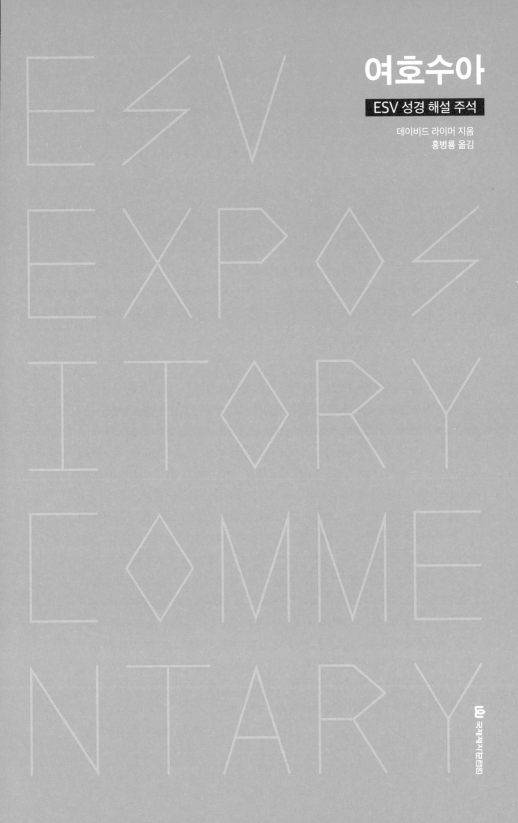

여호수아

ESV 성경 해설 주석

데이비드 라이머 지음
홍병룡 옮김

국제제자훈련원

추천의 글

성경은 하나님의 생명의 맥박이다. 성경은 사망에서 생명으로 옮겨 주는 생명의 책이다. 성경은 하나님의 창조와 구원 디자인에 따라 삶을 풍요롭게 하는 생활의 책이다. 성경을 바로 이해하고 적용해서 그대로 살면 우선 내가 살고 또 남을 살릴 수 있다. '하나님의 생기'가 약동하는 성경을 바로 강해하면 성령을 통한 생명과 생활의 변화가 분출된다. 이번에 〈ESV 성경 해설 주석〉 시리즈가 나왔다. 미국 필라델피아 웨스트민스터신학교의 이언 두기드 교수와 남침례교신학교의 제임스 해밀턴 교수와 커버넌트신학교의 제이 스클라 교수 등이 편집했다. 학문이 뛰어나고 경험이 많은 신세대 목회자/신학자들이 대거 주석 집필에 동참했다. 일단 개혁주의 성경신학 교수들이 편집한 주석으로 신학적으로 건전하다. 〈ESV 성경 해설 주석〉은 또한 목회와 신앙생활 전반에 소중한 자료다. 성경 내용을 총체적으로 이해하고 적용한 주석으로 읽고 사용하기가 쉽게 되어 있다. 성경 각 권의 개요와 주제와 저자와 집필 연대, 문학 형태, 성경 전체와의 관계, 해석적 도전 등을 서론으로 정리한 후 구절마다 충실하게 주석해 두었다. 정금보다 더 값지고 꿀보다 더 달고 태양보다 더 밝은 성경 말씀을 개혁주의 성경 해석의 원리에 따라 탁월하게 해석하고 적용한 〈ESV 성경 해설 주석〉이 지구촌 각 교회 지도자들과 성도들에게 널리 읽혀서 생명과 생활의 변화를 통해 하나님의 영광이 극대화되기 바란다.

권성수 | 대구 동신교회 담임목사

〈ESV 성경 해설 주석〉은 미국의 건전한 개혁주의 전통에 서 있는 젊고 탁월한 학자들을 중심으로 집필된 해설 주석이다. 이 책은 매우 읽기 쉬운 주석임에도 세세한 부분까지 놓치지 않고 해설을 집필해 놓았다. 성경 전체를 아우르는 신학적 큰 그림을 견지하면서도 난제는 간결하고 핵심을 찌르듯 해설한다. 목회자들이나 성경을 연구하는 이들은 이 주석을 통해 성경 기자의 의도를 쉽게 파악하여 설교와 삶의 적용에 적절하게 활용할 수 있을 것이다.

김성수 | 고려신학대학원 구약학 교수

ESV 성경은 복음주의 학자들이 원문에 충실하게 현대 언어로 번역한다는 원칙으로 2001년에 출간된 성경이다. ESV 번역을 기초로 한 이 해설 주석은 성경 본문의 역사적 의미를 밝힘으로써, 독자가 하나님의 영감된 메시지를 발견하도록 도울 목적으로 기획되었다. 각 저자는 본문에 대한 학문적 논의에 근거하여 일반 독자가 이해하고 적용할 수 있도록 충실하게 안내하고 있다. 또한 성경 각 권에 대한 서론은 저자와 본문을 이해하는 데 큰 도움을 준다. 이 주석은 말씀을 사모하는 모든 사람들, 특별히 말씀을 선포하고 가르치는 책임을 맡은 이들에게 신뢰할 만하고 사용하기에 유익한 안내서다.

김영봉 | 와싱톤사귐의교회 담임목사

〈ESV 성경 해설 주석〉은 성경 해석의 정확성, 명료성, 간결성, 통합성을 두루 갖춘 '건실한 주석'이다. 단단한 문법적 분석의 토대 위에 문학적 테크닉을 따라 복음 스토리의 흐름을 잘 따라가며, 구약 본문과의 연관성 속에서 견고한 성경신학적 함의를 제시한다. 성경을 이해하는 데 관심 있는 일반 독자들은 이 책을 통해 최신 해석들을 접할 수 있으며, 설교자들은 영적 묵상과 현대적 적용에 통찰을 얻을 수 있을 것이다.

김정우 | 총신대학교 명예교수, 한국신학정보연구원 원장

〈ESV 성경 해설 주석〉은 단락 개요, 주석 그리고 응답의 구조로 전개되기 때문에 독자는 성경의 말씀들을 독자 자신의 영적 형편에 적합하게 적용할 수 있다. 특히 절 단위의 분절적인 주석이 아니라 각 단락을 하나의 이야기로 묶어 해석하기 때문에 본서는 성경이라는 전체 숲을 파악하는 데 더없이 유익하다. 목회자, 성경 교사, 그리고 성경 애호적인 평신도들에게 추천할 만하다.

김회권 | 숭실대학교 기독교학과 구약신학 교수

성경 주석의 가장 중요한 사명은 하나님의 말씀을 바르게 해석하고 오늘날 청중에게 유익하게 적용할 수 있도록 안내하는 일이다. 〈ESV 성경 해설 주석〉은 목회자와 성도 모두에게 성경에 새겨진 하나님의 마음을 읽게 함으로 진리의 샘물을 마시게 할 뿐 아니라 하나님을 더욱 사랑하는 마음을 불러일으킨다. 성경과 함께 〈ESV 성경 해설 주석〉을 곁에 두라. 목회자는 강단에 생명력 있는 설교에 도움을 얻을 것이고 일반 독자는 말씀을 더 깊이 깨닫는 기쁨을 누릴 것이다.

류응렬 | 와싱톤중앙장로교회 담임목사, 고든콘웰신학교 객원교수

주석들의 주석이 아니라 성경을 섬기는 주석을, 학자들만의 유희의 공간이 아니라 현장을 섬기는 주석을, 역사적 의미만이 아니라 역사 속의 의미와 오늘 여기를 향하는 의미를 고민하는 주석을, 기발함보다는 기본에 충실한 주석을 보고 싶었다. 그래서 책장 속에 진열되는 주석이 아니라 책상 위에 있어 늘 손이 가는 주석을 기다렸다. 학문성을 갖추면서도 말씀의 능력을 믿으며 쓰고, 은혜를 갈망하며 쓰고, 교회를 염두에 두고 쓴 주석을 기대했다. 〈ESV 성경 해설 주석〉은 나를 성경으로 돌아가게 하고 그 성경으로 설교하고 싶게 한다. 내가 가진 다른 주석들을 대체하지 않으면서도 가장 먼저 찾게 할 만큼 탄탄하고 적실하다. 현학과 현란을 내려놓고 수수하고 담백하게 성경 본문을 도드라지게 한다.

박대영 | 광주소명교회 책임목사, 《묵상과 설교》 편집장

또 하나의 주석을 접하며 무엇이 특별한가 하는 질문부터 하게 된다. 먼저 디테일하고 전문적인 주석과 학문적인 논의의 지루함을 면케 해주면서도 성경 본문의 흐름과 의미 그리고 중요한 주제의 핵심을 잘 파악하게 해 준다는 점을 들 수 있다. 그래서 분주한 사역과 삶으로 쫓기는 이들의 시간과 에너지를 절약해 준다는 이점이 있다. 또한 본문에 대한 충실한 해석뿐 아니라 그 적용까지 이끌어낼 수 있도록 돕는다는 점이 유익하다. 더불어 가독성이 뛰어나다는 점에서 설교를 준비하는 이들뿐 아니라 성경을 바로 이해하기 원하는 모든 교인들에게 적합한 주석이다.

박영돈 | 작은목자들교회 담임목사, 고려신학대학원 교의학 명예교수

성경이 질문하고 성경이 답변하게 하는 방법을 찾는 것은 이 시대에 성경을 연구하거나 가르치거나 설교하는 이들의 가장 큰 고민거리라고 할 수 있다. 그동안 접했던 많은 성경 주석서들은 내용이 너무 간략하거나 지나치게 방대했다. 〈ESV 성경 해설 주석〉은 이 시대의 목회자들뿐만 아니라 진리를 갈망하는 모든 신자들, 특히 제자

훈련을 경험하는 모든 동역자들에게 매우 신선하고 깊이 있는 영감을 공급하는 주석이다. 첫째, 해석이 매우 간결하고 담백하면서도 깊이가 있다. 둘째, 영어 성경과 대조해서 본문을 폭넓게 이해할 수 있다. 셋째, 성경 원어 이해를 돕기 위한 세심한 배려는 목회자뿐만 아니라 성경의 깊이를 탐구하는 모든 신앙인들에게도 큰 유익을 준다. 넷째, 이 한 권으로 충분할 수 있다. 성경이 말하기를 갈망하는 목회자의 서재뿐만 아니라 말씀을 사랑하는 모든 신앙인들의 거실과 믿음 안에서 자라나는 다음 세대의 공부방들도 〈ESV 성경 해설 주석〉이 선물하는 그 풍성한 말씀의 보고(寶庫)가 되기를 염원한다.

故 박정식 | 전 은혜의교회 담임목사

〈ESV 성경 해설 주석〉는 성경 본문을 통해 저자가 드러내기 원하는 사고의 흐름을 따라가면서 예수님을 중심으로 하는 구원계시사적 관점에서 친절히 해설한다. 《ESV 스터디 바이블》의 묘미를 맛본 분이라면, 이번 〈ESV 성경 해설 주석〉을 통해 복음에 충실한 개혁주의 해설 주석의 간명하고도 풍성한 진미를 기대해도 좋다. 설교자는 물론 성경을 진지하게 읽음으로 복음의 유익을 얻기 원하는 모든 크리스천에게 독자 친화적이며 목회 적용적인 이 주석 시리즈를 기쁘게 추천한다.

송영목 | 고신대학교 신학과 신약학 교수

일반 성도들이 성경을 읽을 때 곁에 두고 참고할 만한 자료가 의외로 많지 않다. 그런 점에서 〈ESV 성경 해설 주석〉이 한국에 소개되는 것을 매우 기쁘게 생각한다. 학술적이지 않으면서도 깊이가 있는 성경 강해를 명료하게 담아내고 있기 때문이다. 성경을 바르고 분명하게 이해하려는 모든 성도들에게 큰 도움이 되리라 확신하며 추천한다.

송태근 | 삼일교회 담임목사, 미셔널신학연구소 대표

본 시리즈는 장황한 문법적 · 구문론적 논의는 피하고 본문의 흐름을 따라 단락별로 본문의 핵심을 파악할 수 있도록 도와주는 매우 간결하고 효율적인 주석 시리즈다. 본 시리즈는 석의 과정에서 성경신학적으로 건전한 관점을 지향하면서도, 각 책의 고유한 신학적 특성을 드러내 보여주는 것도 소홀히 하지 않는다. 특히 본 시리즈는 목회자들이 설교를 준비할 때 본문 이해의 시발점으로 사용하기에 적절하며, 평신도들이 읽기에도 과히 어렵지 않은 독자 친화적 주석이다. 본 시리즈는 성경을 연구하는 모든 이들에게 매우 요긴한 동반자가 될 것이다.

양용의 | 에스라성경대학원대학교 신약학 교수

메시아적 시각을 평신도의 눈높이로 풀어낸 주석이다. 주석은 그저 어려운 책이라는 편견을 깨뜨리고 성경을 사랑하는 모든 이의 가슴 속으로 살갑게 파고든다. 좋은 책은 평생의 친구처럼 이야기를 듣고 들려주면서 함께 호흡한다는 점에서 〈ESV 성경 해설 주석〉은 가히 독보적이다. 깊이에서는 신학적이요, 통찰에서는 목회적이며, 영감에서는 말씀에 갈급한 모든 이들에게 열린 책이라고 할 수 있다. 서사적 구조와 시의 적절한 비유적 서술은 누구라도 마음의 빗장을 해제하고, 침실의 머리맡에 두면서 읽어도 좋을 만큼 영혼의 위로를 주면서도, 말씀이 주는 은혜로 새벽녘까지 심령을 사로잡을 것으로 믿는다. 비대면의 일상화 속에서 말씀을 가까이하는 모든 이들이 재산을 팔아 진주가 묻힌 밭을 사는 심정으로 사서 평생의 반려자처럼 품어야 할 책이다.

오정현 | 사랑의교회 담임목사, SaRang Global Academy 총장

〈ESV 성경 해설 주석〉 시리즈의 특징은 신학자나 목회자들에게도 도움이 되겠지만 평신도 지도자인 소그룹 인도자들의 성경본문 이해에 대한 통찰력을 제공한다. 건강한 교회의 공통분모인 소그룹 활성화를 위하여 인도자의 영적 양식은 물론 그룹원들의 일상을 새로운 각도에서 조명하는 원리를 찾아주는 데 도움을 준다. 서로 마음이 통하는 반가운 친구처럼 손 가까이 두고 싶은 책으로 추천하고 싶다.

오정호 | 새로남교회 담임목사, 제자훈련 목회자네트워크(CAL-NET) 이사장

〈ESV 성경 해설 주석〉은 내용이 충실하여 활용성이 높고, 문체와 편집이 돋보여 생동감을 주기에 충분하다. 이와 함께 본문의 의미를 최대한 살려내는 심오한 해석은 기존의 우수한 주석들과 어깨를 나란히 할 만큼 정교하다. 또한 본 시리즈는 성경 각 권을 주석함과 동시에 성경 전체를 관통하는 그리스도 중심의 구속사적 관점을 생생하게 적용함으로써 탁월함을 보인다. 설교자와 성경 연구자에게는 본문에 대한 알찬 주석을 제공한다는 차원에서 오아시스와 같고, 실용적인 주석을 기다려온 평신도들에게는 설명이 뛰어나다는 점에서 가장 이상적인 해설서로 적극 추천한다.

윤철원 | 서울신학대학원 신약학 교수, 한국신약학회 회장

설교자들은 늘 신학적으로 탄탄하면서도 성경신학적인 주석서가 목말랐다. 학문적으로 치우쳐 부담되거나 석의가 부실한 가벼운 주석서들과는 달리 〈ESV 성경 해설 주석〉은 깊이 있는 주해와 적용에 이르기까지 여러 면에서 균형을 고루 갖춘 해설 주석서다. 한국 교회 강단을 풍성케 할 역작으로 기대된다.

이규현 | 수영로교회 담임목사

ESV 성경은 원문을 최대한 살려서 가장 최근에 현대 영어로 번역한 성경이다. 100여 명의 대표적인 복음주의 학자와 목회자들로 구성된 팀이 만든 ESV 성경은 '단어의 정확성'과 문학적 우수성뿐만 아니라 그 의미를 깊이 있게 드러내는 영어 성경이다. 2001년에 출간된 이후 교회 지도자들과 수많은 교파와 기독교 단체에서 널리 사용되었고, 현재 전 세계 수백만의 그리스도인들이 사용하고 있다. 〈ESV 성경 해설 주석〉은 무엇보다 개관, 개요, 주석이 명료하고 탁월하다. 포스트모던 시대에도 진지한 강해설교를 고민하는 모든 목회자들과 성경공부 인도자들에게 마음을 다하여 추천하고 싶다. 이 책을 손에 잡은 모든 이들은 손에 하늘의 보물을 잡은 감사를 느끼게 될 것이다.

이동원 | 지구촌교회 원로목사, 지구촌 목회리더십센터 대표

〈ESV 성경 해설 주석〉은 '성경'을 '말씀'으로 대하는 신중함과 경건함이 부드럽지만 강렬하게 느껴지는 저술이다. 본문의 흐름과 배경을 알기 쉽게 보여주면서 본문의 핵심을 명확하게 제시하는 묘한 힘을 가지고 있다. 연구와 통찰을 질서 있고 조화롭게 제공하여 본문을 보는 안목을 깊게 해 주고, 말씀을 받아들이는 마음을 곧추세우게 해 준다. 주석서에서 기대하는 바가 한꺼번에 채워지는 느낌이다. 설교를 준비하는 목회자, 성경을 연구하는 신학생, 말씀으로 하나님을 만나려는 성도 모두에게 단비 같은 주석이다.

이진섭 | 에스라성경대학원대학교 신약학 교수

ESV 성경 간행에 이은 〈ESV 성경 해설 주석〉의 발간은 이 땅을 살아가는 '말씀의 사역자'들은 물론, 모든 '한 책의 백성'들에게 주어진 이중의 선물이다. 본서는 구속사에 대한 거시적 시각과 각 구절에 대한 미시적 통찰, 학자들을 위한 학술적 깊이와 설교자들을 위한 주해적 풀이, 그리고 본문에 대한 탁월한 설명과 현장에 대한 감동적인 적용을 다 아우르고 있는 성경의 '끝장 주석'이라 할 만하다.

전광식 | 고신대학교 신학과 교수, 전 고신대학교 총장

〈ESV 성경 해설 주석〉은 처음부터 그 목적을 분명히 하고 집필되었다. 자기 스스로 경건에 이르도록 성장하기 위해서, 또 다른 사람들을 가르치기 위해서, 성경을 진지하게 연구하는 모든 사람들에게 도움을 주기 위해서라고 밝힌다. 목사들에게는 목회에 유익한 주석이요, 성도들에게는 적용을 돕는 주석이다. 또 누구에게나 따뜻한 감동을 안겨주는, 그리하여 주석도 은혜가 된다는 것을 새삼 확인할 것이다. 학적인

주석을 의도하지 않았지만, 이 주석의 구성도 주목할 만하다. 한글과 영어로 된 본문, 단락 개관, 개요, 주해, 응답으로 구성되어 있다. 만약 신구약 한 질의 주석을 곁에 두길 원하는 성도라면, 〈ESV 성경 해설 주석〉 시리즈는 틀림없이 실망시키지 아니할 것이라고 확신한다.

정근두 | 울산교회 원로목사

말씀을 깊이 연구하는 일부의 사람들에게는 원어 주해가 도움이 되겠지만, 강단에 서는 설교자들에게는 오히려 해설 주석이 더 요긴하다. 〈ESV 성경 해설 주석〉은 본문 해설에 있어 정통 신학, 폭넓은 정보, 목회적 활용성, 그리고 적용에 초점을 두었다. 이 책은 한마디로 설교자를 위한 책이다. 헬라어나 히브리어에 능숙하지 않아도 친숙하게 성경 본문을 연구할 수 있다는 점에서 주변 목회자들에게 적극적으로 추천하고 싶다. 목회자가 아닌 일반 성도들도 깊고 풍성한 말씀에 대한 갈증이 있다면, 본 주석 시리즈를 참고할 것을 강력하게 권하고 싶다.

정성욱 | 덴버신학교 조직신학 교수

입고 있는 옷이 있어도 새 옷이 필요할 때가 있다. 기존의 것이 낡아서라기보다는 신상품의 맞춤식 매력이 탁월하기 때문이다. 〈ESV 성경 해설 주석〉 시리즈는 분주한 오늘의 목회자와 신학생뿐 아니라 성경교사 및 일반 그리스도인의 허기지고 목마른 영성의 시냇가에 심길 각종 푸르른 실과나무이자 물 댄 동산과도 같다. 실력으로 검증받은 젊은 저자들은 개혁/복음주의 신학과 신앙의 깊은 닻을 내리고, 성경 각 권의 구조와 문맥의 틀 안에서 저자의 의도를 핵심적으로 포착하여 침침했던 본문에 빛을 던져준다. 아울러 구속사적 관점 아래 그리스도 중심적 의미와 교회-설교-실천적 적용의 돛을 바라보게 함으로써 본문의 지평을 한층 더 활짝 열어준다. 한글/영어 대역으로 성경 본문이 제공된다는 점은 한국인 독자만이 누리는 보너스이리라. "좋은 주석은 두껍고 어렵지 않을까"라는 우려를 씻어주듯 이 시리즈 주석서는 적절한 분량으로 구성된 '착한 성경 해설서'라 불리는 데 손색이 없다. 한국 교회 성도의 말씀 묵상, 신학생의 성경 경외, 목회자의 바른 설교를 향상시키는 데 〈ESV 성경 해설 주석〉 시리즈만큼 각 사람에게 골고루 영향을 끼칠 주석은 찾기 어려울 듯싶다. 기쁨과 확신 가운데 추천할 수 있는 이유다.

허주 | 아세아연합신학대학교 신약학 교수, 한국복음주의신약학회 회장

⟨ESV 성경 해설 주석⟩은 정확무오한 하나님의 말씀을 전하는 설교자와 전도자들에게 훌륭한 참고서다. 성경적으로 건전하고 신학적으로 충실할 뿐 아니라 목회 현장에 실질적인 도움이 된다. 나 또한 나의 설교와 가르침의 사역에 활용할 수 있기를 고대한다.

대니얼 에이킨(Daniel L. Akin) | 사우스이스턴침례신학교 총장

하나님은 그의 아들에 대해 아는 것으로 모든 열방을 축복하시려는 영원하고 세계적인 계획을 그의 말씀을 통해 드러내신다. 이 주석이 출간되어 교회들이 활용할 수 있게 된 것만으로 행복하고, 성경에 대한 명확한 해설로 말미암아 충실하게 이해할 수 있게 해 준 것은 열방에 대한 축복이다. 물이 바다를 덮음같이 하나님의 영광에 대한 지식이 온 땅에 충만해지는데 이 주석이 사용되길 바란다.

이언 추(Ian Chew) | 목사, 싱가포르 케이포로드침례교회

⟨ESV 성경 해설 주석⟩은 탁월한 성경 해설과 깊이 있는 성경신학에 바탕한 보물 같은 주석이다. 수준 높은 학구적 자료를 찾는 독자들뿐만 아니라 읽기 쉽고 이해하기 쉽도록 잘 정리된 주석을 원하는 사람들에게도 적합하다. 목회자, 성경교사, 신학생들에게 이 귀한 주석이 큰 도움이 되고 믿을 수 있는 길잡이가 되리라 확신한다.

데이비드 도커리(David S. Dockery) | 사우스웨스턴침례신학교 석좌교수

대단한 주석! 성경을 배우는 모든 학생들에게 도움이 될 수 있도록 최고 수준의 학자들이 성경의 정수를 정리하여 접근성을 높여서 빠르게 참고하기에 이상적인 주석이다. 나 또한 설교 준비와 성경 연구에 자주 참고하고 있다.

아지스 페르난도(Ajith Fernando) | 스리랑카 YFC 교육이사, *Discipling in a Multicultural World* 저자

⟨ESV 성경 해설 주석⟩은 성경교사들의 기초 자료로서 활용성 높은 최고의 주석 중 하나다. 일반 독자들도 쉽게 이해할 수 있는 동시에 강해설교가들에게 충분한 배움을 제공한다. 이 주석 시리즈는 성경을 제대로 배우고자 하는 전 세계 신학생들에게도 표준 참고서가 될 것이다.

필립 라이켄(Philip Graham Ryken) | 휘튼칼리지 총장

〈ESV 성경 해설 주석〉에 대하여

성경은 생명으로 맥동한다. 성령은 믿음으로 성경을 읽고 소화해서 말씀 대로 살아가는 사람들에게 맥동하는 생명력을 전해 준다. 하나님께서 성 경 안에 자신을 계시하셨기 때문에 성경은 꿀보다 달고 금보다 귀하며, 모 든 부(富)보다 가치 있다. 주님은 온 세상을 위해 생명의 말씀인 성경을 자 신의 교회에 맡기셨다.

또한 주님은 교회에 교사들을 세우셔서 하나님의 말씀이 무엇을 의미 하는지를 설명해 주고 각 세대에 어떻게 적용해야 하는지를 분명하게 보 여주도록 하셨다. 우리는 이 주석이 하나님의 말씀을 진지하게 공부하는 모든 사람들, 즉 다른 사람들에게 가르치기 위해 성경을 연구하는 사람들 과 스스로 경건에 이르도록 성장하기 위해 성경을 공부하는 사람들에게 큰 유익을 주길 기도한다. 우리의 목표는 성경 본문을 그리스도 중심적으 로 명료하고 뚜렷하게 설명하는 것이다. 모든 성경은 그리스도에 대해 말 하고 있으며(눅 24:27), 우리는 성경의 각 책이 우리가 "예수 그리스도의 얼 굴에 있는 하나님의 영광을 아는 빛"(고후 4:6)을 보도록 어떻게 돕고 있는 지 알려주길 원한다. 그런 목표를 이루고자 이 주석 시리즈를 집필하는 저 자들에게 다음과 같은 원칙을 제시했다.

- 올바른 석의를 토대로 한 주석 성경 본문에 나타나 있는 사고의 흐름과 추론 방식을 충실하게 따를 것.
- 철저하게 성경신학적인 주석 성경은 다양한 내용들을 다루지만, 그리스도 안에서 완성된 구속이라는 단일한 주제를 말하고 있다는 점에서 성경 전체를 하나의 통일된 관점으로 볼 수 있게 할 것.
- 전 세계를 대상으로 한 주석 성경과 신학적으로 신뢰할 만한 자료들을 가능한 한 많은 사람들에게 공급하겠다는 크로스웨이(Crossway)의 선교 목적에 맞게 전 세계 독자들이 공감하고 필요로 하는 주석으로 집필할 것.
- 폭넓은 개혁주의 주석 종교개혁의 역사적 흐름 안에서 오직 은혜와 오직 믿음으로 말미암아 오직 그리스도 안에서 오직 성경의 가르침을 따라 오직 하나님의 영광을 위한 구원을 천명하고, 큰 죄인에게 큰 은혜를 베푸신 크신 하나님을 높일 것.
- 교리 친화적인 주석 신학적 담론도 중요하므로 역사적 또는 오늘날 신학적으로 중요한 문제들과 성경 본문에 대한 주석을 서로 연결하여 적절하고 함축성 있게 다룰 것.
- 목회에 유익한 주석 문법적이거나 구문론적인 긴 논쟁을 피하고, 하나님을 경외하는 마음으로 '성경 본문 아래 앉아' 경청하게 할 것.
- 적용을 염두에 둔 주석 오늘날 서구권은 물론이고 그 밖의 다른 세계에서 살아가는 사람들이 처한 상황과 성경 본문이 어떻게 연결되는지를 간결하면서도 일관되게 제시할 것(이 주석은 전 세계 다양한 상황 가운데 살아가는 사람들을 대상으로 하기 때문에).
- 간결하면서도 핵심을 찌르는 주석 성경에 나오는 단어들을 일일이 분석하는 대신, 본문의 흐름을 짚어내서 간결한 언어로 생동감 있게 강해할 것.

이 주석서에서 기본적으로 사용한 영역 성경은 ESV이지만, 집필자들에게 원어 성경을 참조해서 강해와 주석을 집필하도록 요청했다. 또한 무조건 ESV 성경 번역자들의 결해(結解)를 따르라고 요구하지도 않았다.

인간이 세운 문명은 시간이 흐르면 무너져서 폐허가 되지만, 하나님의 말씀은 영원히 서 있다. 우리 또한 바로 그 말씀 위에 서 있다. 성경의 위대한 진리들은 시간과 공간을 뛰어넘어 말하고, 우리의 목표는 전 세계적으로 적용될 수 있는 방식으로 그 진리들을 전하는 것이다.

하나님께서 자신의 말씀을 연구하는 일에 복을 주시고, 그 말씀을 강해하고 설명하려는 이 시도에 흡족해 하시기를 기도한다.

차례

추천의 글 _ 4

〈ESV 성경 해설 주석〉에 대하여 _ 12

약어표 _ 16

여호수아 서론 _ 19

여호수아 주석 _ 41

여호수아 1:1–12:24 개관 _ 41

여호수아 13:1–21:45개관 _ 265

여호수아 22:1–24:33개관 _ 368

성경구절 찾아보기 _ 426

약어표

참고 자료 |

AB	Anchor Bible
AcT	*Acta Theologica*
ApOTC	Apollos Old Testament Commentary
AUSS	*Andrews University Seminary Studies*
BETL	Bibliotheca Ephemeridum Theologicarum Lovaniensium
BibInt	*Biblical Interpretation*
CBQ	*Catholic Biblical Quarterly*
ExpTim	*Expository Times*
FC	Fathers of the Church
HALOT	*The Hebrew and Aramaic Lexicon of the Old Testament.* Ludwig Koehler, Walter Baumgartner, and Johann J. Stamm. Translated and edited under the supervision of Mervyn E. J. Richardson. 5 vols. Leiden: Brill, 1994–2000.
HBT	*Horizons in Biblical Theology*
IBC	Interpretation: A Bible Commentary for Teaching and Preaching
JBL	*Journal of Biblical Literature*
JESS	*Journal of Environmental Studies and Sciences*
JSOT	*Journal for the Study of the Old Testament*
JSOTSup	Journal for the Study of the Old Testament Supplemental Series

JTISup   Journal for Theological Interpretation, Supplements

NDEJ   *Notre Dame English Journal*

NEA   *Near Eastern Archaeology*

Neot   *Neotestamentica*

OTL   Old Testament Library

SBET   *Scottish Bulletin of Evangelical Theology*

SJOT   *Scandinavian Journal of the Old Testament*

TA   *Tel Aviv*

TDOT   *Theological Dictionary of the Old Testament*. Edited by G. Johannes Botterweck, Heinz-Josef Fabry, and Helmer Ringgren. Translated by John T. Willis et al. 15 vols. Grand Rapids, MI: Eerdmans, 1974–2018.

THOTC   Two Horizons Old Testament Commentary

TOTC   Tyndale Old Testament Commentaries

TynBul   *Tyndale Bulletin*

VT   *Vetus Testamentum*

VTSup   Supplements to Vetus Testamentum

WBC   Word Biblical Commentary

ZAW   *Zeitschrift für die alttestamentliche Wissenschaft*

성경 |

구약 ▶

창	창세기	사	이사야	행	사도행전
출	출애굽기	렘	예레미야	롬	로마서
레	레위기	애	예레미야애가	고전	고린도전서
민	민수기	겔	에스겔	고후	고린도후서
신	신명기	단	다니엘	갈	갈라디아서
수	여호수아	호	호세아	엡	에베소서
삿	사사기	욜	요엘	빌	빌립보서
룻	룻기	암	아모스	골	골로새서
삼상	사무엘상	옵	오바댜	살전	데살로니가전서
삼하	사무엘하	욘	요나	살후	데살로니가후서
왕상	열왕기상	미	미가	딤전	디모데전서
왕하	열왕기하	나	나훔	딤후	디모데후서
대상	역대상	합	하박국	딛	디도서
대하	역대하	습	스바냐	몬	빌레몬서
스	에스라	학	학개	히	히브리서
느	느헤미야	슥	스가랴	약	야고보서
에	에스더	말	말라기	벧전	베드로전서
욥	욥기			벧후	베드로후서
시	시편	신약 ▶		요일	요한일서
잠	잠언	마	마태복음	요이	요한이서
전	전도서	막	마가복음	요삼	요한삼서
아	아가	눅	누가복음	유	유다서
		요	요한복음	계	요한계시록

여호수아 서론

개관

여호수아서가 시작될 때는 모세가 죽은 직후다. 여호수아서가 끝날 때는 여호수아가 죽은 직후다. 이스라엘의 위대한 두 지도자의 죽음이 여호수아서의 배경을 이루는 만큼 보통은 이 책이 시종일관 죽음과 상당한 관계가 있다고 생각한다. 물론 군사 작전과 그에 수반되는 생명의 파괴와 상실에 관한 이야기가 여호수아서의 전반부를 지배하고 있음을 부인할 수 없지만, 좀 더 자세히 살펴보면 생명과 희망을 긍정하는 부분도 많다는 것을 알 수 있다.

이스라엘이 아브라함과 그 자손에게 약속된 그 땅에 들어가서 정착하는 이야기는 하나님과 그분의 백성의 역사에서 중요한 전환점 역할을 한다. 이 책이 시작될 때 이스라엘이 처한 상황과 끝날 때 처한 상황 간의 대조적인 모습은 그동안 그들이 경험한 중요한 변화들을 보여준다. 여호수아서가 시작될 때는 출애굽을 이끈 위대한 지도자인 모세가 죽었을 뿐만 아니라 백성이 여전히 그 땅 밖에 주둔하고 있다. 그들은 요단강 서쪽에 있는 조상의 유산에 해당되는 땅, 그러나 현재 이른바 '가나안 족속들'이 점유하는 그 땅을 바라보는 방황하는 민족이다. 이스라엘이 그 땅의 경계에 도착할 때는 이주민의 입장 또는 사십 년 전에 이집트를 떠난 이후 아직도 땅이 없는 피난민의 입장이다.

그러나 이 책이 끝날 때는 모든 것이 변했다. 그들은 이제 이 풍경 속에 정착했고 과거를 공유하고 미래의 희망을 품은 채 땅을 분배한 백성이 되었다. 예전에 이 도시들과 성읍들과 마을들을 점유했던 사람들의 다수는 이스라엘의 칼에 죽고 말았다. 하지만 아직도 살아남은 가나안 족속들이 있고 그들과 이스라엘의 까다로운 관계가 이 역사의 속편인 사사기를 장식하게 될 것이다. 이스라엘에 대해 말하자면, 이 민족의 통일성은 이미 시험을 받았고, 그 탄력성이 심화되었으며, 하나님께서 그들에게 주신 땅에서 하나님의 백성으로 잘 살겠다는 결의를 다졌다. 이 책이 시작될 때 이스라엘은 하나님께서 그들과 함께하심을 표시하는 언약궤를 운반한다. 그리고 이 책이 끝날 때 하나님은 그 땅에 "그의 이름을 두시려고"(신 26:2) 첫 장소를 선택하셨고 그곳을 그분 자신과 그분의 백성이 만나는 장소로 세우셨다.

이 책은 세 부분으로 나눌 수 있다. 첫 부분은 전체에 대한 서론으로 시작하여 1-12장 전체에 해당한다. 이 부분은 이스라엘이 그 땅에 들어가는 역사를 들려주는데, 이스라엘의 이집트 탈출의 상대역(counterpart)으로서 많은 암시와 반향으로 묘사되어 있다. 이 장들에서는 새로운 땅에 대한 첫 정탐이 적대적 반응을 불러일으키고, 이어서 중부와 남부와 북부 영토들에서 일련의 전투가 벌어져서 그 토착민들이 파멸되거나 내쫓기거나 정복되는 만큼 군사 행동이 지배적이다. 내레이터는 전투 장면을 상세하게 묘사하지 않는다. 오히려 그 장면은 하나님의 명령으로 성례전적 파멸이 일어나는, 거룩한 전쟁으로 묘사되어 있다. 그런데 이런 일이 진행되는 동안 뜻밖의 사건이 일어난다. 일부 가나안 사람이 이스라엘의 한가운데서 생명을 찾게 되는 반면, 일부 이스라엘 사람은 대다수 가나안 족속처럼 하나님을 대적하는 바람에 그 생명을 잃어버리게 된다.

그 땅은 이제 이스라엘의 소유가 되었으나 다양한 지파가 지역별로 정착하는 일이 남아있다. 이 땅의 분배에 관한 기사는 13-21장에 나온다. 이 과정은 세 단계로 펼쳐진다. 첫째, 남부(유다)와 북부(에브라임과 므낫세)의 대표적 지파들이 각각 자기 영토에 정착한다. 이는 소수의 군사 충돌을 수반하는데, 이것이 이 책에서 모든 종류의 전쟁이 종결되는 지점이다. 이 시점에서(18:1) 이스라엘의 작전 기지가 실로로 전환된다. 이제까지의 기지는 여리고 근처에 있는 길갈의 경계 진영이었다. 둘째, 나머지 지파들에게 땅이 분배되는 것은 합동 토지조사 사업이 적절한 구분을 찾아낸 이후다. 셋째, 이 기사는 도피성들의 분배와 예배의 관리인으로서 땅을 유산으로 받지 않는 레위 지파를 위한 분배로 막을 내린다.

22-24장으로 구성된 마지막 부분은 각 장에 하나씩 모두 세 개의 결론을 제공한다. 이는 부분적으로나(22장) 전체적으로(23-24장) 여호수아가 백성에게 메시지를 전하는 장면이다. 하나님의 백성의 연합을 위협하는 것은 오히려 그 통일성을 긍정하는 기회를 제공한다. 이후 신명기 끝에 나오는 모세의 메시지처럼, 여호수아의 마지막 메시지는 이스라엘에게 그 땅에서 순종하는 삶을, 그리고 그 땅을 선물로 주신 하나님을 신실하게 섬기는 삶을 영위하도록 권면한다.

저작 연대와 배경

여호수아서에 무명으로 서술된 사건들은 후기 청동기 시대의 끝과 철기 시대의 시작 사이 기간을 그 배경으로 삼지만, 현재의 형태는 훨씬 후대로부터 나왔고 매우 다른 시기에 나온 자료를 병합했을 가능성이 많다. 문제는 이 책의 저작 연대를 짐작할 수 있는 구체적 증거가 하나도 없을뿐더러 연대순으로 정리하기도 어렵다는 것이다. 내부 증거는 한 방향 이상을 가리킨다. 예루살렘의 위상과 관련된 당혹스러움이 없고 실로가 예배 장소로 사용되었다고 가정하는 것은 초창기 기억에 의존하고 있음을 암시한다. 어떤 상황, 이름, 또는 기념비가 이스라엘에 "오늘까지" 존속하고 있다는 언급은 그 사건들로부터 역사적 간격이 있다는 분명한 표시다.[1] 더 나아가, 훗날의 국가 발전을 반영하는 신학적 양식화와 더불어 사무엘-열왕기의 이야기로의 궤도에 상응하는 상호텍스트의 요소들을 통합한 것을 감안하면(예. 6:26), 이 책의 최종 편집은 포로시기에 이뤄진 듯하다. 다른 한편, 확실한 연대기적 결론은 땅 분배에 나오는 성읍 목록에 담긴 쌍들 또는 히브리어 텍스트와 칠십인역 간의 (중요한) 상이점들로부터 끌어낼 수 없다. 주석가들은 그런 특징을 전혀 다른 방식으로 평가해왔다. 기껏해야 이 책이 다양한 시기의 자료들을 담고 있고 그 가운데 일부는 본서가 묘사하는 사건들과 가까울 수 있음을 겨우 인정할 수 있을 뿐이다. 반면에 이 책의 최종 편집은 포로시기에 지난 일을 돌아보며 얻은 통찰력으로 이뤄진 것처럼 보인다.

이는 이 책의 목적을 알 수 없다는 절망감의 표현이 결코 아니다(참고. '신학'). 오히려 여호수아서에 보존된 전통들이 하나님과 그분의 선민이 맺은 관계의 역사 속에 있는 서로 다른 여러 기착지들에 대해 말하고 있음을 이해하려는 것이다. 이 책은 하나님의 약속이 성취된 것과 그 복의 실현에 그분의 신실한 백성이 취한 행동을 기뻐하고 있다. 아울러 거룩한 하나님에 대한 인간의 반응은 그 의도가 아무리 좋아도 본래 연약하다는 것을 경고한다. 여호수아서는 많은 승리를 기록하고 있어도 결코 승리주의적인 태도를 취하지 않는다. 이 책은 열왕기하의 끝에 이르는 통합된 신학 프로젝트에 크게 기여하고, 장차 하나님의 심판과 국가의 멸망을 초래할 씨앗이 어떻게 이스라엘과 그 언약의 하나님께서 누리는 최고의 시기에도 존속할 수 있는지를 입증하고 있다.

---

1 적어도 열두 번의 언급이 적실하고, 마지막 두 번은 그 사건들이 먼 과거에 일어난 것이 아님을 시사한다. 여호수아 4:9; 5:9; 6:25; 7:26(2번); 8:28, 29; 9:27; 13:13; 14:14; 15:63; 16:10. 참고. 22:3, 18; 23:8, 9. 후자는 관용구를 공유하지만 직접적인 연설인 만큼 이런 의미를 지니지 않는다.

장르와 문학적 특징

개괄적으로 말하자면, 여호수아서는 역사를 산문적 형식으로 서술한다. 놀랍도록 짧은 시(詩)가 나오는데, 그 유일한 예는 여호수아 10:12-13에 나오는 간략한 서사시이다. 단, 여호수아가 정복한 왕들의 목록(12:9-24)이 마소라 관례[2]에 따라 하나의 시로 간주되지 않는다면 그렇다. 단순한 산문/시의 구별 이외에도 보다 명확한 장르들을 여럿 찾을 수 있다. 이 책의 첫 번째 부분에 나오는 내러티브들(6장; 8-11장)의 대다수는 적의 파멸을 요구하고 총체적인 승리를 증진하는 정복 기사(記事)로 간주될 수 있다. 이는 종종 왕의 공적을 기록하는 고대 근동의 연보(annals recording)에 비유되곤 한다. 이 텍스트는 또한 성격 묘사 및 대화와 더불어 식별 가능한 플롯을 가진 이야기들과 일화들도 포함한다[예. 2장; 7장; 22장, 또는 악사의 정착(15:16-19)]. 직접적인 연설은 이 책의 처음과 끝에 널리 퍼져 있으나(1:1-18; 22:2-5, 8; 23:1-16; 24:2-15), 다양한 길이의 연설들이 수많은 에피소드의 중요한 부분을 이루고 있다. 24:2-13의 연설은 의도적으로 예언의 형태를 지니는 만큼 더욱 특별한 성격을 갖고 있다. 이 책의 두 번째 부분에 속한 정착 기사(13-19장)는 지파별 분배를 묘사하는 지리적 목록에 대해 행정 텍스트를 활용하는 듯하고, 20-21장에 나오는 도피성과 레위인에 대한 지파별 기증 목록은 단도직입적으로 묘사되어 있다.

---

2 알레포 사본(Aleppo Codex)과 레닌그라드 사본(Leningrad Codex)에는 왕의 목록이 한 편의 '노래'로 배치되어 있다.

신학

여호수아의 신학은 자연스레 하나님께서 이스라엘을 이집트에서 구출하신 사건을 통해 형성되는 윤곽의 다수를 공유하고 있다. 하나님은 그분의 권능과 권세를 보이셔서 이집트의 왕과 그 초자연적 세계를 다스리는 주권자임을 나타내셨듯이 자연의 힘과 자연세계도 다스리는 주권자이시다. 하나님은 산에서 그분의 백성과 만날 때 그분의 거룩하심을 보여주시며 그들에게 거룩하도록 요구하신다. 하나님은 길을 가는 동안 그분의 백성과 함께하시고 그들의 필요를 채우시며 그분의 은혜로운 손길을 보여주신다. 그분은 그들을 적대적인 나라들로부터 구출하기 위해 그들을 대신해 싸우시고 온갖 대적을 이기는 분임을 입증하신다. 그분은 반역하는 백성을 심판하셔서 그분의 공의를 드러내신다. 그분은 약속하신 대로 그들을 좋은 땅으로 인도하셔서 그 자신이 신실한 분임을 보여주신다.

출애굽 사건에서 마주치는 이런 신학적 계시들은 하나같이 이스라엘이 약속의 땅에 들어갈 때 그대로 재현된다. 자연의 힘과 자연세계를 다스리는 하나님의 주권은 요단강을 멈추게 해서 이스라엘이 마른땅으로 건널 수 있게 하는 기적(3-4장)에서 나타난다. 그리고 이스라엘이 새로운 언약 파트너인 기브온 주민을 적대적인 왕들로부터 구출할 때 아얄론 골짜기에 나타난 놀라운 하늘의 현상으로 밝히 드러난다(10:6-14). 그분의 권능과 권세(참고. 출 19:5, "세계가 다 내게 속하였나니")는 그분을 대적하는 모든 왕, 사실상 모든 가나안 왕들(수 12장. 참고. 시 2편)에게 승리하는 모습으로 나타난다. 하나님은 그분의 백성에게 요단강(3:5)에 그리고 그 땅에 들어갈 때(5:2-9) 성결하게 하라고 요구하시는데, 그분의 임재가 그곳을 거룩하게 하기 때문이라고 하신다(5:15). 하나님은 그분의 백성이 불순종의 행위로 신성한 물건을 오염시켜서 그들을 심판하실 때에 그들에게 정결케 되라고 요구하신다(7장). 언약궤로 상징되는 하나님의 임재는 이스라엘이 요단강을 건널 때(3-4장)와 여리고성 둘레를 행진할 때(6:11, 13) 그들과 함께한다. 그분이 그들을 위해 싸우시는 것은 이스라엘의 승리가 무엇보다 진정 하나님의 승리라고 말할 수 있게 하기 위해서다(10:42; 23:9-10). 하나님은 이스라엘에게 그 좋은 땅을 선물로 주실 뿐 아니라 은혜롭게 그들의 필요를 채워주시기도 한다(5:10-12; 24:13). 여호수아서는 하나님의 약속이 지켜진 것을 보여주는 책이다(21:43-45; 23:14).

신학적으로는 하나님의 거룩하심이 죄에 해롭다는 것을 인정하는 것이 중요하다. 그분의 임재는 그분의 본성과 상반되는 것을 근절하도록 요구한다. 하지만 하나님의 사랑은 교제를 통해 나타나므로 죄를 제거하시는 일이 구속(救贖, redemption)을 가능하게 만든다.[3] 우리가 하나님의 본성(참고. 출 34:6-7)에 관한 이 심오한 진리들을 인정할 때 여호수아서의 상당 부분이 뚜렷이 보인다. 하나님의 피조물이 그분의 거룩하심을 인식하고 존경하는 한(즉, 그들이 그분을 경배할 때), 그분의 거룩하심이 그분께 돌아오는 사람들을 구출하고 구원하시는 등 구속적 힘을 발휘하게 된다. 이것이 대체로 이스라엘이 이 책에서 경험하는 내용이다. 비록 여호수아 7장에 나오는 아간의 에피소드는 이것이 자동적으로 누리는 복이 아님을 보여주지만 말이다. 이와 마찬가지로, 대체로 가나안 족속의 경험은 하나님께 혐오스러운 것을 근절시키려는 하나님의 심판과 목적이 거침없는 위력을 갖고 있음을 알게 되는 것이다. 비록 가나안 사람이라도 라합(2장; 6장)이나 기브온 주민(9-10장)처럼 그들의 삶에 대한 하나님의 권리를 인정하고 그 결과 그들을 구원하실 수 있다고 고백하는 이들에게는 이 운명이 불가피한 것이 아니지만 말이다.

이 진리는 책의 대다수에 나오는 이야기들을 통해 전달되고 있으나 그 신학적 개념들은 또한 23-24장(참고. 이 대목의 정점인 24:19)에 나오는 여호수아의 마지막 연설에도 명시적으로 표현되어 있다.

---

3   참고. John Webster, *Holiness* (London: SCM, 2003), 47.

성경 다른 본문 및 그리스도와의 관련성

여호수아서는 앞에 나오는 모세의 책들과 이후에 발전되는 이스라엘의 연방제적인 삶 사이의 중추적(pivotal) 위치를 차지하고, 후자는 결국 사사기와 이후의 책들에 나오는 군주제를 향해 나아간다.

특히 이스라엘이 요단강을 건널 때 출애굽 경험을 되살리는 많은 사건이 나오는 만큼 이집트 땅에서 나옴과 가나안 땅으로 들어감이 그 이야기의 앞뒤에 놓인 북엔드의 역할을 한다. 민수기의 많은 구절이 정복 기사들에서 실현되는 발전을 예상하므로 후자와 상호 참조의 관계를 형성한다. 이스라엘에게 다음 단계를 준비시키는 모압 평지에서 전한 모세의 설교(신명기 참고)도 이와 같이 여호수아서 초반부의 어법 및 관점과 강한 관계를 형성한다.

다른 방향으로 눈을 돌리면, 사사기가 종종 여호수아서의 관점과 뚜렷한 대조를 이루는 것으로 간주되곤 한다. 표면적인 수준에서 그리고 전반적인 어조의 측면에서는 이 견해가 분명히 옳다. 하지만 이 주석의 취지중 하나는, 더 깊은 차원에서 여호수아서와 사사기가 내재적으로 연계되어 있으므로 양자의 관계가 억지로 연결되거나 병렬되었다기보다는 유기적이고 뒤얽혀있다는 사실을 입증하는 것이다. 사사기가 그토록 황급하게 따르는 궤도는 여호수아서의 관점에 생경한 것이 아니며, 그 씨앗이 후자의 이야기에 심긴 것을 감안한다면 거의 불가피하게 나오는 결과다.

신약과의 연계성을 다룰 때는 여호수아란 인물과 여호수아서를 반드시 구별할 필요가 있다. 모세의 후계자인 여호수아란 인물은 신약에 몇 번밖에 언급되지 않는데, 이런 언급도 때로는 여호수아서 바깥에 나오는 에피소드들과 관계가 있다.[4] 그런데 여호수아는 신약에서 두 번밖에 명시적으

---

4   예컨대 마가복음 9:38-40을 보라. 여기서 제자들이 예수님과 맺는 관계가 민수기 11:28-29에서 여호수아가 모세와의 관계에서 가지는 역할과 같다.

로 거명되지 않는데 비해(행 7:45; 히 4:8) 라합 같은 인물은 세 번이나 언급되어 있다(마 1:5; 히 11:31; 약 2:25).[5] 헬라어로 여호수아란 이름이 예수란 이름과 같다는 점을 기억하면 여호수아가 별로 언급되지 않는 것은 더더욱 뜻밖이다. 히브리어 '여호수아'는 헬라어로 '예수'이다. 이를 바탕으로 여호수아/예수의 모형/원형이 초기 기독교 저술 일부에 활용된 적이 있다.[6] 여호수아서의 어법이나 에피소드는 여러 경우에 암시되어 있으나, 이 책이 신약에 직접 인용된 곳은 단 한 군데도 없다. 게다가 그런 암시조차도 상당히 희박해서 그 연관성이 분명하지 못하다. 다른 한편, 계시록에 묘사된 충돌들과 여호수아서의 전쟁들 사이에는 폭넓은 공명이 존재하는 것을 간파할 수 있으므로 이런 대목들은 기독교적 해석을 유발한다. 하지만 전반적으로 훗날이 받아들인 것을 보면 여호수아와 그의 이름을 지닌 책은 그의 위대한 선임자인 모세의 그늘 아래 있는 편이다.

여호수아 설교하기

여호수아서와 관련된 특별한 난점들(그 가운데 두 가지를 다룰 예정이다)을 감안하면 이 책을 설교하는 일은 결코 만만치 않다. 이 책은 그 폭력성으로 악명이 높기 때문에 경건한 실물 교육을 제공하려고 그 이야기들을 영적으로 해석하려는 대안은 용납될 수 없다. 이는 어쨌든 본서가 오늘날의 그리스도인들, 즉 인내심을 품고 주의 깊게 그 메시지를 경청하려는 사람들에

---

5 아울러 마태가 라합을 선구자로서의 "가나안 여인"과 동일시하는 대목에 무척 흥미로운 연관성이 나오기도 한다. 참고. Daniel N. Gullotta, "Among Dogs and Disciples: An Examination of the Story of the Cannanite Woman (Matthew 15:21-28) and the Question of the Gentile Mission within the Matthean Community," *Neot* 48/2 (January 2014): 325-340.

6 초기 기독교 저자들 사이에 논의된 여호수아/예수의 유형론적 연관성에 관한 탐구는 다음 책을 참고하라. Zev Farber, *Images of Joshua in the Bible and Their Reception* (Berlin: de Gruyter, 2016), 276-365.

게 가르칠 수 있는 바를 듣지 못하게 막는다. 굳이 말할 필요가 없겠지만, 여호수아서의 폭력이 그 종류를 막론하고 기독교적 행동의 본보기로 선포될 수는 없다. 마치 아나니아와 삽비라의 운명(행 5장)이 과거에 실제로 발생했음에도 불구하고 교회 권징(church discipline)의 지속적 모델이 될 수 없는 것과 같다.

언제나 그렇듯이 설교자의 첫 질문은 "이 본문에서 나는 어디에 있는가?"가 아니라 "이 본문에서 하나님은 무엇을 하고 계시는가?"여야 한다. 여호수아서에서 하나님은 많은 일을 행하고 계신다. 하나님은 그분의 백성에게 그분을 바라보라고 지시하시고, 나그네들에게 소리치시며, 그분의 약속을 성취하시고, 그분의 구출 행위를 기억하게 하신다. 그분이 부르신 자들을 정결케 하고 필요한 것을 공급하신다. 그들의 적을 정복하시고, 그분의 백성의 죄를 징계하시며, 그분의 언약을 지키신다. 공의를 세우시고, 경건한 반응을 불러일으키시며, 예배 중에 그분의 백성을 만나주신다. 그분을 열심히 찾는 이들에게 상급을 주시고, 그분의 백성에게 그분의 충실함을 상기시키시며, 그들에게 그에 상응하는 신실함을 갖도록 권면하시고, 그들이 그분의 거룩함을 나타내도록 그들을 준비시키신다. 이 개관은 총망라한 것은 아니지만 여호수아서에서 줄곧 작동하는 역학을 연상시킬 뿐 아니라, 종종 적대적 반응을 이끌어내는 그 책에 담긴 좋은 소식의 선포에 대해 알려준다.

그런데 자칫 가나안 족속을 무시하기가 너무나 쉽다. 이 책은 또한 하나님의 거룩한 사랑에 관한 항구적인 진리, 심판의 실재, 무언가나 누군가를 섬길 수밖에 없는 현실, 무엇이나 누군가를 주인으로 삼느냐의 선택이 삶과 죽음의 문제가 될 것이란 점, 그리고 참되고 살아계신 하나님을 대적하면 반드시 비극을 초래한다는 사실 등도 담고 있다. 여호수아서는 에스겔을 통해 선포된 다음과 같은 하나님의 말씀의 중대성을 더욱 심화시킨다. "주 여호와의 말씀이니라 죽을 자가 죽는 것도 내가 기뻐하지 아니하노니 너희는 스스로 돌이키고 살지니라"(겔 18:32).

여호수아 1-12장의 내러티브들과 마지막 세 장은 설교 본문으로 선택하기에 안성맞춤이다. 이 본문들은 약속을 지키시는 하나님의 신실하심, 하나님의 구속 사역의 패턴, 언약을 중심으로 하나님이 백성과 관계를 맺되 그분이 어떤 분이신지에 기초해 그분의 명령을 순종하라는 것 등을 다루고 있기 때문이다. 이런 주제들은 하나같이 마침내 예수 그리스도의 복음과 교회의 신실한 공동체 생활을 통해 더 온전히 실현된다. 하지만 땅을 분배하는 장들(13-21장)도 무시하면 안 된다. 어쩌면 더욱 창의적으로 처리할 필요가 있을지 몰라도, 이스라엘의 삶의 이 단계는 잘 정착한다는 말의 의미, 하나님의 은혜로운 선물에 반응하는 모습, 하나님께서 그분의 백성을 유목민이 아닌 한 국가로 빚어가는 방식, 그리고 공의의 실행과 예배모임의 실천을 위한 장소를 발견하는 방법 등 여러 주제에 대해 들려줄 의미심장한 말을 여전히 갖고 있다.

해석상 과제

여호수아서는 성경의 다른 많은 책들과 함께 21세기 독자들에게 특정한 과제들을 준다. 역사성, 기적의 실재, 본문비평적인 이슈들 등이다. 그런데 이 책을 깊이 다루려 할 때 특히 두 개의 과제가 눈에 띈다. 첫째, 하나님의 명령으로 가나안 족속을 대량 학살하는 것이다. 둘째, 이 책의 전반부에 나오는 사건들의 지리와 지형에 면밀히 주목하는 것과 후반부의 정착 단계에서 더더욱 그렇게 하는 것이다.

　첫째, 여호수아서 전체에 걸쳐 폭력을 피하는 모습이 전혀 없다.[7] 이는 특히 전문적인 히브리어 용어 헤렘(*kherem*, 그리고 관련 동사)과 관계가 있다. 이 단어는 때때로 "진멸"로, 그리고 ESV에서는 보다 폭넓게 "devoted thing"(바쳐진 것)으로 번역된다. 여호수아서에서 가나안 족속과 그들의 신들과 물건들은 헤렘으로 지정된 만큼 하나님께서 그 모든 것이 '파멸에 바쳐졌다'(devoted to destruction)고 선언하신다. 이 때문에 여호수아서가 그 명

령을 주시는 하나님처럼 '대량 학살적인' 책으로 보이는 것이다(참고. 신 7
장). 복음주의적인 성경 독자는 여기서 분명히 어려움에 직면한다. 종족 학
살은 명백히 부도덕한데도 가나안 정복과 관련하여 하나님께서 그것을 명
령하시는 듯 보이기 때문이다. 그렇다면 하나님 역시 부도덕한 분인가?[8]

오랜 세월에 걸쳐 이 딜레마의 위력을 피하기 위해 많은 전략이 개발되
어 왔다. 하나님에 대한 비난을 불가능한 것으로 묵살하는 전략(하나님의 모
든 행위는 본래 도덕적이므로)에서부터 본문을 계몽된 신앙과 양립 불가능한 것
으로 거부하는 전략에 이르기까지 다양하다. 이런 접근들 중 어느 것도 만
족스럽지 못하다. 이를 해결하기 위한 다른 시도들도 자주 제안되었으나
그중 일부는 지지될 수 없고 다른 것들은 목표 달성에 상당히 못 미친다.
몇 가지 예를 들어보자. (1) 여호수아의 본문이 "후대"의 것이고 정복 설
화는 기껏해야 설화에 불과하다는 것을 입증하려고 하는 역사비평적인 해
석, (2) 가나안 족속은 도덕적으로 비난받을 만해서 마땅히 그런 운명에
처해질 만하다고 주장하는 해석, (3) 여호수아서를 다른 고대의 정복 기사
들과 비교하여 여호수아서에 나온 표현이 과장되었다고 주장하는 해석 그
리고 (4) 여호수아서의 전쟁을 종족 학살이라 부를 수 없는 이유는 이것이
구약에 시대착오적으로 적용된 현대적 개념이기 때문이라는 주장 등이다.

마지막 논점은 더욱 성찰할 만하다. 무슨 수단을 쓰든 한 집단이 또 하
나의 집단을 몰살시키는 것은 종족 학살 범죄의 예방과 처벌에 관한 UN

---

7 여호수아서와 관련하여 이 이슈들에 대한 서론적 오리엔테이션을 보려면 다음 책을 참고하라. *The Joshua
Delusion? Rethinking Genocide in the Bible* (Eugene, OR: Cascade, 2010). 이 이슈에 대한 기독교적 반
응의 역사는 다음 책을 참고하라. Christian Hodreiter, *Making Sense of Old Testament Genocide: Christian
Interpretations of Herem Passages* (Oxford: Oxford University Press, 2018). 이 딜레마를 풀기 위한 현
대 그리스도인들의 건설적인 시도에 대해서는 다음 책을 보라. C. S. Cowles et al., *Show Them No Mercy:
Four Views on God and Canaanite Genocide* (Grand Rapids, MI: Zondervan, 2003). 유대교의 관점은 다음
책을 참고하라. Katell Berthelot, Joseph E. David, Marc Hirshman, eds., *The Gift of the Land and the Fate
of the Canaanites in Jewish Thought* (New York: Oxford University Press, 2014).

8 이런 주장에 관해서는 다음 책을 참고하라. Paul Copan and Matthew Flannagan, *Did God Really Command
Genocide? Coming to Terms with the Justice of God* (Grand Rapids, MI: Baker, 2014). 두 저자가 이런 개
념들을 철학적 솜씨로 잘 다루지만, 감정적인 효과는 그대로 남아 있다.

협약(1948년 12월) 아래 대량 학살로 규정되었고, 이 협약은 그 용어를 "한 민족, 인종, 종족 또는 종교 집단을 전부 또는 부분적으로 파멸시킬 의도로 저질러진" 행동으로 정의했다. 여호수아의 사건들이 어떻게 그 정의에 들어맞는지는 쉽게 볼 수 있다. 하지만 이 정의의 개념을 여호수아서에 적용하는 것이 지닌 문제는 그것이 시대착오적이란 사실이다. 우선, 여호수아서 자체의 증언에 따르면 가나안 집단의 많은 요소가 그 땅에 존속했다는 것이 분명하다. 거기에 몰살은 없었고, 이 책이 채용한 전체성 언어는 고대의 문학적 관습의 결과로 봐야 한다.[9] 다음으로, 그런 행동을 '대량 학살'로 환원하는 것은 하나님을 고려사항에서 제거하는 것이다. 일부 회의론자는 그런 관점을 환영할지 몰라도 이는 성경적 관점이 아니다.

다음 다섯 진술은 이 어려운 성경적 개념을 이해하는 데 필요한 틀을 제공해 준다.

(1) 구약은 목숨을 빼앗는 하나님에 대해 분명히 말하고 있다. 죄로 인해 죽음을 불러오는 분은 하나님이고, 모든 생명과 죽음은 하나님의 명령에 좌우된다. 신명기 32:39이 이를 보여준다.

> 그러나 이제는 알아라. 나, 오직 나만이 하나님이다.
> 나 밖에는 다른 신이 없다.
> 나는 죽게도 하고 살게도 한다.
> 나는 상하게도 하고 낫게도 한다.
> 아무도 내가 하는 일을 막지 못한다. (새번역)

이스라엘은 가나안 족속이 이 진리의 힘을 느끼기 전에 이미 그 힘을 느꼈다. 예컨대, 금송아지 사건이 일어난 뒤에 그랬다(출 32:27-28).

---

9 참고. K. Lawson Younger Jr, *Ancient Conquest Accounts: A Study in Ancient Near Eastern and Biblical History Writing*, JSOTSup 98 (Sheffield: UK: Sheffield Academic, 1990).

(2) 청동기 시대 사람은 '청동기 시대 신(神)'을 갖고 있다. 고대의 정복 기사들이 전통적 언어를 사용하고 그 시기와 장소에 뿌리를 둔 형식으로 의사소통을 한다는 주장은 일리가 있다. 고대의 원칙이 바벨론 왕과 관련해 다니엘서에 나오는 정치적 기류에서 명백히 설명되어 있는데, 이는 여호수아서의 정치 신학에도 똑같이 적용된다.

> 왕이여 지극히 높으신 하나님이 왕의 부친 느부갓네살에게 나라와 큰 권세와 영광과 위엄을 주셨고 그에게 큰 권세를 주셨으므로 백성들과 나라들과 언어가 다른 모든 사람들이 그의 앞에서 떨며 두려워하였으며 그는 임의로 죽이며 임의로 살리며 임의로 높이며 임의로 낮추었더니(단 5:18-19).

(3) 죽음을 불러오는 하나님은 또한 생명을 주신다. 이는 이미 모세의 노래(신 32:29)에서 인정되고 있으나 사실은 성경을 가로지르는 실과 같다. 시편 85편은 우리를 회복시키시는 하나님의 은혜에 대한 유창한 증언으로, 그분의 분노가 연장되지 않고(참고. 시 103편) "그의 구원이 그를 경외하는 자에게 가까우니"(시 85:9)라고 노래한다. 여호수아서에서 라합은 이 하나님 앞에서 생명을 누리게 되는 외국인의 명백한 본보기이나 그녀만 그런 것이 아니다.[10]

(4) 하나님의 거룩하심을 직면해야 한다. 이 실재는 이미 탐구된 바 있으나('신학'을 참고하라) 이 주제와 관련하여 매우 중요하다. 거룩한 것은 오염된 것을 관용할 수 없다. 갈보리의 십자가를 가리키는 제사 제도 전체가 이 진술에 기초를 두고 있다.

(5) 여호수아서에 관한 기독교적 성찰은 또한 신약의 관점을 고려해야 한다. 앞의 세 번째 진술은 이미, 하나님의 은혜로운 선택의 사랑과 같

---

10   참고. D. G. Firth, "Joshua 24 and the Welcome of Foreigners," *AcT* 38/2 (2018): 70-86.

은 종류에 속하는 하나님의 은혜로운 구속의 사랑의 방향을 가리킨다. 그래서 바울이 로마에 사는 이방인 그리스도인들에게 이렇게 자문할 수 있었다. "그러므로 하나님의 인자하심과 준엄하심을 보라 넘어지는 자들에게는 준엄하심이 있으니 너희가 만일 하나님의 인자하심에 머물러 있으면 그 인자가 너희에게 있으리라 그렇지 않으면 너도 찍히는 바 되리라"(롬 11:22). 궁극적으로 하나님의 구속적 목적이 한 대표적인 인물을 통해 정점에 이르는 것은 그분이 "자기 아들을 아끼지 아니하시고 우리 모든 사람을 위하여 내주[셨기]"(롬 8:32) 때문이다.

가나안 족속의 집단적 운명은 하나님의 준엄하심에 대해 말하는 한편, 일부의 구원과 다른 이들의 관용은 결국 주 예수 그리스도의 성육신, 치욕, 십자가 죽음, 부활, 그리고 승천에서 절정에 이르는 구원 역사의 궤도를 가리키는 한 지표일 뿐이다.

둘째, 땅이라는 개념은 성경 신학에서 중요한 주제이다. 땅이 구약에서 중요한 위치를 차지하고 또 여호수아서의 상당 부분을 특징짓고 있으나 신약에서는 덜 중요한 위치를 차지하고, 그래서 때로는 이 책에 관한 기독교적 성찰에서 간과되고 있다. 올리버 오도노반(Oliver O'Donovan)은 구약과 신약에서 '장소'가 담당하는 대조적인 역할을 이렇게 밝힌다.

> 구약은 한 부족과 그들의 하나님 간의 연애 이야기이고, 한 구획의 땅은 그들의 애정과 불만의 징표이다. 신약은 영원을 염두에 두는 세계적 신앙의 현장이고…체계적으로 땅과 도시에 대한 [구약의] 몰입을 상쇄시킨다.[11]

---

11 Oliver O'Donovan, "The Loss of a Sense of Place," in *Bonds of Imperfection: Christian Politics, Past and Present*, Oliver O'Donovan and Joan Lockwood O'Donovan (Grand Rapids, MI: Eerdmans, 2004), 307. 참고. Stephen Williams, "The Question of the Land," in *Joshua*, J. Gordon McConville and Stephen Williams, THOTC (Grand Rapids, MI: Eerdmans, 2010), 95-108.

이 대조점(오도노반이 뚜렷한 용어로 진술한)은 정교하게 다듬을 필요가 있지만, 여기에 다시 여호수아서가 중요한 역할을 담당하는, 구약에서 신약으로 향하는 궤도가 나온다. 선물로 받은 땅은 하나님과 백성이 만나는 장소라고 여호수아 18장에 처음으로 간략하게 또 잠정적으로 표현되어 있다. 여호수아서의 지평선 너머에서, 장차 예루살렘은 하나님께서 그분의 백성과 함께 거주하는 장소로 온전히 밝혀지겠지만(참고. 왕상 8장) 이조차 예레미야 7:1-15에 나오듯이 한시적인 것으로 판명될 것이다. 이것이 불러일으키는 소망은 에스겔서의 마지막 구절, 곧 새로운 성전과 땅에 대한 에스겔의 환상의 장엄한 대단원에 명백히 표현되어 있다. "사람들은 그 성을 '여호와께서 계시는 성'이라 부를 것이다"(겔 48:35, 현대인의성경). 이 책의 마지막 세 장에서 날카롭게 포착한 여호수아의 업적에 있는 약점을 인식하면, 하나님의 임재를 위한 이 장소가 이 책이 여러 경우에 거론하는 (최종적인) "안식"의 장소가 아니라는 사실을 점차 깨닫게 된다. 여호수아서에 담긴 긴장이 가리키는 또 다른 "안식"(참고. 히 4장)이 있고, 그곳은 하나님의 임재 자체가 바로 그 장소가 되는 곳이다. "그들이 이제는 더 나은 본향을 사모하니 곧 하늘에 있는 것이라"(히 11:16).

개요

I. 약속의 땅을 차지하다(1:1-12:24)

  A. 여호수아를 향한 하나님의 지시(1:1-9)

    1. 내레이터의 서문(1:1)

    2. 그 땅에 들어가는 임무를 받다(1:2-4)

    3. 하나님의 임재와 도움을 약속받다(1:5-9)

B. 백성을 향한 여호수아의 지시(1:10-18)

  1. 여호수아가 관리들에게 지시하다(1:10-11)

  2. 여호수아가 요단 동편 지파들과 얘기하다(1:12-18)

C. 라합과 정탐꾼들(2:1-24)

  1. 여호수아가 여리고에 정탐꾼들을 보내다, 그들이 라합
    의 집에 도착하다(2:1)

  2. 라합과 여리고(2:2-7)

  3. 라합이 정탐꾼들에 동조하다(2:8-21)

  4. 정탐꾼들이 여호수아에게 돌아가서 보고하다(2:22-24)

D. 이스라엘이 요단강을 건너가다(3:1-4:24)

  1. 여호수아가 제사장들과 백성을 준비시키다(3:1-6)

  2. 주님이 여호수아를 격려하시다, 여호수아가 백성에게
    지시하다(3:7-13)

  3. 제사장들이 요단에 들어가다, 백성이 마른땅 위로 건너
    가다(3:14-17)

  4. 기념비와 언약궤, 백성이 건너가는 모습(4:1-13)

  5. 여호수아가 큰 인물이 되다(4:14)

  6. 제사장들, 언약궤, 기념비(4:15-24)

E. 길갈 진영(5:1-12)

  1. 열방의 반응(5:1)

  2. 이스라엘이 할례를 받다(5:2-9)

  3. 약속의 땅에서의 첫 유월절(5:10-12)

F. 여호수아와 주님의 군대 대장(5:13-15)

  1. 여호수아가 대장을 만나다(5:13-14a)

  2. 여호수아가 대장을 경배하다(5:14b-15)

G. 여리고의 함락(6:1-27)

1. 여리고가 굳게 닫히다(6:1)

2. 명령과 행동: 첫째 날부터 여섯 째 날까지(6:2-14)

3. 명령과 행동: 일곱 째 날(6:15-21)

4. 라합의 운명(6:22-25)

5. 여리고가 저주받다(6:26)

6. 여호수아가 인정을 받다(6:27)

H. 이스라엘에서 일어난 반역과 회복(7:1-26)

1. 진영에서 지은 죄(7:1)

2. 아이에 대한 이스라엘의 첫 번째 군사행동(7:2-5)

3. 기도와 응답(7:6-15)

4. 아간에 대한 조치(7:16-25)

5. 주님의 분노가 가라앉다(7:26)

I. 아이에 대한 두 번째 군사행동(8:1-29)

1. 주님이 여호수아에게 지시하시다(8:1-2)

2. 여호수아가 매복을 시키다(8:3-9)

3. 아이의 파멸(8:10-29)

J. 언약이 갱신되다(8:30-35)

1. 여호수아가 제단을 쌓고 율법을 기록하다(8:30-32)

2. 백성의 배치(8:33)

3. 여호수아가 백성에게 율법을 낭독하다(8:34-35)

K. 기브온 주민의 계략(9:1-27)

1. 가나안 왕들이 모이다(9:1-2)

2. 기브온 주민의 조약(9:3-15)

3. 이스라엘 백성의 발견(9:16-27)

L. 중부에서의 군사행동(10:1-28)

1. 반(反)기브온 연합(10:1-15)

2. 아모리의 다섯 왕이 처형되다(10:16-28)

M. 남부에서의 군사행동(10:29-43)

1. 립나(10:29-30)

2. 라기스와 게셀(10:31-33)

3. 에글론(10:34-35)

4. 헤브론(10:36-37)

5. 드빌(10:38-39)

6. 남부의 요약(10:40-43)

N. 북부에서의 군사행동(11:1-15)

1. 북부 동맹이 결성되다(11:1-5)

2. 메롬 물가의 전투(11:6-9)

3. 하솔과 그 연맹이 패배하다(11:10-15)

O. 정복 요약(11:16-23)

1. 지리적 요약을 새로 정리하다(11:16-17)

2. 신학적 요약을 새로 정리하다(11:18-20)

3. 아낙 사람의 전멸(11:21-22)

4. 그 땅에 전쟁이 그치다(11:23)

P. 이스라엘의 전투를 요약하다(12:1-24)

1. 요단의 동편에서 정복된 왕들(12:1-6)

2. 요단의 서편에서 정복된 왕들(12:7-24)

II. 약속의 땅에 거주하다(13:1-21:45)

A. 아직도 남은 땅(13:1-7)

1. 여호수아가 늙다(13:1a)

2. 하나님께서 그 땅에 정착하라고 다시 명령하시다(13:1b-7)

B. 모세의 리더십 아래 정착한 것을 회고하다(13:8-33)

1. 레위를 제외한 요단 동편에서의 정착을 지역별로 개관하다(13:8-14)

2. 모세가 르우벤의 정착지를 분배하다(13:15-23)

3. 모세가 갓의 정착지를 분배하다(13:24-28)

4. 모세가 므낫세 반 지파의 정착지를 분배하다(13:29-31)

5. 레위를 제외한 요단 동편 정착의 요약(13:32-33)

C. 요단의 서편 정착이 시작되다(14:1-15)

　1. 주님이 모세에게 하신 명령에 따라 정착하다(14:1-5)

　2. 그니스 사람 갈렙이 헤브론에 정착하다(14:6-15)

D. 유다의 정착(15:1-63)

　1. 유다의 경계(15:1-12)

　2. 갈렙의 몫: 악사의 부탁(15:13-19)

　3. 유다의 성읍들이 열거되다(15:20-62)

　4. 여부스 족속이 남다(15:63)

E. 요셉의 정착(16:1-17:18)

　1. 요셉의 경계(16:1-3)

　2. 요셉이 므낫세와 에브라임으로 나뉘다(16:4)

　3. 에브라임의 경계(16:5-10)

　4. 므낫세의 경계(17:1-13)

　5. 요셉의 불평과 여호수아의 응수(17:14-18)

F. 일곱 지파가 실로에서 정착하다(18:1-10)

　1. 이스라엘이 실로로 이동하다(18:1)

　2. 나머지 일곱 지파에게 분배하다(18:2-10)

G. 나머지 일곱 지파의 영토와 성읍(18:11-19:51)

　1. 베냐민의 정착(18:11-28)

　2. 시므온의 정착(19:1-9)

3. 스불론의 정착(19:10-16)

4. 잇사갈의 정착(19:17-23)

5. 아셀의 정착(19:24-31)

6. 납달리의 정착(19:32-39)

7. 단의 정착(19:40-48)

8. 여호수아의 몫(19:49-50)

9. 실로에서의 정착이 마무리되다(19:51)

H. 도피성(20:1-9)

1. 하나님께서 여호수아에게 도피성을 지정하도록 지시하시다(20:1-6)

2. 요약: 도피성의 확정(20:7-9)

I. 레위의 성읍(21:1-42)

1. 이스라엘이 여호수아와 엘르아살의 리더십 아래 레위 지파에게 성읍들을 기증하다(21:1-3)

2. 레위 지파의 가족에 따른 분배의 요약(21:4-7)

3. 레위 지파의 가족에 따른 분배의 상술(21:8-40)

4. 요약(21:41-42)

J. 하나님의 약속이 성취되다(21:43-45)

III. 약속의 땅에서의 삶(22:1-24:33)

A. 민족적 비극을 피하다(22:1-34)

1. 요단 동편 지파들을 해산하다(22:1-8)

2. 요단 동편 지파들의 제단(22:9-34)

B. 그러면 이스라엘이 어떻게 살 것인가?(23:1-16)

1. 여호수아가 이스라엘을 소집하다(23:1-2a)

2. 여호수아가 이스라엘에게 순종을 권면하다(23:2b-16)

C. 이스라엘은 누구를 섬길 것인가?(24:1-28)

　　1. 여호수아가 이스라엘을 세겜으로 소집하다(24:1)

　　2. 여호수아의 예언적 선언(24:2-15)

　　3. 이스라엘의 반응, 도전, 결의(24:16-27)

　　4. 여호수아가 이스라엘을 세겜에서 해산하다(24:28)

D. 두 명의 죽음과 세 번의 장사(24:29-33)

　　1. 여호수아가 죽어 딤낫 세라에서 장사되고 이스라엘이
　　　충성하다(24:29-31)

　　2. 요셉이 세겜에서 장사되다(24:32)

　　3. 엘르아살이 죽어 기브아에서 장사되다(24:33)

여호수아 1:1-12:24 개관

여호수아서의 첫 부분은 다양한 인물들과 내러티브의 순간들에 초점을 맞추는 만큼 여러 에피소드로 구분된다. 이와 동시에 단일한 기승전결이 1장에서 12장까지 흐르고 필요한 줄기들이 그 물결에 합류한다. 이 내러티브의 연속성은 대충 읽을 때보다 더 뚜렷하게 드러난다. 서론의 분석적 개요가 그 구성요소들을 펼쳐 보이지만 그 모양새는 다음과 같은 도표로 더 잘 전달될 수 있다.

왼편 열에서 일어나는 모든 일은 단일한 내러티브의 순서로 묘사되어 있다. 오른편 열에 나오는 소수의 에피소드들은 전반적인 플롯에는 필요하지만 그 땅을 차지하는 일과 관련된 사건들에 완전히 융합되지는 않는다. 이 두 궤도는 수렴하고 또 어느 정도 뒤얽혀 있으나 대다수는 그 땅의 정복과 관련이 있는 반면 '오프라인' 사건들은 여행 및 그 땅에서의 삶과 관계가 있다.

주된 내러티브	내러티브가 아닌 대목	오프라인 내러티브
	책의 서론(1:1-9)	
		진영이 이동을 준비하다 (1:10-18)
여리고: 1부(2장)		
		요단을 건너다(3-4장)
		그 땅에서의 첫 날들 (5:1-12)
여리고: 2부(5:13-6:27)		
아이와 아간(7:1-8:29): 여리고에 대한 반응		
		에발산에서 맺은 언약 (8:30-35)
가나안 사람들이 이스라엘과 싸우려고 모이다(9:1-2): 아이에 대한 반응		
기브온의 언약(9:3-27): 여리고와 아이에 대한 반응		
중부 연합이 이스라엘과 싸우다(10:1-28): 기브온의 언약에 대한 반응		
남부의 정복(10:29-43): 중부 연합의 패배의 속편		
북부 연합(11:1-19): 남부 영토의 패배에 대한 반응		
남아있던 오랜 "적" 아낙 사람들이 전멸하다 (11:20-22)		
	군사 행동의 요약(11:23)	
	모세와 여호수아가 무찌른 왕들(12장)	

표1. 여호수아 1-12장의 기승전결

Joshua
여호수아
1:1-9

1 여호와의 종 모세가 죽은 후에 여호와께서 모세의 수종자 눈의 아들 여호수아에게 말씀하여 이르시되 2 내 종 모세가 죽었으니 이제 너는 이 모든 백성과 더불어 일어나 이 요단을 건너 내가 그들 곧 이스라엘 자손에게 주는 그 땅으로 가라 3 내가 모세에게 말한 바와 같이 너희 발바닥으로 밟는 곳은 모두 내가 너희에게 주었노니 4 곧 광야와 이 레바논에서부터 큰 강 곧 유브라데강까지 헷 족속의 온 땅과 또해 지는 쪽 대해까지 너희의 영토가 되리라 5 네 평생에 너를 능히 대적할 자가 없으리니 내가 모세와 함께 있었던 것 같이 너와 함께 있을 것임이니라 내가 너를 떠나지 아니하며 버리지 아니하리니 6 강하고 담대하라 너는 내가 그들의 조상에게 맹세하여 그들에게 주리라 한 땅을 이 백성에게 차지하게 하리라 7 오직 강하고 극히 담대하여 나의 종 모세가 네게 명령한 그 율법을 다 지켜 행하고 우로나 좌로나 치우치지 말라 그리하면 어디로 가든지 형통하리니 8 이 율법책을 네 입에서 떠나지 말게 하며 주야로 그것을 묵상하여 그 안에 기록된 대로 다 지켜 행하라 그리하면 네 길이 평탄하게 될 것이며 네가 형통하리라 9 내가 네게 명령한 것이 아니냐 강하고 담대하라 두려워하지 말며 놀

라지 말라 네가 어디로 가든지 네 하나님 여호와가 너와 함께 하느니라 하시니라

¹ After the death of Moses the servant of the Lord, the Lord said to Joshua the son of Nun, Moses' assistant, ² "Moses my servant is dead. Now therefore arise, go over this Jordan, you and all this people, into the land that I am giving to them, to the people of Israel. ³ Every place that the sole of your foot will tread upon I have given to you, just as I promised to Moses. ⁴ From the wilderness and this Lebanon as far as the great river, the river Euphrates, all the land of the Hittites to the Great Sea toward the going down of the sun shall be your territory. ⁵ No man shall be able to stand before you all the days of your life. Just as I was with Moses, so I will be with you. I will not leave you or forsake you. ⁶ Be strong and courageous, for you shall cause this people to inherit the land that I swore to their fathers to give them. ⁷ Only be strong and very courageous, being careful to do according to all the law that Moses my servant commanded you. Do not turn from it to the right hand or to the left, that you may have good success¹ wherever you go. ⁸ This Book of the Law shall not depart from your mouth, but you shall meditate on it day and night, so that you may be careful to do according to all that is written in it. For then you will make your way prosperous, and then you will have good success. ⁹ Have I not commanded you? Be strong and courageous. Do not be frightened, and do not be dismayed, for the Lord your God is with you wherever you go."

1 Or *may act wisely*

〰️〰️ 단락 개관 〰️〰️

여호수아서의 첫 장은 직접화법으로 가득하다. 전반부는 하나님께서 직접 여호수아에게 말씀하시는 장면이고, 후반부는 여호수아가 백성에게 두 단계로 말하는 장면이다. 여호수아를 향한 하나님의 말씀은 여호수아가 모세의 리더십을 계승할 것을 내다보는 모세오경의 구절들과 밀접한 관계가 있다(참고. 민 27:12-23; 신 31:1-8; 34:9-12). 이 구절들에 친숙한 사람들은 여호수아 1:1-9이 그 구절들을 반향하고 있음을 쉽게 간파할 수 있다. 그러므로 하나님의 말씀은 새로운 계시가 아니라 새로 임명된 지도자에게 그의 과업을 위해 이전에 주어진 확신을 확증하는 역할을 한다. 1절에서 그 배경이 설정된 후 2-4절은 당면한 과업에 초점을 맞추는 한편, 5-9절은 밀접하게 서로 연결된 언어로 여호수아의 성품과 하나님의 도우심을 깊이 파고든다. 이 구절들은 또한 이 책 전체의 형태와 움직임을 개관하고 있는데, 요단강을 건너서(2절, 참고. 3:1-5:15) 그 땅을 차지하는 것(3절, 참고. 2:1-24; 6:1-12:24)부터, 그 영토에 정착해서(4절, 참고. 13:1-19:51) 순종적 삶을 영위하도록 주의하라는 것(5-9절, 참고. 22:1-24:33)까지 포함하고 있다.

〰️〰️ 단락 개요 〰️〰️

I. 약속의 땅을 차지하다(1:1-12:24)
  A. 여호수아를 향한 하나님의 지시(1:1-9)
    1. 내레이터의 서문(1:1)
    2. 그 땅에 들어가는 임무를 받다(1:2-4)
    3. 하나님의 임재와 도움을 약속받다(1:5-9)

〰〰〰 주석 〰〰〰

1:1 죽음이 여호수아서의 앞과 뒤를 둘러싼다. 모세의 죽음이 처음을 장식하고 두 명의 죽음(과 세 번의 장사)이 마지막을 장식한다.

모세의 죽음이 전면을 차지하는 것은 옳다. 우리는 여호수아서가 시작될 때 새로운 신호(참신한 페이지, 고딕체 제목, 첫 번째 장 등)를 보게 된다. 그래서 이 책이 앞에 지나간 것과 떨어져 있다는 것을 알게 된다. 우리는 더 이상 모세의 다섯 책, 즉 오경 또는 토라(Torah) 안에 있지 않다. 어떤 의미에서는 출애굽기부터 신명기까지를 모세의 전기로 볼 수도 있다. 출애굽기 2장에 나오는 모세의 극적인 출생으로 시작하여 신명기 34장에 나오는 그의 놀라운 죽음으로 끝나는 한 인생의 이야기다. 한 인물의 생애가 그토록 많은 성경 본문을 차지하는 경우는 다른 어디에도 없다. 그뿐 아니라 모세는 여호수아서 직전의 대목에서 타의 추종을 불허하는 유일무이한 인물로 그려져 있다(신 34:10-12, 그러나 참고. 신 18:15). 그래서 "모세가 죽은 후에"(1절)라는 첫 마디는 끈질긴 연속성뿐만 아니라 깊은 괴리를 경험하게 되는 그런 이야기 속으로 우리를 끌고 간다.

새로운 지도자들이 리더십을 계승하면서 한 시대가 지나간다는 느낌이 그들의 이름을 수반하는 간략한 묘사로 더욱 강화되고 있다. 모세에게 적용된 "여호와의 종[에베드('ebed)]"이란 어구는 친숙해 보이지만 관용구로서 그 용도는 제한되어 있고 그 패턴은 독특하다.[12] 성경에서 처음 나오는 곳은 모세가 죽는 순간인 신명기 34:5이다. 이후 이 어구는 여호수아서에서 14번, 역사서(왕하 18:12; 대하 1:3; 24:6)에서 세 경우에 모세에게 적용된다. 그리고 여호수아가 죽는 순간에 이르러서야 그 역시 "여호와의 종"으로 불린다(수 24:29, 이는 삿 2:8에서 반복됨). 다윗 역시 두 번에 걸쳐 이 어구로 불린다(시편 18편과 36편의 표제). 이스라엘은 이사야 42:19에서 단 한 번 "종"으

---

12 이는 단수형 "여호와의 종"에만 해당된다. 복수형 "여호와의 종들"에 대해서는 왕하 9:7; 10:23; 시 113:1; 134:1; 135:1; 사 54:17을 참고하라. 아울러 하나님의 말씀 가운데 "나의 종(들)"은 더 자주 나오는 편이다.

로 묘사되어 있다. 분명히 모세는 탁월한 "여호와의 종"이었고, 이는 "주님께서 얼굴과 얼굴을 마주 대고"(신 34:10, 새번역) 아셨던 인물에게 어울리는 위상이다.

이 호칭과 여호수아 자신의 호칭은 뚜렷한 대조를 이룬다. 그는 모세의 '조수' 내지는 '수행원'이다[메샤레트(*mesharet*), 참고. 출 24:13; 33:11; 민 11:28]. 이 용어가 사용되는 다른 일곱 경우를 보면 모두 일관되게 모종의 부하를 언급하고 있고 이 뉘앙스는 여기에도 적용된다. 이 용어는 에베드, 곧 노예로부터 왕실 고위관리에 이르기까지 폭넓은 사회적 지위에 적용될 수 있는 단어와 다르다.

따라서 우리의 내레이터는 몇 마디 말로 우리를 이스라엘 역사의 전환점과 여호수아의 개인적 이야기에 속한 트라우마, 아니 위기의 순간 속으로 던져 넣는다. 백성의 그 위대한 지도자, 다름 아닌 "여호와의 종"은 죽었고 이제는 그의 조수가 남아있다. 그리고 주님이 이제 말씀하시는 대상은 바로 이 사람이다.

1:2 이 단락의 나머지 부분에서 주님은 직접 여호수아에게 말씀하신다. 이는 이 책에 나오는 가장 길고 가장 풍부한 주제가 담긴 하나님의(divine) 말씀이다. 하나님께서 여호수아에게 말씀하시는 것이 모세의 죽음에 비춰 볼 때 의미심장한 이유는, 엘르아살이 아론의 제사장직을 물려받은 것처럼(참고. 민 20:25-28) 신적 위임을 받은 백성의 선지자적 리더십이 계속 이어지는 것을 강조하기 때문이다. 그의 백성을 위한 하나님의 행동과 그들의 대표를 통한 그분의 계시는 주님이 친히 여호수아에게 하신 다음 말씀에 분명히 나타나듯이(참고. 수 3:7) 단 한 사람에게만 국한되지 않는다. 하지만 이야기가 전개되면서 하나님 말씀의 길이와 수가 줄어들고 있는 것을 주목할 필요가 있다. 여호수아를 향한 하나님의 마지막 말씀(길이는 첫 번째 말씀과 두 번째로 긴 말씀과 비슷하다)은 13:1-7에서 지파별 정착을 위한 땅의 분배와 20:1-6에서 도피성의 지정을 주도한다. 주님은 백성의 지도자를 향한 직접적인 말씀이 아닌 다른 수단을 통해 그들이 그분에게 주목하고

그분 앞에서 신실하게 살도록 훈련하고 계신다. 그러나 이스라엘이 그 땅에서 점차 성숙해질 때에도 하나님은 여전히 그들의 지도자에게 직접 말씀하신다.

주님이 여호수아에게 말씀하시는 첫 마디는 현실(모세가 정말 죽었다)을 확인하고 당면 과업("이 요단을 건너[라]")을 간결하게 설명한다. 그 맥락은 신명기 34장에 설정되어 있다. 모세의 죽음뿐 아니라 애도 기간이 만료되었다는 것 그리고 여호수아가 모세를 계승하여 이스라엘의 지도자로 섬길 영적 준비를 갖추었다는 것을 얘기하는 본문이다. 이와 동시에 주님은 여호수아에게 그가 홀로 있지 않다는 것, 그의 소명으로 주어진 과업은 홀로 수행할 일이 아니라는 것, 오히려 그는 하나님의 백성과 함께하고 그들은 그와 더불어 약속의 땅을 선물로 받는 자들이라는 것을 상기시키신다.

1:3-4 장소는 물론 여호수아서에서 굉장히 중요하다. 현대 그리스도인 독자는 이 중요성을 감지하기가 어려울 수 있다. 우리 같은 현대의 독자들은 일단 이스라엘이 들어가서 정착하는 곳이 약속의 땅이란 사실을 머리에 새기고 나면 흥미를 잃기 쉽다. 특히 이 책의 후반부에 세세하게 묘사되는 장소의 이름들, 여정들, 경계들은 그저 필요한 대목일 뿐 그 땅을 주고 차지하는 따분한 이야기로 보일 수 있다.

그러나 여호수아를 향한 이 첫 번째 하나님의 말씀 속에는 이스라엘이 지금 향하고 있는 풍경의 형태를 기재하는 간략하지만 폭넓은 진술이 새겨져 있다. 먼저 2절에 나오는 복수형의 표현("내가 '그들…에게' 주는 그 땅")이 3-4절에 나오는 지리적 통지로 이어진다. 이 구절에 나오는 이인칭 언급은 모두 복수형이다("너희 발바닥", "너희에게 주었노니", "너희의 영토"). 주님은 장소를 거론하실 때 여호수아에게 한 개인으로서가 아니라 이스라엘 백성의 일원으로서 말씀하시고, 이는 이 메시지의 나머지 부분에도 그대로 적용된다. 3절에 나오는 문법은 신적 섭리의 징표를 담고 있다. 백성이 그 땅의 여기저기를 걷고 영토를 분할하는 일은 미래에 속하지만("너희 발바닥으로 밟을 곳") 하나님께서 그 땅을 주시는 행위는 하나님의 명령("내가 너희에게 주었노니")으로서 이미 일어나서 완료된 것으로 나타난다.

경계선은 4절에 개관되어 있고 시계반대 방향으로, 즉 남쪽에서부터 동쪽과 북쪽과 서쪽으로 움직인다. 1:4-5의 언어는 신명기 11:24-25을 상기시키는데, 후자는 모세가 백성에게 순종과 충성을 격려하는 메시지의 일부이다. 두 본문은 약간의 차이가 있지만 하나님께서 선물로 주시는 이스라엘 점령지의 지리적 범위는 대체로 축어적인 반복이다. 여기에 나오는 경계들은 신명기에 개관된 경계들보다 더 넓은 편이다. 아울러 이 경계들은 여호수아 13-19장에 나오는 정복의 풍경과도 정확히 일치하지 않는다. 구약에는 이 둘 이외에도 경계를 언급하는 다른 구절들이 있는데(예. 민 34:1-12; 겔 47:13-20), 각각 약간의 차이가 있다. 따라서 이런 폭넓은 경계의 윤곽은 지도의 작성에 필요한 정확성을 보여주기보다 포괄적이고 이상적인 모습을 보여주는 듯하다.

1:5 5절이 시작될 때에 신명기 11:24-25의 메아리가 계속 울려 퍼지면서도 새로운 방향으로 전환이 이루어진다. 모세의 메시지에서는 "너희를 능히 당할 사람이 없으리라"(신 11:25)는 확신이 백성에게 주어지는 반면, 여기서는 그 말씀이 "너"라는 단수형의 사용으로 그리고 그의 평생과 관련시킴으로써 여호수아 개인에게 적용되고 있다. 어떤 의미에서, 여호수아를 이스라엘의 지도자로 세우시는 것은 하나님께서 그들과 함께하신다는 가시적인 상징의 역할을 하고, 그래서 그의 생애는 하나님 약속에 대한 보증인 역할을 하는 것이다. 모세는 죽었으나 여호수아는 살아있다(참고. 민 27:22; 신 31:23). 이는 모세가 누렸던(그리고 출애굽기 33장에 나오듯이 시내산에서 드린 그의 중보기도로 얻었던) 하나님의 임재가 여호수아에게도 계속 이어질 것이란 약속으로 더욱 강화된다. 이 구절의 끝에 나오는 지속적인 임재의 확신은 신명기 31장에서 여호수아에게 사명을 위탁하는 장면을 떠오르게 한다. 그 장면은 모세가 주님을 대신해서 먼저는 백성에게(신 31:6), 이어서 여호수아에게(31:8) 사명을 위탁하는 모습이다.[13] 그러므로 하나님 임재의 약속은 하나의 맥락이 있는 셈이다. 말하자면, 하나님께서 선물로 주시는

땅을 취하고, 거기에 거주하고, 또한 정착하는 맥락이다. 하나님의 임재는 여호수아가 수행하게끔 임명받은 그 사명에 참여할 때 수반되는 하나의 기능이다.

1:6-9 "강하고 담대하라"는 명령이 자연스럽게 따라오고 7, 9절에서 반복되며, 1:18에서는 약간 뜻밖의 맥락에서 되풀이된다. 이것 역시 신명기에서 모세가 여호수아에게 사명을 위탁하는 장면, 즉 이스라엘과 여호수아가 함께 사명을 받고(신 31:6-7) 또 주님이 구체적으로 여호수아에게 말씀하시는 장면(31:23, 참고. 3:28)과 명시적 연관성이 있다.[14] 곧 개시할 강력한 군사행동을 감안하면 이런 권고는 충분히 예상되고 또 6절의 관심사이다. 하지만 이것은 전투 준비를 갖추라는 일반적인 소집이 아니다. 오히려 7-8절이 자세히 말하듯이, 여호수아에게 요구되는 "담대[함]"은 적 앞에서의 용기보다는 하나님의 말씀에 대한 순종과 더 관계가 있다. 여호수아의 삶에서 율법의 위치[여호수아가 모세의 입으로부터 율법을 기억하든지(7절) 또는 여호수아가 기록된 형태로 율법을 묵상하든지 간에]는 신명기 17:18-20에 규정되어 있듯이 장래의 왕들이 처할 상황을 거울처럼 반사하고 있다. 이 두 맥락은 서로 다른 상황뿐 아니라 다르게 형성된 결과를 유념하고 있다. 그러나 두 경우 모두 하나님의 율법에 푹 잠기고 그 율법에 충실하게 살라는 고상한 소명을 설파하며, 그럴 경우 하나님께서 그분의 백성의 안녕과 그들의 지도자의 유익을 위해 의도하신 결과가 생길 것이라고 한다.

주님이 여호수아에게 직접 주시는 첫 번째 말씀은 9절에서 이전 구절들의 지시를 강화하는 말을 되풀이하며 마무리된다. 이 말씀은 하나님의 임재에 대한 약속을 반복하지만, 이번에는 1:5 끝에 나오는 부정문을 뒤집어

---

13 이 확신은 역대상 28:20에서 다윗이 솔로몬에게 주는 명령에도 나오지만 그 대목은 여호수아 10:25에 대해 더 깊은 의미를 지닌다(참고. 10:22-27 주석).

14 한 쌍으로 사용될 때는 '강하라, 강해져라'[하자크(*hazaq*)의 한 형태]란 단어가 일관되게 '담대하라'[아마츠(*'amats*)의 한 형태]란 단어보다 먼저 나온다.

서 긍정적으로 표현하고 1:5에 나오는 여호수아의 평생에 걸친 시간대("네 평생에")에서 9절에 나오는 약속의 땅에서의 움직임("네가 어디로 가든지")으로 연장된다. 그러므로 여호수아가 품어야 할 용기는 적이나 위험 앞에서 아집으로 완강하게 품는 물리적 용기가 아니라 하나님께서 주신 과업에 대한 영적 준비와 하나님 임재의 결과이다.

≋≋≋≋ 응답 ≋≋≋≋

여호수아서에 나오는 열두 편의 하나님의 메시지는 하나같이 안심시키기, 지시, 격려, 또는 하나님의 선물에 대한 확증[15]이라는 네 개의 요소 중 적어도 하나를 담고 있다. 2-9절에 나오는 이 메시지만 네 요소를 모두 갖고 있고, 여호수아가 모세의 죽음으로 빈 역할을 떠맡을 때 필요한 적절한 말씀으로 귀결된다. 따라서 이 책은 인간 지도자들의 한계를 직시할 뿐 아니라 늘 살아계신 하나님의 은혜로운 공급도 직시하면서 시작된다. 이 부분은 시편 저자의 권고와 찬송과 강한 공명을 이룬다. "귀인들을 의지하지 말며…야곱의 하나님을 자기의 도움으로 삼으며 여호와 자기 하나님에게 자기의 소망을 두는 자는 복이 있도다 여호와는…영원히 진실함을 지키시며"(시 146:3-6).

이와 동시에 여호수아 10-12장에서 가장 뚜렷하게 떠오르는 주제도 있다. 공동 노력을 기울이는 하나님과 여호수아의 기여도가 50 대 50이 아니라는 것이다. 오히려 모두 하나님의 기여다. 필요한 것과 능력을 주시는 분이 하나님이기 때문이다(이것이 하나님 임재의 약속에 담긴 요점이다). '그리고' 모두 여호수아의 기여다["너는 내가 그들의 조상에게 맹세하여 그들에게 주리라 한 땅을 이 백성에게 차지하게 하리라"(6절), '네가 네 길을 형통하게 만들 것이라'("you will make

---

15 한 경우(수 7:10-13)에는 책망도 있다. 이스라엘이 아이에서 범한 과실에서 회복된 후 8:1-2에 나오는 짧은 말씀은 세 개의 요소(격려, 지시, 선물에 대한 언급)를 포함한다. 나머지 메시지들은 하나 또는 둘만 갖고 있다.

your way prosperous", 개역개정은 "네 길이 평탄하게 될 것이며", 8절)]. 여기에 심오한 신비가 작동하고 있는데 여호수아를 향한 주님의 말씀이 그런 초자연적인 계산법을 요구한다.

하나님의 목적은 그분의 약속을 성취하는 가운데 올바른 질서를 갖춘 백성과 함께 거주할 장소를 되찾는 것이다. 이는 최초에 아담과 하와와 함께 특정한 장소(동산)에서 거주했던 것과 같다. 그리고 요한계시록이 묘사하듯이, 마지막 때에 이르면 "하나님의 장막이 사람들과 함께 있[게]"(계 21:3) 될 것이다. 하지만 그때에는 "주 하나님 곧 전능하신 이와 및 어린양이 그 성전이[시기]"(계 21:22) 때문에 더 이상 성전이 없을 것이다. 다시 말하건대, 이 대목은 앞으로 이 책이 더욱 온전히 펼칠 이 주제를 처음으로 얼핏 보게 해준다.

그런데 우리가 여호수아를 향한 하나님의 고무적인 말씀을 읽을 때 약간의 위험이 도사리고 있다. 우리가 이 본문을 경건하게 읽을 때는 우리 자신을 여호수아의 자리에 놓고 이 말씀을 우리에게 직접 주시는 것으로 보고 싶은 생각이 들 수 있다. 그러나 우리는 여호수아가 아니다. 그는 모세의 훈련된 종, 모세의 곁에서 수십 년 일했던 인물 그리고 이제는 하나님께서 모세의 후계자로 임명해서 이스라엘을 약속의 땅으로 인도할 사람이다. 말하자면, 여호수아는 하나님께서 아브라함("내가 너와 네 후손에게 네가 거류하는 이 땅 곧 가나안 온 땅을 주어 영원한 기업이 되게 하고," 창 17:8)과 이삭과 야곱에게 주셨던 약속을 종결시킬 사람이다. 우리 역시 쉽게 또 피상적으로 우리 자신에게 여호수아의 신발을 신긴 채 우리가 직면한 도전들의 견지에서 그렇게 생각할 수 있다. 하지만 우리는 이 말씀을 엿듣도록 허락을 받은 만큼 보다 근본적인 논평을 할 수 있다. 우리는 여호수아가 아닐지 몰라도 우리 역시 동일한 하나님을 섬기고 있다고 말이다. 하나님의 말씀은 이제 그의 생애를 향한 하나님의 소명을 이루기 위해 그 과업을 시작하는 사람에게 임한다. 그래서 히브리서 저자는 여호수아에게 주신 하나님 임재의 약속을 회상하고, 여호수아 1:5을 인용하면서 그가 신실하게 살도록 촉구하는 그리스도인들에게 그 약속을 적용할 수 있는 것이다. "그가

친히 말씀하시기를 '내가 결코 너희를 버리지 아니하고 너희를 떠나지 아
니하리라' 하셨느니라"(히 13:5).

10 이에 여호수아가 그 백성의 관리들에게 명령하여 이르되 11 진중에 두루 다니며 그 백성에게 명령하여 이르기를 양식을 준비하라 사흘 안에 너희가 이 요단을 건너 너희의 하나님 여호와께서 너희에게 주사 차지하게 하시는 땅을 차지하기 위하여 들어갈 것임이니라 하라

10 And Joshua commanded the officers of the people, 11 "Pass through the midst of the camp and command the people, 'Prepare your provisions, for within three days you are to pass over this Jordan to go in to take possession of the land that the Lord your God is giving you to possess.'"

12 여호수아가 또 르우벤 지파와 갓 지파와 므낫세 반 지파에게 말하여 이르되 13 여호와의 종 모세가 너희에게 명령하여 이르기를 너희의 하나님 여호와께서 너희에게 안식을 주시며 이 땅을 너희에게 주시리라 하였나니 너희는 그 말을 기억하라 14 너희의 처자와 가축은 모세가 너희에게 준 요단 이쪽 땅에 머무르려니와 너희 모든 용사들은 무장하고 너희의 형제보다 앞서 건너가서 그들을 돕되 15 여호와께서 너

희를 안식하게 하신 것 같이 너희의 형제도 안식하며 그들도 너희의 하나님 여호와께서 주시는 그 땅을 차지하기까지 하라 그리고 너희는 너희 소유지 곧 여호와의 종 모세가 너희에게 준 요단 이쪽 해 돋는 곳으로 돌아와서 그것을 차지할지니라

12 And to the Reubenites, the Gadites, and the half-tribe of Manasseh Joshua said, 13 "Remember the word that Moses the servant of the Lord commanded you, saying, 'The Lord your God is providing you a place of rest and will give you this land.' 14 Your wives, your little ones, and your livestock shall remain in the land that Moses gave you beyond the Jordan, but all the men of valor among you shall pass over armed before your brothers and shall help them, 15 until the Lord gives rest to your brothers as he has to you, and they also take possession of the land that the Lord your God is giving them. Then you shall return to the land of your possession and shall possess it, the land that Moses the servant of the Lord gave you beyond the Jordan toward the sunrise."

16 그들이 여호수아에게 대답하여 이르되 당신이 우리에게 명령하신 것은 우리가 다 행할 것이요 당신이 우리를 보내시는 곳에는 우리가 가리이다 17 우리는 범사에 모세에게 순종한 것 같이 당신에게 순종하려니와 오직 당신의 하나님 여호와께서 모세와 함께 계시던 것 같이 당신과 함께 계시기를 원하나이다 18 누구든지 당신의 명령을 거역하며 당신의 말씀을 순종하지 아니하는 자는 죽임을 당하리니 오직 강하고 담대하소서

16 And they answered Joshua, "All that you have commanded us we will do, and wherever you send us we will go. 17 Just as we obeyed Moses in all things, so we will obey you. Only may the Lord your God be with you, as he was with Moses! 18 Whoever rebels against your

commandment and disobeys your words, whatever you command him, shall be put to death. Only be strong and courageous."

〰〰〰 단락 개관 〰〰〰

여호수아를 향한 주님의 말씀에 이어 세 편의 메시지가 따라온다. 여호수아는 먼저 백성이 행동하도록 준비시킨다(10-11절). 이후 요단 동편 지파들에게 모세와 맺은 합의를 그리고 용사들이 요단의 서편 영토로 들어가는 나머지 백성과 함께해야 할 의무를 따로따로 상기시킨다. 그들은 그들의 가족들과 소유물을 요단의 동편, 예전에 그들에게 분배된 지역에 두게 될 것이다. 끝으로, 이 지파들은 여호수아에게 긍정적인 반응을 보이는데(16-18절), 이 대목의 마지막에 약간 뜻밖의 내용이 나온다.

〰〰〰 단락 개요 〰〰〰

I. 약속의 땅을 차지하다(1:1-12:24)

　B. 백성을 향한 여호수아의 지시(1:10-18)

　　1. 여호수아가 관리들에게 지시하다(1:10-11)

　　2. 여호수아가 요단 동편 지파들과 얘기하다(1:12-18)

　　　a. 담화의 틀(1:12)

　　　b. 모세가 요단 동편 지파들과 맺은 합의를 상기시키다
(1:13-15)

　　　c. 요단 동편 지파들이 충성할 것을 확신시키다(1:16-18)

1:10 "그 백성의 관리들[쇼테림(*shoterim*)]"의 지위는 정확히 파악하기가 어렵다.[16] 그들은 출애굽기 5장에 서술된 악명 높은 '짚이 없는 벽돌' 에피소드에 맨 처음 나오는데, 거기서 그들의 호칭은 "작업반장"(출 5:6, 새번역)이다. 민수기 11:16과 신명기의 여러 경우에 이 사람들이 이스라엘의 "장로들"과 나란히 나오지만 후자와 구별되어 있다. 신명기 20:5-9에서는 그들이 시민이 아닌 군인의 자격으로 관리자의 역할을 수행한다. 그들은 신명기 16:18 및 훗날의 역대상 23:4과 26:29의 본문에서 사법적 기능을 수행하는 것으로 나오지만, 역대하 19:11과 34:13은 그들을 레위인과 서기관의 영역에 배치한다. 우리가 여호수아서에서 나중에 그들을 만날 때는 그들이 장로들과 재판장들과 한 집단을 이룬다(수 8:33; 23:2; 24:1). 따라서 이런 본문들을 두루 살펴보건대, '관리들'은 이스라엘의 공동체 생활에서 폭넓은 조직적 권위를 행사하는 것으로 보이고, 그 권위는 고유한 것이 아니라 파생된 것이다. 이는 기능의 문제이지 지위가 아니라는 뜻이다. 여기서 그 권위는 일반 백성을 향한 여호수아의 명령을 전달하는 통로의 역할과 관계가 있는데(참고. 3:2), 이는 여호수아가 백성을 향한 하나님의 명령을 전달하는 통로인 것과 비슷하다.

1:11 여호수아서에 나오는 내러티브 연대기는 때때로 현대 독자가 따라가기 어려울 수 있다. 여기서 여호수아는 진영을 나누어 약속의 땅으로 건너가기 전에 "사흘" 동안 준비하라고 말한다. 이는 3:2에서 재개되지만 그 중간 대목인 2장에는 여리고에 머무는 "정탐꾼[들]"(2:1)의 이야기가 나온다. 이 이야기는 그 자체에 사흘이란 기간을 포함하는데(2:22), 그 에피소드 전체는 완료되기까지 그 이상의 시간이 필요한 듯이 보인다. 따라서

---

16 참고. Nili Sacher Fox, *In the Service of the King: Officialdom in Ancient Israel and Judah* (Cincinnati, OH: Hebrew Union College Press, 2000), 192-196.

"사흘"은 우리가 말하는 "며칠"에 더 가까울 수 있고, 이런 이야기의 독자는 그런 내용을 단일한 연대기로 다함께 끼워 맞출 필요가 있다.

1:12-15 1:9에 담긴 하나님의 말씀은 민수기와 신명기에 나오는 구절들을 여러 번 언급했고, 이는 여기서도 마찬가지다. "르우벤 지파와 갓 지파와 므낫세 반 지파"는 한 집단으로서 때때로 주석가들이 '요단 동편 지파들'(Transjordan tribes), '동부 지파들' 또는 '두 지파와 반 지파'라 부르곤 한다. 이 집단의 기원은 민수기 32장, 특히 민 32:19-32에 나온다. 그들은 이 책이 진행되는 동안 몇 군데에서 한 묶음으로 거론되고 있다(수 4:12; 12:6; 13:29; 18:7). 하지만 여기에 나오는 교환은 22장에 나오는 극적 사건들의 전조 역할을 한다. 이런 식으로 요단 동편 지파들의 권리와 행동은 하나님 앞에서 그 백성 전체의 위상을 보여 준다는 면에서 특별한 역할을 한다.

민수기 32장에서 요단 동편 지파들이 맺는 합의는 신명기 3:18-20에서 요약된 형태로 반복되어 있다. 후자는 여기에 나온 여호수아의 말에 형판(template)을 제공한다. 여기서 작지만 중요한 차이점 하나를 주목할 필요가 있다. 서두("너희의 하나님 여호와께서 너희에게 안식을 주시며", 13절)가 민수기 32장의 합의나 신명기 3:18-20에 나오는 요약에서는 두드러지게 나타나지 않는다는 것이다. 모세의 메시지 가운데 이와 가장 비슷한 병행구절은 신명기 12:10이며, 이는 백성 전체가 주님이 "너희에게 너희 주위의 모든 대적을 이기게 하시고 너희에게 안식을 주[실]"[17] 때 장차 시행될 새로운 예배에 대한 준비를 내다보는 본문이다. 히브리서 저자는 안식이란 주제를 다루면서 모세(히 3:2, 3, 5, 16)와 아론(5:4) 사이에서 여호수아를 골라내어 언급한다(4:8). 여기서 이 주제는 표지를 내려놓았다가 나중에 여호수아 22:4에서 다시 세워질 것이다. 그리하여 백성이 그 땅에 들어갈 준비를 갖추는 이 대목과 나중에 그들이 영토에 처음 정착할 때 마주치는 위험을 서

---

17 안식이란 주제는 또한 여호수아 21:44과 23:1에서 성취된 약속의 특징이기도 하다. 역대상 22:18을 참고하라. 여기서는 "안식"이 다윗이 솔로몬에게 성전 건축을 추진하도록 격려하는 장면의 맥락이다.

술하는 대목을 명시적으로 연결시키게 된다.

1:16-18 요단 동편 지파들의 집단적 반응은 신속하고 긍정적이며 포괄적이다. 그 반응은 여호수아가 바랄 수 있었던 모든 것이고, 적어도 백성의 이 부문에서 나오는, 주님이 특히 1:5에서 표명한 말씀과 연속성을 이루는 말이다. 주님이 임명된 지도자를 통해 주시는 명령과 그 나머지 백성에게 주시는 명령의 사슬은 깨어지지 않은 채 존속한다. 18절에 나오는 요단 동편 지파들의 결론은 두 가지 점에서 충격적이다. 첫째, 불순종하는 이스라엘 사람은 누구나 죽이겠다는 그들의 약속은 정신이 번쩍 들게 하고, 뒤를 돌아보면서 비느하스의 열정을 떠올리게 한다(참고. 민 25:6-12). 앞을 내다보면, 이는 또한 여호수아 22장에 나오는 사건들보다 더 가까운 사건들을 예시하기도 한다. 즉, 이 말은 이스라엘의 군대에서 배신이 일어나서 치명적 결과를 초래할 가능성을 생각하게 한다. 사실은 너무나 빨리 그런 일이 닥칠 것이다. 또 하나의 뜻밖의 반응은 여호수아에게 "강하고 담대하라"라고 격려하는 말이다. 이는 바로 주님이 여호수아에게 하신 그 말씀이다(1:6, 7, 9). 문학적 견지에서 보면, 이는 여호수아서의 첫 장을 마감하는 인상적인 장면이다. 더 중요한 점은 잠시나마 일부 이스라엘 사람이 그들의 하나님처럼 말하는 소리를 우리가 듣는다는 것이다.

여호수아는 모세가 아니다. 그러나 벌써 첫 장에서 그는 이스라엘의 출애굽을 이끈 위대한 지도자를 뒤이어 우뚝 서 있는 모습으로 그려져 있다. 그 위대한 지도자는 약속의 땅 입구에 이르기까지 그가 시작하였고 신실하게 수행한 그 과업을 완수했다. 여호수아가 그 역할에 발을 들여놓기 시작할 때, 그가 받는 첫 반응은 주님이 그분의 백성을 인도하도록 주신 과업에 대한 전심어린 헌신을 표현하고 있다. 그리고 그런 헌신은 그 자체로 주님에 대한 근본적인 충성의 결과이다. 이 패턴은 성경 전체에 걸쳐 나오는데, 구약에서 이스라엘이 만들어질 때와 신약에서 예수님의 사역과 이후 교회가 발전하는 과정에서 볼 수 있다. 이런 패턴이 깨어지면 사사기에 나오듯이 치명적인 결과를 초래하게 된다. 공인된 지도자, 즉 하나님의 부름을 받아 그분에 의해 준비되고, 신실한 삶의 맥락에서 공동체의 인정과 존경을 받는 지도자가 있는 곳에는 하나님의 백성이 번영할 수 있는 틀이 제대로 짜이게 된다.

¹ 눈의 아들 여호수아가 싯딤에서 두 사람을 정탐꾼으로 보내며 이르되 가서 그 땅과 여리고를 엿보라 하매 그들이 가서 라합이라 하는 기생의 집에 들어가 거기서 유숙하더니 ² 어떤 사람이 여리고 왕에게 말하여 이르되 보소서 이 밤에 이스라엘 자손 중의 몇 사람이 이 땅을 정탐하러 이리로 들어왔나이다 ³ 여리고 왕이 라합에게 사람을 보내어 이르되 네게로 와서 네 집에 들어간 그 사람들을 끌어내라 그들은 이 온 땅을 정탐하러 왔느니라 ⁴ 그 여인이 그 두 사람을 이미 숨긴지라 이르되 과연 그 사람들이 내게 왔었으나 그들이 어디에서 왔는지 나는 알지 못하였고 ⁵ 그 사람들이 어두워 성문을 닫을 때쯤 되어 나갔으니 어디로 갔는지 내가 알지 못하나 급히 따라가라 그리하면 그들을 따라잡으리라 하였으나 ⁶ 그가 이미 그들을 이끌고 지붕에 올라가서 그 지붕에 벌여 놓은 삼대에 숨겼더라 ⁷ 그 사람들은 요단 나루터까지 그들을 쫓아갔고 그들을 뒤쫓는 자들이 나가자 곧 성문을 닫았더라

² And Joshua the son of Nun sent¹ two men secretly from Shittim as spies, saying, "Go, view the land, especially Jericho." And they went

and came into the house of a prostitute whose name was Rahab and lodged there. 2 And it was told to the king of Jericho, "Behold, men of Israel have come here tonight to search out the land." 3 Then the king of Jericho sent to Rahab, saying, "Bring out the men who have come to you, who entered your house, for they have come to search out all the land." 4 But the woman had taken the two men and hidden them. And she said, "True, the men came to me, but I did not know where they were from. 5 And when the gate was about to be closed at dark, the men went out. I do not know where the men went. Pursue them quickly, for you will overtake them." 6 But she had brought them up to the roof and hid them with the stalks of flax that she had laid in order on the roof. 7 So the men pursued after them on the way to the Jordan as far as the fords. And the gate was shut as soon as the pursuers had gone out.

8 또 그들이 눕기 전에 라합이 지붕에 올라가서 그들에게 이르러 9 말하되 여호와께서 이 땅을 너희에게 주신 줄을 내가 아노라 우리가 너희를 심히 두려워하고 이 땅 주민들이 다 너희 앞에서 간담이 녹나니 10 이는 너희가 애굽에서 나올 때에 여호와께서 너희 앞에서 홍해 물을 마르게 하신 일과 너희가 요단 저쪽에 있는 아모리 사람의 두 왕 시혼과 옥에게 행한 일 곧 그들을 전멸시킨 일을 우리가 들었음이니라 11 우리가 듣자 곧 마음이 녹았고 너희로 말미암아 사람이 정신을 잃었나니 너희의 하나님 여호와는 위로는 하늘에서도 아래로는 땅에서도 하나님이시니라 12 그러므로 이제 청하노니 내가 너희를 선대하였은즉 너희도 내 아버지의 집을 선대하도록 여호와로 내게 맹세하고 내게 증표를 내라 13 그리고 나의 부모와 나의 남녀 형제와 그들에게 속한 모든 사람을 살려 주어 우리 목숨을 죽음에서 건져내라 14 그 사람들이 그에게 이르되 네가 우리의 이 일을 누설하지 아니하면 우리

의 목숨으로 너희를 대신할 것이요 여호와께서 우리에게 이 땅을 주실 때에는 인자하고 진실하게 너를 대우하리라

8 Before the men[2] lay down, she came up to them on the roof 9 and said to the men, "I know that the Lord has given you the land, and that the fear of you has fallen upon us, and that all the inhabitants of the land melt away before you. 10 For we have heard how the Lord dried up the water of the Red Sea before you when you came out of Egypt, and what you did to the two kings of the Amorites who were beyond the Jordan, to Sihon and Og, whom you devoted to destruction.[3] 11 And as soon as we heard it, our hearts melted, and there was no spirit left in any man because of you, for the Lord your God, he is God in the heavens above and on the earth beneath. 12 Now then, please swear to me by the Lord that, as I have dealt kindly with you, you also will deal kindly with my father's house, and give me a sure sign 13 that you will save alive my father and mother, my brothers and sisters, and all who belong to them, and deliver our lives from death." 14 And the men said to her, "Our life for yours even to death! If you do not tell this business of ours, then when the Lord gives us the land we will deal kindly and faithfully with you."

15 라합이 그들을 창문에서 줄로 달아내리니 그의 집이 성벽 위에 있으므로 그가 성벽 위에 거주하였음이라 16 라합이 그들에게 이르되 두렵건대 뒤쫓는 사람들이 너희와 마주칠까 하노니 너희는 산으로 가서 거기서 사흘 동안 숨어 있다가 뒤쫓는 자들이 돌아간 후에 너희의 길을 갈지니라 17 그 사람들이 그에게 이르되 네가 우리에게 서약하게 한 이 맹세에 대하여 우리가 허물이 없게 하리니 18 우리가 이 땅에 들어올 때에 우리를 달아 내린 창문에 이 붉은 줄을 매고 네 부모와 형

제와 네 아버지의 가족을 다 네 집에 모으라 19 누구든지 네 집 문을 나가서 거리로 가면 그의 피가 그의 머리로 돌아갈 것이요 우리는 허물이 없으리라 그러나 누구든지 너와 함께 집에 있는 자에게 손을 대면 그의 피는 우리의 머리로 돌아오려니와 20 네가 우리의 이 일을 누설하면 네가 우리에게 서약하게 한 맹세에 대하여 우리에게 허물이 없으리라 하니 21 라합이 이르되 너희의 말대로 할 것이라 하고 그들을 보내어 가게하고 붉은 줄을 창문에 매니라

15 Then she let them down by a rope through the window, for her house was built into the city wall, so that she lived in the wall. 16 And she said[4] to them, "Go into the hills, or the pursuers will encounter you, and hide there three days until the pursuers have returned. Then afterward you may go your way." 17 The men said to her, "We will be guiltless with respect to this oath of yours that you have made us swear. 18 Behold, when we come into the land, you shall tie this scarlet cord in the window through which you let us down, and you shall gather into your house your father and mother, your brothers, and all your father's household. 19 Then if anyone goes out of the doors of your house into the street, his blood shall be on his own head, and we shall be guiltless. But if a hand is laid on anyone who is with you in the house, his blood shall be on our head. 20 But if you tell this business of ours, then we shall be guiltless with respect to your oath that you have made us swear." 21 And she said, "According to your words, so be it." Then she sent them away, and they departed. And she tied the scarlet cord in the window.

22 그들이 가서 산에 이르러 뒤쫓는 자들이 돌아가기까지 사흘을 거기 머물매 뒤쫓는 자들이 그들을 길에서 두루 찾다가 찾지 못하니라

23 그 두 사람이 돌이켜 산에서 내려와 강을 건너 눈의 아들 여호수아에게 나아가서 그들이 겪은 모든 일을 고하고 24 또 여호수아에게 이르되 진실로 여호와께서 그 온 땅을 우리 손에 주셨으므로 그 땅의 모든 주민이 우리 앞에서 간담이 녹더이다 하더라

22 They departed and went into the hills and remained there three days until the pursuers returned, and the pursuers searched all along the way and found nothing. 23 Then the two men returned. They came down from the hills and passed over and came to Joshua the son of Nun, and they told him all that had happened to them. 24 And they said to Joshua, "Truly the Lord has given all the land into our hands. And also, all the inhabitants of the land melt away because of us."

1 Or *had sent* *2* Hebrew *they* *3* That is, set apart (devoted) as an offering to the Lord (for destruction) *4* Or *had said*

≋≋≋ 단락 개관 ≋≋≋

이것은 오경 이외에서 나오는 최초의 서사적 행동이다. 이것이 뜻밖의 사건으로 다가오는 것은 두 명의 이스라엘 사람이 외국 성읍에서 한 가나안 창녀의 도움으로 은신처를 찾게 되는 이야기이기 때문이다. 말을 아끼고 있음에도 불구하고(또는 어쩌면 말을 아끼기 때문에) 이 자그마한 드라마는 그 규모에 걸맞지 않게 큰 매력을 발산했다. 오랜 세월에 걸쳐 유대교 주석가들과 기독교 주석가들은 하나같이 그 세부사항에 대해 곤혹스러워했고 이는 이날까지 계속되고 있다. 여호수아 2장에 관한 학술적 참고문헌은 상당히 많아도 그 해석을 둘러싼 의문은 오늘까지 지속되고 있다.

다음에 이어지는 이 주석의 취지는, 확고한 답변들은 궁극적으로 손에 잡을 수 없어도, 대체로 거기에 담긴 해석학적 수수께끼를 밖으로 내놓는

것이다. 여호수아는 왜 정탐꾼들을 보내고, 그들은 누구인가? 그들이 '정탐꾼들'이라면 어째서 그토록 빨리 그 정체가 드러났는가? 무엇이 그들로 라합을 만나도록 이끌어주는가? 라합의 지위와 직업을 어떻게 평가해야 하는가? 라합은 왜 정탐꾼들에게 은신처와 보호막을 제공하는가? 그리스도인 독자는 그녀가 그들을 위해 줄곧 행하는 속임수를 어떻게 간주해야 하는가? 이런 질문이 계속 이어진다. 우리는 물론 그 상황에 관해 여기에 나온 세부사항으로 파악할 수 있는 것보다 더 많은 것을 알기 원한다. 그러나 이는 성경의 내러티브를 공부할 때 보기 드문 경우가 아니다. 두 가지 원리를 염두에 둬야 한다. 첫째, 성경 내레이터가 말을 아끼기 때문에 사소한 세부사항들이 더 많은 의미를 지니고 있을 수 있다. 그래서 해석자는 본문을 주의 깊게 읽어야 할 뿐 아니라 지나친 해석을 피하도록 조심해야 한다. 둘째, 영감 받은 성경 저자들이 제공한 것과 관련된 복음주의적 영감 교리가 성령에 의지하여 읽는 사람들에게도 적용되어야 한다.

이 이야기는 라합이 이스라엘 정탐꾼들과 접촉한 결과로 그녀가 취한 행동의 다른 양상에 따라 두 부분으로 나뉜다. 첫째는 그녀가 시민으로서 여리고의 엘리트층과 맺는 관계와 관련이 있고(2-7절), 둘째는 이스라엘과 관련하여 정탐꾼들과 맺는 관계와 관련이 있다(8-21절). 이 단락의 첫 부분은 여호수아가 정탐꾼을 보내는 장면(1절)이고 끝부분은 정탐꾼들이 돌아올 때 그들을 영접하는 장면이다.

~~~~~ 단락 개요 ~~~~~

I. 약속의 땅을 차지하다(1:1-12:24)

   C. 라합과 정탐꾼들(2:1-24)

      1. 여호수아가 여리고에 정탐꾼들을 보내다, 그들이 라합의

집에 도착하다(2:1)

2. 라합과 여리고(2:2-7)

　a. 여리고의 왕이 라합을 소환하다(2:2-3)

　b. 라합의 행동의 반응(2:4-5)

　c. 라합이 실제로 행한 것(2:6)

　d. 여리고 사람들이 정탐꾼을 추적하다(2:7)

3. 라합이 정탐꾼들에 동조하다(2:8-21)

　a. 라합이 정탐꾼들과 교섭하다(2:8-13)

　b. 정탐꾼들이 동의하다(2:14)

　c. 라합의 행동과 지시(2:15-16)

　d. 정탐꾼들의 조건(2:17-20)

　e. 라합이 동의하고 정탐꾼들을 돌려보내다(2:21)

4. 정탐꾼들이 여호수아에게 돌아가서 보고하다(2:22-24)

히브리식 서술 전통에 따라 이야기꾼들은 '무대 위에' 한 번에 두 명의 등장인물만 있는 것을 선호한다. 더 길고 더 복잡한 이야기의 경우에는 이 전통을 관찰하면 본문의 구조 분석에 큰 도움이 되고 여기서도 마찬가지다. 첫 번째 짝은 여호수아와 '정탐꾼들'이고, 후자는 이 내러티브에서 단일한 등장인물로 간주될 수 있다. 이들은 개체화되는 경우가 아예 없다. 라합이 여리고의 다양한 등장인물들과 상호작용을 하는 장면이 2-7절을 이룬다. 단일한 짝짓기가 8-21절에 나오는 라합과 정탐꾼들과의 긴 대화에도 나타나는데, 이 부분은 어느 정도의 대칭구조를 보여주는 상호 간의 교환으로 짜여 있다. 끝으로, 정탐꾼들과 여호수아가 다시 함께하고(22-24절) 사명은 성취된 상태이다.

　서사적 행동은 소수의 구절에 국한되어 있다. 이 내러티브의 대다수는 대화로 이뤄져 있다. 정탐꾼들을 보내고 그들이 돌아오는 장면(단락 개요의 1

항과 4항을 참고하라)을 제외하면, 이 플롯은 단 몇 발자국만 전진할 뿐이다.

4절: 라합이 정탐꾼들을 숨겨주다.
6절: 그녀가 그들을 삼대가 있는 지붕 위에 숨기다.
7절: 여리고의 사람들이 추적하고 성문이 닫히다.
8절: 라합이 지붕 위에 있는 정탐꾼들에게 가다.
15절: 라합은 정탐꾼들이 그 집의 창문을 통해 달아나도록 주선하다.
21절: 정탐꾼들이 떠나고 라합은 줄을 매단다.

≈≈≈≈≈   주석   ≈≈≈≈≈

2:1a 이 짧은 구절은 놀라운 사건의 흐름을 가동시키고 거의 각 요소가
해설을 권유한다. 이 구절은 자연스럽게 두 부분으로 나눠진다. (1) 여호
수아가 정탐꾼들을 파견하고 그들이 떠나는 장면과 (2) 그들이 라합의 집
에 도착하는 장면이다. 여호수아 1장은 이 책이 시작될 때 이스라엘 백성
의 위치를 알려주지 않는다. 신명기의 끝에 나오는 맥락조차 별로 도움이
되지 않는데, 이스라엘이 그 책 전반에 걸쳐 "모압 평지에"(신 34:1, 8) 있다
는 식으로 모호하게 묘사되어 있기 때문이다. 이스라엘이 방황하던 시절
의 마지막 단계에서 그들의 위치에 대해 감지하려면 민수기 33:48-49로
돌아가야 한다. 그 본문은 이스라엘이 "요단강 가 모압 평지에 진을 쳤으
니…벧여시못에서부터 아벨싯딤에 이르렀더라"라고 말한다. 그리고 이 이
야기가 시작되는 시점에는 싯딤이 그 진영지다. 모세의 책들을 빈틈없이
읽는 독자들은 이 이름을 듣고 전율한다. 그곳은 바로 이스라엘이 "모압
사람의 딸들과 음행을 하기 시작하였[고]" 그래서 "바알브올과 결합[한]"
장소였기 때문이다(민 25:1, 3). 이 사건은 하나님의 진노가 그 백성에게 임
하게 했고 이집트를 떠난 세대의 종말을 장식했다. 그러므로 싯딤은 이스
라엘이 모세의 죽음을 애도한 후 첫 행동을 취하기에는 불길한 배경이다.

여호수아가 정탐꾼들을 보내기로 한 결정에 대한 해설은 없으나, 곰곰이 생각하면 독자들은 이 움직임을 예상하는 동시에 놀라는 반응을 보일 법하다. 여호수아는 앞서 주님의 명령으로 모세에 의해 그 땅에 파견된 열두 정탐꾼 중 하나였고(민 13:1-16), 갈렙도 신실한 정탐꾼 두 명 중 하나로서 그들 가운데 포함되어 있었다(13:30; 14:6-10, 30). 처음 그 땅에 들어가는 순간에 있었던 하나님의 지시를 감안하면, 이번에 그 전략을 재개하겠다는 여호수아의 결정은 (이제는 정탐꾼이 두 명만 필요하다) 무척 타당하고, 어쩌면 진영을 나누기 위한 사흘의 준비기간(수 1:10-11)을 활용하는 것일 수 있다. 하지만 이번에는 모세의 경우와 같은 하나님의 지시가 없고, 여호수아가 이 결정과 관련해 하나님의 인도를 구하지도 않았다. 아니, 어쨌든 기록된 것이 하나도 없다. 그런데 1장에서 하나님께서 여호수아에게 명령하신 것("이제 너는 이 모든 백성과 더불어 일어나 이 요단을 건너 내가 그들 곧 이스라엘 자손에게 주는 그 땅으로 가라", 1:2)을 감안하면, 보다 자연스러운 결과는 정찰대의 보고를 기다리면서 연기하기보다는 그냥 일어나서 가는 것일 터이다. 이것은 이 책에서 여호수아가 정탐꾼을 보내는 두 경우 중 첫 번째이고 둘 다 하나님의 명령이 없이 진행된다. 다른 경우는 아이와의 전투 이전에 나오고(7:2-3), 그 경우에도 여호수아는 하나님의 인도를 구하지 않는다. 첫 번째 정탐꾼 이야기에서는 한 가나안 집안이 (마침내) 이스라엘의 일부가 되는 반면, 두 번째 이야기에서는 한 이스라엘 집안이 가나안 족속의 운명에 처하게 된다. 여기에 함축된 의미는 정탐꾼 전략이 이스라엘의 삶의 이 단계에서 주님의 최선의 의도가 아니라는 것이다.

2:1b 곧바로 정탐꾼들이 한 가나안 창녀를 만나서 그녀와 함께 숙박하는데, 이때 싯딤의 경고음이 좀 더 불길하게 들리는 듯하다. 이 경우에는 그런 우려가 근거 없어 보이지만 실상은 이야기가 전개됨에 따라 드러날 것이다. 히브리어 본문은 라합의 직업을 분명히 밝힌다. 그녀가 조나(*zona*, 참고. 6:17, 22, 25)라는 것이다. '창녀'로 번역하는 것이 적절하나 이 히브리어 용어의 의미론적 뉘앙스는 이 단어와 정확히 일치하진 않는다. 그녀는 신

약에서도 그렇게 기억되고 있다[포르네(pornē), 히 11:31; 약 2:25]. 역사적 연구는 이 호칭이 함축하는 의미에 도전을 가했다.[18] 이 연구에 따르면, 그런 인물들이 여인숙 주인들로 활동했고, 그들의 활동은 고대의 법령에 규정되어 있었으며, 이런 기록은 그들의 사회적 프로필을 돈을 받고 성상납을 하는 자들과 다른 것으로(또는 적어도 그 이상으로) 채우도록 도움을 준다. 유대인 역사학자인 요세푸스가 그 이야기를 다시 들려줄 때도 라합의 특징을 이렇게 묘사하고 있다(*Antiquities* 5.8). 그렇다면 그녀의 도덕적 성품은 히브리어 성경이 종종 암시하는 그런 '창녀'(조나)의 프로필만큼(참고. 잠 7:10-20; 23:27-28, 상징적으로는 나 3:4) 의심스럽지 않을 수도 있다.

2:2-7 그 상황은 곧바로 여리고 왕의 주의를 끌게 된다. 그 왕은 정탐꾼들의 행방뿐만 아니라 그들 임무의 성격까지 알게 된다. 이는 '이들이 어떤 종류의 정탐꾼인가?'라는 의문을 제기하게 한다. 다시금 이 본문을 시대착오적으로 읽지 않도록 조심해야 한다. 이 사람들은 모종의 첩보 활동보다 정찰 임무를 가진 것으로 보인다. 어쩌면 '정찰대'가 이런 의미를 더 잘 전달하는 듯하다. 그들의 임무가 비밀이든 그렇지 않은 간에, 그들로서는 관리들과의 접촉을 피하는 것이 유리하기 때문에 라합이 그들을 숨겨준다(4절). 그렇게 하는 그녀의 동기는 아직 분명하지 않아도 이 플롯의 다음 대목에 이르면 밝혀질 것이다. 여기서 긴급한 문제는 그녀가 왕의 사신들에게 주는 보고와 자문이다. 그녀가 그 사람들을 만났을 때 그들의 정체를 몰랐고, 그들은 이미 성읍을 떠났으며, 여리고의 관리들이 긴급하게 수색대를 보내야 한다는 것이다(4-5절).

라합의 보고에는 하나의 아이러니와 하나의 문제가 있다. 아이러니는, 그녀가 대놓고 거짓말을 했는데도(정탐꾼들을 보호하려고 왕의 사신들을 속였다) 왕의 신하들이 그녀의 보고를 액면 그대로 받아들이고 그녀의 조언을 따랐

---

18 참고. D. J. Wiseman, "Rahab of Jericho," *TynBul* 14 (1964): 8-11.

다는 것이다. 이 이야기의 독자들은 그 관리들이 기만을 당하고 있다는 것을 알지만, 그녀는 적어도 이 증거로 보면 상당히 믿을만한 사람인 듯하다. 이에 근거해서 서사적 기술의 견지로 보면, 독자는 라합의 성품에 대해 좋은 인상을 받을 수 있거나, 그 관리들은 속기 쉬운 사람들이라 판단하고 그들이 라합의 자문만 받은 채 추가 조사도 없이 그토록 재빠르게 움직인 모습에서 하나의 유머를 발견할 수 있다(7절). 이 둘은 서로 배타적이지 않다!

문제는 이보다 더 깊은 곳에 있다. 라합이 거짓말을 했다. 이는 오랜 세월에 걸쳐 그리스도인 주석가들을 곤란하게 만들었다. 어거스틴과 동시대 사람인 요한 카시안(John Cassian)은 라합의 속임수를 다른 성경적 본보기들(예. 출애굽기 1장에 나오는 산파들)에 비추어 묵상했다. 어거스틴에 따르면, 거짓말하는 죄는 여전히 죄로 남고, 라합의 경우에 따라오는 복은 그 죄가 아니라 하나님의 백성을 위한 호의적 행동에서 나오는 것인즉 그 죄는 용서를 받는다고 한다. 카시안은 거짓말의 사용을 특정한 약용 식물에 비유하는데, 이는 그릇된 조건 아래 섭취하면 치명적이지만 질병에 복용하면 치유를 가져온다는 것이다. 거짓말도 마찬가지다. 거짓말은 극한 상황에서만 사용되어야 한다. 존 칼빈(John Calvin)은 제3의 관점을 갖고 있다. 하나님은 진리이시기 때문에 거짓말은 하나님의 본성과 상반된다는 것이다.

> 그래도 라합의 행동은 완벽하게 순수하진 않아도 미덕으로 칭송받을 면이 없지 않다. 성도들이 올바른 길을 걸으려고 애쓰지만 우회로로 빗나가는 일이 종종 발생하기 때문이다…하나님의 자비에 의해 그 잘못은 묵과되어 고려되지 않는다.[19]

우리는 이집트에 있던 산파들의 사례 이외에 다른 성경의 유사한 사례들도 찾을 수 있다. 야엘의 속임은 이스라엘의 적의 멸망을 가능케 했고,

---

19 John Calvin, *Commentaries on the Book of Joshua*, trans. Henry Beveridge (Edinburgh: Calvin Translation Society, 1854), 47.

그래서 그녀는 "다른 여인들보다 복을 받을 것"이란 칭송을 받는다(삿 5:24, 참고. 삿 4:17-22)! 이삭으로부터 축복을 유도하는 리브가의 계략이 때때로 이런 논의에서 고려되곤 한다(창 27장). 아마 가장 충격적인 것은 열왕기상 22장의 사례, 즉 주님이 친히 "거짓말하는 영"(왕상 22:22, 23)을 선지자들의 입에 보내는 장면일 것이다. 이는 다른 시나리오지만 하나님의 목적이 인간의 속임을 통해 실현되는 장면이다. 이 모든 사례는 성급한 판단을 피하고 잠시 멈추어 생각하라고 조언한다. 성경이 판단을 내리지 않는 곳에서는 우리가 적어도 판단을 내리지 않도록 조심할 필요가 있다(참고. 삼하 11:27). 올리버 오도노반은 '거짓의 부당함'에 대해 충분히 고려한 끝에 이런 유익한 조언을 준다. "우호적인 거짓말은 비록 격심한 반대에 부딪힐 때 용서받을 만한 실수를 저지르지만 궁극적으로는 우호적인 것이 되지 못하는데, 그것은 피해자에게 선의를 보여주되 하나님이 인류에게 선물로 주신 진실에 선의의 뿌리를 두지 못하는 방식으로 그렇게 하기 때문이다."[20] 어떤 거짓말이 약간의 유익을 낳는다고 해도 속임수는 궁극적으로 진리의 하나님을 가리키는 지표가 아니다.

2:8-14 개요

왕의 일꾼들이 성읍을 떠나 정탐꾼들을 쫓았으나 헛수고로 끝났을 때, 이 이야기는 라합과 두 명의 이스라엘 사람 간의 상호작용에 초점을 맞추게 된다. 지붕 위에서의 의사소통(8절)은 두 차례에 걸친 라합과 정탐꾼들 간의 대화 중 첫째 것이다. 라합이 정탐꾼들에게 한 말은 그들에게 자기 목숨을 무릅쓰고 은신처와 안전을 제공한 동기(9-11절)를 밝혀주고, 그녀가 그들에게 요청할 것의 근거(12-13절)를 제공한다. 프랭크 스피나(Frank Spina)가 말하듯이 이는 주목할 만한 발언이다. "이 여인이 이스라엘 사람에게 교리문답을 가르치는 일에 지원할 유력한 인물일 수도 있다고 말하

---

20 Oliver O'Donovan, *Entering into Rest*, Ethics as Theology 3 (Grand Rapids, MI: Eerdmans, 2017), 191. (강조체는 원문의 것)

는 것은 결코 과장이 아니다…(그녀의) 고백은 어쩌면 여호수아서에서 그 위대한 지도자인 여호수아가 내놓은 어떤 것보다도 더 나은 최상의 것이라 할 수 있다."[21] 이 고백의 특성을 충분히 이해하려면 인내심을 품고 주의 깊게 읽을 필요가 있다.

2:9 라합의 고백은 이스라엘의 언약의 하나님께서 하신 행동에 대한 놀랄 만큼의 확신을 표명한다. "여호와께서 이 땅을 너희에게 주신 줄을 내가 아노라." 이번 장에 하나님의 이름이 여섯 번 나오는데 그중에 넷은 라합의 입에서 발설된다(9, 10, 11, 12절, 다른 두 번은 14절에서 정탐꾼들이, 24절에서 여호수아가 부른 것이다). 라합의 말은 1:2에서 하나님께서 여호수아에게 하신 말과 똑같은 출발점을 채택하는데, 이는 이 가나안 여인숙 주인이 지닌 방향감각과 통찰력의 놀라운 표시이다. 이 말은 또한 하나님께서 족장들에게 하신 약속을 상기시킨다. 라합이 이것을 직관적으로 알았든지, 다른 어떤 방식으로 하나님의 약속에 대해 배웠든지 상관없이, 그 주장은 계속되는 그녀의 담론에 필요한 놀라운 토대로 남아있다.

라합의 통보, 곧 "우리가 너희를 심히 두려워하고 이 땅 주민들이 다 너희 앞에서 간담이 녹나니"라는 말 역시 놀라울 뿐이다. 그녀가 강 건너편에 있는 이스라엘 백성을 직면해 느끼는 두려움을 묘사하는 장면은 그녀 자신에 대해서뿐만 아니라 '이 땅의 모든 주민'에 대해 말하는 것이다. 그런데 그녀가 어떻게 이 사실을 아는 것일까? 그녀의 지식은 유대교와 기독교의 많은 고대 주석가들을 당혹스럽게 했고, 그들은 다양한 의견을 내놓았다. 일부는 자연스럽게 여인숙 주인이란 그녀의 역할과 연관을 짓는 한편 다른 일부는 '창녀'라는 그녀의 신분에 기반을 둔 추잡한 추측을 내놓는다. 내러티브 차원으로 보면, 이 주장은 이번 장의 앞부분에 나오는 그녀와 여리고 왕의 신하들이 맺은 관계와 잘 통하고, 여기에는 그들이 그녀가 제

---

21 Frank Anthony Spina, *The Faith of the Outsider: Exclusion and Inculsion in the Biblical Story* (Grand Rapids, MI: Eerdmans, 2005), 61.

공하는 정보를 상당히 신뢰한 것도 포함된다(2:2-7). 라합이 그 성읍의 소문뿐 아니라 그 너머 지방들의 소문까지 알고 있는 것이 분명하다.

여기서 놀라운 점은 라합의 폭넓은 지식뿐만 아니라 그녀가 하나님의 행동 때문에 모두들 이스라엘을 두려워한다는 통보를 꾸미는 방식이다. 그녀는 출애굽기 15:16에 나오는 모세의 노래를 상기시키는데, 거기에는 "놀람과 두려움이 그들[이스라엘의 대적들][22]에게 임하매[나팔(*naphal*, '임하다')의 한 형태 + 알('*al*, '위에') + 에마('*emah*, '두려움, 공포')]"라는 독특한 표현이 사용되었다. 히브리어 성경에서 이와 같은 말의 배열이 나오는 곳은 단 두 군데밖에 없다. 그래서 라합이 이스라엘의 일꾼들에게 호소하기 시작할 때, 그녀의 발언은 놀랍게도 그녀가 이전에 이스라엘의 하나님과 모세(그들이 최근에 애도한 지도자)로부터 들은 것과 공명을 이룬다.

2:10 이제 라합은 가나안 사람이 가진 두려움의 근원을 밝힌다. 주님이 약 40년 전에 "너희 앞에서 홍해 물을 마르게 하신" 구원의 행동을 기억하기 때문이라는 것이다. 혹자는 두려움을 불러일으키는 기억이 이스라엘의 압제자들에게 파탄을 초래했던 이집트의 재앙들에 대한 것이 아닐까 하고 예상했을 법하다. 그 재앙들이 때때로 홍해에서의 구원과는 별개로 성경의 회상에 나오기 때문이다(참고. 시 135:9). 그러나 이것은 라합이 맨 먼저 제시하는 것이 아니다. 오히려 하나님께서 이스라엘을 구원하신 행위가 가나안 사람에게 두려움을 안겨준 것이다(시 77:19-20). 그리고 다시금 라합의 통상적인 표현이 더 면밀한 조사를 권유한다. "마르게 하다"[야바쉬(*yabash*)의 한 형태]와 "홍해"[얌 숩(*yam suf*)]의 조합은 히브리어 성경 전체에서 두 번밖에 나오지 않는다. 먼저 여기에 나오고 다음에는 여호수아의 입에서 나오는데, 후자는 여호수아가 이스라엘 백성에게 요단강을 건넌 의미를 설명하면서 그 물이 홍해가 그랬던 것처럼 주님께서 "마르게 하사"라고

---

22 이 경우에는 에돔, 모압 그리고 "가나안의 모든 주민"을 말한다(출 15:15).

말하는 장면이다(4:23). 그러므로 라합의 표현은 이스라엘의 '광야 세대'가 이집트에서 구출된 사건에 대한 단조로운 언급이 아니라, 여기서 '정복 세대'가 하나님의 유사한 행동을 경험하는 것에 대해 이스라엘의 현 지도자가 진술할 것을 내다보고 있다. 그리고 라합은 하나님의 약속(2:9)에다 하나님의 구출(10절)까지 덧붙인다.

이스라엘은 또한 광야에서 하나님의 명령과 도움을 받아 군사적 승리를 구가했고, 라합은 이런 승리를 홍해를 건넌 것에 덧붙인다("너희가 요단 저쪽에 있는 아모리 사람의 두 왕 시혼과 옥에게 행한 일 곧 그들을 전멸시킨 일"). 이 모든 일이 가나안 사람에게 두려움을 불러일으키는 것이다. 이 적대적인 아모리 왕들, 곧 시혼과 옥은 이스라엘이 그들의 영토를 안전하게 지나가는 것을 거부하고 그 대신 군대를 모아 이스라엘과 전쟁을 벌였다. 그리고 그들은 패배했다(민 21:21-24, 33-35). 이 두 왕은 한 쌍으로서 이스라엘이 여호수아의 지도 아래 가나안을 정복할 때 일어날 일(특히 수 9-13장)에 대한 형판이 된다. 그리고 모세는 여호수아를 후계자로 임명하는 주요 구절들 중 하나에서 이런 식으로 그들을 거론한다(신 31:4). 사실상 이스라엘의 모든 전쟁은 방어전이라고 할 수 있다. 먼저 이스라엘이 접근하는 땅에 그 주민들의 두려움이 임할 때 강한 반대가 발생하고, 이는 (여기에 나오는 라합처럼)[23] 이스라엘의 하나님의 주권을 인정하고 그분께 순복하기보다 공격적인 적대 행위를 낳는다(참고. 시 2편!).

10절은 불길한 말로 끝난다. 라합은 시혼과 옥의 패배를 '파멸에 바쳐진'("devoted to destruction", 개역개정은 "전멸시킨") 것으로 묘사한다. 그녀는 헤렘이란 단어의 동사형을 사용하는데, 이는 적의 의례적(ritual) 전멸을 가리키는 전문적인 용어다. 이는 그 용어가 이 책에서 처음 나오는 경우이다. 헤렘은 오랜 세월에 걸쳐 독자들에게 악명이 높을 만큼 어려운 윤리적 이슈가 되어왔다. 이 문제는 여호수아 6-7장에서 여리고의 이야기를 다룰 때

---

23 이런 모습은 여호수아 9:9-10에 나오는 기브온 주민의 계략에도 나타난다(참고. 9:8-13 주석).

좀 더 충분히 고려될 것이다(그 본문에 대한 주석을 참고하라. 참고. 신 7:2).

2:11 라합은 10절에서 가나안 사람의 두려움을 유발한 중요한 요인을 설명한 후 11a절에서 9절과 비슷한 말로 그 땅 주민들이 빠진 심도(depths)를 되풀이한다. 그녀는 앞 구절이 주는 인상을 강화할 뿐 아니라 심화시키고 연장한다. "너희로 말미암아 사람이 정신을 잃었나니." 그들은 이스라엘의 존재 때문에 문자 그대로 하나같이 숨이 막힐 지경이었다.

가나안 사람들은 (이스라엘이 시혼과 옥에게 취한 행동에 상응하여) 두려움을 유발하는 이스라엘 사람에게 초점을 맞추는 반면, 라합은 11b절에서 상당히 다른 그녀의 통찰력을 내놓는다. "너희의 하나님 여호와는 위로는 하늘에서도 아래로는 땅에서도 하나님이시니라." 라합의 모든 고백 중에 이 진술이 가장 놀랍다. 라합은 어디서 그녀의 신학을 배웠는가? 이 정확한 표현은 구약에서 다른 두 군데에만 나올 뿐이다.[24] 첫째는 모세의 설교가 정점에 이를 때에 나온다. 그가 이스라엘에게 이 하나님께 신실하고 그분의 명령을 순종하라고 강력하게 호소하는 장면이다. 모세는 이것을 신명기 1-3장에서 얘기한 역사적 경험의 당연한 결과로 제시하는데, 거기서 이스라엘을 위하는 이 하나님의 유일무이하고 비할 데 없는 성품을 보여주며 그분은 "위로 하늘에나 아래로 땅에 오직 여호와는 하나님이시요 다른 신이 없[다]"(신 4:39)라고 말한다. 이 고백이 나오는 둘째 경우는 이스라엘의 역사에서 이와 똑같이 극적이고 중요한 순간이다. 그것은 솔로몬이 성전을 봉헌할 때 드린 그의 위대한 기도의 서문으로 이 어구를 사용하는 경우다. "이스라엘의 하나님 여호와여 위로 하늘과 아래로 땅에 주와 같은 신이 없나이다"(왕상 8:23). 그런즉 이스라엘의 하나님의 우월성과 정탐꾼들에게 한 청원의 근거에 관한 라합의 진술은 한편으로 이스라엘을 이집트에서 구출하신 하나님의 사역에 관한 모세의 성찰에 관한 진술과 짝을 이루고,

---

24 참고. Douglas S. Earl, *Reading Joshua as Christian Scripture*, JTISup 2 (Winona Lake, IN: Eisenbrauns, 2010), 126-127.

다른 한편으로 솔로몬 왕이 예루살렘에서 성전, 곧 하나님께서 그분의 백성과 함께하심을 표시하는 장소를 봉헌할 때 설파할 진술을 내다본다.

이 구절들에 나오는 라합의 고백의 각 요소는 따라서 뜻밖의 내용을 담고 있다. 그리고 이런 진리들에 대한 그녀의 반응은 그녀 역시 이 하나님의 백성 가운데 포함되고 그녀가 오직 이 하나님만 선사할 수 있는 구원에 대한 경험을 보장받기 위해 모든 노력을 기울이는 것이다. 이는 그녀의 방향감각과 궁극적 충성이 다른 모든 가나안 사람들의 그것과 정반대임을 의미한다.

2:12-14 라합은 이스라엘의 하나님에 관한 확신을 선언하고 가나안 사람들의 상태를 설명한 다음 이제는 그녀가 한 발언의 도덕적 결론을 좇아 구체적인 요청을 한다. 그리고 신학적으로 뜻밖의 일이 계속 이어진다. 정탐꾼들에게 하는 간청은 그녀가 그들을 "선대하였[다]"(ESV는 "dealt kindly")라는 방식의 말로 구성되어 있고, 그들이 그녀에게 동일한 방식으로 대하길 바란다는 희망으로 표현되어 있다. 히브리어는 여기서 많은 뜻을 지닌 용어인 헤세드(hesed)를 사용한다. 이는 번역하기 어려운 단어지만 사람들 간에(예. 창 24:49; 잠 3:3) 또는 하나님으로부터 인간 피조물을 향한(예. 신 5:10; 애 3:22-32) 친절하고 충성스런 사랑과 신실함을 의미하며, 특히 하나님의 백성에 대한 그분의 언약적 사랑을 말한다(예. 시 136편). 라합이 이 요청을 다른 방식으로 구성할 수도 있었겠지만 그녀의 행동을 헤세드란 말로써 진술하고 이스라엘의 정탐꾼들로부터 그의 상응하는 반응을 구하는 것은 큰 공감을 불러일으킨다. 그녀의 간청은 본질적으로 구원을 받기 위한 것이고(13절), 13절에 열거되어 있듯이 그녀 자신뿐 아니라 그녀의 "아버지의 집안"을 위한 "확실한 징표"(참고 2:15-21 주석)를 포함한다(12절, 새번역). 정탐꾼들은 라합이 사용한 용어를 채용하여 긍정적인 답변을 준다. 그녀가 그들의 일에 대해 침묵을 지킨다면 그들이 "인자하고[헤세드] 진실하게" 그녀를 대우할 것이라고 말이다. 이는 이 책에서 헤세드란 용어가 나오는 유일한 곳이고, 그것을 처음 사용한 사람은 라합이다.

2:15-21 라합과 정탐꾼들 간의 대화의 둘째 부분은 그 대화의 주도권을 역전시키고 그 위치를 좀 더 한계적 상황에 두고 있다. 이 내러티브에 따르면, 대화의 이 단계는 그 남자들이 성벽에 있는 라합의 창문에서 내려진 줄에 매달려 있을 때 진행된다(15절). 비록 그 남자들이 말의 주도권을 잡지만 그들의 안녕은 여전히 라합에게 달려 있다. 어리고 수색대의 추격을 피하는 법에 관한 그녀의 충고(16절)는 액면 그대로 받아들여지고(22절), 이는 다시금 라합이 믿을만함을 입증한다.

17-20절에 담긴 정탐꾼들의 응답은 이 본문에서 그들의 가장 긴 발언이다. 라합의 가족이 그녀의 집 안에 머물고 있는 한 그들의 안전을 책임지겠다는 동의를 제외하면, 오랜 세월에 걸쳐 주석가들의 관심을 끌어온 것은 정탐꾼들이 그녀에게 주는 "이 붉은 줄"[문자적으로 '주홍색 실로 만든 끈', 세 개의 히브리어 단어인 티크와트 후트 하샤니(*tiqwat hut hashani*)]의 표시이다(이것이 어디에서 생겼을까?). 기독교 주석에서는 그 주홍색 실이 일찍이 클레멘스 1서 12:7("주홍색 실은…하나님을 믿고 그분께 소망을 두는 모든 이들이 주님의 피를 통해 구속을 받을 것임을 예시한다")로부터 (많은 이들 가운데) 오리겐(주후 185-254)을 거쳐 찰스 스펄전(1834-1892년)에 이르기까지 그리스도의 피와 동일시되었다. 아울러 이집트에서의 첫 유월절에 이스라엘 사람의 집 인방에 바른 피(출 12:13)와 연관시키기도 했다.[25]

현대의 대다수 독자에게는 그런 견해가 자의적인 듯하고 본문에 근거하지 않는 것으로 보인다. 예컨대, 랍비 주석가들은 그와 비슷하게 주홍색 실을 성막[18세기 주석가 메추닷 데이비드(Metzudat David)의 견해, 참고. 출 25:4] 또는 전통적 견해를 따라 라합 자손의 "실"과 연관시킬 수 있었다.[26] 한 본문의 세부 사항에서 (그리스도인이든 유대교인이든) 설교자의 마음에 떠오르는 그런 자유로운 연상은 순진한 성격을 지니고, 성경 저자의 충동보다 해석자

---

25 참고. Jerome F. D. Creach, *Joshua*, IBC (Louisville: Westminster John Knox, 2003), 37-39.

26 Judith Baskin, "The Rabbinic Transformations of Rahab the Harlot," *NDEJ* 11/2 (1979): 146에 인용된 Rabbah Ruth 2:1.

의 상상력을 더 보여주는 단순한 추측에 불과하다. 그러나 "주홍색 줄"이란 세부 사항은 이 영감 받은 이야기꾼에 의해 보존되었다. 구원의 징표를 의미하는 하찮은 것으로 말이다. 하지만 어쩌면 이 줄에 라합의 가족의 운명보다 더 많은 것이 달려있을지도 모른다.

라합이 정탐꾼들의 조건에 동의하면서 이 문제는 일단락된다(21a절). 이 마지막 순간에도 라합이 그들을 '보냈다'(21b절)고 기록된 것은 마치 여호수아가 이 에피소드의 서두에 그들에게 임무를 주어 그들을 '보냈다'(2:1)는 것처럼 라합의 주도권을 암시하고 있다.

2:22-24 상황은 라합이 예측한 그대로 전개된다(참고. 16절). 정탐꾼들이 안전하게 이스라엘 진영으로 되돌아와서 여호수아에게 보고한다. 23절 마지막 부분("그들이 겪은 모든 일")의 히브리어 표현은 '그들을 찾아낸 모든 일'로 번역될 수 있는 만큼 다소 아이러니한 뉘앙스가 있는 듯하다. 그들은 놀랄 만큼 수동적인 정탐꾼들이었던 것 같다!

24절에 나오는 최종 보고는 하나님께서 그 땅을 선물로 주신 것을 확증하고 이어서 라합에게 얻은 심리적 정보를 전달한다. 하지만 그 성읍의 지리적 환경, 그 요새에 대한 평가, 여리고의 병력에 대한 판단 등은 하나도 없다. 그러면 결국 정탐꾼들은 과연 무엇을 성취했는가? 암묵적으로(명시적 진술은 없다) 여호수아는 그들의 임무수행에 만족한다. 나중에 그는 한 번 더 이 접근법을 채택하게 될 것이다(참고. 7:1-26 주석). 하지만 현재로서는 이스라엘의 군사적 준비 태세에 관한 한, 용두사미처럼 느껴질 수도 있다.

이 본문에는 적어도 세 가지 일이 진행되고 있다. 첫째, 본문의 구조는 이스라엘의 유익과 여호수아의 리더십과 관계가 있다. 이 시점에 그리고 이 관점에서는 여호수아가 여리고에 두 정탐꾼을 파견한 것에 대해 의심스러운 점이 전혀 없다. 그것이 5:13-15에서 여호수아 홀로 나아가는 것과 어떤 관계가 있는지는 말하기 어렵지만 말이다. 적어도 여호수아가 그 땅의 지형을 알기 위해 신중한 자세를 취하고 있는 듯이 보인다. 만일 정탐꾼의 신학적 통찰이 여호수아가 얻으려고 했던 정보와 일치한다면, 이는 몇 십년 전에 여호수아가 갈렙과 더불어 정탐활동을 한 후 취했던 믿음의 입장과 일관성이 있을 것이다. 당시에 그들이 두려워하는 백성에게 보인 반응("여호와께서 우리를 기뻐하시면 우리를 그 땅으로 인도하여 들이시고 그 땅을 우리에게 주시리라", 민 14:8)은 이스라엘의 희망과 기대의 방향을 그들의 힘이나 전략으로 돌리지 않고 신실하고 순종적인 백성을 통해 하나님께서 기꺼이 행하시려는 일로 돌린다. 그리고 여기서도 그 결과는 마찬가지다.

이 내러티브가 군사적 내지는 전략적 차원에서는 용두사미처럼 보일지 몰라도 신학적 차원에서는 만족스럽고, 이는 특히 라합과 관련이 있는 두 번째 국면에 해당된다.[27] 오랜 세월에 걸쳐 라합의 행동은 다양한 각도에서 조명되어 왔고 많은 유익을 주었다. 랍비 주석에서는 라합의 '열정'이 전면에 나오는 듯하다. 그녀는 자기의 미래를 이스라엘의 하나님의 행동과 분명히 동일시하는 만큼 이스라엘을 위해 담대하게 또 빈틈없이 행동한다. 교부 주석에서는 오히려 라합의 '신앙'이 주목을 끈다. 그녀는 이스라엘의 하나님이 "위로는 하늘에서도 아래로는 땅에서도 하나님"(11절)이심을 알았기 때문에 그녀의 미래를 이 하나님과 그의 백성에게 맡긴다. 따

---

27 참고. Amy H. C. Robertson, "Rahab and Her Interpreters," in *Women's Bible Commentary*, ed. Carol A. Newsom, Sharon H. Ringer and Jacqueline E. Lapsley, 3rd ed. (Louisville: Westminster John Knox, 2012), 109-112.

라서 그녀의 이야기는 회심의 이야기라 할 수 있다. 회심이 여기서 완료된 것은 아니고 6장의 끝에 이르러도 그녀가 이스라엘에 완전히 편입되지는 않는다. 그래도 결단은 내려졌고 그 궤도는 확실하다. 물론 이 두 가지 해석상의 강조점 중에 하나를 선택할 필요는 없다. 라합의 이야기는 야고보서 2:25이 인정하듯이 행동하는 신앙의 이야기다. "그녀는 분명히 하나님의 은혜가 죄인들을 통해 일하시는 모습을 보여주는 본보기다."[28] 마태복음에서는 라합의 이야기가 예수님의 족보 속에 엮여져 있는데, 거기에 나오는 네 명의 여인(다말, 룻, 밧세바 등) 중 하나이다. 만일 라합이 이스라엘의 하나님이 으뜸이고 그래서 이스라엘의 대표들과 언약관계 속에 들어가시는 분이란 징표를 파악하고 그에 따라 행동할 수 있었다면(12절), 이와 똑같은 가능성이 모든 가나안 사람에게도 있는 셈이다.

이 본문에 나오는 세 번째 관점은 다른 방향을 가리킨다. 여리고 주민들이나 그들의 왕에 대해서는 별로 노력을 기울이지 않는다(2-7, 22절 뿐이다). 그 범위는 좁지만 이 구절들이 결단코 이스라엘과 그 하나님에 대적하는 왕과 백성을 묘사하는 면에서는 결정적이다. 이는 라합과 정반대다. 그들의 확고한 반대는 그들의 멸망을 초래할 것이다. 이 본문에 나오는 최초의 결과는 그들의 조사가 헛된 것(그들의 판단이 흐려져서 라합의 오도를 조사하지도 않은 채 쉽게 받아들인다)과 그들의 추격이 헛된 것이다. 이 둘은 앞으로 그들의 방어가 헛될 것임을 내다본다. 성문이 닫히고 성읍이 봉쇄되었으나, 이는 홍해를 가르시고 아모리 왕들을 잊히게 만드셨던 그 하나님께는 장애물이 아니라는 사실이 입증될 것이다. 그리고 여리고는 아직도 생각하고 재고할 시간이 있다. 하지만 다음에 그 성읍을 볼 때도 아무것도 변하지 않았을 것이다(6:1).

---

28 Wiseman, "Rahab of Jericho," 11.

3:1 또 여호수아가 아침에 일찍이 일어나서 그와 모든 이스라엘 자손들과 더불어 싯딤에서 떠나 요단에 이르러 건너가기 전에 거기서 유숙하니라 2 사흘 후에 관리들이 진중으로 두루 다니며 3 백성에게 명령하여 이르되 너희는 레위 사람 제사장들이 너희 하나님 여호와의 언약궤 메는 것을 보거든 너희가 있는 곳을 떠나 그 뒤를 따르라 4 그러나 너희와 그 사이 거리가 이천 1)규빗쯤 되게 하고 그것에 가까이하지는 말라 그리하면 너희가 행할 길을 알리니 너희가 이전에 이 길을 지나보지 못하였음이니라 하니라 5 여호수아가 또 백성에게 이르되 너희는 자신을 성결하게 하라 여호와께서 내일 너희 가운데에 기이한 일들을 행하시리라 6 여호수아가 또 제사장들에게 말하여 이르되 언약궤를 메고 백성에 앞서 건너라 하매 곧 언약궤를 메고 백성에 앞서 나아가니라

3:1 Then Joshua rose early in the morning and they set out from Shittim. And they came to the Jordan, he and all the people of Israel, and lodged there before they passed over. 2 At the end of three days the officers went through the camp 3 and commanded the people, "As soon as you see the ark of the covenant of the Lord your God being carried by the Levitical priests, then you shall set out from your place and follow it. [4] Yet there shall be a distance between you and it, about 2,000 cubits[1] in length. Do not come near it, in order that you may know the way you shall go, for you have not passed this way before." [5] Then Joshua said to the people, "Consecrate yourselves, for tomorrow the Lord will do wonders among you." [6] And Joshua said to the priests, "Take up the ark of the covenant and pass on before the people." So they took up the ark of the covenant and went before the people.

[7] 여호와께서 여호수아에게 이르시되 내가 오늘부터 시작하여 너를 온 이스라엘의 목전에서 크게 하여 내가 모세와 함께 있었던 것 같이 너와 함께 있는 것을 그들이 알게 하리라 [8] 너는 언약궤를 멘 제사장들에게 명령하여 이르기를 너희가 요단 물가에 이르거든 요단에 들어서라 하라 [9] 여호수아가 이스라엘 자손에게 이르되 이리 와서 너희의 하나님 여호와의 말씀을 들으라 하고 [10] 또 말하되 살아 계신 하나님이 너희 가운데에 계시사 가나안 족속과 헷 족속과 히위 족속과 브리스 족속과 기르가스 족속과 아모리 족속과 여부스 족속을 너희 앞에서 반드시 쫓아내실 줄을 이것으로서 너희가 알리라 [11] 보라 온 땅의 주의 언약궤가 너희 앞에서 요단을 건너가나니 [12] 이제 이스라엘 지파 중에서 각 지파에 한 사람씩 열두 명을 택하라 [13] 온 땅의 주 여호와의 궤를 멘 제사장들의 발바닥이 요단 물을 밟고 멈추면 요단 물 곧 위에서부터 흘러내리던 물이 끊어지고 한 곳에 쌓여 서리라

[7] The Lord said to Joshua, "Today I will begin to exalt you in the sight of all Israel, that they may know that, as I was with Moses, so I will be with you. [8] And as for you, command the priests who bear the ark of the covenant, 'When you come to the brink of the waters of the Jordan,

you shall stand still in the Jordan.'" 9 And Joshua said to the people of Israel, "Come here and listen to the words of the Lord your God." 10 And Joshua said, "Here is how you shall know that the living God is among you and that he will without fail drive out from before you the Canaanites, the Hittites, the Hivites, the Perizzites, the Girgashites, the Amorites, and the Jebusites. 11 Behold, the ark of the covenant of the Lord of all the earth[2] is passing over before you into the Jordan. 12 Now therefore take twelve men from the tribes of Israel, from each tribe a man. 13 And when the soles of the feet of the priests bearing the ark of the Lord, the Lord of all the earth, shall rest in the waters of the Jordan, the waters of the Jordan shall be cut off from flowing, and the waters coming down from above shall stand in one heap."

14 백성이 요단을 건너려고 자기들의 장막을 떠날 때에 제사장들은 언약궤를 메고 백성 앞에서 나아가니라 15 요단이 곡식 거두는 시기에는 항상 언덕에 넘치더라 궤를 멘 자들이 요단에 이르며 궤를 멘 제사장들의 발이 물가에 잠기자 16 곧 위에서부터 흘러내리던 물이 그쳐서 사르단에 가까운 매우 멀리 있는 아담 성읍 변두리에 일어나 한 곳에 쌓이고 아라바의 바다 염해로 향하여 흘러가는 물은 온전히 끊어지매 백성이 여리고 앞으로 바로 건널새 17 여호와의 언약궤를 멘 제사장들은 요단 가운데 마른땅에 굳게 섰고 그 모든 백성이 요단을 건너기를 마칠 때까지 모든 이스라엘은 그 마른땅으로 건너갔더라

14 So when the people set out from their tents to pass over the Jordan with the priests bearing the ark of the covenant before the people, 15 and as soon as those bearing the ark had come as far as the Jordan, and the feet of the priests bearing the ark were dipped in the brink of the water (now the Jordan overflows all its banks throughout the time of harvest),

16 the waters coming down from above stood and rose up in a heap very far away, at Adam, the city that is beside Zarethan, and those flowing down toward the Sea of the Arabah, the Salt Sea, were completely cut off. And the people passed over opposite Jericho. 17 Now the priests bearing the ark of the covenant of the Lord stood firmly on dry ground in the midst of the Jordan, and all Israel was passing over on dry ground until all the nation finished passing over the Jordan.

4:1 그 모든 백성이 요단을 건너가기를 마치매 여호와께서 여호수아에게 말씀하여 이르시되 2 백성의 각 지파에 한 사람씩 열두 사람을 택하고 3 그들에게 명령하여 이르기를 요단 가운데 제사장들의 발이 굳게 선 그곳에서 돌 열둘을 택하여 그것을 가져다가 오늘밤 너희가 유숙할 그곳에 두게 하라 하시니라 4 여호수아가 이스라엘 자손 중에서 각 지파에 한 사람씩 준비한 그 열두 사람을 불러 5 그들에게 이르되 요단 가운데로 들어가 너희 하나님 여호와의 궤 앞으로 가서 이스라엘 자손들의 지파 수대로 각기 돌 한 개씩 가져다가 어깨에 메라 6 이것이 너희 중에 표징이 되리라 후일에 너희의 자손들이 물어 이르되 이 돌들은 무슨 뜻이냐 하거든 7 그들에게 이르기를 요단 물이 여호와의 언약궤 앞에서 끊어졌나니 곧 언약궤가 요단을 건널 때에 요단 물이 끊어졌으므로 이 돌들이 이스라엘 자손에게 영원히 기념이 되리라 하라 하니라

4:1 When all the nation had finished passing over the Jordan, the Lord said to Joshua, 2 "Take twelve men from the people, from each tribe a man, 3 and command them, saying, 'Take twelve stones from here out of the midst of the Jordan, from the very place where the priests' feet stood firmly, and bring them over with you and lay them down in the place where you lodge tonight.'" 4 Then Joshua called the twelve men from the people of Israel, whom he had appointed, a man from each tribe. 5 And Joshua said to them, "Pass on before the ark of the Lord your God into the midst of the Jordan, and take up each of you a stone upon his shoulder, according to the number of the tribes of the people of Israel, 6 that this may be a sign among you. When your children ask in time to come, 'What do those stones mean to you?' 7 then you shall tell them that the waters of the Jordan were cut off before the ark of the covenant of the Lord. When it passed over the Jordan, the waters of the Jordan were cut off. So these stones shall be to the people of Israel a memorial forever."

8 이스라엘 자손들이 여호수아가 명령한 대로 행하되 여호와께서 여호수아에게 이르신 대로 이스라엘 자손들의 지파의 수를 따라 요단 가운데에서 돌 열둘을 택하여 자기들이 유숙할 곳으로 가져다가 거기에 두었더라 9 여호수아가 또 요단 가운데 곧 언약궤를 멘 제사장들의 발이 선 곳에 돌 열둘을 세웠더니 오늘까지 거기에 있더라 10 또 여호와께서 여호수아에게 명령하사 백성에게 말하게 하신 일 곧 모세가 여호수아에게 명령한 일이 다 마치기까지 궤를 멘 제사장들이 요단 가운데에 서 있고

8 And the people of Israel did just as Joshua commanded and took up twelve stones out of the midst of the Jordan, according to the number of the tribes of the people of Israel, just as the Lord told Joshua. And they carried them over with them to the place where they lodged and laid them down[3] there. 9 And Joshua set up[4] twelve stones in the midst of the Jordan, in the place where the feet of the priests bearing the ark of the covenant had stood; and they are there to this day. 10 For the priests bearing the ark stood in the midst of the Jordan until everything was

finished that the Lord commanded Joshua to tell the people, according to all that Moses had commanded Joshua.

백성은 속히 건넜으며 ¹¹ 모든 백성이 건너기를 마친 후에 여호와의 궤와 제사장들이 백성의 목전에서 건넜으며 ¹² 르우벤 자손과 갓 자손과 므낫세 반 지파는 모세가 그들에게 이른 것 같이 무장하고 이스라엘 자손들보다 앞서 건너갔으니 ¹³ 무장한 사만 명가량이 여호와 앞에서 건너가 싸우려고 여리고 평지에 이르니라 ¹⁴ 그날에 여호와께서 모든 이스라엘의 목전에서 여호수아를 크게 하시매 그가 생존한 날 동안에 백성이 그를 두려워하기를 모세를 두려워하던 것 같이 하였더라

The people passed over in haste. ¹¹ And when all the people had finished passing over, the ark of the Lord and the priests passed over before the people. ¹² The sons of Reuben and the sons of Gad and the half-tribe of Manasseh passed over armed before the people of Israel, as Moses had told them. ¹³ About 40,000 ready for war passed over before the Lord for battle, to the plains of Jericho. ¹⁴ On that day the Lord exalted Joshua in the sight of all Israel, and they stood in awe of him just as they had stood in awe of Moses, all the days of his life.

¹⁵ 여호와께서 여호수아에게 말씀하여 이르시되 ¹⁶ 증거궤를 멘 제사장들에게 명령하여 요단에서 올라오게 하라 하신지라 ¹⁷ 여호수아가 제사장들에게 명령하여 이르기를 요단에서 올라오라 하매 ¹⁸ 여호와의 언약궤를 멘 제사장들이 요단 가운데에서 나오며 그 발바닥으로 육지를 밟는 동시에 요단 물이 본 곳으로 도로 흘러서 전과 같이 언덕에 넘쳤더라

¹⁵ And the Lord said to Joshua, ¹⁶ "Command the priests bearing the ark of the testimony to come up out of the Jordan." ¹⁷ So Joshua

commanded the priests, "Come up out of the Jordan." 18 And when the priests bearing the ark of the covenant of the Lord came up from the midst of the Jordan, and the soles of the priests' feet were lifted up on dry ground, the waters of the Jordan returned to their place and overflowed all its banks, as before.

19 첫째 달 십일에 백성이 요단에서 올라와 여리고 동쪽 경계 길갈에 진 치매 20 여호수아가 요단에서 가져온 그 열두 돌을 길갈에 세우고 21 이스라엘 자손들에게 말하여 이르되 후일에 너희의 자손들이 그들의 아버지에게 묻기를 이 돌들은 무슨 뜻이니이까 하거든 22 너희는 너희의 자손들에게 알게 하여 이르기를 이스라엘이 마른땅을 밟고 이 요단을 건넜음이라 23 너희의 하나님 여호와께서 요단 물을 너희 앞에서 마르게 하사 너희를 건너게 하신 것이 너희의 하나님 여호와께서 우리 앞에 홍해를 말리시고 우리를 건너게 하심과 같았나니 24 이는 땅의 모든 백성에게 여호와의 손이 강하신 것을 알게 하며 너희가 너희의 하나님 여호와를 항상 경외하게 하려 하심이라 하라

19 The people came up out of the Jordan on the tenth day of the first month, and they encamped at Gilgal on the east border of Jericho. 20 And those twelve stones, which they took out of the Jordan, Joshua set up at Gilgal. 21 And he said to the people of Israel, "When your children ask their fathers in times to come, 'What do these stones mean?' 22 then you shall let your children know, 'Israel passed over this Jordan on dry ground.' 23 For the Lord your God dried up the waters of the Jordan for you until you passed over, as the Lord your God did to the Red Sea, which he dried up for us until we passed over, 24 so that all the peoples of the earth may know that the hand of the Lord is mighty, that you may fear the Lord your God forever."[5]

1) 히, 암마

1 A *cubit* was about 18 inches or 45 centimeters 2 Hebrew *the ark of the covenant, the Lord of all the earth* 3 Or *to rest* 4 Or *Joshua had set up* 5 Or *all the days*

≈≈≈≈≈ 단락 개관 ≈≈≈≈≈

앞 장에서 라합이 주연으로 등장하는 간결한 드라마를 접한 뒤에 나오는 이 에피소드는 독자에게 혼잡하고 혼란스러운 느낌을 줄 수 있다. 여호수아서의 여러 곳에서는 출애굽 사건들, 즉 앞 세대가 모세의 리더십 아래 이집트를 떠날 때의 사건들과 현 세대가 가나안에 들어가는 경험 사이의 유사점을 보여준다. 그 가운데 "마른땅"을 밟고 요단강을 건너가는 모습이 가장 눈에 띄고(어쨌든 4:22에 명시적으로 기록되어 있다) 아마 가장 의미심장할 것이다. 따라서 그런 근본적 차원에서는 이 사태가 명백하다.

하지만 이 중대한 사건에 대한 서술은 독자에게 어려움과 도전을 안겨 준다. 이 에피소드가 시작될 때, 그 타이밍이 2장에서 마감된 여호수아와 정탐꾼들 간의 대화와 어떤 관계가 있는지, 또는 그 시점이 1장에서 맺은 합의로 직접 되돌아가는지는 알기가 어렵다. 상당량의 직접화법을 3-4장에서 볼 수 있지만, 그것은 거의 모두가 명령이나 지시의 형식이고 응답은 아예 없다. 이 이야기에는 말한 내용은 많지만 대화와 같은 것은 전혀 없다. 언약궤를 가진 제사장들은 하나로 통합된 집단을 구성해서 두 번째 집단을 구성하는 나머지 백성과 구별된다. 이 두 집단의 행동과 관련된 문제를 피하기는 어렵다. 공간적으로 양자가 어떤 관계에 있는지도 가늠하기 어렵다. 그리고 건너는 모습(또는 내레이터가 선호하는 용어인 '넘어가는')이 나온다.[29] 백성은 3:17-4:1에서 한 번 그리고 4:10-11에서 또 한 번, 이렇게 두 번 넘어가는 듯이 보인다. 이후에는 기념비의 문제가 있는데, 이는 두세 번 세워진 듯하고 두 번 설명되어 있다.

어쩔 수 없이 일부 학자는 이런 특징들이 다른 세부사항들과 더불어 제기하는 어려운 문제들을 해결하기 위해 복잡한 편집 과정을 가정하고서, 이를 풀어놓고 별개의 출처들에 할당할 수 있게 했다. 그런데 이 문학적 구조는 너무나 뻔해서 보다 매끈한 설명을 내놓기보다는 에피소드를 이런 식으로 묘사하려는 내레이터의 목적을 이룰 가능성이 많다. 이런 접근을 지지하는 것이 더 있다. 3-4장에 나오는 기사들이 독특한 관점들을 취하고, 서로 다른 관심사를 전면에 가져오며, 중대한 사건에 관한 상호보완적인 관점들을 제공한다는 것이다. 주석가들은 영화감독이 어떤 영화적 순간의 다양한 국면들을 나타내기 위해 내리는 예술적 선택들을 하나의 유비로 제안했는데, 이는 상당한 도움을 준다. 고대의 히브리인 내레이터는 오늘날 이런 다면적인 차원들을 전달하기 위해 영화제작자가 사용할 수 있는 기술적 선택들이 없었기 때문이다.

그래서 대체로 3장은 강바닥 관점이라고 불러도 무방할 것이다. 이 관점의 주된 관심사는 강이 스스로를 건너는 역학과 그것이 여호수아에게 지니는 의미이다. 다른 한편, 4장은 물의 흐름(또는 그 부재)에 주목하지 않고 오히려 그 사건을 기념하고 그것이 이스라엘 백성과 주시하는 민족들에게 지니는 의미에 관심이 있다. 하지만 내레이터는 각 에피소드가 다른 에피소드에 확실히 연결되도록 한다. 3:12에 나오는 열두 명을 선택하는 것에 관한 이상한 언급은 4:2에서 돌을 운반할 사람들의 선택을 내다보는 한편, 여호수아를 드높이는 4:14의 언급은 3:7에 그 상대역이 있다. 그리하여 그 기사 전체의 서사적 역동이 명백해진다. 강을 건너기 위한 준비 작업(3:1-6)은 이 중요한 단계에서 여호수아의 리더십에 초점을 두는 대목(7-13절)에 이르게 되고, "넘어가는" 일은 그 이야기에 불가결한, 물의 흐름이 멈추는 기적을 거쳐 일어나게 된다(14-17절). 강을 건너는 가운데(이는 3:17과 4:1에 반복됨으로 강조되어 있다) 열두 개의 기념용 돌들이 수집되고 설

---

29 여기에 사용된 히브리어 단어는 아바르[(*abar*), 매우 흔한 단어로 히브리어 성경에 거의 700번이나 사용됨]인데, 이 단어가 "넘어가다"로 번역된다고 해서 출애굽기 12:13, 23, 27에서 유월절에 사용된 동사[파사 (*pasah*)]와 혼동하면 안 된다.

명되는데, 먼저는 백성 전체와 관련하여 그렇게 하고(4:1-13), 다음에는 제사장을 중심으로 삼고 열방에 대한 관심으로 다시금 그렇게 한다(15-24절). 내레이터는 고대 히브리어 산문을 도구로 삼아서 그처럼 다면적인 기사를 그토록 통합된 방식으로 전달하는데, 현대의 많은 주석가들이 아는 그런 서투른 솜씨 없이 어떻게 그렇게 하는지는 참으로 알기가 어렵다.

〰〰〰 단락 개요 〰〰〰

I. 약속의 땅을 차지하다(1:1-12:24)

  D. 이스라엘이 요단강을 건너가다(3:1-4:24)

    1. 여호수아가 제사장들과 백성을 준비시키다(3:1-6)

      a. 진영이 요단을 건널 준비를 하다(3:1)

      b. 관리들(과 여호수아)이 백성에게 지시하다(3:2-5)

      c. 여호수아가 언약궤와 관련해 제사장들에게 지시하다
        (3:6)

    2. 주님이 여호수아를 격려하시다, 여호수아가 백성에게 지시하다(3:7-13)

      a. 여호수아를 향한 하나님의 격려(3:7-8)

      b. 여호수아가 백성에게 예언하고 격려하다(3:9-13)

    3. 제사장들이 요단에 들어가다, 백성이 마른땅 위로 건너가다(3:14-17)

    4. 기념비와 언약궤, 백성이 건너가는 모습(4:1-13)

      a. 주님이 돌들과 관련해 여호수아에게 지시하시다(4:1-3)

      b. 여호수아가 돌 운반자들에게 지시하고 돌의 의미를 설명하다(4:4-7)

　　　c. 기념비를 세우다(4:8-10a)

　　　d. 백성이 건너다(4:10b-11)

　　　e. 요단 동편 지파들이 건너다(4:12-13)

　　5. 여호수아가 큰 인물이 되다(4:14)

　　6. 제사장들, 언약궤, 그리고 기념비(4:15-24)

　　　a. 제사장들과 언약궤가 강바닥을 떠나다(4:15-18)

　　　b. 요단을 건넌 시기와 장소에 대한 언급(4:19)

　　　c. 기념비를 길갈에 세우다(4:20)

　　　d. 여호수아가 백성에게 돌의 의미에 관해 가르치다(4:21-24)

〰〰〰〰　주석　〰〰〰〰

3:1 "여호수아가 아침에 일찍이 일어나서"(1절)라는 말은 [이는 "사흘"(2절) 이란 시간과 일치하는 듯하다] 다시금 이 행동과 2장에 나오는 라합 이야기와의 관계에 대해 의문을 불러일으킨다. '그리고 아침에 일찍이 일어났다'[바야 쉬켐…바보케르(wayashkem…baboqer)]는 표현은 여호수아서에 나오는 세 번을 포함해 히브리어 내러티브에 11번 더 나온다. 각각의 경우에 이 표현은 하나님의 지시에 따라 직접 취해지는 행동을 가리킨다.[30] 창세기 19:27에 나오는 아브라함의 사례는 극적인 소돔 사건(19:1-26)에 의해 선행 본문(18:33)에서 분리되어 있어 여호수아서에 나오는 이 경우를 이해하는 데 도움이 된다. 이 일관된 패턴은 현재 요단을 건널 준비를 하는 중에 전개되는 행

---

30 다른 경우는 창 19:27; 20:8; 21:14; 22:3; 28:18; 31:55(32:1 마소라 본문); 출 24:4; 수 6:12; 7:16; 8:10; 삼상 17:20이다. 유일한 예외는 창세기 31:55에 나오는 라반(지시가 없음)과 사무엘상 17:20에 나오는 다윗(지시가 이새에게서 나옴)이다. 하지만 열한 구절 모두에서 "일어나는" 행동은 바로 다음 날에 취해진다.

동이 여호수아 1장으로 직접 연결되고, 라합 이야기는 후자에 잇달아 일어나는 게 아니라 이 흐름에 불가결하게 맞춰지는 것임을 강력히 시사한다. 관리들이 1:10-11의 여호수아 지시에 따라 행동하는 때, 즉 3:2에 나오는 "사흘 후"를 정탐꾼들이 도착해서 여호수아와 의논하는 시점과 일치하는 것으로 독자들이 이해하는 편이 바람직하다. 비록 이런 연대기가 현대 독자들에게는 어색하게 보일지라도 말이다.

드디어 싯딤[참고. 2:1, 오늘날 요르단의 주와팟 알 카프라인(Juwafat al-Kafrayn)]을 떠날 때가 왔다. 싯딤은 요단강에서 약 8킬로미터, 여리고의 동쪽으로 16킬로미터 떨어진 곳에 있었다.

3:2-4 이제 의도적으로 1장을 언급하는 가운데 행동이 전개된다. "관리들"(참고. 1:10 주석)이 사흘 전에 받은 지시를 갱신하면서 행동에 돌입한다.

언약궤가 그것을 메는 사람들, 곧 제사장들과 나란히 재빨리 제시된다. 언약궤는 백성이 건너갈 때 안내자 역할을 할 것이다. 언약궤는 여호수아 3-4장에 17번이나 언급된 만큼 요단을 건너는 이야기에서 하나의 중심 '등장인물'이다. 언약궤가 여호수아서에 거의 나오지 않는다는 점에 비춰 보면 여기서 빈번히 등장하는 것이 눈에 띈다. 이후에 짧게 두 번 언급되는 것(7:6; 8:33)을 제외하면, 6장에 나오는 여리고의 몰락에서만 다시 두드러지게 나타날 뿐이다. 언약궤가 백성의 안내자 역할을 하는 것을 고려하면, 이와 유사한 것은 출애굽 당시에 그런 역할을 한 불기둥과 구름기둥이다. 이것들은 이스라엘이 이집트를 떠난 순간부터 광야를 거치는 동안 그들에게 하나님의 인도를 제공했다(출 13:21-22, 참고. 신 1:33). 불과 구름은 그들을 이집트인 적들로부터 보호했고(출 14:24), 그들의 여정에서 성막과 관련하여 하나님이 그들과 함께하심을 알렸다(참고. 출 40:36-38). 그런데 어느 시점에서 불과 구름으로 인도하는 일이 멈추었다. 불과 구름이 예전에는 백성을 인도한 반면에, 이제는 언약궤가 이 도강, 곧 홍해 에피소드와 대응을 이루는 이 사건에서 인도자의 기능을 물려받는다.[31] 그리고 불과 구름이 그 백성이 이집트를 떠났을 때 그들을 기적적으로 구출한 것처럼, 여기서도 언약궤가 여호수아 6장에 나오는 바와 같이 여리고에서 약속의 땅에 기적적으로 들어가는 일에 함께해서 보호막 역할을 수행할 것이다. 그리고 이는 사무엘서와 열왕기에서 하나님의 임재를 가리키는 초점이 되는데, 후자에서는 성전과 연관된다.

이제 이 땅에서 백성과 함께하는 언약궤가 광야에서의 불과 구름을 대신한다. 그러나 인도 방식에는 차이가 있다. 불과 구름은 어느 의미에서 중재된 것이 아니었다. 인간의 도움이 필요하지 않았다. 하지만 언약궤는 [대체로(참고. 4:15-18 주석)] 그와 달리 운반을 위해 어떤 개입이 필요하다. 그런데 언약궤는 너무나 거룩한 물체라서 오직 제사장들만 그것을 운반할 수 있다. 광야에서는 진영을 옮길 준비가 되었을 때, 아론과 그의 아들들이 언약궤를 덮고 고핫 자손(레위 지파의 한 분파)이 그것을 운반하는 일을 맡았으나 손을 대는 것은 금지되었다(민 4:5, 15, 참고. 신 10:8; 31:9의 회고). 사실 여호수아 21:19에 나오는 성읍 분배를 제외하면, 여호수아서에서 하나의 계층(class)으로서의 제사장에 대한 관심은 두 경우에 제한되어 있다. 하나는 요단강을 건널 때 그들이 언약궤를 메는 경우이고, 다른 하나는 여리고를 점령할 때 언약궤를 메는 경우이다.[32]

관리들에 의해 전달된 마지막 지시, 즉 "거리가 이천 규빗 쯤 되게 하라" 또는 0.8킬로미터가 넘게 하라는 지시는 그 자체가 가지는 해석상의 어려움이 있다.[33] 요단강은 이 지점에서 그 폭이 그리 넓지 않고 강둑도 그리 가파르지 않다. 언약궤와 그런 거리를 유지하는 것이 어떻게 안내를 받는 데 도움이 되는지(이것이 그 근거이다)는 알기가 어렵다. 그러나 그 지시는 다른 경우를 상기시키는 요소가 있다. "가까이 하지 말라"는 표현은 성경에 세

---

31 언약궤와 함께 구름이 하나님의 직접 임재를 나타낸다는 것은 민수기 10:33-36의 기사에 나오고, 이는 여기서 제안한 병행관계를 지지해준다.

32 아론의 아들 엘르아살과 그의 아들 비느하스가 여호수아서에 나오지만 제사장의 자격이 아니라 개인으로서의 역할을 한다.

33 거리 변환은 한 규빗을 45센티미터로 계산하므로 0.9킬로미터가 명시된 거리다. 훗날 유대교에서는 2,000규빗이 "안식일에 걸을 수 있는"(행 1:12) 거리였다.

번밖에 나오지 않는데, 두 번은 이 부분이고 한 번은 모세가 불붙은 떨기나무를 접하는 장면이다(출 3:5). 떨기나무 장면을 더 강하게 상기시키는 대목이 뒤에 나오지만(수 5:13-15), 이 명시적인 반향은 언약궤가 가지는 신성불가침의 위상을 상기시켜준다. 이와 비슷한 지시가 이스라엘이 출애굽기 19장에서 시내 산기슭에 진영을 설치했을 때도 나온다. 비록 거기서는 산에서 일정한 거리를 두는 것이 아니라 이스라엘의 엄격한 한계선을 긋는 문제이긴 했지만 말이다. 백성이 언약궤에서 그만큼 거리를 유지함으로써 방향감각이 증진되도록 의도한 것 또는 이와 비슷한 경우들은 이스라엘 백성과 독자 모두에게 언약궤가 지극한 존중을 받아야 한다는 사실을 알려준다.

3:5 관리들이 전달한 지시사항이 출애굽기 19장에 나오는 시내 산기슭에서의 준비를 희미하게 반영한다면, 여호수아의 명령은 그것을 확대한다. 출애굽기 19:10에서 하나님의 산에서 준비를 갖출 때, 모세는 주님이 산에 내려오시는 것을 내다보며 백성에게 스스로 성결케 하라고 지시했다(출 19:9). 당시에는 이틀의 준비기간이 주어졌다. 광야에서 일어난 또 하나의 사건은 이보다 더 강한 반향과 더 비슷한 어구를 갖고 있다. 민수기 11:18에서 고기를 달라는 백성의 요구에 반응하여 메추라기를 공급하시는 장면이다. 그 기사에 엮여 있는 것은 모세가 이스라엘을 다스리는 일을 돕도록 칠십 장로를 임명하고 그들에게 영을 나눠주는 모습이다. 따라서 '내일을 위해' 몸을 성결케 한다는 주제는 여호수아가 '놀라운 일'을 예측했듯이 하나님의 개입에 대한 기대감을 강화시킨다(참고, 수 7:13). 이것은 금송아지 에피소드 이후에 모세가 시내산에서 언약을 갱신할 때 주님께서 그에게 하신 약속(출 34:10)을 성취하는 사건으로 볼 수도 있다. 하나님께서 말씀하신 "놀라운 일"[닙라오트(*nifla'ot*), 새번역]은 여기서 여호수아가 말하는 "놀라운 일"(닙라오트, 새번역)에 대응되기 때문이다.

3:6 3:5에서 관리들의 지시는 "내일"이라고 하는데, 여호수아가 현재 제

사장들에게 주는 명령("언약궤를 메고 백성에 앞서 건너라")은 시간적으로 잘 맞지 않는다. 독자는 다음 둘 중 하나로 생각해도 좋다. 아무런 암시가 없어도 지금이 그 이튿날이라고 보는 것, 또는 백성은 그 자리에 두어 시간 더 머무는 동안 제사장들이 먼저 나아가는 것으로 보는 것이다. 3장의 나머지 부분에 나오는 암시(7절에 나오는 "오늘", 14절에서 동시에 일어나는 행동)를 감안하면 전자가 더 그럴듯한 시나리오다. 요단을 건너는 이야기와 같이 매우 간결하고 압축된 내러티브에서는 그런 갑작스런 전환을 충분히 예상할수 있다.

여호수아가 3:5에서 백성에게 주는 간략한 말과 제사장들에게 주는 이 지시 사이에 미묘하지만 뜻깊은 대조점이 있음을 볼 수 있다. 앞 구절에서, 그리고 전날에 장차 일어날 일을 내다보는 가운데 준비의 마지막 단계가 시행되었다. 6a절에 나오는 지시가 6b절에서 문구 그대로 이뤄지고, 결정적인 행동의 순간이 마침내 도래했다. 소긴(Soggin)이 지적하듯이, "언약궤를 메고 운반할 때 하나님께서 행동하기 시작하신다. 이것은 결코 의례적인 수단을 통해 여호와로 하여금 그분께 요구하는 것을 행하도록 만들 수 있음을 의미하지 않는데, 이스라엘은 이 교훈을 장차 대가를 치르고서 배워야 할 것이다(참고. 삼상 4장)."[34]

3:7-8 이제 언약궤가 움직이고, 심오하고 신비로운 의미에서 하나님도 움직이시기 시작하면서 주님이 여호수아에게 말씀하신다. 이는 점차 강해지는 권위에 종지부를 찍는다. 독자가 처음에는 관리들의 음성을, 이어서 여호수아의 음성을 '들었고' 이번에는 주님의 음성을 '듣기' 때문이다. 하나님께서 여호수아에게 주시는 확신은 그분이 이전에 여호수아에게 말씀하신(1:5) 그분의 임재에 대한 약속을 강화시키고, 이 에피소드와 1장의 이야기를 더 긴밀히 연결시킨다. 여기서 그 약속이 더욱 확장된다. 여호수아가

---

34 J. Alberto Soggin, *Joshua: A Commentary* (Philadelphia: Westminster, 1972), 57.

하나님께서 그와 함께하심을 알아야 할 뿐 아니라 이스라엘 전체도 모세에 의해 중재된 리더십이 고스란히 여호수아에게 이어진다는 것을 알아야 한다. 그러므로 그 약속은 여호수아뿐만 아니라 더 나아가 하나님의 온 백성에게도 확신을 주게 된다.

8절에 나오는 언약궤를 맨 제사장들의 움직임에 관한 하나님의 지시는 그들의 행동에 관한 지침을 줄 뿐만 아니라 제사장들이 나르는 언약궤의 움직임이 하나님의 재가를 받은 것임을 명시적으로 확증해준다. 이 행동으로 그리고 언약궤의 존재가 주는 신호로, 하나님은 이 땅에 들어가는 이들을 위해 과거에 이집트를 떠난 이들에게 홍해에서 보여주셨던 그 권능을 가지시고 요단에서 행동하실 것이다.

3:9-13 여호수아가 백성을 가까이 부른 뒤에 주님을 대신해서 하는 말은 예언적 색채를 띤다(9절). 그는 백성이 요단을 건너기 시작하기 전에 마지막 지시를 발표하고, 이 책에서 종종 그랬듯이 명령은 격려를 수반한다. 기적이 공표되지만 이 놀랍고 의미심장한 진술이 일차적인 초점은 아니다. 오히려 여호수아는 무엇보다 이 사건이 그들 하나님의 성품과 그분이 그들 가운데 계신다는 것의 의미를 드러낸다는 것을 백성에게 알리는 데 관심이 있다.

10절과 11절에 하나씩 나오는 두 호칭이 이스라엘의 하나님을 그 어떤 잠재적 경쟁자의 허세로부터 따로 구별시킨다. 이 표현이 친숙한 것이긴 하지만 우리가 생각하는 만큼 구약에 그리 많이 나오지는 않는다. 10절에서 여호수아는 이스라엘에게 그들이 "'살아 계신' 하나님이 너희 가운데에 계시다[는]" 것을 어떻게 알게 될지를 알려준다. 여기서 "살아 계신 하나님"[엘 하이(*'el hay*)]에 해당하는 정확한 표현은 구약에서 다른 세 군데에만 나온다. 둘은 고라 자손이 쓴 시편(시 42:2; 84:2)에서, 하나는 호세아 1:10에서 볼 수 있다. 그리고 다른 아홉 군데에서는 비슷한 변형을 찾을 수 있다[엘로힘 하이(*'elohim hay*, 왕하 19:4, 16//사 37:4, 17), 엘로힘 하임(*'elohim hayyim*, 신 5:26; 삼상 17:26, 36; 렘 10:10; 23:36)]. 이를 종합하면, 이 호칭을 사용하는 구절들은 하나님의 임재(신 5:26; 시 42:2; 84:2)에 관한 그리고 적대국들의 주제넘은 모습에 반하는 하나님의 존엄성과 양립 불가능성(삼상 17:26, 36; 왕하 19:4, 16; 사 37:4, 17)에 관한 신학의 윤곽을 그려준다. 여호수아가 이 호칭을 사용하는 구절은 이스라엘의 하나님을 "살아 계신 하나님"으로 부르는 것과 연결된 이 두 주제의 교차점에 서 있다.

"온 땅의 주"[아돈 콜 하아레츠(*'adon kol-ha'arets*)]라는 두 번째 호칭은 11절과 13절에 나온다. 이 어구 역시 우리가 추정하는 것보다 덜 자주 나오는 편이다. 여기서 두 구절에 나오고, 시편 97:5, 미가 4:13, 스가랴 4:14, 6:5에 다시 나온다. 시편과 미가서에서는 각각 하나님의 출현과 군사적 승리의 맥락에서 여호와라는 이름과 나란히 사용된다. 그런 배경에서는 에레츠['*erets*, '땅' 내지는 '지구'(또는 '세계')로 번역될 수 있다]의 보편주의적 의미가 무척 타당하다. 이 본문에서는 이 어구가 좁은 의미로 약속의 땅을 언급하는 것이라면 그런 의미를 지니기가 더 어려울 수 있다. 그러나 라합이 이스라엘의 하나님 여호와께서 하늘과 땅(에레츠, 수 2:11)을 다스리신다고 고백할 수 있다면, 이런 큰 주장을 이 호칭에서 볼 수 있고 특히 "온"이란 단어로 수식되기 때문에 더욱 그렇다.

이것이 바로 이제 이스라엘을 위해 행동하실 하나님의 성품이다. 여호수아가 임박한 하나님의 행동(13절), 즉 이스라엘 앞에서 여러 민족을 내쫓을 하나님의 능력(10절)과 더불어 그분의 직접적인 임재를 보장하는 역할을 할 그 행동을 선언하는 이 순간에 이런 신학을 설파하는 것은 매우 적합하다. 또한 여호수아의 예언적 진술에는 두 부분이 있으며, 이는 시간을 나타내는 세 개의 어구인 '이제'(11절), '나중에'(10절), '곧'(13절)을 수반한다. 일곱 개의 족속 목록은 그 자체로 흥미롭다. 이와 비슷한 목록은 대략 15번 나오는데, 출애굽기와 여호수아서에 5번씩 나오고 나머지는 여기저기 흩어져 있다. 그러나 여기에 나오는 일곱 족속의 목록은 다른 두 군데에만 나온다. 하나는 그 목록이 헤렘(참고. 2:10 주석)과 관련하여 장래에 관한 가르침을 동반하는 구절인 신명기 7:1이고, 다른 하나는 하나님께서 이스라엘을 약속의 땅으로 인도하면서 이루신 모든 일에 나타난 그분의 신실하심에 대해 여호수아가 선지자적으로 회상하는 구절인 여호수아 24:11이다. 하나님께서 이 족속들을 쫓아내실(이 표현이 '몰살시키다'라는 뜻은 아니다) 것이 확실하다는 것은 그분이 이제 요단강물이 흐르는 것을 막으시는 행동에 근거를 두고 있다(13절). 물의 흐름이 그치는 것은 언약궤와 동일시되는 그분의 임재가 낳는 결과이다. "제사장들의 발"은 그 기적에 부차적인 것이다.

이처럼 단단하게 엮인 배열은 이스라엘의 각 지파에서 한 명씩 12명을 선택하라는 12절의 지시를 괄호 속에 묶는다. 이 구절에는 아무런 설명도 없다. 그들의 행동은 전체적으로 볼 때 이스라엘의 요단 횡단에 필수적이고 4장에서 두드러지게 나타날 것이다. 여기서는 12명을 선택하는 것이 마지막 준비 작업에 통합되어 있다. 그들의 의무는 나중에 떠올린 생각이 아니다. 오히려 이 시점에서는 그들의 기능이 모호할지라도 그들의 역할은 의도된 것이다.

3:14-17 3:6에 나오는 행진의 배치를 제외하면, 이 지점에 이르는 모든 것은 지시 아니면 준비였다. 이제는 행동이 나온다. 히브리어 구문에 따르면 모든 일이 단번에 발생한다. 14-16절에는 "백성"에 대한 언급이 앞과 뒤를 장식하면서 두 세트로 된 공조된 행동이 나온다. 첫째, 백성이 출발할 때 언약궤를 나르는 제사장들이 앞서 나아간다(14절). 둘째, 언약궤를 나르는 제사장들의 발이 물가에 닿았을 때(15a절 마소라 본문), 요단 강물이 흐르기를 멈춘다(16절). 요단의 주기적인 홍수에 대한 언급(15b절 마소라 본문)은 히브리어 구문에서 '오프라인'에 속하기 때문에 번역할 때는 삽입구로 표시될 수 있다. 단단하게 엮인 이 장면은 "백성"에 대한 두 번째 언급(16절)에서 절정에 이른다. 그들이 "여리고 맞은쪽"(새번역)으로 건너가는데, 그 성읍에 대한 언급은 2장에 나오는 정찰을 떠오르게 하고 6장의 전진을 내다보게 한다. 지형적 세부사항은 주석가들이 기적적인 강물의 멈춤을 설명하기 위해 시도하는 정밀조사에 포함되곤 하는데, 특히 오늘날에는 요단을 건너는 것이 그리 어렵지 않기 때문이다.[35] 16절의 추가 세부사항은

"매우 멀리" 있는 상류의 지명된 지점에서 강물의 하류 목적지인 사해에 이르는 몇 마일의 넓이를 묘사한다. 마른 강바닥이 인상적으로 펼쳐진 모습이다. 16절에서 13절의 세부사항을 반복하는 것은 일차적인 의도를 보여준다. 요단강물이 마른 것이 하나님께서 개입한 결과라는 인식을 강화하려는 것이다. 이를 더욱 강화시키는 요인이 17절에 나온다. 17절의 히브리어 본문은 16절에 나오는 첫 단어인 '서다'(stand)라는 동사를 똑같이 사용한다. 16절에서는 '서는' 것이 요단의 흐르는 강물인데 비해, 17절에서는 '서는' 것이 언약궤를 나르는 제사장들이다. 주님의 언약궤가 서는 곳에서는 강물도 그와 같이 해야 한다.

그 결과는 제사장들이 설 때와 백성이 건너갈 때 공유하는 "마른땅"이고, 이는 강조를 위해 17절에 반복된다. 이와 비슷하게 "모든"[콜(kol), '모든 이스라엘', '모든 민족']이란 단어가 이 사건의 포괄적인 성격을 명백히 하기 위해 되풀이 된다.

4:1a 하지만 가장 놀라운 반복어법은 마소라 본문에서 3:17의 마지막 일곱 단어를 4장의 첫 일곱 단어로 사용하는 것이다. 후자는 다른 전치사('…때까지'가 아니라 '…할 때'를 낳는)와 연결된 불변화사와 결합되어 있는 서사적 히브리어 동사 와예히(wayhi = '그렇게 해서')로 도입되고 있다. 기념용 돌의 수집과 관련하여 이후에 따라오는 이야기 순서를 감안하면, 이는 이 행동이 강을 건넌 후에 지명된 열두 명이 돌을 수집하려고 돌아가서 일어나는 듯한 인상을 남길 수 있다. 하지만 돌아갔음을 염두에 둔 것이 아니라 돌 수집이 오히려 동시에 일어난 행동임은 이 구절의 히브리어 본문에 나오는 이례적인 구분에 의해 암시된다. 이 본문은 단락 구분 표시를 반복된 어구 뒤에, 그리고 주님의 말씀에 대한 소개 앞에 두고 있다.

---

35 참고. Christiana Z. Peppard, "Troubling Waters: The Jordan River between Religious Imagination and Environmental Degradation," *JESS* 3/2 (2013): 109-119.

4:1b-3 주님이 다시 여호수아에게 3:7-8에서 시작되고 3장의 중앙 단락에서 백성에게 전달된 지시를 수행하라고 말씀하신다. 3장에서는 여호수아가 지파의 대표로 열두 사람을 불렀지만(3:12) 그들의 과업이 무엇인지는 밝히지 않았다. 이제 주님이 그 지시를 반복하시고(2절) 그들에게 제각기 강바닥에서 돌 하나씩 취해서 요단 서쪽 강둑에 있는 새로운 진영으로 나르도록 하신다(3절). 홍해를 건널 때는 이에 상응하는 행동이 없었으나, 이와 비슷한 것이 시내산에서 율법을 받는 장면의 끝에 나온다(출 24:4). 하지만 시내산에서 율법을 주는 장면의 끝에 세워진 "기둥들"[마체바(*matsebah*)]과 달리, 이것들은 단순한 "돌"[에벤(*'eben*)]이다. 기둥은 족장이 헌신했다는 표시가 되어 왔고(예. 창 28:18, 22; 35:14, 참고. 사 19:19) 모세가 시내산에서 세운 것이긴 했지만, 부정한 것으로 간주되기에 이르렀고(레 26:1; 신 16:22) 훗날에는 우상숭배와 연관된 것으로 여겨졌다[예. 왕상 14:23(유다의); 왕하 17:10(이스라엘의), 참고, 호 10:1-2]. 여기에 나오는 수집된 '돌들'은 그런 연상을 일체 피한다. 추정컨대 그 돌들은 각각 한 개인이 나를 수 있는 만큼 그 크기도 적당하다(수 3:5).

4:4-7 여호수아가 주님의 명령을 열두 사람에게 전달할 때, 그가 받은 지시가 의미로 채워지기 시작한다. 첫째, 그들의 선택과 관련해 3:12에서부터 가정되었을 법한 것이 명시적으로 밝혀진다. 그 사람들과 그들이 취한 돌들은 지파를 대표하기 때문에 그런 의미에서 이스라엘 백성 전체를 상징한다는 것이다. 이는 과거에 각 지파에서 한 사람씩 선택되었을 때, 즉 민수기 13:4-15에 나오는 열두 정탐꾼의 정치적 대표성을 뛰어넘는다. 이 돌을 나르는 자들은(그리고 그 돌들은 더욱) 상징적 가치를 지닌다. 이 돌들이 눈에 띌 때는 그 자체를 넘어 백성 전체를 가리킨다.

　이 상징적인 돌들의 더 깊은 의미는 4장의 이곳 및 21-24절에서 두 차례 설명된다. 두 경우 모두, 그 설명은 자녀들이 "이 돌들"의 의미를 물어볼 때 그들에게 전수하게 되어 있다. 다음 세대에게 가르침을 전수하는 것은 구약에 무척 흔한 편이지만(예. 신 11:19; 시 78:1-8), 자녀들의 자세한 질문은 기념비에 관한 가르침을 유월절과 애초의 출애굽 사건(출 12:26; 13:14)과 연결시킨다.[36] 두 경우 모두, 그 설명이 "기념"(출 12:14)의 맥락에서 주어지기 때문에 이집트에서의 출발과 약속의 땅으로의 진입 사이에 또 하나의 연결고리가 달린다.

첫 번째 설명은 이제 여호수아가 열두 사람에게 베푸는 것이다. 그는 가르치는 사람일 뿐 아니라 해석하는 사람이기도 하다. 이집트에서의 출발에 대한 기념과 마찬가지로, 여기서도 그 의미가 그의 백성을 위한 하나님의 놀라운 구원 행위의 견지에서 설명되어 있다. 주님의 임재를 나타내는 언약궤는 그 기적의 동인(動因)이다. 강물이 그 궤 "앞에서"[미프네(mipney)] 멈춘다. 기적과 기념비의 청중은 이스라엘이다.[37] 사실상 그 기념비는 이스라엘의 관심을 언약궤로 돌리게 하고, 따라서 이 순간에 이스라엘을 위해 그토록 강력한 행동을 취하신 주님께 돌리게 하는 것이다. 이 돌들은 이 구원의 사건을 다함께 인식하고 기억하는 일을 연마하고 유지하는 도구의 역할을 한다. 이 돌들이 그 이상의 목적에 공헌하는지는 이번 장의 끝에서 보게 될 것이다.

4:8-9 명령 수행에 관한 이 기사는 두 가지 이유로 약간의 혼동을 유발할 수 있다. 첫째, 히브리어 대명사("그들", 새번역)에는 명시적인 명사가 없다. 8절이 암시하듯 모든 이스라엘 사람이 돌을 모아서 세우는 것은 아니다. 오히려 지파의 대표들로 지명된 열두 사람("그들")이 돌들을 이스라엘("그들")이 안식하게 된 진영으로 나른다. 9절을 읽을 때는 약간의 주의가 필요하다. 여호수아가 그 장소를 표시하기 위해 요단의 강바닥에 세우는 열두 개의 돌은 8절에 언급된 것과는 다른 세트의 돌들이다. 이는 히브리어 구문과

---

36 신명기 6:20-25 역시 율법 준수의 의미를 설명할 때 더 큰 출애굽 내러티브에서 끌어오는 만큼 이 특징을 공유한다(참고. 신 11:18-21). 그러나 여기에는 "기념"의 요소가 빠져 있다.

37 이 분석은 다음 글을 따른다. Elie Assis, "A Literary Approach to Complex Narrative: An Examination of Joshua 3-4," in *The Book of Joshua*, ed. Ed Moort, BETL 250 (Leuven: Peeters, 2012), 406-407.

이 돌들에 정관사가 없는 것을 통해 알 수 있다.

4:10-11 열두 개의 돌(두 세트!)의 문제를 다룬 만큼, 이 내러티브는 요단을 건너는 문제(그 속에 돌에 관한 기사가 들어있는)로 되돌아간다. 여기서도 여호수아가 지시한 대로 진행된다. 10절은 "백성은 속히[와예마헤루(*wayemaherhu*)] 건넜[다]"라고 추가로 임의의 세부사항을 밝힌다. 이 간략한 언급은 이집트에서의 출발과 또 다른 연결고리를 제공한다. 마침내 이스라엘 백성이 이집트를 떠날 때가 되자 이집트 사람들은 그 백성을 재촉하여 "그 땅에서 속히[레마헤르(*lemaher*)] 내보내려"(출 12:33) 했다.

11절의 히브리어는 언약궤를 나르는 제사장들이 "백성 앞에서"[리프네 하암(*lifney ha'am*)] 건넜다는 진술로 읽을 수 있기 때문에 어려운 문제를 제기한다. 백성은 이미 건넜는데 어떻게 언약궤를 메고 있는 제사장들이 백성 "앞에서" 건너갈 수 있는가? ESV는 고대의 해결책을 채택한다. 그래서 요단의 서쪽 강둑에 오른 백성이 고개를 돌려 언약궤와 제사장들이 그들 "앞에서", 즉 그들의 면전에서 건너는 일을 끝마치는 모습을 본다고 해석한다.[38] 언약궤를 제사장들로부터 이례적으로 떼어놓은 것이 눈에 띄며 4:18의 이례적인 세부사항에 대한 이해와 관계가 있다(참고. 4:15-18 주석).

4:12-13 요단 동편 지파들의 역할은 앞서 언급된 적이 있다(참고. 1:12-15 주석). 여기서 그들이 약속의 땅으로 건너가는 결정적 순간에 다시 명시적으로 언급되어 있다. 그들 4만 명이 "무장[했다]"(문자적으로는 '군 복무를 위해 구비된 이들')라는 말은 요단 동편 지파들이 맨 처음 모세와 합의를 맺었을 때 그들이 민수기 32:27에서 사용한 어구이다.

---

38 이는 라쉬(Rashi)의 해석이다. 또 하나의 해석은 Joüon, §118k에 나오는데, 이는 많은 경우에 서사적 동사형은 연속이 아니라 합계를 가리키는 것으로 간주되어야 하고, 때로는 "논리적으로 앞선 상황까지" 가리킨다고 하면서 이 구절의 "외견상의 모순"을 설명한다.

4:14 요단 동편 지파들이 1장에서 모세에서 여호수아로 리더십이 전환되는 대목을 마감한 것처럼, 여기서도 그들이 건너는 모습은 이 복합적 사건이 "모든 이스라엘"로 여호수아를 존경하도록 영향을 미쳤다는 인상을 언급하는 계기를 마련해준다. 여호수아가 위대해지는 것은 주님이 행하신 일로 간주되고 요단강물을 그치게 한 기적의 또 다른 결과이다. 3:7에 나오는 주님의 말씀이 성취되어 "여호수아가 새로운 모세가 되었다."[39]

4:15-18 이 에피소드에서 세 번째이자 마지막으로 주님이 여호수아에게 말씀하신다. 재빨리 진행되는 세 문장(15-17절)에서 제사장들에게도 이제는 강바닥에서 "올라오라"(또는 '올라가라')는 명령이 주어진다. 이 히브리어 구문[알라('alah) + 전치사 민(min)]은 히브리어 성경에 흔히 나오지만, 이는 또한 이집트에서 가나안으로의 여정(창 45:25)과 특히 이집트에서의 탈출(예. 출 3:8; 17:3; 32:1, 4, 7, 8; 33:1; 민 16:13)에 사용된 특별한 용어이기도 하다. 이 구문이 이제 요단에서 '올라오는데'(4:16, 17, 19절) 사용된 만큼 약속의 땅에 들어가는 이 기사에서 이집트에서의 출발과 연결된 여러 고리에 또 하나를 더해준다.

언약궤를 메고 있는 제사장들이 요단에서 떠나는 모습은 (보통은 파악되지 않는) 몇 가지 이례적인 특징을 갖고 있다. 11절에서 말했듯이, 제사장들의 횡단이 끝났을 때 언약궤는 그것을 멘 사람들과 구별되어 있다. 18절에 세 가지 별개의 행동들이 서술되어 있다. (1) 언약궤를 멘 제사장들이 "요단 가운데에서" 올라오는 모습, (2) "[그들의] 발바닥"이 마른땅에 올려지는 모습, 그리고 (3) 요단강물이 "원래대로" 다시 흐르는(그리고 흘러넘치는!) 모습이다. 칠십인역 이후 많은 번역본은 행동 1과 행동 2를 연결하여 행동 3의 동시 발생을 위한 조건으로 삼아왔다. 말하자면, 제사장들이 떠나고 그들의 발이 마른땅을 밟을 때 비로소 요단강이 흐르는 것이다. 하지만 이것은

---

39 Trent C. Butler, *Joshua*, WBC 7 (Waco, TX: Word, 1983), 50.

히브리어의 뜻이 아니다. 오히려 행동 1이 행동 2와 3의 동시 발생을 위한 유일한 조건이다. 말하자면, 제사장들이 마른 강바닥을 떠나는 순간, 이어서 그들의 발이 마른땅에 '올려지게' 되는 한편 요단강이 흐르기 시작한다. 또 다른 요소는 행동 2에 나오는 동사의 수동태이다. 히브리어 니트쿠(*nitqu*)는 동사 나타크(*nataq*)의 수동태로서 그 뜻이 보통은 '뽑히다' 내지는 '찢기다'와 관계가 있다. 다른 어디서도 이 단어가 '올려지다'란 뜻으로 사용되지 않는다. 이 뜻을 전달하기 위해서라면 다른 여러 동사[알라, 룸(*rum*) 또는 나사(*nasa'*)]를 사용할 수 있다. ESV가 이 수동적인 뜻을 유지하는 것은 옳지만, 현대 번역본들 가운데는 다양한 번역 전략을 통해 이것을 개조해서 능동태 동사로 만드는 것이 흔하다.

만일 제사장들의 발이 수동적이라면, 과연 누가(또는 무엇이) 능동적인가? 분명한 뜻밖의 해결책은 언약궤 자체가 '행동한다'는 것이다. 3장의 어떤 지점들에 나오는 이례적인 구문은 놀랍게도 언약궤의 존재를 하나님의 임재와 동일시한다. 그러면 제사장들의 발이 수동적인 상태로 있는데 어떻게 마른 강바닥에서 떨어지게 되는가? 히브리어는 그것이 언약궤 안에 계시는 하나님의 능력 덕분이라고 시사한다. 중세의 유대교 주석가인 라쉬(Rashi)는 이 상황에서, 다윗이 처음 언약궤를 예루살렘으로 운반하려 했을 당시 웃사가 손을 내밀어 그 궤를 붙들었을 때 그에게 유발되었던 하나님의 진노(삼하 6:7-8)에 대한 설명을 발견했다. 웃사의 죄는, 이 에피소드에 근거해 만일 언약궤가 그것을 나르는 이들을 요단에서 올릴 수 있다면, 그 자체를 나를 수 있다는 것을 깨닫지 못한 것이었다.

4:19 마침내 모든 백성이 요단의 서쪽 강둑에 다다르게 된다. 이 시점에 이르러야 비로소 그 사건의 시기가 달력의 언어로 진술된다. 이전에는 "사흘"이란 시간의 경과가 그 내러티브의 때를 표현하기에 충분했다(3:2, 참고. 3:2-4 주석). 하지만 '첫째 달 십일'이란 이 정확한 날짜는 굉장히 중요하다. 이는 이집트에서 마지막 재앙이 닥친 그날, 밤에 이스라엘이 첫 번째 유월절을 지키고 이후 이집트에서 보냄 받은 그날이다(출 12:3). 출애굽의 시점

이 약속의 땅에 진입하는 시점에서 그 대응을 발견한다.

성경에는 길갈이란 이름을 지닌 장소가 여럿 나오는데, 여리고 부근이자 요단 가까이 있는 이스라엘 백성의 이 진영, 여기서 처음으로 지명된 곳이 그 장소들 중에 가장 중요하고 가장 자주 나온다. 이곳은 여호수아 6-12장에 나오는 초기 출정 내내 이스라엘의 작전 본부이다. 길갈이 여호수아서에서 마지막으로 언급되는 경우는 14:6에서 갈렙이 땅을 확보하는 에피소드이다. 이후에 길갈의 연상은 덜 긍정적이다. 사사기 2:1에서 "주님의 천사"가 민족적 불순종을 말하는 순간에 길갈에서 멀어지는 움직임은(그 행동은 모호하지만) 징계를 암시한다. 훗날 그곳은 사울이 왕으로 임명되고 또 해임되는 장소(삼상 11:14-15; 15:21, 33), 주전 8세기 선지자들 가운데서 일어난 배교의 장소가 된다(예. 호 9:15; 암 4:4; 미 6:5). 그런 비극적인 연상은 아직 먼 미래에 속해 있다. 앞으로 여호수아 5장에서 더 자세히 설명될 것처럼, 이 시점에서 그 장소는 이스라엘이 이제 약속의 땅을 차지하는 만큼 그의 백성을 향한 하나님의 약속이 성취되는 곳이다.

4:20-24 이 에피소드가 마무리되면서 관심이 기념용 돌들로 되돌아간다. 여호수아는 4:6-7에서 이미 다음 세대에게 이 돌들의 의미를 설명한 바 있고(참고. 4:4-9 주석), 그 설명은 교훈의 의도로 그 돌들이 세워질 것을 내다보며 주어졌다. 거기서는 돌들이 이스라엘에 대해 지니는 의미가 관심의 초점이었고, 여호수아가 단지 열두 개의 돌을 나르는 자들에게만 말했다. 이 두 번째 설명, 곧 열두 개의 돌이 길갈에 세워진 다음에 "이스라엘 백성"(20-21절)에게 주어진 설명에서는 여호수아가 또 다른 요소를 전면에 끌어온다. 4:8과 같이 자녀들의 질문이 설명을 촉구한다(21-22절).

이 설명 자체가 이 단락을 마무리한다(23-24절). 요단강물을 마르게 한 것은 여전히 하나님의 행동이고, '마르게 하다'는 표현이 두 번 명시적으로 진술되어(23절을 시작하고 끝낸다) 이 순간이 홍해의 기적과 유사하다는 언급은 괄호 속에 묶인다. 따라서 이 세대가 약속의 땅에 들어가는 것은 그들의 부모가 이집트에서 출발한 것과 같은 종류이다. 양자는 구출과 구원이란 한 행동의 두 측면이다. ESV는 강물이 이스라엘을 '위해'("for", 미프네) 마른다고 하는 데 비해, 다른 번역본들은 강물이 이스라엘 "앞에서" 마른다고 말하는 것으로 번역하여 4:7에 나오는 "언약궤 앞에서"와 대조시키고 있다. 24절에는 이에 대한 두 가지 이유가 제시되어 있다. 첫째, 하나님은 "땅의 모든 백성"이 이것을 하나님의 능력으로 알게 "하려[고]"[레마안(lema'an)] 이를 행하셨다. 말하자면, 청중은 이제 앞의 설명에서처럼 이스라엘이기보다는 오히려 이스라엘을 지켜보는 이웃들이다. 둘째, 하나님은 이스라엘이 그들의 하나님을 경외하게 하려고(레마안) 이를 행하셨다. 따라서 언약궤가 첫 번째 설명의 초점이었던 것처럼, 이 두 번째 설명에서는 이스라엘이 하나님의 전능하신 행동의 초점이자 수혜자이다. 이스라엘을 통해 열방이 이 하나님을 "알게" 되고, 이 순간을 통해 이스라엘은 그들의 하나님을 "경외[함]"에 따라 순종이 어떤 모습인지 그리고 그 유익이 무엇인지를 배우게 된다(참고. 신 10:12).

≋≋≋≋ 응답 ≋≋≋≋

이 대목은 이스라엘과 지켜보는 세계를 위해 이 사건에 관한 기억을 만드는 데 큰 관심이 있음에도 불구하고 이와 연관된 홍해를 건너는 사건만큼 관심이나 유산을 형성하지 못했다. 이집트에서 벗어나는 구원의 순간은 약속의 땅에 들어가는 것이 성취된 순간보다 시인들과 설교자들의 주의를 훨씬 더 많이 사로잡아왔다. 후자는 어쩌면 "아 그대 위대한 여호와여, 나를 인도하소서"(Guide Me, O Thou Great Jehovah, 1745년)란 찬송가 속에 오래 머물러 있는 듯한데, 마지막 연(聯)과 그 기도("내가 요단강가를 밟을 때…나를 가나안 쪽에 안전히 상륙하게 하소서")가 그 앞의 연에 실린 "불과 구름 기둥"을 동반하는 광야의 방황에 따라오기 때문이다. 그러나 윌리엄 윌리엄스(William Williams)는 웨일스어 원문[아마 존 번연(John Bunyan)의 《천로역정》(Pilgrim's Progress)의 영향을 받은]에서 마른땅으로 건너는 것을 예상하지 않았다.

그러나 이 대목은 먼저 일어난 더 중대한 사건의 단순한 반향이나 복제가 아니다. 이는 그 나름의 목적과 주장이 있고, 이런 것들은 5장에서 살펴볼 것처럼 그 나름의 즉각적인 결과뿐 아니라 하나님의 백성의 삶에 장기적인 함의를 갖고 있다. 여기에 실린 기사는 대체로 요단을 건너기 위한 준비(3장)와 열두 개의 돌과 함께 그 사건을 기억하는 일(4장)에 주의를 기울인다. 4장의 곳곳에 백성이 건너는 모습이 기록되어 있으나, 준비를 갖추는 것과 기억하는 것이 이 서술에서 더욱 눈에 띄는 관심사들이고, 이 둘은 3장과 4장에서 여호수아라는 인물과 열두 개의 돌의 수집을 통해 의도적으로 부각되어 있다.

여호수아가 높아지는 것(3:7; 4:14)이 이 에피소드에 걸쳐 있고, 이를 위한 메커니즘은 대체로 준비과정의 요소들이다. 이런 전개는 이미 여호수아가 모세의 후계자로서 그의 역할을 떠맡았을 때(1:5) 하나님의 약속과 격려를 통해 암시되어 있었고, 그것은 이 책이 시작될 때(1:17) 요단 동편의 지파들의 말로 응답을 받았다. 이제, 하나님의 임재가 그들로 그 땅에 들어갈 수 있도록 능력으로 개입하는 순간 여호수아가 하나님의 명령을 받고 전달하고 설명할 때, 이 약속이 성취된다. 이렇게 여호수아가 받은 중재 역할은 모세가 맡았던 역할(참고. 신 5:24-29)을 진전시키고 또한 언젠가 제자들이 (여호수아와 이름이 같은) 예수님이 바로 "영생의 말씀"(요 6:66-69)을 유일하게 전달하는 분임을 깨닫게 될 것을 내다본다. 아울러 여호수아는 모세의 복제인간이 아님을 알아채는 것이 중요하다(신 34:10). "너희 가운데…나와 같은 선지자 하나를 일으키시[는]"(신 18:15) 것을 가리키는 지표는 그 궤도가 여호수아를 통과하지만 거기서 안식하지 않는다. 여호수아는 하나님의 백성에게 하나님의 통치를 중재하고[40] 그들이 약속의 땅을 차지하고 거기에 정착할 때 방향을 제시한다. 그러나 우리가 앞으로 살펴볼 것처럼, 이 복조차 결함과 더불어 장차 사사기에서 꽃을 피우게 될 분해의 씨앗을

---

[40] 이는 올리버 오도노반의 표현이다. Oliver O'Donovan, *The Desire of the Nations: Rediscovering the Roots of Political Theology* (Cambridge: Cambridge University Press), 123.

담고 있다. 그리고 여호수아의 리더십이 제공하는 "안식"은 안정적이지 않고 완전하지도 않다(히 4:8). 그 "안식"에 들어가는 일이 가능케 되려면 하나님께서 모세의 후계자를 임명하시는 일뿐 아니라 그분의 아들을 보내시는 일도 필요하다(히 1:1-2).

여호수아 4장을 지배하는 기념용 돌들 역시 그 이야기에 걸쳐 있고 3:12에 암시되어 있다. 이집트에서 출발할 때 출애굽기에 제정된 기념행사, 이후에도 하나님의 언약 백성의 예배 생활에 중요한 역할을 담당하는 그 행사와는 달리, 이 열두 개의 돌은 이 백성이 기억을 공유하는 일을 돕는 약간의 역할만 수행할 뿐이다. 이는 놀랄 일이 아니다. 그 돌들은 그 땅의 경계에 세워지고, 백성의 삶은 다른 장소에 초점을 두게 되므로(예. 8:30-35; 18:1) 백성의 주의가 내부로 향할 것이기 때문이다. 하지만 우리가 다음 에피소드에서 보게 되듯이, 정착 이야기가 펼쳐짐에 따라 그 돌들보다도 그것들이 지닌 의미가 계속 영향을 끼치게 된다. 그 백성에게 이 사건은 그들 가운데 있는 하나님의 구원과 구출의 능력을 보여주었다. 지켜보는 민족들에게는 하나님의 능력이 그분의 백성의 움직임을 통해 드러나는 것으로 메시지가 약간 바뀐다. 라합은 이미 이런 불길한 상황에 친숙했던 것(2:10)이 확실하지만, 요단의 횡단은 이 실재를 그 땅의 주민들의 문턱까지 가져오고 일관된 반응을 불러일으킬 것이다. 이 반응은 라합을 움직이게 한 반응과 완전히 상충된다.

놀랍게도 백성의 반응에는 주의를 기울이지 않는다. 그들은 그 진행과정 중 어디에서도 발언하는 부분이 없다. 그들의 순종적인 행동으로 일어나고 있는 일에 대한 그들의 이해와 반응에 대해 얻을 만한 통찰은 하나밖에 없다. 4:10b에 나온 간단한 언급은 그 땅에 들어가는 이 세대와 이집트를 떠난 그들 부모들 사이에 차이점이 있다는 것을 은근히 가리키는 듯하다. 과거에 그들의 부모가 "속히"(출 12:33) 떠나도록 재촉한 것은 이집트 사람들이었는데 비해, 이제 이 세대는 자진해서 그리고 여호수아의 명백한 지시를 받고 "속히" 요단을 건너간다. 칼빈은 이 내러티브의 다른 지점들에서 취한 백성의 행동의 이 측면에 감동을 받으면서 그것을 믿음의 한 양상으로 보았다. "믿음은 우리로 하나님의 작전을 인지하도록 준비시키기 때문이다." 강물이 극적으로 또 기적적으로 흐르기를 멈췄을 때 믿음이 작동하고 있었다.

> 호기심으로 주님이 무엇을 하실지 묻지 않고, 그분이 선언하시는 것이 과연 어떻게 수행될 수 있을지에 대해 은근히 논박하지 않고, 우리의 모든 염려를 그분의 섭리에 맡기고, 우리가 의지하는 그분의 능력은 한이 없어서 우리의 생각을 세계 위로 올리고, 우리가 이성으로 이해할 수 없는 것을 믿음으로 받아들이게 한다는 것을 아는 것은 정말로 믿음의 특징이다.[41]

---

41 Calvin, *Book of Joshua*, 59, 60.

¹ 요단 서쪽의 아모리 사람의 모든 왕들과 해변의 가나안 사람의 모든 왕들이 여호와께서 요단 물을 이스라엘 자손들 앞에서 말리시고 ¹⁾우리를 건너게 하셨음을 듣고 마음이 녹았고 이스라엘 자손들 때문에 정신을 잃었더라

¹ As soon as all the kings of the Amorites who were beyond the Jordan to the west, and all the kings of the Canaanites who were by the sea, heard that the Lord had dried up the waters of the Jordan for the people of Israel until they had crossed over, their hearts melted and there was no longer any spirit in them because of the people of Israel.

² 그때에 여호와께서 여호수아에게 이르시되 너는 부싯돌로 칼을 만들어 이스라엘 자손들에게 다시 할례를 행하라 하시매 ³ 여호수아가 부싯돌로 칼을 만들어 ²⁾할례산에서 이스라엘 자손들에게 할례를 행하니라 ⁴ 여호수아가 할례를 시행한 까닭은 이것이니 애굽에서 나온 모든 백성 중 남자 곧 모든 군사는 애굽에서 나온 후 광야 길에서 죽었는데 ⁵ 그 나온 백성은 다 할례를 받았으나 다만 애굽에서 나온 후

광야 길에서 난 자는 할례를 받지 못하였음이라 6 이스라엘 자손들이 여호와의 음성을 청종하지 아니하므로 여호와께서 그들에게 대하여 맹세하사 그들의 조상들에게 맹세하여 우리에게 주리라고 하신 땅 곧 젖과 꿀이 흐르는 땅을 그들이 보지 못하게 하리라 하시매 애굽에서 나온 족속 곧 군사들이 다 멸절하기까지 사십 년 동안을 광야에서 헤매었더니 7 그들의 대를 잇게 하신 이 자손에게 여호수아가 할례를 행하였으니 길에서는 그들에게 할례를 행하지 못하였으므로 할례 없는 자가 되었음이었더라

2 At that time the Lord said to Joshua, "Make flint knives and circumcise the sons of Israel a second time." 3 So Joshua made flint knives and circumcised the sons of Israel at Gibeath-haaraloth.[1] 4 And this is the reason why Joshua circumcised them: all the males of the people who came out of Egypt, all the men of war, had died in the wilderness on the way after they had come out of Egypt. 5 Though all the people who came out had been circumcised, yet all the people who were born on the way in the wilderness after they had come out of Egypt had not been circumcised. 6 For the people of Israel walked forty years in the wilderness, until all the nation, the men of war who came out of Egypt, perished, because they did not obey the voice of the Lord; the Lord swore to them that he would not let them see the land that the Lord had sworn to their fathers to give to us, a land flowing with milk and honey. 7 So it was their children, whom he raised up in their place, that Joshua circumcised. For they were uncircumcised, because they had not been circumcised on the way.

8 또 그 모든 백성에게 할례 행하기를 마치매 백성이 진중 각 처소에 머물며 낫기를 기다릴 때에 9 여호와께서 여호수아에게 이르시되 내

가 오늘 애굽의 수치를 너희에게서 떠나가게 하였다 하셨으므로 그곳 이름을 오늘까지 3)길갈이라 하느니라

8 When the circumcising of the whole nation was finished, they remained in their places in the camp until they were healed. 9 And the Lord said to Joshua, "Today I have rolled away the reproach of Egypt from you." And so the name of that place is called Gilgal² to this day.

10 또 이스라엘 자손들이 길갈에 진 쳤고 그달 십사일 저녁에는 여리고 평지에서 유월절을 지켰으며 11 유월절 이튿날에 그 땅의 소산물을 먹되 그날에 무교병과 볶은 곡식을 먹었더라 12 또 그 땅의 소산물을 먹은 다음 날에 만나가 그쳤으니 이스라엘 사람들이 다시는 만나를 얻지 못하였고 그해에 가나안 땅의 소출을 먹었더라

10 While the people of Israel were encamped at Gilgal, they kept the Passover on the fourteenth day of the month in the evening on the plains of Jericho. 11 And the day after the Passover, on that very day, they ate of the produce of the land, unleavened cakes and parched grain. 12 And the manna ceased the day after they ate of the produce of the land. And there was no longer manna for the people of Israel, but they ate of the fruit of the land of Canaan that year.

1) 그들 2) 기브앗 하아랄롯 3) 굴러간다

1 *Gibeath-haaraloth* means *the hill of the foreskins* 2 *Gilgal* sounds like the Hebrew for *to roll*

여호수아서의 첫 단락에 나오는 에피소드들의 경계선은 각 장의 숫자가 시사하는 것보다 더 유동적이다. 이는 3-4장에서 단일한 에피소드가 짝으로 나오는 것에 해당된다. 5장은 또 다른 방식으로 그렇다. 5장의 네 장면은 각각 그 앞에 나오는 요단을 건너는 내러티브의 결론 역할을 한다. (1) 1절은 4:24a에 언급된 "땅의 모든 백성"의 반응에 대한 관심을 이어간다. (2) 2-9절과 (3) 10-12절은 4:24b에 함축된 그 땅에서의 이스라엘의 순종에 대해 말한다. 그리고 (4) 13-15절은 4:14에서 "모든 이스라엘" 앞에서 세워진 여호수아의 "위대함"을 확증한다. 또 다른 관점에서 보면, 이 장면들은 각각 앞을 가리키며 이스라엘의 움직임의 다음 단계를 소개한다. 장면 1은 9:1, 10:1 그리고 11:1에 나오는 비슷한 문체를 내다본다. 장면 2와 3은 광야에서 태어나서 약속의 땅에 정착할 때 필요한 것을 수행할 준비가 된 이 세대를 바로 세운다. 그리고 장면 4는 6장에 서술된 주님의 여리고 정복을 위한 직접적인 배경이다. 따라서 이번 장은 정류 지점보다 정기 기항지에 더 가깝다. 다시 말해 과도적 성격을 갖고 있는 것이다.

1절은 순간적으로 라합 에피소드(2장)에서 탐구된 관점을 골라내고, 독자는 이제 이스라엘 바깥에서는 그 지역에서 일어난 기적적인 사건에 대해 어떻게 인식하는지를 얼핏 들여다보게 된다. 이번 장의 나머지 부분은 이스라엘 내부의 이야기로 되돌아간다. 2-12절은 광야 세대가 그 땅에서의 삶을 위해 갖추는 의례적 준비의 두 가지 측면에 대해 이야기한다. 이스라엘의 남자들만 반드시 참여하는 할례(2-9절)와 온 공동체를 포함하는 유월절 기념식(10-12절)이다. 마지막 대목인 13-15절은 이번 장의 나머지 부분과 구별되는 특징을 갖고 있으므로 다음 단락에서 별도로 다뤄진다.

〰〰〰 단락 개요 〰〰〰

I. 약속의 땅을 차지하다(1:1-12:24)

　　E. 길갈 진영(5:1-12)

　　　1. 열방의 반응(5:1)

　　　2. 이스라엘이 할례를 받다(5:2-9)

　　　　a. 주님의 명령과 여호수아의 순종(5:2-3)

　　　　b. 역사적 및 신학적 근거(5:4-7)

　　　　c. 여호수아의 순종과 주님의 인정(5:8-9)

　　　3. 약속의 땅에서의 첫 유월절(5:10-12)

〰〰〰 　주석　 〰〰〰

5:1 지켜보는 민족들의 반응에 대한 간략한 통찰은 다른 구절들과 공명을 일으킨다. 그 반응을 주목하면 이 내러티브가 이제 과도적 지점에 도달했다는 느낌이 고조된다.

처음 읽을 때 들어오는 분명한 연결점은 아모리 왕들과 가나안 왕들의 반응, 곧 그들의 마음이 "녹았고" 정신을 잃었다는 것이다. 이는 라합이 말한 "이 땅 주민들"(2:9)의 특징과 정확히 일치한다. 이 말은 또 다른 요소를 끌어온다. 이 낙담의 계기가 된 것은 주님이 홍해의 "물을 마르게" 했다는 소식이었다(2:10). 구약에서는 오직 세 구절만 "물"을 "마르게" 한다는 이 동사형을 사용한다. 2:10은 홍해에 대해, 4:23은 요단을 마르게 하신 하나님의 사역을 홍해의 그것과 동일시하고, 5:1은 단지 요단을 건널 때와 관련하여 그렇게 한다. 이를 종합하면, 그동안 계속 경외심을 불러일으킨 40년의 기억이 이제 요단을 건너는 사건으로 갱신된 것이다. 이 순간은 라합이 다른 차원에서 역동적으로 묘사한 내용을 공유한다. 구원의 행동은 분명히 하나님의 사역으로 보이는 한편, 지켜보는 민족들 속에는 그분의 백성에 대한 두려움이 유발된다.

이 책 안에서 이런 회고적 연결점들에 또 하나의 연결점이 더해진다. 이 구절이 시작될 때 아모리 왕들과 가나안 왕들이 짝지어진 것이 눈에 띈다. 그 이름들은 이스라엘 백성이 내쫓은 더 긴 민족 목록의 일부로 보는 것이 보통이다(예. 3:10, 참고. 3:8-13 주석). 그러나 아모리 족속과 가나안 족속만 거명되는 다른 경우는 단 한 곳뿐인 듯하다. 모압 평지에 모인 백성에게 말하기 시작할 때, 모세는 이스라엘 백성에게 호렙에서 행진하여 앞으로 나아가서 약속의 땅으로 들어가라는 주님의 명령을 이야기한다. 그 땅의 범위가 묘사될 때(신 1:7) 이 두 족속들이 거명되며, 이는 "내가[주님이] 너희의 조상 아브라함과 이삭과 야곱에게 맹세한"(신 1:8) 땅의 전 영역을 대표한다. 이 두 이름은 일종의 지리적 요약판 역할을 하는 셈이다. 이에 덧붙여, 이 미묘한 반향은 이스라엘을 광야에서 그리고 무엇보다 "하나님의 산"(출 18:5)에서 만난 그 하나님께서 바로 이제 그들을 약속의 땅으로 인도하시는 하나님이라는 느낌(sense)을 강화시킨다.

이 구절에 나오는 마지막 연결점들은 앞을 가리킨다. 단락 개관에서 언급했듯이, 이 구절의 서두에 나오는 '듣자마자'[와예히 키쉬모아(wayhi kishmoa')]는 여호수아 9:1, 10:1 그리고 11:1에 다시 나온다. 이 모두는 이스라엘이 그 땅에 들어가는 연속적 움직임의 줄거리를 짜고 그들이 먼저 중부 지역을, 이어서 남부와 북부 지역을 차지하는 것을 표시한다. 여기서는 이런 일련의 사건들을 내다보고 있으며, 그 소식은 듣는 이들에게 두려움을 불러일으킨다.

5:2-9 5:1이 치밀하고 암시적이라면 이 구절들은 산만하고 반복적인 것으로 읽힌다. 하지만 주의 깊게 읽으면 이 히브리어 본문이 신중하고도 목적에 부합하게 배열되어 있음을 알 수 있다. 2-3절과 8-9절에서 이스라엘 남자들의 할례를 지시하는 여호수아를 향한 하나님의 말씀은 4-7절에

나오는 이 행동에 대한 설명과 근거를 괄호처럼 묶어준다. 처음 읽을 때는 반복되는 것으로 보이는 것이 면밀히 살펴보면 반향을 일으키는 의도적 교차구조가 드러나게 된다.

(A) 여호와께서 여호수아에게 말씀하심, 지시(2절)
  (B) 이스라엘이 할례를 받음, 시작(+ 지명)(3절)
    (C) "여호수아가…이스라엘 자손들에게 할례를 행하니라"; 출애굽 세대가 죽었음(4절)
      (D) 광야 세대가 "광야 길에서 난 자"에게 할례를 하지 못했음(5절)
      (D′) 하나님께서 심판하신 출애굽 세대는 그들의 불순종 때문에 광야에서 멸망했음(6절)
    (C′) "여호수아가 [그들에게] 할례를 행하였으니", 그 대신 광야 세대에게(7절)
  (B′) 이스라엘이 할례를 받음, 완료(8절)
(A′) 여호와께서 여호수아에게 말씀하심, 인정(+ 지명)(9절)

이 교차구조의 두 부분은 서로 다른 어조를 지닌다. AB/B′A′를 서사적 틀로 지닌 채, CD는 이 개입을 발생시키는 역사적 상황을 이야기한다. 따라서 D′C′는 이 상황에 대한 신학적 평가를 제공한다. 이 에피소드를 소개하고 마무리하는 하나님의 말씀 역시 이 특성을 지닌다.

이 구조를 관찰하면 의미의 측면이 더욱 뚜렷이 드러난다. 광야에서 출애굽 세대의 실패는 또한 그 민족 내에서 의례적 정결을 지키지 못한 실패로 연장된다. D/D′ 짝(5-6절)은 이 점을 더욱 뚜렷이 만든다. 어쩌면 5절에서 생략된 것으로 보였을 것이 6절에서 "여호와의 음성"에 대한 불순종이란 신학적인 말로 해석되어 있다.

5:2-3 할례는 아브라함의 때로부터 언약 공동체의 징표였다(창 17장). 할

레는 고대 이집트에서 알려지고 실행되긴 했으나 출애굽기의 초반부에 묘사된 노예제와 유아 살해의 어려운 환경 아래서 불규칙적으로 시행되었던 것 같다. 하지만 언약의 징표로서의 중요성은 지속되었다. 이는 적어도 출애굽기 4:24-26에 나오는 모세와 십보라 간의 신비로운 에피소드에서 추론되는 것이고, 그 이야기는 약속의 땅에서 이스라엘 진영을 세우는 이 순간(특히 "부싯돌"의 사용)과 약간의 공감대를 형성한다. 그 이야기는 모호한 측면이 있으나 언약의 징표를 유지하는 것이 삶과 죽음의 문제인 듯이 보인다.

여호수아가 이 절차를 "다시"(2절) 베풀어야 한다는 세부사항의 뜻은 여전히 불확실하다. 한 견해에 따르면 이집트식 할례는 이스라엘의 관습처럼 포피를 제거하기보다 베기만 했다고 한다.[42] 그래서 이 두 번째 할례는 그 과업을 완수하고 5:9에 언급된 "애굽의 수치"까지 설명해준다고 한다. 이 해결책은 주석들의 지지를 많이 받지 못하고 본문 자체에 진술된 설명과 일치하지 않는다. 본문은 할례가 "길에서" 시행되지 않았다고(4, 5절) 하는데, 이는 불순종으로 해석되어 있다. 따라서 이스라엘에 대한 이 "두 번째" 시행을 할례가 (추정컨대) 이집트에서의 거류 이전에 지녔던 상태(예컨대, 창세기 34장의 이야기에 함축되어 있는 그런 상태)로 되돌아가게 하는 것으로 이해하는 편이 나을 듯하다.

5:4-7 이제 약속의 땅에서의 첫날에 발생한 이런 개입을 설명하기 위해 초점이 출애굽 세대에게 맞춰진다. 이 구절들이 정적으로 보일지 몰라도 그 구조를 감안하면 역동성을 간파할 수 있다. 광야에서 이스라엘의 도덕적 실패와 죽음에 관한 진술이 4-5절에 나온 뒤에 6-7절에서 사건의 순서에 대한 신학적 설명이 주어진다. "여호수아가 할례를 시행한 까닭은 이것이니"라는 첫 어구에 이어 네 개의 논리적 조항들이 줄줄이 나오면서 이 공동체의 행위를 설명하는 데 수사적 강조점을 둔다. 구조 분석에서 나타

---

42 Jack M. Sasson, "Circumcision in the Ancient Near East," *JBL* 85/4 (December 1966): 474.

나듯이, 그 이슈는 출애굽 세대의 불순종에 달려 있고, 이는 암묵적으로 길에서 태어난 남자 아이들에게 할례를 베푸는 데 실패한 것을 포함한다. 이 순간에 그런 철저한 설명을 내놓는 데 왜 그토록 관심이 있을까? 다수의 요인들이 작동하는 듯하다. 여호수아를 통해 전달된 하나님의 명령에 대한 순종(5:2-3)이 여호수아서 초반부 내내 이 백성을 특징짓는 성향으로 계속 이어진다. 그들은 그들의 부모가 보여주지 못한 정도로 순종적이다. 6절은 출애굽 세대를 무척 비난한다. 이집트를 떠난 이들에게 적용된 "여호와의 음성을 청종하지 아니하므로"라는 표현은 보통 언약의 실패에 대해 사용된다. 이는 정탐꾼들의 실패(민 14:22)를 상기시키고, 북왕국의 몰락에 대한 설명(왕하 18:12)을 예견하며, 아울러 예루살렘이 바벨론에게 멸망된 후 마지막 유다 피난민들의 최종 범죄(렘 43:7; 44:23)까지 내다보고 있다.

　여기에 제시된 근거는 이전 세대의 실패가 어떤 죄책이나 장애를 수반했든지 간에 이 세대를 그로부터 면제시킨다. 이 맥락에서 6절에 "젖과 꿀이 흐르는 땅"("우리에게" 주리라고 하신!)이란 놀라운 어구를 사용한 것은 더욱더 이런 이해와 결부된다. "여호수아서와 선지서들"에서 이 어구는 오로지 "이스라엘이 하나님과의 언약을 순종하는지 아니면 불순종하는지와 관련하여" 사용되고 있다.[43] 그리고 긍정적으로, 이것은 이 새로운 세대(7절)로 하여금 유월절 기념행사, 즉 "모든 백성"(8절)의 할례 직후에 있을 그 행사를 준비하게 했다.[44] 이스라엘이 그 명절을 지키려면 준비가 되어 있어야 한다.

5:8-9 경과된 시간은 내레이터가 상세히 설명하지 않지만, "낫기"에 필요한 시간은 요단을 건넌 날짜를 아빕월(Abib, 첫째 달)의 십일로 얘기하는 4:19과 유월절 행사를 같은 달 십사일에 했다는 5:10에 명시된 연대기로부터 추론될 수 있다. 따라서 이를 진행하는 데 삼일이 꼬박 필요했는데,

---

43　Etan Levine, "The Land of Milk and Honey," *JSOT* 25/87 (2000): 55.
44　출애굽기 12:44, 48은 외국인에게 적용되지만 유월절을 지키고자 언약 공동체로 할례 받은 것을 전제로 한다.

이는 여호수아의 임명과 요단의 횡단 사이에 있는 "사흘"을 상기시킨다(참고. 3:2-4 주석). 이는 과거에 시므온과 레위가 세겜 남자들을 할례 받게 한 뒤에 그들에게 복수를 했던 시기("제 삼일에," 창 34:25)보다 조금 더 낫다.

9절에서 주님이 다시 여호수아에게 말씀하시면서 이번에는 "이집트의 수치(치욕)"가 "떠나가게 하였다"[히브리어의 한 형태, 동사는 갈랄(galal)]라는 보증을 주신다. 이는 언어학적으로 이미 4:19에서 소개한 바 있는 길갈이란 지명과 연관이 있다. 이는 분명하지만 "애굽의 치욕"이 무슨 뜻인지는 분명치 않다. 한 견해는 이미 5:2-3 주석에서 언급한 바 있다. 가장 흔한 두 가지 해석은 그 "수치"[헤르파(herpah)]를 이스라엘이 이집트에서 견딘 노예 상태로 인한 수치 혹은 좀 더 가깝게는 광야에서 할례를 받지 못한 상태로 인한 수치(참고. 창 34:14)로 이해하는 것이다. 그러나 이 히브리어 용어는 또한 '조롱', 즉 모욕적인 언어의 뉘앙스도 지닐 수 있다. 만일 이 뉘앙스가 전면에 나온다면[참고. 애 3:61; 렘 42:18(이집트와 관련된 맥락에서)] 어쩌면 이스라엘의 하나님과 그 민족에 대한 욕설, 재앙이 닥치는 동안 권력 투쟁의 불가결한 요소를 염두에 두고 있을 것이다. 이제는 그 백성이 언약의 하나님과 올바른 관계를 맺게 되었으므로 그런 치욕이 묵살된 것이다.

5:10 이 과도적 단락의 마지막 대목과 관련된 출애굽에 관한 언급들 중에 특히 두 개가 그 해석에 관한 정보를 준다. 이제 이스라엘은 의례적으로 유월절을 지킬 준비가 되었으므로 즉시 그 행사가 시작된다. 이런 순서는 시기의 문제일 뿐 아니라 순종의 문제이기도 하다. 물론 시기도 중요하지만 말이다(참고. 출 12:8; 민 9:3). 이집트에서 출발하기 직전에(출 13:5-6, 여기서도 6절에 나오는 "젖과 꿀"이란 어구를 사용하면서) 모세는 백성에게 "네 조상들"(출 13:5)에게 약속하신 땅에 들어갈 때 이 명절을 지키라고 명령한다. 여기서 유월절 준수에 관한 진술은 이 세대가 그 땅에 들어갈 때 유지하는 순종의 징표이기도 하다.

5:11-12 이 대목을 조명하는 출애굽에 관한 두 번째 언급은 구약에 나오

는 의도적인 상호텍스트(intertextual)의 연결 중 하나이다. 이스라엘이 이집트에서 출발하여 홍해를 건넌 후 하나님의 산에 이르는 여정을 시작할 때, 그들에게 즉시 필요한 물과 떡이 기적적인 하나님의 손길로 공급되었고, 그 각각은 백성의 불평에 대한 반응이었다(출 15:22-16:36). 이 자체는 그의 백성을 향한 하나님의 자비로운 손길(그들에게 마땅한 대로 대하지 않는)의 증거이자 그분의 은혜로운 공급(그들에게 과분하게 대하는)의 증거이다.[45] "하늘에서 양식"(출 16:4)이 내려오는 것에 관한 기사는 "사람이 사는 땅에 이르기까지 이스라엘 자손이 사십 년 동안 만나를 먹었으니 곧 가나안 땅 접경에 이르기까지 그들이 만나를 먹었더라"(출 16:35)라는 말로 끝난다. 여기서 '먹었다'는 말이 두 번 반복된다. 이제 "여리고 평지"에 진영을 친 그들은 그 땅의 접경에 있다. 내레이터는 11-12절에서 가나안 땅의 소산물을 '그들이 먹었다'고 세 번이나 강조한다. 두 경우 모두에서 우리는 은혜로운 공급을 보게 되지만 이 둘은 서로 다른 종류이다. 광야에서는 만나가 기적적인 기원을 갖고 있었고(참고. 요 6:30-34), 이제 가나안에서는 이스라엘이 직접 경작하지 않은 그 땅의 소산물을 먹는다(참고. 신 6:11; 수 24:13). 그리고 만나가 그침에 따라 약속의 땅에서 영위되는 그들의 새로운 삶이 참으로 시작되었다.

---

45 이 표현은 제르미 워커에게서 빌려왔다.

≋≋≋≋ 응답 ≋≋≋≋

이스라엘이 땅이 없는 백성의 신세에서 약속된 그들의 집에 도착하는 이 놀랍고 신속한 전환은 이를 지켜보는 민족들의 두려움을 짧고도 의미심장한 배경으로 삼아 일어난다. 주시하는 민족들의 감정에 대한 묘사는 이스라엘이 그들 하나님의 행동으로 인해 주목을 받고 두려움을 유발한다는 라합의 이야기와 동일하다. 이 시점에서 두려워하는 반응은 적대적 행동으로 옮겨지지 않았고, 그것은 나중에 전개될 일이다. 하지만 이 순간에 아모리 왕들과 가나안 왕들이 라합의 결론과 동일한 결론을 이끌어내지 못하게 막는 것은 아무것도 없다. 그것은 다름 아니라 이스라엘의 하나님을 자신들의 하나님으로 인정하는 것이다. 그런데 왕들은 그렇게 하지 않는 경향이 있다(참고. 시 2편). 그러나 여호수아서를 읽을 때 많은 독자가 성급하게, 시대착오적으로, 그릇되게 '종족 근절'이라고 비난하는 것을 감안하면, 이처럼 생명으로 인도할 수 있는 반응의 여지가 있음을 관찰하는 것이 중요하다.

이 단락의 핵심에는 출애굽 세대의 불순종과 광야 세대의 순종 및 신실함에 대한 촉구 사이의 노골적인 대조가 있다. 이 순간은 또한 느헤미야 9장의 기도와 연결되기도 한다. 후자에서는 몇 세기 뒤에, 방황에서 정착으로 전환되는 사건이 대대로 내려오는 죄를 생각하고 회개하는 수단을 마련해 주는데 특히 느헤미야 시대에 그 발판을 찾게 됨에 따라 그러하다(느 9:23-25). 조상의 죄에 대한 관심이 서양의 맥락에서는 묵살되지만 아프리카와 아시아의 상황에서는 더욱 절실하게 느껴질 수 있다. 후자에서는 조상들이 서양 세계보다 훨씬 더 능동적인 역할을 수행하기 때문이다.[46] 누가복음 11:47-52에 나오는 율법학자들에 대한 예수님의 책망은 그것이 구약의 문제만이 아니라는 것을 시사한다. 이 광야 세대가 약속의 땅에서 신

---

46 참고. Philip Jenkins, *The New Faces of Christianity: Believing the Bible in the Global South* (Oxford: Oxford University Press, 2006), 120-122.

실한 삶을 영위하기 직전에 당면한 도전은 지나간 세대의 죄악을 버리고 회개할 뿐 아니라 미래에 신실하게 살기로 헌신하는 것이기도 하다. 그들도 결국은 실패한다는 사실(느 9:26)은 우리에게 경각심을 불러일으킨다.

적어도 이 시점에는 그들이 언약의 징표인 할례를 받음으로써 개인적 정결에 대한 열망을 보여준다. 바로 이것이 유월절을 지키고 하나님의 백성으로서 하나님의 임재를 누리도록 그들을 준비시켜준다. 신명기조차 마음의 할례에 대해 알고 있다(신 10:16; 30:6, 참고. 렘 4:4; 롬 2:28-29). 이 단락이 요구하는 바는 그 외적 행위가 본인의 내적 성향과 일관성을 유지하게 되는 것이다.

13 여호수아가 여리고에 가까이 이르렀을 때에 눈을 들어 본즉 한 사람이 칼을 빼어 손에 들고 마주 서 있는지라 여호수아가 나아가서 그에게 묻되 너는 우리를 위하느냐 우리의 적들을 위하느냐 하니 14 그가 이르되 아니라 나는 여호와의 군대 대장으로 지금 왔느니라 하는지라 여호수아가 얼굴을 땅에 대고 엎드려 절하고 그에게 이르되 내 주여 종에게 무슨 말씀을 하려 하시나이까 15 여호와의 군대 대장이 여호수아에게 이르되 네 발에서 신을 벗으라 네가 선 곳은 거룩하니라 하니 여호수아가 그대로 행하니라

13 When Joshua was by Jericho, he lifted up his eyes and looked, and behold, a man was standing before him with his drawn sword in his hand. And Joshua went to him and said to him, "Are you for us, or for our adversaries?" 14 And he said, "No; but I am the commander of the army of the Lord. Now I have come." And Joshua fell on his face to the earth and worshiped[1] and said to him, "What does my lord say to his servant?" 15 And the commander of the Lord's army said to Joshua, "Take off your sandals from your feet, for the place where you are standing is holy." And Joshua did so.

1 Or and paid homage

〰〰〰 단락 개관 〰〰〰

여호수아가 "여호와의 군대 대장"과 마주치는 이 짧은 이야기는 느닷없이 시작된다. 이는 이 책에서(또는 출애굽기 17장에서 여호수아가 처음 소개된 이후) 여호수아가 주변에 아무도 없이 홀로 있는 유일한 경우이다. 그것이 의미심장한 순간인 이유는 모세가 출애굽기 3장에서 떨기나무에서 "여호와의 사자"와 만나는 장면을 반영하기 때문이다. 여호수아는 "여리고에 가까이"에서 무엇을 하고 있는가? 그는 이미 여호수아 2장에서 정탐꾼들을 정찰하도록 보낸 적이 있고, 이제 그로부터 얻은 정보에 여호수아가 무언가를 더하려고 할 가능성은 별로 없다. 그래도 이 간결한 이야기는 많은 흥밋거리를 안고 있다. 이 세 구절을 둘로 나눌 수 있다. 13-14a절은 여호수아가 이 신비로운 인물을 만나는 장면을 묘사하고, 14b-15절은 그 군대 대장의 정체가 밝혀지자 여호수아가 보인 극적인 반응을 이야기한다.

〰〰〰 단락 개요 〰〰〰

I. 약속의 땅을 차지하다(1:1-12:24)
　　F. 여호수아와 주님의 군대 대장(5:13-15)
　　　1. 여호수아가 대장을 만나다(5:13-14a)
　　　2. 여호수아가 대장을 경배하다(5:14b-15)

〰〰〰 주석 〰〰〰

5:13 이 에피소드는 "여리고에 가까이" 있는 여호수아와 함께 시작된다. 히브리어를 보다 자연스럽게 읽으면 '여리고 안에'가 되지만 이는 문제를 안고 있다. 중세의 랍비 주석가들은 도시의 외곽을 그 도시 '안에' 있는 것으로 보았다고 해석했다. 현대의 한 견해는 히브리어의 자연스런 의미를 인정하면서 그 에피소드를 하나의 환상으로 이해한다. 고전 히브리어에는 '…의 부근에'를 더 정확하게 표현하는 용어가 있으므로, 전형적인 번역인 "여리고에 가까이"를 따르는 것이 가장 간단한 듯하다. 이는 히브리어 전치사의 구문론적 범위에 속하기도 한다.[47] 장소와 관련이 있는 이 문법적 논점은 15절에 나오는 대장의 요구에 비춰보면 중요한 의미가 있다. "네가 선 곳은 거룩하니라." 히브리어의 자연스런 뜻은 여리고를 가리킬지 몰라도, 이 "곳"은 여리고를 지칭하는 것처럼 보이지 않는다.

여호수아가 "눈을 들어 본즉"이라는 표현조차 첫 눈에는 위험하지 않은 어구처럼 보일지라도 무언가를 암시하고 있다. 이 어구가 구약에 14번 나오는데 그중 아홉은 하나님의 계시를 예상한다.[48] 이런 성경적 어법에 친숙해지면 이제 무엇이 또는 누가 여호수아와의 만남을 기다리고 있을까 하는 기대감이 생긴다. 그 인물이 "칼을 빼어 손에 들고" 있다고 묘사될 때는 이런 느낌이 한층 고조된다. '칼을 빼다'는 무장한 전사를 가리키는 성경 히브리어 관용구이며 전투가 한창 벌어질 때 칼을 빼고 있는 경우를 포함한다. 그러나 구약에서 "칼을 빼어 손에 들고" 있는 인물과 만나는 경우는 두 번 더 나올 뿐이다. 하나는 출애굽 이야기에 나오는데, 민수기 22:23, 31에서 발람이 모압의 왕 발락과 의논하려고 길을 가는 중에 주님의 천사

---

47 Bruce K. Waltke and Michael Patrick O'Connor, *An Introduction to Biblical Hebrew Syntax* (Winoa Lake, IN: Eisenbrauns, 1990), 196 ((§11.2.5b, no. 3).

48 이 구절에 더하여 다음 구절들을 참고하라. 창 18:2; 단 8:3; 10:5; 슥 1:18; 2:1; 5:1, 9; 6:1. 다른 경우들은 자연스러운 목격이다. 예. 창 24:63; 37:25. "그리고 보았다"는 부분이 없는 경우들도 있는데, 이런 경우들은 대체로 "자연스럽다."

가 그를 가로채는 모습을 묘사하는 대목이다. 그 천사는 그 이야기의 맥락에서는 정말로 무시무시한 인물이다. 다른 하나는 역대기가 다윗의 인구조사를 묘사하는 대목(대상 21:16, 참고. 대상 21:30)에 나온다. 다윗은 여호수아처럼 "칼을 빼어 손에 들고" 있는 인물을 "눈을 들어 보[았고]", 그 인물이 예루살렘을 멸망시키려고 하는 "여호와의 천사"임을 알아보았다. 이런 장면들을 염두에 두면 독자는 현재 여호수아와 마주치는 이 인물의 잠재적으로 불길하고 초자연적인 성격에 정신이 바짝 들 것이다. 어쨌든 여호수아는 "한 사람"을 목격한다.

그럼에도 그의 반응은 뜻밖이다. "여호수아가 나아[갔다]." 이 "사람"에 대한 생생한 묘사는 전혀 없고 어떤 추측도 소용이 없다. 그러나 그는 뺀 칼을 들고 있고, 이 시점에 여호수아는 침입자이다. 그런데 여호수아가 모세의 부관으로 등장한 것은 그 나름의 이유가 있었다. 그가 출애굽 이야기에 처음 나타나는 경우는 아말렉과 전쟁을 벌일 때인데, 거기서 그는 칼을 잘 쓰는 인물로 나온다(출 17:8-13). 여기서 여호수아가 이 사람에게 나아가는 것에서 성급한 모습을 볼 수도 있으나, 또한 이보다 더 위협적인 상황에서 주님의 도우심을 경험한 사람의 자신 있는 접근으로 보는 것도 가능하다. 어쨌든 여호수아가 그 사람에게 접근하여 "너는 우리를 위하느냐 우리의 적들을 위하느냐?"하며 도전한다. 여호수아가 이 질문을 통해 제시하는 양자택일의 선택은 그가 모세를 섬기는 동안 내놓은 다른 짧은 발언[출 32:17; 민 11:28; 14:7-9(갈렙과 함께)]과 일치한다. 중요한 점은 그 질문이 여호수아의 백성과 그들을 반대하는 사람들 중 어느 편을 지지하는지 묻고 있다는 것이다.[49] 그러나 그 사람의 반응이 즉시 분명해지기 때문에 이 선택의 요구는 저항을 받게 된다.

---

49 히브리어에서 서로 다른 두 단어들이 모두 ESV에서는 "enemy(적)"과 "adversary(상대편)"으로 번역되어 있다. 전자는 보통 오예브('oyeb)이고 후자는 보통 차르(tsar)이다. 간단하게 말하면, 오예브는 적개심의 뉘앙스를, 차르는 반대편의 뉘앙스를 지닌다. 여기서 여호수아가 사용하는 용어는 저항을 예상하지만 적개심을 가정하지는 않는다.

5:14 "아니라"는 간단하지만 예상치 않은 응답이다. 예상치 않은 이유는 그것이 여호수아가 예상하지 않는 제3의 선택을 요구하기 때문이다. 달리 말하면, 여호수아의 질문은 근본적으로 잘못된 것이다. 그 대장의 답변은 그의 정체가 인간적 차원의 모든 충성을 뛰어넘는다는 점을 분명히 한다. 그의 현존과 능력은 어떤 집단도 접수할 수 없다. 이 문제는 이 에피소드만이 아니라 여호수아서 전체를 올바로 이해하는 데 근본적으로 중요하다. 이는 '응답' 부분에서 더 다룰 것이다.

그 인물은 인간적 충성이라는 견지에서 자기 정체를 밝히기보다는 전혀 다른 빛으로 그의 신분을 조명하는 호칭을 제공한다. 구약에 나오는 여러 장군이 사르 체바(*sar seba'*)란 호칭을 갖고 있고, 이는 다른 영어 번역본들에서처럼 ESV에서도 다양하게 번역된다. 그 가운데 "군대 대장"("commander of the army")으로 가장 자주 번역되는 편이다.[50] "여호와의 군대"라는 말은 구약 전체에서 여기에만 나온다. 이는 무슨 종류의 군대인가? 이 어구와 가장 비슷한 표현은 출애굽기 12:41에 나오는데, 후자는 여호와의 군대[체바오트(*seba'ot*, 복수형), '군대들' 또는 '만군']가 이집트에서 출발한다는 내용이다. 그것은 물론 그들의 속박을 남겨둔 채 조상의 땅으로 되돌아가는 이스라엘 백성의 일행이다. 그래서 하나의 가능성은 이 인물이 여호수아가 인도하게 되어 있는 그 백성 또는 "군대"의 최고 사령관이라고 주장하고 있다는 것이다. 또 하나의 가능성은 나중에 나오는 호칭 "만군의 여호와"[아도나이 체바오트(*yhwh seba'ot*)], 즉 실로에서 처음 사용되고(삼상 1:3) 언약궤와 연관이 있는(삼상 4:4; 삼하 6:2) 그 호칭과 관계가 있다는 것이다.[51] 그렇다면 이는 "하늘의 군대"를 시사할 수 있다. 비록 (어쩌면 놀랍게도) 구약에서 체바오트

---

50 히브리어 사르(*sar*)는 좀 더 구체화될 필요가 있는 매우 폭넓은 호칭('장교'로부터 '수령'과 '군주'까지)이다. 군사적 호칭에 관해서는 Fox, *Service of the King*, 162-163을 참고하라. 여기에 언어유희의 암시가 있을지 모른다. 이 인물은 차르(*tsar*, '상대편')가 아니라 사르(*sar*, '대장')다.

51 이 신적 호칭의 기원과 발달과정, 그리고 그것이 예언 문학에서 자주 사용되는 것에 관해서는 다음 책을 참고하라. H. G. M. Williamson, *A Critical and Exegetical Commentary on Isaiah 1-27*, vol. 1, *Commentary on Isaiah 1-5* (London: T & T Clark, 2006), 71-73.

자체는 오늘날의 경배 노래에서 찬송되는 '천사 군대'보다(그런데 시 148:2을 참고하라) 불법적인 예배의 대상을 가리키는 경우(예. 신 4:19; 17:3; 왕하 23:4-5; 렘 19:13) 더 자주 나오지만 말이다. 이 둘(하나는 자연적인 군대, 다른 하나는 초자연적인 군대) 중 어느 것이든 현재 여호수아와 마주치는 인물의 명령을 받는 "군대"로 이해될 수 있고, 굳이 둘 중 하나를 선택할 필요가 없을 것이다.

　여호수아의 즉각적 반응은 몸을 엎드리는 것이다. 이 행동은 하나님께 대한 경배의 행위(ESV의 입장)로 또는 인간 수령자에 대한 경의의 표시로 드려질 수 있다. 사울과 다윗 모두 그런 경의를 받는다(예. 삼상 24:8; 삼하 14:4, 22). 하지만 이 순간 이전에 나오는 가장 유사한 행동은 출애굽기 34:8에서 모세가 하나님의 이름 및 성품의 계시에 반응하는 모습이다. 그러므로 여기서 여호수아가 경배를 받을 자격이 있는 한 "사람"을 알아채고 있다고 보는 것이 좋다. 여호수아는 4:14에서 하나님에 의해 백성 앞에서 "높임을 받았으나" 여기서는 완전히 굴종적인 자세를 취한다. 더 나아가, 공경하는 태도로 명령을 부탁하는 모습은 (5:13에 나오는 그의 도전이 시사하는) 여호수아의 주도권이 이 "대장" 앞에서 파기되었음을 의미한다.

5:15 여호수아의 애초의 도전이 현실에 부합하지 못한 것처럼, 명령에 대한 부탁 역시 전혀 다른 문제에 관한 정보를 얻는 순간 무시되고 만다. 그 대장의 신적 신분에 관한 의심이 조금이라도 남아있었다면 그의 응답을 듣는 즉시 그것이 사라지고 만다. 이 표현은 친숙한 것이다. 이는 하나님께서 출애굽기 3:5에서 모세에게 말씀하신 것과 거의 똑같다. 이것은 이 순간 여호수아의 경험이 모세가 불붙은 떨기나무에서 하나님을 만나는 장면에 대응점을 갖고 있다는 표시이다. 그 장면은 모세에게 적어도 이름이 알려지지 않은 하나님과의 첫 번째 만남이었다. 하지만 여호수아는 오랫동안 이 하나님을 알아왔고 그분의 임재 가운데 섬겨왔는데, 이 만남은 그에게 무슨 목적으로 주어진 것일까? 이는 모세의 경우처럼 임무를 부여하기 위한 것일 수 없다. 그런 임무 부여는 이미 여호수아 1장에서 이루어졌고, 이는 민수기 27:12-23에 나오는 그의 임명이 예상했던 것이기 때문이

다. 이 장면은 정탐꾼들이 여리고를 정찰한 후 가져온 신학적 정보(수 2:24)에 대해 여호수아에게 직접 확증하는 것으로 이해해야 할 듯하다. 그 대장은 여호수아에게, 주님이 이곳에서 그들과 함께 계신다는 가시적인 협력의 표징이다. 만일 기드온이 미디안 사람을 공격하려고 할 때 주님이 그에게 주시는 확신이 이 순간의 반향이라면(삿 7:9-14), 그것은 여호수아가 그자신과 하나님의 백성을 기다리고 있는 바에 관해 품었을 어떤 불확실성에 대해 무언가를 말하는 듯하다. 초반부 몇 장의 여러 지점에서 여호수아는 다음에 밟을 발자국에 대해 불확실한 모습을 보인다. 그는 이스라엘 백성 앞에서 '높임을 받긴'(수 4:14) 했으나 여호와의 군대 대장과의 직접적인 만남은 의미심장한 확신을 준다. 이 구절의 마지막 말은 여호수아의 태도가 굴종적일 뿐 아니라 순종적임을 확실히 보여준다.

이 만남과 출애굽기 3:5에 나오는 모세의 만남 간의 표현상의 사소한 차이는 언급할 만하다. 모세는 그가 서 있는 "그곳"이 "거룩한 땅"이란 말씀을 들었는데, 여호수아의 경우에는 "땅"[아드마트('admat)]이란 단어가 없고 "그곳"이 "거룩하다"는 말씀을 들었다. 이는 물론 작은 차이에 불과하다. 그러나 모세의 경우에는, 불이 붙었으나 타지 않는 떨기나무에 하나님께서 계셨다는 사실로 인해 "땅"이 거룩해졌다. 여호수아의 경우에는 그런 제한이 풀렸다. 여기서는 "거룩한" "그곳"이 그들 앞에 놓인 땅, 곧 하나님께서 그들의 조상들에게 약속해서 이제 여호수아의 리더십 아래 이 세대에게 주시는 땅이다. 이는 여호수아 6장에 서술될 사건들, 이제 여리고에 닥칠 사건들에 대해 깊은 뜻을 지닌다.

이 구절과 출애굽기 3:5 간의 강한 연계성은 널리 알려진 대로 출애굽이야기의 문학적 형식에 대한 구조적 경계를 완성한다. 그것은 모세가 불붙은 떨기나무에서 하나님과 만나는 장면으로 시작해서 유월절을 지키는 것을 특징으로 삼고, 홍해를 건너면서 이스라엘이 구출되는 것으로 이어졌다. 광야 세대가 마침내 출애굽을 완성함에 따라 이제 이 순서가 역전된다. 이스라엘이 기적적으로 마른 요단강을 건너 약속의 땅에 들어가고, 첫번째 유월절을 기념하고, 여호수아가 "여호와의 군대 대장"이란 인물을 통해 하나님을 만나는 것으로 끝난다.

이것이 물론 이 이야기의 끝이 아니다. 이 대목은 자연스럽게 여호수아 6:2로 이어진다. 이 구절에서는 다음에 일어날 일에 관해 여호수아에게 명시적인 지시가 주어질 것이다.

≋≋≋≋ **응답** ≋≋≋≋

이 에피소드는 극적이고 간결해서 하나님께서 인간에게 나타나시는 모습(theophany)에 관한 논의의 초점이 되어왔다. 그런 성경적 출현은 많은 형태를 취할 수 있는데, 이 경우의 놀라운 특징은 여호수아를 마주하는 이 인물의 위압적인 군사적 성격이다. 그의 호칭과 그의 태도 모두 전쟁의 사람으로서의 역할을 강조한다. 이는 이스라엘이 홍해를 건넌 순간에 선포한 여호와의 이름과 동일하다("여호와는 용사시니 여호와는 그의 이름이시로다", 출 15:3). 뺀 칼은 다른 구약 에피소드에 나오는 "여호와의 천사"와 일치할 뿐 아니라 요한의 환상에 나오는 백마를 탄 인물, 즉 하늘의 군대를 지휘하며 "그의 입에서 예리한 검이 나오니 그것으로 만국을 치[는]"(계 19:11-16, 참고. 17:14) 승리하신 그리스도와 분명히 동일시되는 인물을 내다보기도 한다. 전투가 벌어져서 합류할 때 하나님의 백성은 바로 이 인물이 그들 앞에 나아가는 분임을 알아야 한다.

앞에서 언급했듯이, 그 대장이 여호수아의 양자택일을 수용하길 거부한 것은 근본적으로 여호수아를 재교육하고 이 지역의 싸움에 참여하는 자들의 충성을 조정한다. 여호수아의 질문은 당시의 사태가 이 "사람"이 이스라엘 편에 있는지 여부에 따라 좌우된다고 가정한다. '아니다'라는 소리는 그 중심점을 전환시키고, 그와 더불어 여호수아서에서 일어나는 일에 대한 기본적 이해도 바꿔놓는다. 중요한 점은 이 "사람"(실은 하나님)이 누구 편에 있는지가 아니고 오히려 누가 하나님의 편에 있는가 하는 것이다. 여호수아와 경배를 받는 대장 사이의 짧은 대화는 그런 전환을 도모한다. 중요한 것은 한편에 있는 이스라엘의 승리와 다른 편에 있는 가나안 사람의 "대량 학살"이 아니다.

> 하나님은 '단도직입적으로' 이스라엘을 위한 분이 아니고…'단도직
> 입적으로' 이스라엘의 적에 반대하는 분도 아니다. 오히려 라합과
> 아간의 이야기에서 보았듯이, 중요한 점은 여호와께 동조하고 그분
> 께 순종하는 것이다. (우리가) 제기할 올바른 질문은 누군가가 "여호
> 와를 위하는가" 그렇지 않는가이지 그 반대가 아니다.[52]

이 책에서 이스라엘 사람은 죽을 테고 가나안 사람들은 살 것이다. 삶과 죽음의 문제는 인종적 충성은 고사하고 민족적 충성에도 좌우되지 않고, 라합의 표현을 빌리자면 "위로는 하늘에서도 아래로는 땅에서도" 하나님 인 분에 대한 충성에 좌우된다. 그리고 이분은 이스라엘의 하나님이시다.

이 지점에서 여호수아의 반응은 우리의 귀감이 되고, 이 책의 대다수에 걸쳐 이스라엘 전체의 반응도 그렇게 될 것이다. 하지만 이 책이 끝날 때 에는 이와 동일한 대답("아니니이다", 24:21)이 다시 들릴 것이다. 그 경우에 백성이 그런 대답을 할 때, 그 질문은 참되고 살아계신 하나님께서 요구하 시는 근본적인 충성을 깊이 조사하는 것으로 남는다.

---

52 Earl, *Reading Joshua*, 140.

¹ 이스라엘 자손들로 말미암아 여리고는 굳게 닫혔고 출입하는 자가 없더라 ² 여호와께서 여호수아에게 이르시되 보라 내가 여리고와 그 왕과 용사들을 네 손에 넘겨주었으니 ³ 너희 모든 군사는 그 성을 둘러 성 주위를 매일 한 번씩 돌되 엿새 동안을 그리하라 ⁴ 제사장 일곱은 일곱 양각 나팔을 잡고 언약궤 앞에서 나아갈 것이요 일곱째 날에는 그 성을 일곱 번 돌며 그 제사장들은 나팔을 불 것이며 ⁵ 제사장들이 양각 나팔을 길게 불어 그 나팔 소리가 너희에게 들릴 때에는 백성은 다 큰 소리로 외쳐 부를 것이라 그리하면 그 성벽이 무너져 내리리니 백성은 각기 앞으로 올라갈지니라 하시매 ⁶ 눈의 아들 여호수아가 제사장들을 불러 그들에게 이르되 너희는 언약궤를 메고 제사장 일곱은 양각 나팔 일곱을 잡고 여호와의 궤 앞에서 나아가라 하고 ⁷ 또 백성에게 이르되 나아가서 그 성을 돌되 무장한 자들이 여호와의 궤 앞에서 나아갈지니라 하니라

¹ Now Jericho was shut up inside and outside because of the people of Israel. None went out, and none came in. ² And the Lord said to Joshua, "See, I have given Jericho into your hand, with its king and mighty men

of valor. 3 You shall march around the city, all the men of war going around the city once. Thus shall you do for six days. 4 Seven priests shall bear seven trumpets of rams' horns before the ark. On the seventh day you shall march around the city seven times, and the priests shall blow the trumpets. 5 And when they make a long blast with the ram's horn, when you hear the sound of the trumpet, then all the people shall shout with a great shout, and the wall of the city will fall down flat,*1* and the people shall go up, everyone straight before him." 6 So Joshua the son of Nun called the priests and said to them, "Take up the ark of the covenant and let seven priests bear seven trumpets of rams' horns before the ark of the Lord." 7 And he said to the people, "Go forward. March around the city and let the armed men pass on before the ark of the Lord."

8 여호수아가 백성에게 이르기를 마치매 제사장 일곱은 양각 나팔 일곱을 잡고 여호와 앞에서 나아가며 나팔을 불고 여호와의 언약궤는 그 뒤를 따르며 9 그 무장한 자들은 나팔 부는 제사장들 앞에서 행진하며 후군은 궤 뒤를 따르고 제사장들은 나팔을 불며 행진하더라 10 여호수아가 백성에게 명령하여 이르되 너희는 외치지 말며 너희 음성을 들리게 하지 말며 너희 입에서 아무 말도 내지 말라 그리하다가 내가 너희에게 명령하여 외치라 하는 날에 외칠지니라 하고 11 여호와의 궤가 그 성을 한 번 돌게 하고 그들이 진영으로 들어와서 진영에서 자니라

8 And just as Joshua had commanded the people, the seven priests bearing the seven trumpets of rams' horns before the Lord went forward, blowing the trumpets, with the ark of the covenant of the Lord following them. 9 The armed men were walking before the priests who

were blowing the trumpets, and the rear guard was walking after the ark, while the trumpets blew continually. 10 But Joshua commanded the people, "You shall not shout or make your voice heard, neither shall any word go out of your mouth, until the day I tell you to shout. Then you shall shout." 11 So he caused the ark of the Lord to circle the city, going about it once. And they came into the camp and spent the night in the camp.

12 또 여호수아가 아침에 일찍이 일어나니 제사장들이 여호와의 궤를 메고 13 제사장 일곱은 양각 나팔 일곱을 잡고 여호와의 궤 앞에서 계속 행진하며 나팔을 불고 무장한 자들은 그 앞에 행진하며 후군은 여호와의 궤 뒤를 따르고 제사장들은 나팔을 불며 행진하니라 14 그 둘째 날에도 그 성을 한 번 돌고 진영으로 돌아오니라 엿새 동안을 이같이 행하니라

12 Then Joshua rose early in the morning, and the priests took up the ark of the Lord. 13 And the seven priests bearing the seven trumpets of rams' horns before the ark of the Lord walked on, and they blew the trumpets continually. And the armed men were walking before them, and the rear guard was walking after the ark of the Lord, while the trumpets blew continually. 14 And the second day they marched around the city once, and returned into the camp. So they did for six days.

15 일곱째 날 새벽에 그들이 일찍이 일어나서 전과 같은 방식으로 그 성을 일곱 번 도니 그 성을 일곱 번 돌기는 그날뿐이었더라 16 일곱 번째에 제사장들이 나팔을 불 때에 여호수아가 백성에게 이르되 외치라 여호와께서 너희에게 이 성을 주셨느니라 17 이 성과 그 가운데에 있는 모든 것은 여호와께 온전히 바치되 기생 라합과 그 집에 동거하

는 자는 모두 살려 주라 이는 우리가 보낸 사자들을 그가 숨겨주었음
이니라 18 너희는 온전히 바치고 그 바친 것 중에서 어떤 것이든지 취
하여 너희가 이스라엘 진영으로 바치는 것이 되게 하여 고통을 당하
게 되지 아니하도록 오직 너희는 그 바친 물건에 손대지 말라 19 은금
과 동철 기구들은 다 여호와께 구별될 것이니 그것을 여호와의 곳간
에 들일지니라 하니라 20 이에 백성은 외치고 제사장들은 나팔을 불매
백성이 나팔 소리를 들을 때에 크게 소리 질러 외치니 성벽이 무너져
내린지라 백성이 각기 앞으로 나아가 그 성에 들어가서 그 성을 점령
하고 21 그 성 안에 있는 모든 것을 온전히 바치되 남녀노소와 소와 양
과 나귀를 칼날로 멸하니라

15 On the seventh day they rose early, at the dawn of day, and marched
around the city in the same manner seven times. It was only on that day
that they marched around the city seven times. 16 And at the seventh
time, when the priests had blown the trumpets, Joshua said to the
people, "Shout, for the Lord has given you the city. 17 And the city
and all that is within it shall be devoted to the Lord for destruction.[2]
Only Rahab the prostitute and all who are with her in her house shall
live, because she hid the messengers whom we sent. 18 But you, keep
yourselves from the things devoted to destruction, lest when you have
devoted them you take any of the devoted things and make the camp of
Israel a thing for destruction and bring trouble upon it. 19 But all silver
and gold, and every vessel of bronze and iron, are holy to the Lord;
they shall go into the treasury of the Lord." 20 So the people shouted,
and the trumpets were blown. As soon as the people heard the sound
of the trumpet, the people shouted a great shout, and the wall fell down
flat, so that the people went up into the city, every man straight before
him, and they captured the city. 21 Then they devoted all in the city to

destruction, both men and women, young and old, oxen, sheep, and donkeys, with the edge of the sword.

22 여호수아가 그 땅을 정탐한 두 사람에게 이르되 그 기생의 집에 들어가서 너희가 그 여인에게 맹세한 대로 그와 그에게 속한 모든 것을 이끌어 내라 하매 23 정탐한 젊은이들이 들어가서 라합과 그의 부모와 그의 형제와 그에게 속한 모든 것을 이끌어 내고 또 그의 친족도 다 이끌어 내어 그들을 이스라엘의 진영 밖에 두고 24 무리가 그 성과 그 가운데에 있는 모든 것을 불로 사르고 은금과 동철 기구는 여호와의 집 곳간에 두었더라 25 여호수아가 기생 라합과 그의 아버지의 가족과 그에게 속한 모든 것을 살렸으므로 그가 오늘까지 이스라엘 중에 거주하였으니 이는 여호수아가 여리고를 정탐하려고 보낸 사자들을 숨겼음이었더라

22 But to the two men who had spied out the land, Joshua said, "Go into the prostitute's house and bring out from there the woman and all who belong to her, as you swore to her." 23 So the young men who had been spies went in and brought out Rahab and her father and mother and brothers and all who belonged to her. And they brought all her relatives and put them outside the camp of Israel. 24 And they burned the city with fire, and everything in it. Only the silver and gold, and the vessels of bronze and of iron, they put into the treasury of the house of the Lord. 25 But Rahab the prostitute and her father's household and all who belonged to her, Joshua saved alive. And she has lived in Israel to this day, because she hid the messengers whom Joshua sent to spy out Jericho.

26 여호수아가 그때에 맹세하게 하여 이르되 누구든지 일어나서 이

여호수아 6:1-27 _ 137

여리고 성을 건축하는 자는 여호와 앞에서 저주를 받을 것이라 그 기
초를 쌓을 때에 그의 맏아들을 잃을 것이요 그 문을 세울 때에 그의
막내아들을 잃으리라 하였더라 ²⁷ 여호와께서 여호수아와 함께 하시
니 여호수아의 소문이 그 온 땅에 퍼지니라

²⁶ Joshua laid an oath on them at that time, saying, "Cursed before the
Lord be the man who rises up and rebuilds this city, Jericho.

" At the cost of his firstborn shall he

　　lay its foundation,

　　and at the cost of his youngest son

　　　shall he set up its gates."

²⁷ So the Lord was with Joshua, and his fame was in all the land.

1 Hebrew *under itself*; also verse 20 *2* That is, set apart (devoted) as an offering to the
Lord (for destruction); also verses 18, 21

〰〰〰 단락 개관 〰〰〰

여리고 정복의 역사성은 20세기 후반 이래 많은 학술적 논쟁의 주제가 되
어왔으나 내레이터의 관심사는 후대의 역사학자들에게 상세한 사항을 제
공하는 것이 아니다. 여호수아 6장은 약속의 땅에서 취한 최초의 정복 행
위를 기록한다. 그러나 그 정복을 기록하는 데 몰두하는 책에 이 최초의
군사 침략에 속한 군사적 행동은 전혀 묘사되어 있지 않다. 이 유명하고
낯익은 이야기에서 이 점은 여전히 놀라움을 일으킬 수 있다.

　명령과 그 수행에 관한 성경 이야기들이 종종 그렇듯이, 이 줄거리 역시
반복적인 요소들을 담고 있다. 말하자면, 명령된 것이 번갈아 수행되는 패
턴이다. 일련의 명령은 이 책의 앞부분에서 본 것과 일관성이 있다. 하나님
께서 직접 여호수아에게 지시하시고, 여호수아는 이 지시를 이스라엘에게

전달하되 세부사항에 대한 설명과 함께 그렇게 한다. 여기서 주요 등장인물은 요단강을 건널 때(3-4장)와 같이 하나님, 여호수아, 제사장들, 언약궤, 그리고 이스라엘의 나머지 백성이다. 이 두 에피소드는 동일한 등장인물을 공유하는 유일한 이야기들이다. 이는 서로 밀접한 관계가 있다는 표시다. 그러나 2장에서 처음 만난 라합과 정탐꾼들이 이번 장의 후반부에 되돌아오는 만큼 이야기의 궁형(arc)은 앞의 이야기보다 더 길다. 앞의 에피소드에서는 여리고에 대한 관심이 중심이었고 라합의 정체와 운명이 결정되었다. 이런 것들이 6장에서 그 이야기의 앞 단계에 대한 의도적인 언급과 함께 성취되기에 이른다.

≋≋≋≋ 단락 개요 ≋≋≋≋

I. 약속의 땅을 차지하다(1:1-12:24)

  G. 여리고의 함락(6:1-27)

    1. 여리고가 굳게 닫히다(6:1)

    2. 명령과 행동: 첫째 날부터 여섯 째 날까지(6:2-14)

      a. 주님이 여호수아에게 지시하시다(6:2-5)

      b. 여호수아가 제사장들과 백성에게 명령하다(6:6-7)

      c. 첫째 날에 일어난 일(6:8-11)

      d. 둘째 날부터 여섯 째 날까지의 사건(6:12-14)

    3. 명령과 행동: 일곱 째 날(6:15-21)

      a. 일곱 째 날에 일곱 바퀴 돌기(6:15)

      b. 백성을 향한 여호수아의 마지막 지시(6:16-19)

      c. 여리고가 파멸에 바쳐지다(6:20-21)

    4. 라합의 운명(6:22-25)

        a. 여호수아가 정탐꾼들에게 지시하다(6:22)
        b. 정탐꾼들이 라합과 그 가족을 구출하다(6:23)
        c. 여리고의 운명과 라합의 운명이 대비되다(6:24-25)
    5. 여리고가 저주받다(6:26)
    6. 여호수아가 인정을 받다(6:27)

1절에서 여리고를 흘끗 본 다음 그 성읍에 대한 일주일에 걸친 행동의 이야기가 대화/보고의 순서로 연속적으로 펼쳐진다. 2-14절은 첫 명령들에 대해 얘기한다. 그 명령들이 전달되고 처음 엿새 동안 수행되는데, 그 앞뒤를 "너희 모든 군사는…엿새 동안을 그리하라[코(koh)]"(3절)와 "엿새 동안을 이같이[코] 행하니라"(14절)라는 어구가 장식하고 있다. 일곱 째 날의 사건들은 15-21절에서 [라합에 대한 조치(17절)를 포함해서] 또 다른 세트의 지시와 그 실행을 가져온다. 그 성읍의 운명이 결정되었을 때(24절) 라합의 구출은 22-25절에서 완수된다. 이 에피소드는 여호수아가 그 성읍에 저주를 선포하는 장면(26절)으로 마무리되는데, 이는 예언의 특성을 지니고(참고. 왕상 16:34) 여호수아의 "명성"(27절, 새번역)이 널리 퍼진다.

≋≋≋≋≋   주석   ≋≋≋≋≋

6:1 5장이 잠시 눈길을 이스라엘에서 돌려 더 넓은 맥락에서 일어나는 일을 흘끗 보면서 시작했던 것처럼, 여기서도 여리고의 상황에 관한 단순한 관찰이 나머지 부분에 나오는 이스라엘의 행동에 관한 이야기를 준비한다. 2장에서 마지막으로 여리고를 보았을 때 그 성읍은 '닫혀' 있었고(2:7) 단지 정탐꾼을 추적하는 이들만 성읍 밖으로 나갈 수 있었다. 그들이 되돌아온 지 오래되었고(2:23), 그 이후로 이스라엘 백성이 요단을 건너서 훨씬

가까이 왔으며 지켜보는 가나안 사람들의 두려운 긴장이 점차 고조되고 있었다(2:10; 5:1).

이제 여리고가 굳게 닫혔다. 이 구절의 히브리어 어구는 여리고의 방어만큼 빈틈없이 구성되어 있다. '안쪽과 바깥쪽'("inside and outside", ESV)은 여기에 사용된 동사의 능동형과 수동형의 뉘앙스를 포착하려고 한다. '닫다'(shut)와 '가로막다'(shut out) 역시 그런 뜻을 전달할 수 있는데, 전자는 밖으로 나가는 것을 막고 후자는 안으로 들어오는 것을 막는다. 그리고 이 모든 것은 이 구절의 중심축인 이스라엘의 근접함 때문이다. 이 구절의 후반부는 전반부를 그대로 반영한다. 아무도 나가지 않고 아무도 들어오지 않는다. 이 구절에 나오는 동사형은 모두 분사이다. 이 형태들은 앞의 명사적 주어("[이제] 여리고는")와 결합되어 이 구절이 동시에 일어나는 행동을 전달하고 있음을 분명히 한다.[53] 이스라엘이 그 땅에 들어가려고 준비할 때 여리고의 상황이 바로 이랬다. 이 구절은 이야기의 주된 흐름에서 떨어져 있다. 주된 흐름은 5:13-15에서 여호수아가 대장과 만나는 장면에서 시작했다가 여리고를 관찰하는 이 순간에 중단된 이후 자연스럽게 6:2로 이어지기 때문이다.

6:2 여호수아와 여호와의 군대 대장과의 만남은 조금도 실망스럽지 않았으나 상세하게 기록되지 않았다. 여호수아가 그 사령관에게 훈령을 부탁했으나(5:14) 응답을 받지 못했다. 그러나 그가 구했던 지시는 이제 여호와께서 한 번 더 여호수아와 말씀하실 때 제공된다. 대장의 음성을 기대했을 때 "여호와"의 음성이 들리는 것이 뜻밖으로 보인다면, 이것 역시 "여호와의 사자"가 출현할 때의 특징임을 알아야 한다(예. 출 3:2, 4; 삿 6:12, 14).[54]

첫째 사항은 완전한 확신을 준다. 만일 여호수아의 독자적 정찰이 어떤

---

53 이 구문에 관해서는 다음 책을 참고하라. Joüon, §166h, Waltke and O'Connor, *Biblical Hebrew Syntax*, 37.6d.

54 만일 그렇지 않다면 "여호와의 사자"가 여호수아서에 나타나지 않는다.

염려에서 비롯되었다면, 이것은 여리고가 완전히 여호수아의 소유와 통제 아래 있다("네 손에 넘겨주었다")는 하나님의 진술에 의해 전적으로 제거되었다.

6:3-5 그런데 그 성읍을 정복하는 법은 명백히 비(非)군사적인 말로 설명되어 있다. 오히려 그 조건은 완전히 의례적 행동으로 이뤄져 있는 듯이 보인다. 이 구절들에 나오는 네 가지 요소가 종교적 관심을 부각시키고 있다.

(1) 일곱이란 숫자가 특히 눈에 띈다("제사장 일곱", "일곱…나팔", 일곱 날, 일곱 바퀴 등). 이 각각은 어떻게든 완전 숫자에 대한 성례적 연상을 표현한다.

(2) 제사장들이 다시 행동한다. 3:2-4 주석에서 언급했듯이, 여호수아서에서 제사장들은 요단을 건널 때 언약궤를 메고, 이제 여리고를 포위할 때 언약궤를 운반하며(6절) 아울러 "나팔"을 부는 등 제한된 역할만 담당한다. 제사장의 사역은, 다른 직무들 중에서도 거룩한 것을 다루는 일과 관련이 있다. 이는 광야에서 그들의 특권적 과업이었고(민수기 3-4장에 개관되어 있듯이), 훗날 역대기 저자는 또한 그들 권한의 이 측면에 초점을 맞춘다[대상 15:2; 16:4-6, 후자에는 또한 언약궤와 "나팔"(이 단어는 다른 히브리어 용어지만)이 결합되어 있다].

(3) 성읍을 날마다 돌 때 언약궤의 존재와 그 역할은 요단을 건너는 기적에서 담당했던 그 중심적 역할을 상기시킨다. 그것은 하나님의 임재를 상징했고 따라서 경외와 존경이 부여되었다. 여기서는 백성이 요단을 건널 때처럼 언약궤와 상당한 거리를 두진 않지만 그들과 언약궤 사이에는 여전히 중요한 완충지대가 존재한다. 나팔을 부는 일곱 제사장이 언약궤 앞에서 걷고, 그들 앞에는 "무장한 선발대"(7절, 새번역)가 있다. 여기서 언약궤의 정체성은 요단을 건널 때의 그것과 다르지 않다. 이 궤는 여리고를 차지할 때 하나님의 임재와 능력을 보여준다.

(4) 언약궤를 메고 가는 제사장들 이외에도 "나팔"이 다섯 구절에서 일곱 번이나 언급되어 있다(4, 5, 6, 8, 13절). 나팔이 두드러진 역할을 하는 것이 분명하다. 이 언급의 대다수는 히브리어 복합어[쇼프로트 하요벨림(*shofrot hayobelim*)]로서 매우 흔한 단어인 쇼파르(*shofar*, "나팔" 또는 "뿔")와 매우 드문

단어인 요벨(yobel)이 합쳐진 "양각 나팔"로 번역된다.[55] 보통 "뿔"은 레위기 25장을 통해 알려진 대로 "희년"과 관계가 있다. 하지만 요벨이 "나팔"로 사용되는 경우는 이 단락(독자적으로, 6절에 나오는 복합어와는 별개로)과 출애굽기 19:13(여기서는 세 절 뒤에 다시 쇼파르로 언급되어 있다) 밖에 없다. 후자에서는 그것이 이스라엘 백성이 모세가 올라가서 율법 받는 것을 기대하며 시내산 기슭에 모여 있을 때 모세가 그들에게 주는 지시의 일부로 나온다. 일부 주석가들은 여기에 나온 요벨을 희년의 선포(레 25:9-10)와 이와 관련된 이스라엘의 재산법, 즉 "토지는 다 내 것"(25:23)이란 주님의 주장을 반영하는 그 법과 연결시킨다.[56] 요벨의 사용이 이런 연관성을 시사할 수도 있지만, 이보다 더 명백한 점은 시내산 기슭과 하나님과 만나는 순간에 그 상대역이 있는 것이고, 이는 현재 여리고 성벽 바깥에 포진하고 있는 이 세대에게 그와 비슷한 역학을 의미하는 것이라고 생각한다.

바퀴는 그 숫자 이외에도 어떤 의례적 의미를 갖고 있을지 모른다. (시편 26:6이 시사하는 듯한) 제단 둘레를 도는 것이 신성한 의무를 수행하는 제사장들의 특권이라면, 그들이 두루 돌아다니는 것은 제물에 대한 접근을 의미할 테고, 이로 유추하면 여리고가 하나의 제단이 되는 셈이다.[57] 여기서는 잠정적으로 진술되지만, 그것은 또한 여리고를 헤렘으로 취급하는 양상으로도 볼 수 있다(참고. 6:15-19 주석). 그리고 이 모든 특징은 뚜렷한 일관성을 가진다.

---

55 히브리어 쇼파르(shofar)는 히브리어 성경에 72번 사용되어 있다. 나팔을 가리키는 또 하나의 용어인 하초체라(hatsotserah, 29번 사용됨)는 금속으로 만든 것으로 이 단락에 나오지 않지만, 그것 역시 제사장들이 다루고 또 민수기 10:8-10에서 전쟁과 예배를 다함께 묶어주는 역할을 한다(참고. 6:15-19 주석).

56 예. McConville and Williams, Joshua, 33.

57 참고. Paul GI Mosca, "Psalm 26: Poetic Structure and the Form-Critical Task," CBQ 47/2 (1985): 230-233. 미쉬나 책자인 숙카(Sukkah) 4:5은 "초막절"에 진행되는 제단 행렬을 묘사하는데, 이는 엿새 동안 매일 한 번씩 그리고 일곱 째 날에는 일곱 번 수행되었다고 한다. 숙카 54c에서 랍비 아카는 이것이 "여리고[에서의 승리]에 대한 기억"으로 행해졌다고 말하므로 제단과 제물로 바쳐질 성읍의 연상이 기억 속에 남아있었다(J. Neusner, ed., The Talmud of the Land of Israel, vol. 17, Sukkah [Chicago: University of Chicago Press, 1988], 101).

이 모든 행동의 결과는 문자 그대로 여리고 성읍의 붕괴가 될 것이다(5절). 정복을 위해 이스라엘을 준비시키는 가운데 여기에 묘사된 점령의 순간은 정확히 6:20에 나오는 결과를 내다본다.

6:6-7 1장과 3장의 패턴과 비슷하게, 여호수아를 향한 주님의 말씀은 여호수아가 그의 리더십 아래 있는 이들, 여기서는 제사장들과 나머지 백성에게 지시를 전달하는 것으로 이어진다. 백성의 배치와 관련하여 여호수아는 그 행진을 어떻게 편성할지에 대해 약간의 추론이 필요한 듯하고, 그는 실제로 7절에서 그렇게 한다. 주님의 지시로부터 모든 백성이 행진에 참여하도록 되어 있는 것은 분명하지만, 그들이 어떻게 그 행진에서 자기 자리를 차지할지는 분명하지 않다.

6:8-14 그리하여 첫 번째 바퀴는 예정된 조건에 따라 착수된다. 추가된 특징 하나는 여호수아가 백성에게 절대로 침묵을 지키도록 지시한 것이다(10절). 이 강조점은 히브리어 구문에 더욱 뚜렷이 나타나는데, 여기서 전형적인 단어순서가 뒤바뀌어('그러나 백성에게 여호수아가 명령했다') 그들을 제사장들 및 "무장한 자들"과 구별시키기 때문이다.

첫째 날의 행동에 대한 마지막 요약은 또 다른 종류의 차별화를 보여준다. 이 요약에서는 언약궤가 성읍을 도는 것이 결정적인 요인이다(11절). 요단을 건널 때 언약궤의 움직임이 나머지 일행의 행동을 가능케 했던 것처럼, 여기서도 언약궤가 여리고를 도는 것이 가장 중요한 요인이다.

그 다음 다섯 날은 첫째 날과 똑같은 방식으로 전개된다. 다시금 이 이야기는 언약궤와 나팔의 조합을 강조한다. 언약궤는 하나님의 임재를 상징하며, 나팔은 제사장들과 무장한 자들과 나머지 백성의 질서정연한 행진 가운데 이뤄지는 하나님과의 만남을 가리킨다. 마지막 통보("엿새 동안을 이같이 행하니라", 14절)는 6:3을 거의 똑같이 반복함으로써 그 구절과 함께 수미상관구조를 이룬다.

6:15-19 일곱 째 날과 일곱 바퀴 돌기는 그 행동을 절정에 이르게 하고, 이 때문에 여호수아가 몇 가지 상기할 점과 추가 지시를 내린다. 처음으로 백성은 나팔 소리에 그들의 목소리를 더하도록 되어 있다(16절). 외침과 나팔 소리는 구약에서 다른 두 맥락에서 함께 나온다. 시편에서는 그 조합이 하나님을 경배하고 찬송하는 순간(시 98:6, 참고. 81:1, 3)[58]에 나오는 데 비해, 선지서에서는 군사적 행동의 순간에 나온다(호 5:8; 욜 2:1). 이곳 여리고의 성벽에서는 그 행동이 의례적인 동시에 군사적이다.

또 하나의 놀라운 결합이 17절의 두 부분에 나온다. 첫째, 여리고는 명시적으로 '파멸되어 주님께 바쳐지도록' 되어 있는데, 이는 2:10에서 라합이 처음 언급한 히브리어 헤렘을 상기시킨다. 앞에서 언급했듯이, 무언가가 헤렘이 된다는 것은 주님께 온전히 바쳐지는 것으로 지정되는 것이고, 그래서 세속적 용도로 쓰일 수 없고 신적 영역에 완전히 봉헌되는 것이다. 무생물의 경우에는 헤렘이 그것들을 거룩하게 만들어 신성한 물체를 지배하는 모든 규정에 종속되게 한다. 살아있는 존재(인간이나 동물)는 그 생명이 하나님께 제물로 바쳐졌기 때문에 헤렘이 그들의 죽음을 요구한다(참고. 레 27:28-29). 이 히브리어 용어는 명사나 동사로 대략 80번 사용되었고, 적어도 한 번은 성경 외에도 사용된 것으로 알려져 있다('메사의 석비' 17 행). 이 단어는 훗날의 텍스트보다 이른 텍스트에 훨씬 자주 나오고, 사울 시대 이후에는 드문 편이다. 하지만 이 단어가 기독교 성경의 배열에 따르면 구약의 마지막 단어[말라기 4:6(마소라본문 3:24)]다. 그처럼 자주 등장함에도 불구하고, 이 단어에 대한 규범적 진술은 거의 없고 핵심 가르침이 신명기 7:1-5, 17-26에 나올 뿐이다.

제물의 유비는 또 다른 면에서도 유익하다. 제물의 한 가지 유형은 하나님께 온전히 바쳐지는 것인데, 제물이 온전히 태워지는 "번제"[올라('olah), 레 1:3]이다. 하지만 다른 많은 유형의 경우에는 한 부분이 하나님께 바쳐지

---

58 "즐겁게 소리칠지어다"(시 98:6)과 "외치라"(수 6:16)는 모두 동일한 히브리어 형태[하리우(hari'u)]를 번역한 것이다.

고, 한 부분은 제사장에 의해 섭취되고, 나머지는 제물을 드리는 이들 가운데 나눠진다. 헤렘 역시 마찬가지다. 헤렘 아래 있는 물체는 봉헌의 정도가 명시될 수 있으나, 온전히 바쳐지게 되어 있다. 여기서 여호수아는 17절의 명령으로 여리고에 대한 엄격한 헤렘을 주장하고, 인간과 동물의 생명을 다루는 18절(동사를 한 번, 명사를 세 번 사용한다)과 금속에 관한 19절에 나오는 추가 명령으로 그것을 보충한다. 그 긴급성은 신명기 7:26에 개관된 역학과 관계가 있고, 이 구절은 18절의 경고에 대한 본보기를 제공한다. 헤렘에 해당되는 것은 다른 신성한 물건들처럼 거룩함을 전달할 수 있고, 따라서 속된 것과 접촉될 수 없다. 그런 접촉은 그 이상의 파멸을 초래할 것이기 때문이다.[59]

17절의 첫 부분은 헤렘과 그와 연관된 여리고의 파멸을 상기시키지만, 곧바로 여호수아가 생명의 말을 전한다. 라합과 그 집안은 이스라엘을 위한 그녀의 신실한 행동 때문에 '살게 될 것이다'. 심판이 선언되는 순간에 구원 역시 선포된다. 바로 한 가나안인 집안을 위해서이다.

6:20-21 그 순간이 도래한다. 사건 서술은 단도직입적이고 단호하고, 흡족함을 느끼거나 세부사항을 말하는 데 시간을 보내지 않는다. 사태는 주님이 말씀하신 그대로(6:5) 진행된다. 가장 비군사적인 이 전투 기사에서, 성벽이 무너지자 둘레를 돌던 이스라엘 사람들이 각각 어디에 있든지 그곳에서 "앞으로 나아가"(ESV는 "straight before") 들어가게 되는 그 승리를 거두는 분은 바로 주님임이 분명하다. 여리고의 멸망은 진정 하나님의 행동, "용사"(출 15:3)이신 여호와(Yahweh)의 행동이다. 여리고의 몰락은 이스라엘의 전략적 계획이나 군사적 능력에 빚진 것이 하나도 없다.

이와 동시에 헤렘의 조건이 돌진하는 이스라엘 전사들에 의해 실행되었

---

59 헤렘의 장소와 관련된 접촉과 정결케 하는 법에 대해서는 다음 책을 참고하라. Richard D. Nelson, *Raising Up a Faithful Priest: Community and Priesthood in Biblical Theology* (Louisville: Westminster John Knox, 1993), 31-33.

다는 21절의 주장을 피할 수 없다. 성읍이 붕괴된 후 얼마나 적은 수가 남았든지 간에 그들도 처치되어야 한다. 이와 관련해서는 이스라엘 백성이 주님의 명령을 수행하는 일꾼이다. 이 점이 고대와 현대의 독자들에게 당혹감을 안겨준다. 하지만 아무것도 그것을 일상적 행동으로 만들지 못하고, 그것이 어떤 식으로든 오늘날의 종족 말살의 개념에 해당하지 않는다는 것은 분명하다. 이와 비슷한 성경의 유비가 없고 홍해에서 이집트 군대를 무찌른 하나님의 승리(출 14-15장)가 어쩌면 유사한 사례일 수 있다. 하나님의 정당한 통치에 대적하는 이들에 대해 취한 주도권과 특권과 승리는 오로지 하나님의 것이다(참고. 시 2:10-13).

6:22-25 여리고 살육에서 라합과 그 가족을 구출하라는 지시는 여호수아의 마지막 명령에 포함되어 있었다. 이제 거의 세 장이 지난 뒤에 그녀가 다시 전면에 나온다. 이스라엘이 신실하게 헤렘을 실행한다는 마지막 진술이 24절에 나오면서 상황이 앞 단락으로부터 역전된다. 이 배열은 라합 및 그 집안과 여리고의 나머지 백성 간의 대조적인 모습을 더욱 부각시킨다. 여호수아와 정탐꾼들은 스스로 그녀와 맺은 합의에 충실하다는 것을 입증한다. 라합 역시 스스로 이스라엘의 하나님께 신실하다는 것을 입증했고, 그녀와 "그의 아버지의 가족과 그에게 속한 모든 것"(25절)도 마찬가지였다. 이 시점에서 그들은 "이스라엘의 진영 밖에"(23절) 머무른다. 그녀는 아직 이스라엘 백성으로 간주될 수 없다. 8:35에 따르면 그 일행 가운데는 다른 외국인들도 있는 것 같다. 이 혼합된 공동체는 '인종'과 '대량 학살'이 이스라엘의 약속의 땅 정복의 성격을 이해하기에 부적절한 용어들이란 또 다른 신호이다. 라합을 그 진영 밖에 두었다는 사실은 또한 라합과 그 가족이 '파멸에 바쳐진'(헤렘) 자들로 간주되었으나 헤렘 규정에도 불구하고 살도록 허용되었다는 것과 어떤 관계가 있을지 모른다(예. 신 7:2).

6:26 여리고에 대한 여호수아의 저주는 구약에서 위대한 예언적 궁형의 하나가 되고 인간 역사를 빚어내는 하나님의 손길을 보여준다. 그 상대역

이 열왕기상 16:34에 나오는데, 이는 위대한 선지자 엘리야가 무대에 등장하기 전에 취해진 마지막 행동이다. 엘리야의 사역은 바알이나 다른 우상이 아니라 하나님께서 이스라엘을 다스리신다는 사실을 증언한다. 여기서 그 예언이 전달될 때 그와 동일한 원리가 방금 입증되었다. 이스라엘의 하나님께서 다른 모든 땅과 마찬가지로 이 땅도 다스리신다는 것이다.

6:27 그런데 마지막 말은 여호수아에 관한 것이다. 여호수아의 명성에 관한 소문이 이스라엘이 요단을 건넜을 때 이미 알려진 것처럼(3:7; 4:14) 열방에까지 널리 퍼져나간다. 여호수아의 능력이 이런 인정을 받게 한 것이 아니다. 오히려 그것은 완전히 주님이 그와 함께하신 결과이다. 라합은 이스라엘 백성이 이스라엘의 하나님의 행동과 묶여있는 존재임을 보았다. 그래서 이제는 여호수아도 그와 똑같은 모습으로 보이는 것이다.

≋≋≋≋ 응답 ≋≋≋≋

여리고의 몰락은 하나님의 행동과 인간의 행동의 관계에 대해 날카로운 질문을 던지게 한다. 이스라엘이 약속의 땅에서 취한 이 첫 번째 군사 행동에서 하나님의 행동과 주도권이 우선한다는 것은 분명하다. 이스라엘의 행진, 나팔 소리, 마지막 외침은 여리고의 방어를 무너뜨린 물리적 원인이 아니기 때문이다. 여리고 정복은 하나님께서 행하신 일이다. 하지만 이스라엘이 할 일이 있다. 성읍의 주민들과 그들의 모든 소유물은 파멸에 바쳐졌고, 귀중품과 금속 기구는 "하나님의 곳간"(19절)에 맡겨졌다. 이것은 이스라엘이 행할 몫이었다. 이스라엘이 앞으로 전투를 치르게 되면서 이런 명백한 역학은 바뀔 테지만 그 원리는 변하지 않는다. 그것은 결코 하나님의 행동이나 이스라엘의 행동 중 어느 하나가 아니고 노동 분업도 아니다. 오히려 다음과 같은 조나단 에드워즈(Jonathan Edwards)의 말이 옳다.

효력이 있는 은혜에서 우리는 그저 수동적이지 않고, 그렇다고 하나님께서 일부를, 그리고 우리가 그 나머지를 행하는 것도 아니다. 하나님께서 모든 것을 행하시고, 우리가 모든 것을 행한다…하나님께서 유일한 진정한 작가이자 원천이시고, 우리는 단지 진정한 배우들일 뿐이다. 우리는 서로 다른 측면에서 완전히 수동적이고 또한 완전히 능동적이다.[60]

이는 여호수아서에 차례대로 열거된 모든 전투에 해당한다. 그 땅은 하나님의 선물이지만 또한 취해져야 한다. 에드워즈의 말을 빌리자면, 이스라엘은 완전히 수동적이고 '또한' 완전히 능동적이다.

제대로 말하자면, 이것은 믿음의 행위이고 심지어 행동하는 믿음이다. 히브리서 11:1에 따르면 "믿음은 바라는 것들의 확신이요, 보이지 않는 것들의 증거"(새번역)다. 이 보증된 확신은 그 유명한 장에 신속하고 능숙하게 묘사된 행동하는 삶을 낳는다. 사례 연구 목록의 뒤편으로 가면 "믿음으로" 일어날 수 있는 일의 (이름이 밝혀진) 본보기들 중 마지막에서 두 번째로 여리고의 붕괴가 나온다(히 11:30). 이런 의미에서, 여기에 나온 이스라엘의 신실한 행동이 신자를 위한 모범으로 남아있는 만큼 신자의 신앙생활도 여리고 평지에서 나타난 것과 동일한 확신과 신념에 의해 영위되어야 한다.

여기에 나타난 폭력의 문제 또한 다뤄져야 한다. 구약에서는 생명을 주시는 하나님이 또한 홀로 그것을 취할 수 있는 분임이 분명하다. "이제는 나 곧 내가 그인 줄 알라 나 외에는 신이 없도다 나는 죽이기도 하며 살리기도 하며 상하게도 하며 낫게도 하나니 내 손에서 능히 빼앗을 자가 없도다"(신 32:39). 그런데 때때로 하나님의 칼이 이방의 왕들에게 넘겨지긴 하지만(예. 겔 21장), 이스라엘은 하나님의 칼을 휘두르도록 부름을 받았다(신 32:41). 오늘날의 그리스도인들은 예수님의 순종적인 제자의 삶에 대비되

---

60 Jonathan Edwards, "Remarks on Important Theological Controversies," in *The Works of Jonathan Edwards* (Edinburgh: Banner of Truth; 1974, London, 1834), 2:557.

는 국가가 행사하는 폭력에 대해 서로 다른 입장을 견지한다. 하지만 1세기 유대인 역사학자 요세푸스조차 무기를 드는 것은 참아야 한다는 입장을 개진할 수 있었다. 예루살렘이 로마 군대에 포위된 상황에서 요세푸스는 동포들을 향한 열정적인 연설에서 다음과 같은 입장을 변호하기 위해 족장 시대부터 이스라엘의 역사를 회고했다.

> 요컨대, 우리 조상들을 살펴보면 그들이 그들의 대의를 하나님께 의탁했을 때 무기로 승리를 거두거나 무기가 없어서 성공하지 못한 경우는 하나도 없다. 그들이 가만히 앉아 있더라도 그것이 그들의 재판관(Judge)을 기쁘게 하면 그들이 정복했고, 그들이 싸우더라도 그들은 변함없이 패배했다.[61]

요세푸스가 사실을 과장했을지 몰라도 근본적인 주장은 정당하다. 하나님의 목적과 온전히 일치하는 방식으로 행동할 때만 승리를 얻었다는 사실이다.

신약이 계속해서 칼은 국가에 의해 사용될 수 있다고 가르치는 데도(롬 13:1-4), 그리스도인이 오늘날 과거에 이스라엘의 정복 전쟁에서 행했던 대로 행하는 것은 무분별한 짓이다. 오히려 이사야의 고난 받는 종(사 49:7; 52:13-53:12)을 통과하는 궤도에서, 하나님의 구원 행동은 예수님의 십자가에서 절정에 이르는 폭력에의 순복과 관계가 있다. 따라서 예수님의 제자들은 현재 폭력을 저지르는 것이 아니라 그런 예수님의 모습을 본받도록 부름을 받았다(참고. 마 5:11-12; 히 10:32-36). 이는 고난을 위한 고난이 아니고 종교적 자기 학대는 더더욱 아니다. 오히려 십자가를 지는 일에 참여하는 것이고 그 목적은 그리스도께서 십자가를 통해 궁극적으로 얻은 승리를 아는 것이다(막 8:34-38; 골 1:19-20).

---

61 *Jewish Wars* 5.390.

주목할 것이 하나 더 있다. 여리고는 하나님의 주권을 인정하길 거부하고 반역적인 우상숭배를 고집하기로 선택하는 도시를 대표한다는 사실이다.

> 주님이 땅 위에 그의 나라를 세우고 완성하러 오실 때는 그분이 또한 그의 나라를 대적하는 세상적 권력을 전복시키고 파괴하려고 오신다. 하나님의 은혜와 자비가 그의 자녀들에게 나타나는 일은 언제나 그의 대적인 불경건한 자들을 향한 공의와 심판이 나타나는 일과 나란히 진행된다.[62]

여리고는 이스라엘의 하나님의 명백한 주권을 고려하길 결단코 거부하지만 라합은 그렇지 않다. 여호수아 2장에서 라합의 고백에 따른 약속, 그녀에 대한 이스라엘 대표들의 보호, 그리고 구출에 대한 그녀의 변함없는 기대가 있은 후 이번 장이 끝날 때는 그녀의 구속(救贖)이 완료된다. 히브리서의 저자는 행동하는 믿음에 관한 사례 연구를 마칠 때 여호수아 6장의 순서를 따른다. 여리고의 붕괴는 이미 언급되었고(히 11:30), 히브리서 11:31은 여리고의 불순종과 라합의 순종을 대비시키면서 그녀의 행동하는 믿음이 정탐꾼들에게 피난처를 제공하는 것으로 입증되었다고 한다. 그 순종은 또한 그녀의 가족을 모으고 성벽에 지은 그들의 거처에 남아있는 것으로 연장되었다. 이것은 롯이 소돔을 떠나라는 재촉을 받았을 때(창 19:14) 그가 행한 것 이상이다. 라합과 그 가족이 처한 위험은 주로 떨어지는 돌에서 오는 것이 아니었다. 그 위험은 그 성읍에 떨어진 하나님의 심판, 이스라엘의 전사들이 수행한 심판에 삼켜지는 것이었다(수 2:19).

그렇다면 그녀의 생존은 이스라엘 백성이 헤렘에 대한 명령의 엄격한 조건을 수행하는 데 실패했다는 뜻일까? 예컨대, 레위기 27:28-29은 '파멸에 바쳐진' 자들이 구속받을 가능성을 일체 배제시킨다. 하지만 이는 구

---

62 C. F. Keil, *Joshua, Judges, Ruth* (Edinburgh: T&T Clark, 1880), 69-70.

속을 베푸시는 거룩한 하나님의 본성을 고려하지 못하는 것이다. 여기서 작동하는 원리가 야고보서 2:13에 잘 표현되어 있다. "심판은 자비를 베풀지 않는 사람에게는 무자비합니다. 그러나 자비는 심판을 이깁니다"(새 번역). 시편 저자가 선언하듯이 그와 똑같은 개념이 구약에서도 작동한다. "자비로운 자에게는 주의 자비로우심을 나타내시며 완전한 자에게는 주의 완전하심을 보이시며"(시 18:25). 야고보의 금언에 따르면 라합은 자비를 베풀어서 자비를 받은 사람이었다. 그녀가 자비를 베푼 것은 이스라엘의 하나님께서 곧 그녀 자신의 주권적 주님임을 깨달았기 때문이다(수 2:11-12). 라합의 이야기가 여리고의 나머지 사람의 운명과 그처럼 의도적으로 뒤얽혀 있다는 것은 라합이 누렸던 구원이 더 널리 확장될 수도 있었다는 것을 강하게 시사한다.

¹ 이스라엘 자손들이 온전히 바친 물건으로 말미암아 범죄하였으니 이는 유다 지파 세라의 증손 삽디의 손자 갈미의 아들 아간이 온전히 바친 물건을 가졌음이라 여호와께서 이스라엘 자손들에게 진노하시니라

¹ But the people of Israel broke faith in regard to the devoted things, for Achan the son of Carmi, son of Zabdi, son of Zerah, of the tribe of Judah, took some of the devoted things. And the anger of the Lord burned against the people of Israel.

² 여호수아가 여리고에서 사람을 벧엘 동쪽 벧아웬 곁에 있는 아이로 보내며 그들에게 말하여 이르되 올라가서 그 땅을 정탐하라 하매 그 사람들이 올라가서 아이를 정탐하고 ³ 여호수아에게로 돌아와 그에게 이르되 백성을 다 올라가게 하지 말고 이삼천 명만 올라가서 아이를 치게 하소서 그들은 소수이니 모든 백성을 그리로 보내어 수고롭게 하지 마소서 하므로 ⁴ 백성 중 삼천 명쯤 그리로 올라갔다가 아이 사람 앞에서 도망하니 ⁵ 아이 사람이 그들을 삼십육 명쯤 쳐죽이고 성

문 앞에서부터 스바림까지 쫓아가 내려가는 비탈에서 쳤으므로 백성의 마음이 녹아 물 같이 된지라

2 Joshua sent men from Jericho to Ai, which is near Beth-aven, east of Bethel, and said to them, "Go up and spy out the land." And the men went up and spied out Ai. 3 And they returned to Joshua and said to him, "Do not have all the people go up, but let about two or three thousand men go up and attack Ai. Do not make the whole people toil up there, for they are few." 4 So about three thousand men went up there from the people. And they fled before the men of Ai, 5 and the men of Ai killed about thirty-six of their men and chased them before the gate as far as Shebarim and struck them at the descent. And the hearts of the people melted and became as water.

6 여호수아가 옷을 찢고 이스라엘 장로들과 함께 여호와의 궤 앞에서 땅에 엎드려 머리에 티끌을 뒤집어쓰고 저물도록 있다가 7 이르되 슬프도소이다 주 여호와여 어찌하여 이 백성을 인도하여 요단을 건너게 하시고 우리를 아모리 사람의 손에 넘겨 멸망시키려 하셨나이까 우리가 요단 저쪽을 만족하게 여겨 거주하였더면 좋을 뻔하였나이다 8 주여 이스라엘이 그의 원수들 앞에서 돌아섰으니 내가 무슨 말을 하오리이까 9 가나안 사람과 이 땅의 모든 사람들이 듣고 우리를 둘러싸고 우리 이름을 세상에서 끊으리니 주의 크신 이름을 위하여 어떻게 하시려 하나이까 하니

6 Then Joshua tore his clothes and fell to the earth on his face before the ark of the Lord until the evening, he and the elders of Israel. And they put dust on their heads. 7 And Joshua said, "Alas, O Lord God, why have you brought this people over the Jordan at all, to give us into the hands of the Amorites, to destroy us? Would that we had been content

to dwell beyond the Jordan! 8 O Lord, what can I say, when Israel has turned their backs before their enemies! 9 For the Canaanites and all the inhabitants of the land will hear of it and will surround us and cut off our name from the earth. And what will you do for your great name?"

10 여호와께서 여호수아에게 이르시되 일어나라 어찌하여 이렇게 엎드렸느냐 11 이스라엘이 범죄하여 내가 그들에게 명령한 나의 언약을 어겼으며 또한 그들이 온전히 바친 물건을 가져가고 도둑질하며 속이고 그것을 그들의 물건들 가운데에 두었느니라 12 그러므로 이스라엘 자손들이 그들의 원수 앞에 능히 맞서지 못하고 그 앞에서 돌아섰나니 이는 그들도 온전히 바친 것이 됨이라 그 온전히 바친 물건을 너희 중에서 멸하지 아니하면 내가 다시는 너희와 함께 있지 아니하리라 13 너는 일어나서 백성을 거룩하게 하여 이르기를 너희는 내일을 위하여 스스로 거룩하게 하라 이스라엘의 하나님 여호와의 말씀에 이스라엘아 너희 가운데에 온전히 바친 물건이 있나니 너희가 그 온전히 바친 물건을 너희 가운데에서 제하기까지는 네 원수들 앞에 능히 맞서지 못하리라 14 너희는 아침에 너희의 지파대로 가까이 나아오라 여호와께 뽑히는 그 지파는 그 족속대로 가까이 나아올 것이요 여호와께 뽑히는 족속은 그 가족대로 가까이 나아올 것이요 여호와께 뽑히는 그 가족은 그 남자들이 가까이 나아올 것이며 15 온전히 바친 물건을 가진 자로 뽑힌 자를 불사르되 그와 그의 모든 소유를 그리하라 이는 여호와의 언약을 어기고 이스라엘 가운데에서 망령된 일을 행하였음이라 하셨다 하라

10 The Lord said to Joshua, "Get up! Why have you fallen on your face? 11 Israel has sinned; they have transgressed my covenant that I commanded them; they have taken some of the devoted things; they have stolen and lied and put them among their own belongings.

^{12} Therefore the people of Israel cannot stand before their enemies. They turn their backs before their enemies, because they have become devoted for destruction.^{1} I will be with you no more, unless you destroy the devoted things from among you. ^{13} Get up! Consecrate the people and say, 'Consecrate yourselves for tomorrow; for thus says the Lord, God of Israel, "There are devoted things in your midst, O Israel. You cannot stand before your enemies until you take away the devoted things from among you." ^{14} In the morning therefore you shall be brought near by your tribes. And the tribe that the Lord takes by lot shall come near by clans. And the clan that the Lord takes shall come near by households. And the household that the Lord takes shall come near man by man. ^{15} And he who is taken with the devoted things shall be burned with fire, he and all that he has, because he has transgressed the covenant of the Lord, and because he has done an outrageous thing in Israel.'"

^{16} 이에 여호수아가 아침 일찍이 일어나서 이스라엘을 그의 지파대로 가까이 나아오게 하였더니 유다 지파가 뽑혔고 ^{17} 유다 족속을 가까이 나아오게 하였더니 세라 족속이 뽑혔고 세라 족속의 각 남자를 가까이 나아오게 하였더니 삽디가 뽑혔고 ^{18} 삽디의 가족 각 남자를 가까이 나아오게 하였더니 유다 지파 세라의 증손이요 삽디의 손자요 갈미의 아들인 아간이 뽑혔더라 ^{19} 그러므로 여호수아가 아간에게 이르되 내 아들아 청하노니 이스라엘의 하나님 여호와께 영광을 돌려 그 앞에 자복하고 네가 행한 일을 내게 알게 하라 그 일을 내게 숨기지 말라 하니 ^{20} 아간이 여호수아에게 대답하여 이르되 참으로 나는 이스라엘의 하나님 여호와께 범죄하여 이러이러하게 행하였나이다 ^{21} 내가 노략한 물건 중에 시날산의 아름다운 외투 한 벌과 은 이백 세겔과

그 무게가 오십 세겔 되는 금덩이 하나를 보고 탐내어 가졌나이다 보소서 이제 그 물건들을 내 장막 가운데 땅 속에 감추었는데 은은 그 밑에 있나이다 하더라

16 So Joshua rose early in the morning and brought Israel near tribe by tribe, and the tribe of Judah was taken. 17 And he brought near the clans of Judah, and the clan of the Zerahites was taken. And he brought near the clan of the Zerahites man by man, and Zabdi was taken. 18 And he brought near his household man by man, and Achan the son of Carmi, son of Zabdi, son of Zerah, of the tribe of Judah, was taken. 19 Then Joshua said to Achan, "My son, give glory to the Lord God of Israel and give praise[2] to him. And tell me now what you have done; do not hide it from me." 20 And Achan answered Joshua, "Truly I have sinned against the Lord God of Israel, and this is what I did: 21 when I saw among the spoil a beautiful cloak from Shinar, and 200 shekels of silver, and a bar of gold weighing 50 shekels,[3] then I coveted them and took them. And see, they are hidden in the earth inside my tent, with the silver underneath."

22 이에 여호수아가 사자들을 보내매 그의 장막에 달려가 본즉 물건이 그의 장막 안에 감추어져 있는데 은은 그 밑에 있는지라 23 그들이 그것을 장막 가운데서 취하여 여호수아와 이스라엘 모든 자손에게 가지고 오매 그들이 그것을 여호와 앞에 쏟아 놓으니라 24 여호수아가 이스라엘 모든 사람과 더불어 세라의 아들 아간을 잡고 그 은과 그 외투와 그 금덩이와 그의 아들들과 그의 딸들과 그의 소들과 그의 나귀들과 그의 1)양들과 그의 장막과 그에게 속한 모든 것을 이끌고 아골 골짜기로 가서 25 여호수아가 이르되 네가 어찌하여 우리를 괴롭게 하였느냐 여호와께서 오늘 너를 괴롭게 하시리라 하니 온 이스라엘이

그를 돌로 치고 물건들도 돌로 치고 불사르고 ²⁶ 그 위에 돌무더기를 크게 쌓았더니 오늘까지 있더라 여호와께서 그의 맹렬한 진노를 그치시니 그러므로 그곳 이름을 오늘까지 ²⁾아골 골짜기라 부르더라

²² So Joshua sent messengers, and they ran to the tent; and behold, it was hidden in his tent with the silver underneath. ²³ And they took them out of the tent and brought them to Joshua and to all the people of Israel. And they laid them down before the Lord. ²⁴ And Joshua and all Israel with him took Achan the son of Zerah, and the silver and the cloak and the bar of gold, and his sons and daughters and his oxen and donkeys and sheep and his tent and all that he had. And they brought them up to the Valley of Achor. ²⁵ And Joshua said, "Why did you bring trouble on us? The Lord brings trouble on you today." And all Israel stoned him with stones. They burned them with fire and stoned them with stones. ²⁶ And they raised over him a great heap of stones that remains to this day. Then the Lord turned from his burning anger. Therefore, to this day the name of that place is called the Valley of Achor.⁴

1) 히, 양과 염소의 떼 2) 괴로움

1 That is, set apart (devoted) as an offering to the Lord (for destruction) *2* Or *and make confession 3* A *shekel* was about 2/5 ounce or 11 grams *4 Achor* means *trouble*

≋≋≋≋ 단락 개관 ≋≋≋≋

1장에 나오는 서론 이후 다음 일곱 장은 두 개의 긴 궁형으로 볼 수 있는데, 각 궁형은 여러 요소를 내포하고 있다. 2-6장에 나오는 여리고 이야기는 이스라엘이 약속의 땅에 처음 들어가는 장면을 묘사하고(3-5장) 가나안 사람인 라합을 크게 다룬다. 7-8장에 나오는 아이 이야기는 이스라엘 사람인 아간을 크게 다룬다. 이 궁형들은 작은 유사점을 많이 갖고 있으나 핵심 연결점은 헤렘(하나님께 속해서 파멸에 바쳐진 물건에 대한)과 그 물건들을 이스라엘이 어떻게 다루느냐의 문제이다.

여리고의 정복 이후 첫 번째 단계는 순조롭게 진행되지 않는다. 그 성읍을 이스라엘의 손에 넘긴 극적인 신적 개입이 그와 비슷하게 나머지 땅도 쉽게 정복하게 할 것이란 기대가 이스라엘에게 있었다면, 그들은 그것이 잘못된 생각임을 금방 깨닫게 된다. 이 에피소드가 시작될 때 이스라엘의 행동이 하나님의 진노를 불러일으켰는데, 이제까지 충성을 다한 뒤에 그런 일이 일어나리라곤 아무도 예상하지 못했다. 이로 말미암아 이스라엘은 다음 표적인 아이 성읍에서 고통스러운 패배를 당한다(2-5절). 아이의 히브리어 이름은 문자 그대로 정관사를 사용하는 '그 폐허'란 뜻이다[덴하흐(Den Haag)를 가리키는 "The Hague" 또는 "The Woods"처럼]. 철옹성 같은 여리고를 정복한 뒤에 그런 일을 당한 것이 얼마나 어려웠겠는가? 이스라엘이 패배를 당하고 그 전사들이 죽임을 당했으니 무척 어려운 사태였다. 여호수아와 이스라엘 장로들이 극적 반응을 보인 뒤에야 하나님은 이 실패의 원인을 밝히신다. 그들의 죄와 하나님의 분노이다(6-15절). 모든 이스라엘이 하나님의 분노의 힘을 느끼긴 했으나 특정한 범죄자인 아간이 원인으로 판명되어 그의 집안과 함께 처형되었다(16-25절). 그 심판으로 하나님의 분노가 가라앉았으나 아이는 여전히 점령되지 않고 있다. 이 이야기는 8장까지 이어진다.

여리고의 몰락과 같이 아간의 이야기도 난처한 문제를 안겨준다. 현대의 독자들은 한 개인의 행위 때문에 공동체가 처벌 받는 것을 불공평하고

7장

불공정하다고 생각할 수 있다. 이스라엘의 최초의 패배와 이스라엘 백성의 생명의 상실이든, 이 에피소드가 끝날 때 아간 뿐 아니라 그의 가족에게도 형벌을 주는 것이든 그렇게 볼 수 있다. 해석자들은 이 어려운 역학을 설명하고 이해하기 위해 서로 다른 전략을 채택한다. 그런데 현대 독자들이 제기하는 난점에 대해 제대로 설명하지 않고 그냥 얼버무릴 수는 없다. 만족스러운 해결책을 얻으려면 그 이야기를 진지하게 여기며 이스라엘 하나님의 본성을 신중하게 고려할 필요가 있다.

≈≈≈≈ **단락 개요** ≈≈≈≈

I. 약속의 땅을 차지하다(1:1-12:24)

   H. 이스라엘에서 일어난 반역과 회복(7:1-26)

      1. 진영에서 지은 죄(7:1)

      2. 아이에 대한 이스라엘의 첫 번째 군사행동(7:2-5)

         a. 아이를 정찰하다(7:2-3)

         b. 이스라엘이 패배하다(7:4-5)

      3. 기도와 응답(7:6-15)

         a. 여호수아와 장로들이 스스로를 낮추다(7:6)

         b. 여호수아의 기도(7:7-9)

         c. 주님의 응답과 지시(7:10-15)

      4. 아간에 대한 조치(7:16-25)

      5. 주님의 분노가 가라앉다(7:26)

7:1 이스라엘이 "온전히 바친 물건으로 말미암아 범죄하였[다]"라고 말하는 이 본문은 히브리어의 강조체 구문을 사용하는데, 핵심 용어인 마알(*ma'al*)이 동사와 명사로 사용되었다. 이 용어는 구약에서 60번도 넘게 사용되는 친숙한 것이며, 그중에 5분의 1이 역대상과 역대하에 나와서 그 책들의 핵심 개념들 중 하나가 된다. 이 동사는 개인적 배신과 관계가 있고, 거의 항상 하나님과 관련하여 사용되며 드물게는 대인관계에도 사용된다. 이곳과 이를 상기시키는 여호수아 22:20에서는 그 용법이 사람보다 물건에 사용되고 있어서 유일한 예외처럼 보일 것이다. 이는 헤렘이 하나님 자신의 개인적 소유라는 위상임을 더욱 분명히 보여준다.

배신은 이스라엘의 것이지만 범죄자는 아간이다. 부계 쪽 이름의 열거는 그의 신원을 정확히 밝혀준다. 더구나 그는 유다 지파에 속해 있다. 다양한 방식으로 유다는 지파들 가운데 전면에 등장해왔다. 이런 두드러진 모습은 이 책의 후반부에서 땅이 분배되는 동안 계속되고, 최초의 모범적인 사사가 유다로부터 나오면서 사사기까지 이어진다. 그러나 아간의 행위는 일종의 후퇴이다.

그래서 "여호와께서 이스라엘 자손들에게 진노하[셨다]." 이런 일은 민수기에서 이스라엘이 광야에서 불평하던 기간에 자주 일어났고, 그것은 이와 비슷하게 사사기에 열거된 내리막길을 걷는 계기가 되었다(참고. 시 106:40). 하지만 여호수아의 시대에는 이것이 하나님의 진노를 불러일으켰다고 기록되어 있는 유일한 반역의 순간이다.

이 에피소드가 펼쳐지는 순간 이 첫 구절은 세 개의 요소를 얘기한다. 이스라엘의 배신, 아간의 도둑질 그리고 백성을 향한 주님의 분노이다. 이번 장이 끝날 때는 아간의 문제와 주님의 분노가 해결된다. 하지만 이스라엘의 배신은 8장 끝에 이르러야 완전히 해결된다.

7:2-3 여호수아의 리더십은 그동안 약속으로 가득했고 이 시점까지 신실

하게 발휘되었다. 하지만 이 에피소드와 9장에서는 그의 판단력에 의문을 제기할 수 있다. 이스라엘의 다음 표적인 아이를 놓고 여호수아는 다시금 정탐꾼을 보낸다. 모세가 주님의 명백한 지시에 따라 처음 그 땅에 정탐꾼들을 보낸 것(민 13:1-2)과 달리, 여기서 여호수아는 자기가 주도권을 잡고 사람들을 파견한다. 그들이 돌아올 때는 자신감이 넘치고 조언이 흘러 넘친다. "정탐꾼들은 정보에 관해서는 짧고 처방에 관해서는 길다."[63] 사실 3절에 나오는 그들의 보고는 거의 모두 지침으로 이뤄져 있고 유일한 정보는 그 주민이 소수에 불과하다는 것이다. 그러나 그들의 조언조차 분명치 않고 단지 필요한 사람의 수만 대충 얘기할 뿐이다. 이는 이런 전투 기사에서 우리가 예상하는 내용이 아니다. 더구나 그들은 여리고에 보낸 두 정탐꾼이 전해준 그런 신학적 통찰을 보여주는 것에도 실패한다.

오래토록 알려져 있는 고대 여리고의 위치와는 달리, 아이의 위치는 여전히 불확실하다. 그 성읍이 여리고의 주변에 있는 것은 틀림없으나, 고대 아이로 널리 간주되고 있는 엣 텔(et-Tell)은 이 기사와 맞추기 어려운 문제를 안고 있다. 특히, 이곳은 이 역사적 기간에 상당한 인구를 가진 성이자 도시였던 것으로 보인다. 이밖에 그 근처의 키르벳 엘 마카티르(Khirbet el-Maquatir)가 추측에 불과하지만 강력한 후보로 제시되어 왔다.[64]

7:4-5 여호수아는 이 자문을 받아들이고 정탐꾼들이 제안한 숫자 중에 높은 쪽에 주의를 기울여서 "삼천 명쯤" 보낸다. 여호수아는 이 순간 그의 책임의 어떤 요소를 포기하는 듯 보인다. 뿐만 아니라 더 큰 문제는 그가 주님께 전혀 자문을 구하지 않는다는 것이다. 그 결과는 처참한데, 이스라엘의 치욕과 패배와 생명의 상실의 측면에서 그러할 뿐 아니라 이제까지

---

63 Joshua A. Berman, "The Making of the Sin of Achan (Joshua 7)," *BibInt* 22/2 (February 2014): 122.

64 참고. Bryant G. Wood, "The Search of Joshua's Ai," in *Critical Issues in Israelite History*, ed Richard S. Hess, Gerald A. Klingbel, and Paul J. Ray Jr. (Wonona Lake, IN: Eisenbrauns, 2008), 205-240. 두 장소는 고대 여리고의 서쪽 약 18킬로미터에 위치해 있다.

그들을 위해 싸우셨던 하나님의 부재라는 점에서 더욱 그렇다. "백성의 마음이 녹아 물 같이" 되었다는 마지막 진술은 그 백성의 이전 승리들을 지켜보았던 가나안 사람들(참고. 2:11; 5:1)과 같은 그리고 열 명의 정탐꾼의 보고를 듣고 두려움에 빠졌던 이스라엘 사람들(신 1:28)과 같은 처지가 되었다는 뜻이다. 이스라엘이 요단강 횡단과 여리고 정복을 경험한 뒤에 그처럼 빠른 시기에 이런 상태에 빠졌다는 것은 참으로 놀랍다. 이스라엘이 위태로운 상태에 빠져 있는 동안 하나님은 부재하신다.

7:6-9 여호수아가 장로들과 함께 보인 반응, 그리고 그의 기도는 우리의 공감을 불러일으키고 어쩌면 우리의 찬동까지 얻을 것이다. 그의 슬픔은 너무도 명백하고 그의 기도는 너무나 강렬하다. 그들이 "여호와의 궤" 앞에 엎드린 모습은 무척 아이러니하다. 그 궤는 예전에 요단을 건널 때와 여리고에 대한 작전에서 그 백성과 함께하는 주님의 강력한 임재와 동일시되었기 때문이다. 그들은 지금 그들을 위해 발휘되는 주님의 능력을 이용할 수 없다는 교훈을 배우는 중이다.

처음에 우리는 여호수아의 기도에서 금송아지 에피소드에 나오는 모세의 기도, 즉 주님이 이스라엘을 진멸하고 모세와 다시 시작하겠다는 의도를 표명하셨을 때 모세가 드린 기도를 상기할 수 있다. 모세는 지켜보는 열방 가운데 주님의 이름의 영예에 근거해서 백성을 위해 간청한다[출 32:11-14(특히 12절), 참고. 수 7:9]. 그러나 여호수아의 기도는 모세가 중보기도로 그 백성의 실패를 인정하며 주님의 진노를 돌리려고 했던 모습과 거리가 멀다. 오히려 여호수아의 부르짖음은 이스라엘의 실패를 하나님의 행동 탓으로 돌리고 요단의 저쪽으로 되돌아가길 갈망하는 등 출애굽 세대가 차라리 이집트를 떠나지 않았으면 좋았겠다고 광야에서 불평했던 모습(출 16:3; 민 11:5, 18-20; 14:2)과 더 비슷하다. 적어도 여호수아의 경우에는 그 바람이 죽을 장소가 아니라 다른 살 장소를 지향하고 있지만 말이다!

중요한 점은 여호수아의 중보기도가 모세가 파악하고 고백하고 줄곧 간청했던 그 실체를 고려하지 못하고 있다는 것이다. 바로 진영 속에 있는 죄의 문제다. "연기가 있는 곳에는 불이 있다…징벌처럼 보이는 것이 있는 곳에는 틀림없이 죄가 있다."[65]

7:10-15 주님이 말씀하시자마자 혐의가 풀렸다. "일어나라"(10, 13절)라는 투박한 명령은 현대 독자들에게 여호수아의 괴로움과 자기 비하 앞에서 너무 가혹한 소리로 들릴지 모른다. 그러나 그런 판단은 여호수아의 말과 행동이 일치되지 않는 것을 인식하지 못한 탓이다. 엎드림은 회개와 고백을 시사해도 여호수아의 기도는 주제넘음과 불평을 담고 있다. 여호수아는 주님의 수치와 백성의 안녕을 당면한 문제로 생각하는 듯하다. 그러나 주님의 응답은 이스라엘의 죄가 문제라고 지적하신다. 그러므로 필요한 것은 탄식이 아니라 언약을 어긴 죄를 회개하고 제거해서 그 죄로 인한 하나님과 백성 간의 손상된 관계를 회복하는 일이다.

하나님의 말씀은 7:1에서 언급된 동일한 연결 관계를 부각시킨다. 한 개인의 죄가 공동체의 실패를 가리키고 이는 주님의 부재(不在)라는 파괴적 결과를 초래한다는 것이다. 이 경우에는 그 문제의 중심에 "온전히 바친 물건"의 착복이 있다. 히브리어 단어 헤렘이 이 몇 구절에서 여섯 번이나 반복된다. 여기서 "언약" 위반(11절)은 "믿음"의 배반(7:1)을 묘사하는 또 다른 방식이다. 그러므로 물건이 포함되어 있으나 그 사안은 여전히 인격 상호간의 문제다. 개인적인 죄와 공동체의 죄는 깊은 관계를 갖고 있다. 아간의 죄(이 죄의 여러 차원은 나중에 더 탐구할 것이다)가 이스라엘의 영적 분별력을 잃게 했다는 암시를 놓치기가 어렵다. 이 본문이 명백히 밝히듯이, 근본적인 죄가 아간의 것임은 의심의 여지가 없다. 그러나 개인적인 죄는 공동체가 감추고 있을 때 온 민족에게 해로운 결과를, 특히 언약의 하나님과의 관계에 그런 결과를 초래하게 된다.

그래서 여호수아가 받는 지시는 백성을 거룩하게 하는 데 초점을 둔다.

---

65 Berman, "Sin of Achan," 124.

그들이 거룩한 지위를 잃고 가나안 사람과 다름없이 된 것은 거룩한 하나님과의 관계를 상실했기 때문이다. 처방된 절차는 '제비뽑기'[고랄(goral)]를 통해 하나님의 선택을 분별하는 것인데, 이 방법이 여기서는 암시만 되어 있으나 이 책의 후반부에서 땅을 분배할 때는 25번 이상 명시되어 있다. 이와 동일한 절차(와 언어)가 사울 이야기에 두 번 나오는데, 한 번은 그가 왕으로 선택될 때이고(삼상 10:20-21) 다른 한 번은 이곳 상황과 비슷하게 맹세를 위반한 죄를 분별할 때(14:41-42)이다.

7:16-18 여호수아가 순종해서, 하나님의 지시에 따른 다른 주도권처럼 그 절차가 이튿날에 시작된다(참고. 3:1; 6:12, 15). 시간의 경과가 의미심장하다. 그 문제에 관한 소식과 그 해결책은 공개적으로 알려질 터라서 아간이 그 상황을 모르는 채 있을 것으로 상상하기는 어렵다. 그러므로 그는 여전히 앞으로 나올 여지가 있다. 하나님 심판의 엄한 결과(7:15)를 감안하면, 아간이 그렇게 하지 않을 이유를 쉽게 이해할 수 있지만 말이다.

이밖에도 라합이 받은 대우를 말해야겠다. 라합은 헤렘 아래 있던 백성 중 하나였지만(참고. 서론의 '해석상 과제') 그녀가 주님을 위해 발언해서 그 심판에서 구원을 받았다. 그렇다면 하나님의 은혜가 작동할 여지가 아직도 있는 셈이다. 그러나 이는 아간의 회개를 필요조건으로 한다. 그런 일은 일어나지 않는다.

이튿날 선별 절차가 진행된 결과 아간이 어쩔 수 없이 범인으로 판명된다.

7:19 이런 상황에서 여호수아가 아간에게 그의 범죄를 밝히도록 권유하는 말이 이상하게 들릴지 모른다. 이는 아간이 하나님께 '영광을 돌리고' 또 '찬송을 돌리기에'(ESV 참고) 부적합한 순간처럼 보인다. 하지만 이 말은 금방 분명해지지 않는 뉘앙스를 지닌다. 이 두 마디 중 첫째 것에 관해 말하자면, '돌리다'에 해당하는 여러 히브리어 단어가 "영광"[카보드(kavod)]과 함께 사용될 수 있으나 여기에 사용된 단어[심(sim)의 한 형태]가 카보드와 함께 나오는 경우는 마소라 본문에서 다른 두 군데뿐이다. 시편 66:2-3과 이사

야 42:12-13은 모두 영광을 돌리는 것이 하나님의 통치 및 적에 대한 그분의 승리에 대한 선언을 수반한다.[66]

그리고 '찬송'[토다(todah)]에 해당하는 단어는 '자백'으로 번역될 수도 있다(개역개정판은 "자복"으로 번역함-옮긴이 주). 이곳은 구약에서 카보드와 토다가 함께 나오는 유일한 구절이다. 여기서 "영광"에 부착된 뉘앙스를 감안할 때 토다를 '자백'으로 이해하면 의미가 잘 통한다. 법적 맥락에서 토다가 판결의 공의로움을 인정한다는 뜻을 전달한다면,[67] 여호수아는 아간에게 그의 죄를 자백할 뿐 아니라 하나님께서 판결을 내리실 때 정의롭다고 선언하도록 요구하고 있는 것이다.

7:20-21 아간은 이제 주님께 죄를 지었음을 시인한다. 그에게는 선택의 여지가 없는 듯이 보인다. 그가 취한 것은 현대의 값으로 환산하기가 거의 불가능하지만 상당한 가치를 지닌 것이 분명하다. 고귀한 금속과 옷은 그 구성성분이 적어도 게하시가 도무지 포기할 수 없다고 생각하는 재물(왕하 5:20-23)과 비슷하다. 아간이 취한 금과 은의 정확한 양에 대해서 주석가들은 의견을 달리하지만 그 양은 대략 금 550그램과 은 2,200그램에 근접한다. 그것들은 큰 가치를 지닌 것이 분명해도 그 재화의 양은 "쉽게 운반해서 감출"[68] 수 있는 정도였다. 추정컨대 그것을 "내 장막 가운데 땅 속에 [쉽게] 감[출]" 수 있었을 것이다. 물론 아간이 집안의 공모가 없이 어떻게 그렇게 할 수 있었는지는 말하기 어렵지만 말이다.

---

66 이에 관한 토론은 다음 책을 참고하라. Marilyn E. Burton, *The Semantics of Glory: A Cognitive, Corpus-Based Approach to Hebrew Word Meaning* (Leiden: Brill, 2017), 153, 265. 성경 히브리어에서 "무게"와 "영광" 간의 단순한 연상이 종종 주장되는 것에 비추어 버턴의 결론에 주의를 기울이는 것이 좋다. 그는 부분적으로, 카보드(kabod)가 "'영광은 높이이다'(Glory is Height)란 은유에 대한 강한 참여"를 보여준다고, 그리고 그 단어가 "의로운 행위를 구성하고 또 그런 행위로 귀결된다"라고 말한다. 카보드는 "또한 거룩하게 하고 정결하게 하는 일의 산파 역할을 한다"(300-301).

67 참고. *HALOT*, s.v. תודה B4.

68 Richard S. Hess, *Joshua: An Introduction and Commentary*, TOTC (Downers Grove, IL: IVP Academic, 2008), 168.

아간은 강한 어조로 "전리품 가운데에서"(새번역) 이 물품들을 보았다고 하는데, 여리고와의 전투에서는 전리품이 없어야 했다(6:17-19, 24, 참고. 신 7:25-26). 그것은 모두 헤렘이므로 파멸에 바쳐졌고 따라서 하나님께 속한 것이었다. 이것은 아간 편에서의 미묘하되 중요한 범주 오인이고, 그런 행동에 대한 그의 해명을 얼핏 들여다보게 해준다.

7:22-25 일단 아간의 이야기가 확증되자 주님의 심판이 실행된다. 돌로 치는 대상은 범인인 아간만이 아니었다. 그의 '아들들과 딸들'과 짐승들도 마찬가지로 돌로 맞았다. 더 나아가, 그의 모든 소유물은 그 금제품과 함께 파괴되었다. 열거된 목록을 감안하면, 아내가 없는 것이 눈에 띄고 따라서 아간이 홀아비일 가능성이 있다. 범죄자가 한 명인데 이처럼 온 집안과 짐승이 처벌을 받은 것이 오랜 세월 동안 해석자들의 논쟁거리가 되어왔다. 현대에는 이 사건을 이해하기 위해 세 가지 개념이 탐구되었다. 학자들 사이에 가장 잘 알려져 있으나 가장 덜 수용되는 것은 '공동 인격'(corporate personality) 내지는 '공동 책임'(corporate responsibility)의 개념이다. 이 법적-인류학적 개념은 개별적 정체성이 더 큰 집단이나 공동체의 정체성 아래 포함되어 있어서 그 집합체가 한 구성원의 행동에 함축되어 있음을 의미한다는 것이다. 이 개념은 당연히 강한 비판을 받았고, 어쨌든 특히 아간의 경우에 적용하기에 부족한 것으로 판명되었다.[69] 두 번째 설명은 헤렘의 개념에서 찾은 것이다. 신성한 물건들이 전염성이 있듯이 헤렘도 마찬가지다(참고. 6:15-19 주석). 이는 이스라엘 전체의 고통과 더불어 바쳐진 물건을 숨긴 아간의 가족에 대한 더 엄격한 심판을 설명해줄 것이다. 이 개념이 어느 정도 설득력이 있다. 특히 신명기 7:26, 즉 "가증한 것"을 네 집에 들이면 "너도 그것과 같이 진멸 당할까 하노라"라고 경고하는 구절에 비춰 볼 때 그렇다. 우리가 고려할 세 번째 요인은 아간의 범죄에 아간의 집안

---

69 예. Berman's critique("Sin of Achan," 117-119).

이 공모했을 가능성이다. 어쩌면 아간이 그와 함께 장막에 거주하는 나머지 가족이 모르게 이런 물건(휴대할 수 있으나 그래도 부피가 큰)을 감추었을 가능성도 있지만 그랬을 가능성은 희박하다. 그런데 이런 고려사항이 그의 짐승과 물건을 파괴한 것을 설명하기에 충분한가? 모든 것을 감안할 때, 둘째와 셋째 요인의 조합이 우주적 차원을 지닌 한 범죄의 결과를 설명하기에 가장 적합한 것 같다.

7:26 이 기사는 그 사건을 기념하기 위해 쌓아놓은 돌무더기와 함께 끝난다. 이 돌무더기가 4장에 서술된 요단 횡단을 기념하기 위해 쌓은 기념용 돌들과 명시적으로 연결되진 않는다. 이는 독자에게 맡겨진다. 그 의미는 한 쌍을 이루는 시편 105편, 106편과 비슷하다. 하나님의 전능하신 행위를 기억해야 할 뿐 아니라 죄의 파괴적인 결과를 기억하는 것도 필요하다. 각 주제는 서로 다른 방식으로 순종이 필요한 교훈을 제공하기 때문이다. 아간의 범죄는 우상숭배를 상기시키는 면이 있다. 금과 은의 유혹은 단지 큰 경제적 가치에만 있는 것이 아니라 우상 제작과 관련되는 점에도 있다 (참고. 신 7:26; 삿 17:1-4). "여호와께서 그의 맹렬한 진노를 그치시니"라는 표현과 비슷한 어구가 구약에 두 번 나온다. 신명기 13:17(이 역시 헤렘을 다룬다)과 열왕기하 23:26이다. 둘 다 하나님의 백성 가운데 일어난 우상숭배의 행위와 관계가 있다. 신명기 본문이 특히 교훈적인 것은, 언약적 충성과 이스라엘이 그들 가운데서 하나님을 모욕하는 것을 제거하기 위해 할 일을 다루는 세 단락 중 하나이기 때문이다. 이스라엘은 부끄럽게 되었고, 그들의 회개와 바쳐진 물건의 제거가 그들로 다시금 하나님의 임재를 되찾을 수 있게 해준다.

〰〰 응답 〰〰

여호수아의 평판은 이 에피소드를 통해 손상된다. 물론 이것은 점진적인 문제이지 파선은 아니다. 하지만 정복이 진전되면서 경고용 카드가 다시 나타날 것이다. 여호수아의 특징을 묘사하기 위해 심리적 고찰을 하기는 어렵다. 우리에게 그의 내면생활을 깊이 통찰할 수 있는 방법이 없기 때문이다. 그나마 이 에피소드가 그 속을 흘끗 들여다보게 해준다. 여호수아는 모세의 부관으로 수십 년을 일했고 또 하나님께 보증의 말씀을 직접 받았음에도 불구하고 그 역시 넘어질 수 있음을 보여준다. 그는 어떤 면에서 그의 전임자보다 더 일관성 있는 지도자다. 비록 그의 등급은 이스라엘 역사의 큰 구조에서 전임자보다 아래지만 말이다. 그러나 이런 이점들과 이런 안정을 지녔음에도 여호수아의 판단력은 하나님께 대한 의존도가 낮아지는 순간 흐려진다. 여호수아 같은 위대한 지도자가 그처럼 소홀할 수 있었다면, 이는 하나님의 백성을 지도하는(또는 지도하려는) 모든 사람에게 하나의 경고가 된다.

그 지도자에 그 백성이다. 그래서 이스라엘 백성에 대한 함의도 있다. 내러티브의 차원에서 보면, 아이에 의한 패배와 이스라엘 사람들의 죽음을 초래하는 애초의 보고는 안일함과 자만심에 뿌리를 두고 있다. 이것은 모세의 리더십 아래서 열 명의 정탐꾼의 경우와 정반대다. 그들의 평가는 가나안 사람을 정복할 수 없다는 것과 따라서 강행하면 안 된다는 것이었다(민 13:32-14:4). 이스라엘이 결국 전쟁을 하기로 (주제넘게) 결정했을 때, 그것 역시 패배를 초래했다(민 14:44-45). 아간의 죄가 그 백성의 흐린 판단에 어느 정도 기여했는지는 말하기 어렵다. 성경에는 하나님의 진노를 유발하면 그런 손상된 분별력을 초래하게 되는 역학의 패턴이 나타난다(예. 삼하 24:1; 시 73:18, 21-22; 요 5:14; 갈 3:1; 계 2:20-23). 이 세대는 이제 그들만의 힘으로는 전진할 수 없다는 교훈을 배울 기회를 얻었다. 요단을 건넌 것이나 여리고를 무찌른 것을 잠깐만 생각해도 그 교훈을 배울 수 있다. 그런데도 다음 단계에 또 다시 넘어지게 된다.

이는 모두 '구약'의 시나리오처럼 보인다. 그러나 앞에서 언급했듯이, 그것은 사실상 하나님과 그분이 만드신 세상과의 관계가 보여주는 지속적 패턴이다. 이보다 더 중요한 점은 아간의 이야기가 훗날 두 사건에 반영되고 있다는 것이다. 하나는 사무엘상 15장에서 사울이 아말렉을 전멸시키라는 지시에 불순종하는 사건이다. 이것 역시 헤렘(이 단어가 그 기사에서 여덟 번 사용된다. 참고. 특히 삼상 15:3, 8-9)을 무시한 이야기로서 군주제의 초기에 일어나고, 사울이 하나님의 분명한 지시를 순종하지 않은 책임 때문에 왕으로서 버림을 받는 결과를 초래한다. 두 번째 사건은 훨씬 훗날인 신약에 나온다. 바로 아간의 내러티브와 놀랄 만큼 닮은 아나니아와 삽비라의 극적인 죽음에 관한 기사다(행 5장). 두 사건 모두 (1) 불필요한 도둑질(아간의 경우에는 헤렘, 아나니아와 삽비라의 경우에는 영광)과 관계가 있고, (2) 하나님께 정당하게 속하는 것을 훔치고, (3) 공모한 가족을 포함하고(아간의 경우에는 암묵적으로, 행 5장에는 명시적으로), (4) 행동과 발견 사이에 마음의 변화와 회개를 위한 여지가 있으며, (5) 더 넓은 공동체에 두려움을 불러오고, 의미심장하게는 (6) 하나님의 백성을 구성하는 새로운 단계 초기(이스라엘이 땅을 차지하는 시기, 신약의 교회가 구성되는 시기)에 발생한다.

이 사례들에 나오는 심판의 엄격함과 가혹함은 하나님께서 새로운 일을 행하시는 중요한 순간과 연관이 있는 듯하고, 그분의 공동체 속 이런 실패는 그 일의 심장을 강타한다. 다른 시기들에는 하나님의 인내가 은혜롭게 연장되지만 그 역학이 완전히 사라지지는 않는다. 로마서의 앞부분에서 바울은 죄로 인한 교환과 이에 대해 하나님께서 '그들을 넘겨주는'(롬 1:26) 반응을 보인다고 말하는데, 이를 요약한 진술이 바로 하나님의 인내를 이용하지 말라는 경고이다(롬 2:3-5). 그러나 하나님의 심판은 들을 귀가 있어서 회개와 믿음으로 그분께 돌이키는 사람들에게는 구속적 성격을 지닌다. 여기서도 하나님의 인내가 작동한다(참고. 딤전 1:16; 벧후 3:14-15). 그 인내는 심지어 아간, 사울, 아나니아와 삽비라의 경우에 작동했던 것과도 동일하다. 하지만 이들의 경우에는, 은혜를 받을 여지가 그들을 회개와 변화된 삶으로 이끌기보다는 그들의 반역을 확증하는 것이 되었다.

끝으로, 아간 집안의 운명과 라합의 운명은 너무나 뚜렷한 대조를 이룬다. 여호수아 6, 7, 8장 각각에 나오는 중심 이야기들은 "오늘까지" 지속되는 무언가에 대한 논평으로 막을 내린다. 6:25에서는 라합과 그 가족이 이스라엘 공동체 속에 계속 존재하는 것이고, 8:29에서는 장사지낸 돌무덤이 계속 남아있는 것이다. 이 둘 사이에는 아간과 그 가족이 그 아래 놓인 돌무더기가 있다(7:26). 그렇게 되는 것은 결코 우연이 아니었다. 아간도 라합처럼 되어서 그의 가족이 이스라엘 백성 가운데 살아가는 일이 가능했기 때문이다. 그 대신 그들은 죽임을 당해 적대적인 가나안 사람들과 똑같은 운명에 처하고 말았다.

1 여호와께서 여호수아에게 이르시되 두려워하지 말라 놀라지 말라 군사를 다 거느리고 일어나 아이로 올라가라 보라 내가 아이 왕과 그의 백성과 그의 성읍과 그의 땅을 다 네 손에 넘겨주었으니 2 너는 여리고와 그 왕에게 행한 것 같이 아이와 그 왕에게 행하되 오직 거기서 탈취할 물건과 가축은 스스로 가지라 너는 아이 성 뒤에 복병을 둘지니라 하시니

1 And the Lord said to Joshua, "Do not fear and do not be dismayed. Take all the fighting men with you, and arise, go up to Ai. See, I have given into your hand the king of Ai, and his people, his city, and his land. 2 And you shall do to Ai and its king as you did to Jericho and its king. Only its spoil and its livestock you shall take as plunder for yourselves. Lay an ambush against the city, behind it."

3 이에 여호수아가 일어나서 군사와 함께 아이로 올라가려 하여 용사 삼만 명을 뽑아 밤에 보내며 4 그들에게 명령하여 이르되 너희는 성읍 뒤로 가서 성읍을 향하여 매복하되 그 성읍에서 너무 멀리 하지 말고

다 스스로 준비하라 5 나와 나를 따르는 모든 백성은 다 성읍으로 가까이 가리니 그들이 처음과 같이 우리에게로 쳐 올라올 것이라 그리 할 때에 우리가 그들 앞에서 도망하면 6 그들이 나와서 우리를 추격하며 이르기를 그들이 처음과 같이 우리 앞에서 도망한다 하고 우리의 유인을 받아 그 성읍에서 멀리 떠날 것이라 우리가 그들 앞에서 도망하거든 7 너희는 매복한 곳에서 일어나 그 성읍을 점령하라 너희 하나님 여호와께서 그 성읍을 너희 손에 주시리라 8 너희가 그 성읍을 취하거든 그것을 불살라 여호와의 말씀대로 행하라 보라 내가 너희에게 명령하였느니라 하고 9 그들을 보내매 그들이 매복할 곳으로 가서 아이 서쪽 벧엘과 아이 사이에 매복하였고 여호수아는 그 밤에 백성 가운데에서 잤더라

3 So Joshua and all the fighting men arose to go up to Ai. And Joshua chose 30,000 mighty men of valor and sent them out by night. 4 And he commanded them, "Behold, you shall lie in ambush against the city, behind it. Do not go very far from the city, but all of you remain ready. 5 And I and all the people who are with me will approach the city. And when they come out against us just as before, we shall flee before them. 6 And they will come out after us, until we have drawn them away from the city. For they will say, 'They are fleeing from us, just as before.' So we will flee before them. 7 Then you shall rise up from the ambush and seize the city, for the Lord your God will give it into your hand. 8 And as soon as you have taken the city, you shall set the city on fire. You shall do according to the word of the Lord. See, I have commanded you." 9 So Joshua sent them out. And they went to the place of ambush and lay between Bethel and Ai, to the west of Ai, but Joshua spent that night among the people.

10 여호수아가 아침에 일찍이 일어나 백성을 점호하고 이스라엘 장로들과 더불어 백성에 앞서 아이로 올라가매 11 그와 함께 한 군사가 다 올라가서 그 성읍 앞에 가까이 이르러 아이 북쪽에 진 치니 그와 아이 사이에는 한 골짜기가 있더라 12 그가 약 오천 명을 택하여 성읍 서쪽 벧엘과 아이 사이에 매복시키니 13 이와 같이 성읍 북쪽에는 온 군대가 있고 성읍 서쪽에는 복병이 있었더라 여호수아가 그 밤에 골짜기 가운데로 들어가니 14 아이 왕이 이를 보고 그 성읍 백성과 함께 일찍이 일어나 급히 나가 아라바 앞에 이르러 정한 때에 이스라엘과 싸우려 하나 성읍 뒤에 복병이 있는 줄은 알지 못하였더라 15 여호수아와 온 이스라엘이 그들 앞에서 거짓으로 패한 척하여 광야 길로 도망하매 16 그 성읍에 있는 모든 백성이 그들을 추격하려고 모여 여호수아를 추격하며 유인함을 받아 아이 성읍을 멀리 떠나니 17 아이와 벧엘에 이스라엘을 따라가지 아니한 자가 하나도 없으며 성문을 열어 놓고 이스라엘을 추격하였더라

10 Joshua arose early in the morning and mustered the people and went up, he and the elders of Israel, before the people to Ai. 11 And all the fighting men who were with him went up and drew near before the city and encamped on the north side of Ai, with a ravine between them and Ai. 12 He took about 5,000 men and set them in ambush between Bethel and Ai, to the west of the city. 13 So they stationed the forces, the main encampment that was north of the city and its rear guard west of the city. But Joshua spent that night in the valley. 14 And as soon as the king of Ai saw this, he and all his people, the men of the city, hurried and went out early to the appointed place[1] toward the Arabah to meet Israel in battle. But he did not know that there was an ambush against him behind the city. 15 And Joshua and all Israel pretended to be beaten before them and fled in the direction of the wilderness. 16 So all the

people who were in the city were called together to pursue them, and as they pursued Joshua they were drawn away from the city. ¹⁷ Not a man was left in Ai or Bethel who did not go out after Israel. They left the city open and pursued Israel.

¹⁸ 여호와께서 여호수아에게 이르시되 네 손에 잡은 단창을 들어 아이를 가리키라 내가 이 성읍을 네 손에 넘겨주리라 여호수아가 그의 손에 잡은 단창을 들어 그 성읍을 가리키니 ¹⁹ 그의 손을 드는 순간에 복병이 그들의 자리에서 급히 일어나 성읍으로 달려 들어가서 점령하고 곧 성읍에 불을 놓았더라 ²⁰ 아이 사람이 뒤를 돌아본즉 그 성읍에 연기가 하늘에 닿은 것이 보이니 이 길로도 저 길로도 도망할 수 없이 되었고 광야로 도망하던 이스라엘 백성은 그 추격하던 자에게로 돌아섰더라 ²¹ 여호수아와 온 이스라엘이 그 복병이 성읍을 점령함과 성읍에 연기가 오름을 보고 다시 돌이켜 아이 사람들을 쳐 죽이고 ²² 복병도 성읍에서 나와 그들을 치매 그들이 이스라엘 중간에 든지라 어떤 사람들은 이쪽에서 어떤 사람들은 저쪽에서 쳐 죽여서 한 사람도 남거나 도망하지 못하게 하였고 ²³ 아이 왕을 사로잡아 여호수아 앞으로 끌어 왔더라

¹⁸ Then the Lord said to Joshua, "Stretch out the javelin that is in your hand toward Ai, for I will give it into your hand." And Joshua stretched out the javelin that was in his hand toward the city. ¹⁹ And the men in the ambush rose quickly out of their place, and as soon as he had stretched out his hand, they ran and entered the city and captured it. And they hurried to set the city on fire. ²⁰ So when the men of Ai looked back, behold, the smoke of the city went up to heaven, and they had no power to flee this way or that, for the people who fled to the wilderness turned back against the pursuers. ²¹ And when Joshua and all

Israel saw that the ambush had captured the city, and that the smoke of the city went up, then they turned back and struck down the men of Ai. 22 And the others came out from the city against them, so they were in the midst of Israel, some on this side, and some on that side. And Israel struck them down, until there was left none that survived or escaped. 23 But the king of Ai they took alive, and brought him near to Joshua.

24 이스라엘이 자기들을 광야로 추격하던 모든 아이 주민을 들에서 죽이되 그들을 다 칼날에 엎드러지게 하여 진멸하기를 마치고 온 이스라엘이 아이로 돌아와서 칼날로 죽이매 25 그날에 엎드러진 아이 사람들은 남녀가 모두 만 이천 명이라 26 아이 주민들을 진멸하여 바치기까지 여호수아가 단창을 잡아 든 손을 거두지 아니하였고 27 오직 그 성읍의 가축과 노략한 것은 여호와께서 여호수아에게 명령하신 대로 이스라엘이 탈취하였더라 28 이에 여호수아가 아이를 불살라 그것으로 영원한 무더기를 만들었더니 오늘까지 황폐하였으며 29 그가 또 아이 왕을 저녁때까지 나무에 달았다가 해 질 때에 명령하여 그의 시체를 나무에서 내려 그 성문 어귀에 던지고 그 위에 돌로 큰 무더기를 쌓았더니 그것이 오늘까지 있더라

24 When Israel had finished killing all the inhabitants of Ai in the open wilderness where they pursued them, and all of them to the very last had fallen by the edge of the sword, all Israel returned to Ai and struck it down with the edge of the sword. 25 And all who fell that day, both men and women, were 12,000, all the people of Ai. 26 But Joshua did not draw back his hand with which he stretched out the javelin until he had devoted all the inhabitants of Ai to destruction.[2] 27 Only the livestock and the spoil of that city Israel took as their plunder, according to the word of the Lord that he commanded Joshua. 28 So

Joshua burned Ai and made it forever a heap of ruins, as it is to this day. 29 And he hanged the king of Ai on a tree until evening. And at sunset Joshua commanded, and they took his body down from the tree and threw it at the entrance of the gate of the city and raised over it a great heap of stones, which stands there to this day.

1 Hebrew *appointed time* *2* That is, set apart (devoted) as an offering to the Lord (for destruction)

≋≋≋≋ 단락 개관 ≋≋≋≋

아이에 대한 첫 번째 군사행동은 수치스러운 실패로 끝났다(7:2-5). 앞 장의 상당부분은 불순종의 파괴적 결과를 묘사하고 하나님께서 주신 해결책을 적용하는 일에 할애되었다. 이번 장에서 아이에 대한 출동이 재개되면서 예전에 여호수아와 이스라엘의 행위를 특징지었던 그런 순종이 똑같이 되돌아온다.

이 기사는 온전히 일치되지 않는 다수의 틀과 내러티브 대목들을 포함한다. 외적인 틀은 "아이 왕"의 운명을 특징으로 하는데, 이는 1절에서 주님이 여호수아의 손에 넘겨주었고 본문의 끝인 29절에서 처형되는 운명이다. 이 틀 안에 두 개의 내러티브 구획이 놓여 있다. 하나는 3-9절에서 새로운 군사행동을 위한 준비이고, 다른 하나는 10-29절에 나오는 전투와 그 결과에 대한 묘사이다. 후자 속에 한 내적인 틀이 담겨 있는데, 이는 주님이 18절에서 "네 손에 잡은 단창을 들어 아이를 가리키라"라고 지시하는 내용과 26절에서 그 전투의 결론 역할을 하는 성취에 대한 기록이다.

따라서 이 정복의 넓은 형태는 그 주요 윤곽을 6장에 나오는 여리고에 대한 작전과 공유한다. 하지만 이 경우에는 여호수아의 주도권과 이스라엘 전투력의 효과가 여리고의 경우보다 아이에 대한 행동에서 더 크게 작용한다. 또 다른 이슈는 2장에 나오는 특징들 중 하나를 상기시켜준다. 여리고 왕의 수사관들이 이스라엘 정탐꾼들을 발견하지 못하도록 라합이 속임수를 쓴 것은 그 본문의 해석에서 논의한 바 있다(참고. 2:2-7 주석). 이 에피소드에도 여호수아가 제안하여 결국 아이에 대한 공격을 성공시키는 전략이 속임수를 내포하고 있기 때문에 그 역학을 공유한다. 이유가 무엇이든 간에, 이 책략은 라합의 기만만큼 도덕적 정밀검사를 받지는 않았다.

마지막으로 아이 왕을 "큰 돌 무더기"(29절. 새번역) 아래 처분한 것은 아간의 운명(7:26)과 명시적으로 연결되고, 아간의 정체성이 사실상 가나안 사람의 정체성이었다는 인상을 더해준다.

〰〰〰 **단락 개요** 〰〰〰

Ⅰ. 약속의 땅을 차지하다(1:1-12:24)

　Ⅰ. 아이에 대한 두 번째 군사행동(8:1-29)

　　1. 주님이 여호수아에게 지시하시다(8:1-2)

　　2. 여호수아가 매복을 시키다(8:3-9)

　　　a. 복병 배치(8:3)

　　　b. 여호수아가 명령을 내리다(8:4-8)

　　　c. 복병이 출발하다, 밤이 되다(8:9)

　　3. 아이의 파멸(8:10-29)

　　　a. 계략이 아이 백성을 이끌어내다(8:10-17)

　　　b. 주님, 여호수아, 단창(8:18)

　　　c. 아이 성읍이 파멸되다(8:19-25)

　　　d. 여호수아와 단창(8:26)

　　　e. 아이가 패배하다, 그 결과(8:27-29)

⚋⚋⚋⚋   **주석**   ⚋⚋⚋⚋

8:1-2 아간이 죽고 이스라엘을 향한 하나님의 진노가 가라앉은 후 주님이 다시 여호수아에게 말씀하신다. 이 짧은 말씀의 모든 요소는 충분히 성찰할 만하다.

하나님께서 여호수아에게 말씀하시는 첫 마디는 재임명의 특성을 지니고 있다. "두려워하[거나]" "놀라지" 말라는 격려는 여호수아가 모세가 죽은 후 이스라엘을 인도하는 역할을 맡았을 때 그에게 주신 첫 마디(1:9)를 상기시킨다. 더욱 눈에 띄는 것은 신명기 31:8에서 모세가 여호수아에게 임무를 맡길 때 바로 이 말씀을 사용했다는 사실이다. 여기서는 여호수아에게 이전의 경험에 대한 하나님의 재진술처럼 보일 수 있다. 아이성에서의 실패에 따른 여호수아의 탄식에 대해 하나님께서 보이신 투박한 반응이 여호수아의 사기를 꺾었다면, 이런 말로 주신 격려는 확실히 회복시키는 역할을 할 것이다.

이와 더불어 아이가 '네 손에 넘겨졌다'는 약속을 통해 확신까지 생긴다. 이 약속은 여호수아 6:2에서 여호수아가 여리고에 대한 군사행동에 앞서 받았던 약속과 비슷하다. 하지만 6:2은 먼저 그 성읍을 언급하고 왕과 백성을 포함시킨 데 비해 여기서는 그 상황이 반전된다. 여기서의 초점은 아이 왕이고, 그의 패배가 백성과 성읍과 땅을 수반한다. 아이 왕은 그 자체로 하나의 등장인물로 나오는 게 아니라 내러티브적 역할을 수행한다(14절은 좀 다르지만). 그리고 그의 패배에 대한 하나님의 약속은 이 기사의 마지막 구절(29절)에서 성취된다.

여리고에 대한 출동과 관련해 하나님께서 여호수아에게 주신 지시는 특이하게 비(非)군사적인 것이었다. 아이에 대한 두 번째 전투를 앞둔 지금은 그렇지 않다. 이 내러티브에 나오는 하나님의 지시는 간결하나 이스라엘 정탐꾼들이 제안한 자문과 뚜렷한 대조를 이룬다. 정탐꾼들은 여호수아에게 소규모의 남자들만 보내도록 권유했으나(7:3), 여기서는 하나님께서 여호수아에게 이 출동에 모든 전투 병력을 다 운용하라고 지시하신다.[70] 이 경우에는 적어도 하나님의 지시가 전통적인 인간의 '지혜'와 매우 다르다.

끝으로, 아이를 어떻게 처리할지의 문제가 있다. 아이의 운명은 여리고와 비슷하면서도 다르다. 비슷한 면은 모든 주민을 칼로 죽이게끔 되어 있는 것이다. 다른 면은 아이의 가축과 물건은 약탈해서 이스라엘의 전리품으로 취하게 되어 있는 것이다. 히브리어 단어 헤렘이 여리고에 적용된 것과는 달리 여기서는 사용되지 않고 있음을 주목할 필요가 있다. 어쩌면 이를 '헤렘의 빛'(kherem light)으로 간주할 수도 있을 것이다. 아간이 여리고에 대한 헤렘을 지키지 못한 것과 관련하여 물론 여기에 심한 아이러니가 있다. 아간은 여호수아에게 자백하면서 여리고의 물건을 "전리품"[샬랄(shalal), 7:21, 새번역]이라 불렀는데, 이는 범주 오인이라고 말한 바 있다(참고. 7:20-21 주석). 그것은 전리품이 아니라 헤렘이었다. 하지만 지금은 이스라엘이 아이를 약탈해서 "전리품"(샬랄)을 취해도 좋다. 아간이 주님으로부터 잘못 취한 것을 이제는 아이로부터 정당하게 획득할 수 있게 된 것이다.

8:3, 9 내러티브적 행동의 필수 요소들이 여호수아가 온 군대에 전달하는 지시사항을 중심으로 하여 하나의 틀로 서술되어 있다. 이스라엘이 삼만 명의 용사를 소집하는데, 이는 전투의 결론부가 제공하는 정보, 즉 그 주민 전체가 만이천 명임(참고. 25절)을 감안하면 아이 백성보다 훨씬 많은 인원이다. 그래서 처음 아이를 정찰한 정탐꾼들이 어째서 "이삼천 명"(7:3)의 군인들이면 그 성읍을 정복하기에 충분할 것으로 생각했는지 무척 궁금하다. 그것은 잘못된 자신감이나 흐린 판단력, 또는 그 둘의 조합이었다.

매복 진영은 "아이 서쪽 벧엘과 아이 사이에"(9절) 설치되었다. 이 기사에서 지형이 중요한 역할을 하고, 이 내러티브는 독자가 그 땅의 형세와 이스라엘 군대의 두 절반의 위치에 대해 익숙해지도록 분명히 한다. 때가 되면 아이 사람들 앞에서 도망치는 이스라엘 사람들이 동쪽으로 향할 것이

---

70 이 히브리를 문자적으로 번역하면 "전쟁의 사람들[암(am)]"이며 여호수아서에만 나오는 표현이다(8:1, 3, 11; 10:7; 11:7).

다. 그런데 복병은 서쪽에 있다. 이 모든 일은 밤중에 일어나서(3, 9절) 어둠이 아이 사람들로부터 도망치는 이스라엘 사람들의 움직임을 가리게 된다.

8:4-8 이제 주어진 지시는 아이 주민들을 속여서 이전의 승리가 반복되는 것으로 생각하도록 고안된 군사 전략을 개관한다. 여호수아가 6절에서 아이 왕의 반응과 정확하게 맞아떨어지는(8:14) 명민한 심리적 판단력을 보여준다. 이 계획의 출처는 무엇인가? 8:1에서 주님은 여호수아에게 다음에 벌어질 아이와의 싸움에서 이스라엘 전체를 이용하라고 지시하셨을 뿐이다. 그러나 여호수아가 매복 부대에게 이 브리핑을 끝낼 때(7, 8절)에는 그 정복이 주님의 선물이란 것(이전의 시도에는 없던 주님에 대한 의존의 표시)과 그들이 취할 행동은 "여호와의 말씀"을 따르는 것임을 인정한다. 이는 여호수아가 이 계획을 홀로 꾸민 것이 아니라 그 전략이 하나님의 명백한 지도 덕분이라는 뜻이다. 이 점이 8:1-2에 진술되어 있지 않아도 이런 지도는 구약에 유례가 없지 않다. 명시적인 전투 계획의 또 다른 예는 여호와의 말씀이 다윗에게 주어진 경우로, 그의 통치 초기에 그로 하여금 팔레스타인 사람을 무찌르게 했던 것이다(삼하 5:22-25).

8:10-26 이 내러티브에는 반복되는 어구가 많아서 정확히 무슨 일이 일어나는지, 군대가 어떻게 그리고 언제 배치되는지, 그리고 여호수아의 움직임 등에 대한 인식이 어려울 수 있지만, 여호수아의 계획이 전반적으로 실행되었다는 사실은 명백하다. 병력 대부분은 성읍의 북부를 향해 포진되어 있다. 이 사실을 아이 왕이 인지한다(14절). 비교적 작은 군대(12절에 나오듯이 오천 명)는 아이의 서부를 향해 포진되어 있다. 9, 12, 17절에 언급되어 있듯이 벧엘과 짝을 짓는 것은 더 잘 알려진 장소를 통해 매복 부대의 위치를 알려주기 위해서다. 여호수아가 무찌른 왕들의 목록에도 벧엘이 다시금 명시적으로 아이와 짝을 이룬다(12:9). 다른 한편, 이 유리한 위치에서 보면 아라바(12:14)는 요단과 사해 지역을 향해 도망치는 방향을 묘사한다. 말하자면, 이스라엘의 복병이 있는 주둔지에서 멀어지는 것이다.

전투의 흐름에 관한 이 내러티브에서 다음 세 가지 특징에 관해 논편이 필요하다.

(1) 이 군사적 교전을 위해 마련된 세부사항의 분량이 놀랄 만큼 많다. 계획 단계의 군사적 측면은 이미 6장의 여리고 기사에 나오는 그런 정보의 빈약함과 대조된 바 있다. 이 대조적인 모습은 전투 자체에 관한 기사까지 연장된다. 이스라엘 사람이 채택한 전략은 여리고의 경우보다 이야기의 진전에 더 나은 재료를 제공한다. 이는 하나님께서 이스라엘 안에서, 그들을 위해 그리고 그들을 통해 무슨 일을 하고 계신지에 대한 인식을 변화시킨다. 그분은 어떤 의미에서 그들로 여리고를 정복할 때 완전히 의존했던 직접적인 신적 개입을 단념하게 만든다.[71] 이제 곧 탐구할 것처럼 하나님은 여전히 상당한 정도로 직접 개입하신다. 그러나 그분은 눈에 띄게 한 걸음 물러나셨고, 그 결과 이스라엘의 전투 기술과 경험이 개발된다. 그 과정이 여기서 시작되었을 뿐 그 궤도는 이미 설정되었고, 이스라엘이 약속의 땅 안으로 더 깊이 들어가면서 계속 진행될 것이다.

(2) 여리고 왕이 그 성읍의 정복에 관한 폭넓은 기사(2장; 6장)에서 담당했던 역할보다 아이 왕은 이 에피소드에서 더 두드러진 역할을 한다. 그와 동시에 하나님께서 한 걸음 물러서시면서 가나안 왕들이 보다 전면에 등장하고 있다. 여기에는 모세가 하나님을 대신해 바로에게 말하는 사명을 수행하는 동안 이집트에서 펼쳐진 상황을 반영하는 면이 있다. 피상적으로 보면, 그 싸움이 모세와 이집트의 왕 사이에 벌어지는 듯이 보인다. 사실은 그렇지 않다. 그 다툼은 이스라엘 백성의 하늘의 왕과 억압적인 지배자 사이에 벌어지는 것이다(예. 출 11:3). 이는 이스라엘이 그 땅 안으로 전진하면서 일어나는 상황이다. 가나안 왕들은 이스라엘의 하나님을 대적하고 (참고. 수 5:1), 그럼으로써 그의 백성까지 대적한다. 아이 내러티브에서 이런

---

71 이 신학적 역학은 다음 책에서 탐구하고 있다. Yigal Levin, "The Wars of Joshua: Weaning Away from the Divine," in *War and Peace in Jewish Tradition: From the Biblical World to the Present*, ed. Yigal Levin and Amnon Shapira (London: Routledge, 2012), 37-50, 특별히 39-40.

전환은 주로 그 왕이 차지하는 두드러진 위치를 통해 암시되어 있다. 다시금 여리고와 대조적인 모습이 나타난다. 여리고 왕은 2장과 6장에서 비타협적이면서 수동적인 태도를 보이고 전투 이야기에서는 단 한 번만 무심코 언급될 뿐이다(6:2). 반면에 아이 왕은 다섯 번이나 언급되고(1, 2, 14, 23, 29절) 그 성읍의 몰락에서 중요한 일익을 담당한다(14절). 이 시점부터는 가나안 왕들이 이스라엘에 대항해 주도권을 잡는 만큼 이스라엘은 '정복' 전쟁에서 방어적인 자세를 취할 것이다.

(3) 도망치는 이스라엘 군인들에 대한 추격은 아이 사람들이 도저히 거부할 수 없는 것으로 드러난다. 그 성읍은 텅 비고 활짝 열려 있으며 이제 무방비 상태다(16-17절). 이 시점에 주님은 다시 한 번 개입하셔서 여호수아에게 "네 손에 잡은 단창[키돈(*kidon*)]을 들어 아이를 가리키라 내가 이 성읍을 네 손에 넘겨주리라"(18절)라는 말씀으로 지시하신다.[72] 그 단창을 보고 19절에서 복병들이 도시를 공격한 것을 보면 이것이 그들에게 주는 신호인 듯 보인다. 독자들은 이런 합의에 대해 들어보지 못했지만 말이다.

하나님께서 여호수아에게 주신 명령의 두 측면은 주목할 만하다.

첫째, 이스라엘이 여리고를 상대하던 경우보다 더 깊은 군사적 교전으로 소집을 받아도 하나님께서 완전히 뒤로 물러서신 것은 아니다. 그분이 여전히 승리를 안겨주고 계신다. 여기서는 복병에게 아이 성읍을 무너뜨릴 순간이 도래했음을 알리는 것이 여호수아를 향한 하나님의 말씀인 만큼 그 개입이 실제적인 모양을 취하고 있는 셈이다. 그렇지 않다면 드론 기술이 없는 상황에서 여호수아가 어떻게 알았겠는가?

둘째, 여호수아는 전투의 이 단계가 지속되는 동안 단창을 '들고 있었다'. 이 행동은 낯익은 것으로 모세의 리더십 아래 출애굽 당시에 일어났던

---

72 키돈(*kidon*)은 히브리어 성경에 아홉 번밖에 사용되지 않기에 여호수아가 들고 있는 무기의 성격은 모호하다. 칠십인역의 번역가들은 그 단어를 다양한 헬라어 용어로 표현했다. 이 장에서는 '던지는 창'(javelin)으로, 렘 6:23에서는 '창'(spear)으로, 삼상 17:6[17:7 칠십인역], 45에서는 '방패'(shield)로, 욥 39:23에서는 '칼'(sword)로, 욥 41:21[41:20 칠십인역]에서는 '횃불'(firebrand)로 그리고 렘 6:23의 히브리어를 인용하는 렘 50:42[27:41 칠십인역]에서는 '단검'으로 표현한다.

두 사건을 상기시킨다. 일부 학자는 모세가 홍해 위로 지팡이를 들고 있을 때 백성이 지나가고 그가 손을 내밀었을 때 물이 되돌아온 사건(출 14:16, 21, 26-27)과의 유사성을 끌어냈다.[73] 이보다 더 비슷한 경우는 여호수아가 성경에서 처음으로 소개될 때이다. 이스라엘이 이집트를 떠난 후 처음 접한 전투는 출애굽기 17:8-13에 기록된 아말렉과의 싸움으로, 당시에 여호수아가 병력을 지휘했다. 신비로운 방식으로, 이 전투가 벌어지는 동안 모세가 높이 들고 있던 지팡이는 여기서 여호수아가 든 단창과 같이 자신의 백성을 위해 싸우시는 하나님의 행동과 일치한다. 두 경우 모두 승리가 완결된다.

8:27-29 그리하여 아이가 패배한다. 전투가 끝날 때 세 가지가 언급되는데, 각각은 왕과 성읍과 약탈품과 관련해 8:1-2에 나오는 하나님의 명령의 요소들에 부합하고, 여기서는 그 역순으로 나온다. 약탈품은 이스라엘이 노략한 것으로 손에 넣을 수 있고(27절), 아이 성읍은 그 도시의 이름 그대로 "폐허"[텔(*tel*)]로 전락하고(28절), 왕은 아간의 경우(7:26)처럼 처형되어 그 몸 위에 돌무더기가 쌓인다(29절). 이 두 구절은 히브리어 어구인 "큰 돌무더기"를 공유하고, 이는 히브리어 성경에서 압살롬에게만 사용되었다(삼하 18:17). 처형, 노출, 장사의 패턴은 신명기 21:22-23에 나오는 법을 따르고 예루살렘 연맹에 가입한 다섯 왕에게 주어질 똑같은 대우를 내다본다(참고. 10:22-27).

---

73 참고. McConville and Williams, *Joshua*, 43.

≈≈≈≈ **응답** ≈≈≈≈

이스라엘이 아이를 무찌른 이야기는 하나님께서 그분의 백성을 위한 목적을 이루기 위해 그들을 준비시키시는 방식의 여러 측면을 보여준다. 따라서 이것을 복음의 모양으로 보는 것이 가능하다.

이 에피소드의 근원이 되는 근본 요소는 죄의 결과가 제거되고 하나님과의 교제를 회복하는 문제이다. 7장에 나오는 첫 번째 패배를 초래했던 죄의 타협적이고 파괴적인 결과는 처리되었고, 죄에 대한 형벌이 집행되었으며, 죄책이 있는 백성이 이제 회복되었다. 히브리서 저자의 관점에서 보면, 아간은 비록 요단을 건넌 사람들 가운데 있었지만 출애굽 세대, 즉 불순종 때문에 그 땅에 들어가지 못했던 세대와 같았을 것이다(히 4:6, 11). 이제 하나님은 처음에 그랬듯이 다시 여호수아에게 말씀하시고 이스라엘을 위해 다시 한 번 행동하신다.

이처럼 관계가 새롭게 정립됨에 따라 하나님의 백성은 순종의 길을 걷는다. 그들이 받은 사명을 성공적으로 완수하기 위해 더 깊이 참여하고 더 많은 책임을 맡으라는 부름을 받았을 때 기꺼이 순종한다. 순종의 첫 걸음은 진영 중에 있는 죄를 다루는 것이었다. "여리고와 아이의 이야기들은 언약을 통해 여호와께 순종할 필요성을 시사한다. 이스라엘에게 성공을 허락하는 것은 군사 전술이 아니라 순종이다."[74] 더 나아가, 이스라엘은 여호수아를 통해 전달된 하나님의 명령, 곧 아이 왕을 처형하는 것(23, 29절)을 포함해 아이의 모든 것을 처리하는 문제와 관련된 명령을 그대로 시행함으로써 그들의 순종을 증명한다. 이것이 하늘과 땅의 하나님을 대적하는 모든 가나안 왕의 운명이 될 것이다. 이 점을 이해하면 사사기가 어떻게 그릇된 방향으로 출발하는지를 볼 수 있다. 거기서 첫 번째로 패배한 가나안 왕이 하나님께서 출애굽과 정복의 기간에 걸쳐 명령하신 방식이

---

74 Earl, *Reading Joshua*, 153.

아니라 가나안 방식으로 다뤄지는데, 그 모습이 시발점이다(삿 1:5-7).

회복과 순종과 함께 하나님의 공급도 따라온다. 하나님은 이스라엘과 아이가 싸울 때 여호수아를 통해 이스라엘에게 지시를 내릴 뿐 아니라 승리를 보장하시기도 한다. 여호수아가 "단창"을 높이 드는 것과 하나님께서 그 백성을 위해 행하시는 것의 관계는 여전히 신비로 남아있다. 그 관계를 어떻게 이해하든지 간에 그 의미는 분명하다. 이스라엘은 이 전투를 홀로 치르지 않는다는 것이다. 오히려 하나님의 백성이 싸울 때 하나님께서 그들과 함께 그리고 그들을 위해 싸우시며, 궁극적으로 이스라엘의 성공은 그들을 위한 하나님의 행동에 달려있다.

30 그때에 여호수아가 이스라엘의 하나님 여호와를 위하여 에발산에 한 제단을 쌓았으니 31 이는 여호와의 종 모세가 이스라엘 자손에게 명령한 것과 모세의 율법책에 기록된 대로 쇠 연장으로 다듬지 아니한 새 돌로 만든 제단이라 무리가 여호와께 번제물과 화목제물을 그 위에 드렸으며 32 여호수아가 거기서 모세가 기록한 율법을 이스라엘 자손의 목전에서 그 돌에 기록하매 33 온 이스라엘과 그 장로들과 관리들과 재판장들과 본토인뿐 아니라 이방인까지 여호와의 언약궤를 멘 레위 사람 제사장들 앞에서 궤의 좌우에 서되 절반은 그리심산 앞에, 절반은 에발산 앞에 섰으니 이는 전에 여호와의 종 모세가 이스라엘 백성에게 축복하라고 명령한 대로 함이라 34 그 후에 여호수아가 율법책에 기록된 모든 것 대로 축복과 저주하는 율법의 모든 말씀을 낭독하였으니 35 모세가 명령한 것은 여호수아가 이스라엘 온 회중과 여자들과 아이와 그들 중에 동행하는 거류민들 앞에서 낭독하지 아니한 말이 하나도 없었더라

30 At that time Joshua built an altar to the Lord, the God of Israel, on Mount Ebal, 31 just as Moses the servant of the Lord had commanded

the people of Israel, as it is written in the Book of the Law of Moses, "an altar of uncut stones, upon which no man has wielded an iron tool." And they offered on it burnt offerings to the Lord and sacrificed peace offerings. [32] And there, in the presence of the people of Israel, he wrote on the stones a copy of the law of Moses, which he had written. [33] And all Israel, sojourner as well as native born, with their elders and officers and their judges, stood on opposite sides of the ark before the Levitical priests who carried the ark of the covenant of the Lord, half of them in front of Mount Gerizim and half of them in front of Mount Ebal, just as Moses the servant of the Lord had commanded at the first, to bless the people of Israel. [34] And afterward he read all the words of the law, the blessing and the curse, according to all that is written in the Book of the Law. [35] There was not a word of all that Moses commanded that Joshua did not read before all the assembly of Israel, and the women, and the little ones, and the sojourners who lived[1] among them.

1 Or *traveled*

〰〰〰〰 단락 개관 〰〰〰〰

이제 여호수아의 권위와 공동체의 순종이 회복되었으니 신명기에 나오는 가르침에 따라서 언약을 갱신하는 행사보다 더 자연스러운 일이 있을까? 하지만 이 짧은 단락이 내러티브 차원에서는 현재의 맥락에 잘 어울리는 듯 보여도 문학적, 본문, 그리고 지리적 이슈들이 그 해석을 복잡하게 만든다.

문학적 차원에서는 여호수아 9장에 나오는 다음 단락으로의 전환이 거칠어 보인다. 9:1-2에서 가나안 왕들을 자극하는 것은 8:35에서 9:1로의 전환에서 매우 자연스럽게 추론하게 되는 이 종교적 행사였을 가능성이 거의 없고, 오히려 그 앞에 나오는 아이의 완전한 파멸에 관한 소식이다(8:29). 칠십인역은 현재의 8:30-35을 우리 성경의 9:27 뒤에 둔다. 그래서 적어도 고대의 여호수아서 중 한 판본은 중부 지방의 왕들의 반응을 언약을 갱신하는 행사보다 아이의 패배와 직접 연결시켰다. 이 지점에서 문학적인 문제와 본문의 문제가 융합된다. 히브리어 본문에 나오는 문맥의 '문제'가 칠십인역의 배열에 의해 풀리는 것이다. 동굴 4에서 사해사본의 발견과 함께 또 하나의 여호수아서 고대 판본이 발굴되었다. 4QJoshᵃ (= 4Q47)로 알려진 이 본문은 현재의 8장의 마지막 두 구절이 9장이 아니라 5장으로 이어지는 단편을 보존하고 있다.[75] 쿰란에서 입증된 이 판의 배열은 적어도 행동의 순서라는 견지에서 내러티브적으로 의미가 잘 통한다. 즉, 언약의 갱신과 제단의 돌에 율법을 기록하는 일은 이스라엘이 그 땅에 처음 들어간 순간 자연스럽게 따라오고, 그와 유사한 것은 모세의 이름의 명성과 기념용 돌의 사용이라는 문학적 특징에서 찾을 수 있다.

이런 본문의 시나리오는 지리적 측면에서 복잡하게 만드는 요인이 된다. 그 행사는 세겜 근처에서 진행되는데, 이는 24장에서 이 책의 마지막 에피소드(언약을 갱신하는 또 다른 행사)가 펼쳐질 장소이다. 그 시점에 이르면 온 땅이 정복되고 이스라엘의 정착이 완료된 상황이다. 세겜은 중부에 위치하고 있으므로 거기서 모이는 것은 이해할 수 있다. 그러나 이 행사를 치르는 시점은 그 지역이 아직 정복되지 않은 상황이다. 그처럼 초기에(요단을 건넌 뒤든지 아이를 정복한 뒤든지) 그 장소에서 여호수아가 모든 백성과 함께 이 행사를 치른다는 것은 이 책의 초반부에는 무척 어색하며, 24장에서 더욱 자연스럽다.

그런데도 그 행사가 초반부에 나온다. 사복음서에서 유추하면 도움이 될지 모르겠다. 네 명의 복음전도자는 제각기 자신의 집필 목적에 따라 예

---

75 본문의 증거와 평가에 관한 충분한 논의는 다음 책을 참고하라. Eugene Ulrich, "Joshua's First Altar in the Promised Land," in *The Dead Sea Scrolls and the Developmental Composition of the Bible*, VTSup 169 (Leiden: Brill, 2015), 47-65.

여호수아 8:30-35 _ 189

수님의 지상 사역에 관한 이야기를 구성한다. 동일한 사건들이 항상 동일한 순서로 기록되는 것은 아니다. 예수님이 광야에서 직면하는 유혹들을 마태와 누가가 다른 순서로 기록하는 것이 하나의 본보기다. 이와 동일한 원리가 여호수아서의 고대 판본들에 적용될 수 있다. 예컨대, 중세의 유대인 주석가인 라쉬(Rashi)는 그 기사가 이 지점에서 비(非)연대순이라고 생각했다.

내레이터는 이 사건이 신명기 11:26-32과 27:1-8에 나오는 모세를 통해 주신 명령과 완전히 부합한다는 강한 신호를 보낸다. 이 두 대목은 신명기 12-26장에 나오는 율법들의 틀을 이룸으로써 그 땅에서의 백성의 삶을 빚어내게 될 법전을 감싸고 있는 만큼 그 수준에서 더욱 무게를 지닌다. 첫 대목에서는 모세가 백성에게 "네 하나님 여호와께서 네가 가서 차지할 땅으로 너를 인도하여 들이실 때에 너는 그리심산에서 축복을 선포하고 에발산에서 저주를 선포하라"(신 11:29)라고 지시한다. 이 명령은 관념적인 지리적 오리엔테이션과 순종에의 격려와 함께 주어진다. 둘째 대목은 제물을 바치고 율법을 기록하기 위해 회반죽을 바른 돌로 제단을 건축하는 일과 관련된 상세한 지시를 포함한다. 여호수아서의 이 에피소드는 이 요건을 충족시키도록 되어 있는 것이 분명하다. 백성이 아이 사건을 통해 넘어졌다가 회복된 이후 치르는 그 행사와 함께, 모세가 앞의 두 대목에서 촉구한 순종은 더욱 심오한 의미를 덧입게 된다. 언약의 갱신은 요단을 건넌 후 그리고 그 땅을 "차지[하려는]"(신 11:29) 시도를 하기 전에 있을 낙관적인 순간에 불과한 것이 아니다. 오히려 그 행사는 이 일행의 경험, 곧 실패한다는 것과 언약의 하나님에 의해 회복된다는 것이 무엇인지 아는 그들의 실제 경험의 맥락에서 치러진다. 그렇기 때문에 이처럼 초기에 언약을 갱신하는 행사는 이 책의 끝부분에서 치러지는 행사와 별도로 특별한 의미를 갖고 있다.

I. 약속의 땅을 차지하다(1:1-12:24)

　J. 언약이 갱신되다(8:30-35)

　　1. 여호수아가 제단을 쌓고 율법을 기록하다(8:30-32)

　　2. 백성의 배치(8:33)

　　3. 여호수아가 백성에게 율법을 낭독하다(8:34-35)

〰〰〰〰　주석　〰〰〰〰

8:30-32, 34-35a 여기서 모세가 자주 언급되는 것은 그를 통해 주어진 하나님의 명령에 순종하도록 역설하기 위해서다. 31절은 이를 부각시키고, 그것은 또한 이 작은 대목의 두 부분(33, 34절)에 연달아 반영되어 있다. 이 행사는 1:7, 13 그리고 4:10로 이뤄진 고리의 연결부를 형성한다. 후자는 이와 마찬가지로 여호수아와 백성의 행동을 모세의 명령과 연결시킨다. 이런 시점들은 공동체의 삶에서 중요한 순간들이다. 모세를 통해 주어진 하나님의 명령에 대한 충성은 이스라엘이 그 땅 속으로 전진하는 것의 불가결한 부분이다.

단락 개관에서 언급했듯이, 이 대목의 여러 요소는 신명기에 기록된 모세의 명령들을 반영한다. 하지만 여기서는 에발, 제단, 그 위에서 드려지는 "화목제물"[쉘라밈(shelamim)]을 강조한다. 이 제물들은 레위기 3장과 7:11-18에 묘사된 것으로 제사장들과 평신도가 똑같이 참여하는 명절 식사이다. 따라서 이 행사의 본질은 하나님의 온 백성의 연합 의식에 기여한다.

예배를 위한 집회와 희생 제물과 더불어 말씀의 공표도 있다. 여호수아가 율법을 기록하고(32절) 이어서 그것을 낭독하는 것(34-35절)은 왕들에게 주어진 책임, 곧 "율법서의 등사본"을 책에 기록하고 "평생에 자기 옆에 두고 읽어[야]"(신 17:18-20) 할 책임을 상기시킨다. 하지만 여기서는 여호수아가 개인 경건을 위해 책에 기록하지 않고 공개적으로 전시하려고 회반죽을 바른 석판에 기록한다. 그는 왕이 아니다. 그리고 곧 살펴볼 것처럼 그는 (이 책의 현재 형태에서) 가나안 왕들에게 두려움을 안겨줄(수 9:1-2) 이 언약 행사에서 그 놀라운 백성을 인도한다. 그러나 이것은 "쫓겨난 가나안 왕들의 자리에 여호수아를 이스라엘 '왕'으로 삼는 '군주적' 정책이 아니다. 새로운 종류의 백성이 이제 가나안을 차지한다."[76]

8:33, 35b 이 짧은 대목의 중앙에 나오는 33절은 그 행사에 참석하는 "온 이스라엘"의 자세한 명단을 내놓는다. 이는 놀랄 만큼 포괄적인 목록이지만 이 발췌문을 마무리하는 35b절에 나오는 것과는 다른 방식으로 포괄적이다. 집단의 분류가 히브리어 본문에서는 번역문과 약간 다르게 나온다. 주요한 이스라엘인 참여자들 모두[장로들, 관리들(참고. 1:10), 재판장들, 제사장들]가 먼저 열거되고, 이어서 이 일행에 "본토인뿐 아니라 이방인까지"라는 수식어가 붙어있다. 이 어구는 그 긴 구절의 중간에 끼어 있으며, 그 보고에 구두점을 찍고 모세의 명령에 순종하여 그리심산과 에발산에서 취하는 행동으로의 전환점을 제공한다. 이는 놀랄 만큼 상세하다. 이 책은 이미 라합의 이야기를 통해 소속에 대한 장벽에 은혜롭게도 구멍이 숭숭 나있다는 사실을 입증했다. 이제는 "온 이스라엘"의 구성이 인종적으로 이스라엘 사람이 아닌 자들을 포함한다는 것이 나타난다. 이 사람들이 이스라엘과 함께 그 진영을 따라 이집트를 떠났던 자들의(출 12:38) 수십 년 후 자손을 포함하는지 여부는 말하기가 불가능하다. '이방인'을 '본토인'과 나란히 다루는 언어는 출애굽기(출 12:19, 49), 레위기(레 17:15; 18:26, 특히 19:34), 민수기(민 15:29-30)로부터 친숙한 편이다. 이것은 모세의 책들 바깥에 있

---

76 McConville and Williams, *Joshua*, 46.

는 구약의 유일한 법전(legal code)에서 에스겔이 새로워진 이스라엘을 위한 법률을 선포할 때에도 근본적인 원리로 남아있다(겔 47:22).

제사장들은 "여호와의 언약궤를 멘" 사람들로 나와 있는데, 이는 여호수아 3-4장에서 요단을 건널 때의 언어를 상기시킨다. 여기서도 거기와 마찬가지로 이스라엘의 하나님께서 그 모인 공동체와 함께하신다는 신호다.

이 단락은 이스라엘의 "회중"[또는 집회, 카할(qahal)]을 대표하는 이들의 또 다른 포괄적 목록으로 마무리된다(35b절). 여기서는 여자들과 아이들이 명시적으로 포함되어 있다. 남자들, 여자들, 아이들이라는 세 부류로 된 세트는 구약에 일정하게 나오는데(25번 이상), 이는 언제나 완전한 공동체를 강조하기 위한 것이고 종종 취약하고 의존적인 성격을 가리킨다. 마지막으로는 "그들 중에 동행하는 거류민들"을 언급하면서 거류민이 다시 한 번 명시되어 있다. 따라서 모인 공동체의 구성에 관한 이 기사는 본토인이 아닌 이스라엘 사람들이 이스라엘의 언약의 하나님을 예배하고 순종함에 따라 그들이 받을 수 있는 환영을 강조한다.

≈≈≈≈≈ 응답 ≈≈≈≈≈

우리가 이제 이 단락을 그 정경의 맥락에서 읽을 때, 즉 예배를 드리려고 모인 온 공동체가 참여하는 가운데 언약을 갱신하고, 아울러 여호수아가 언약의 복과 저주를 선언하고 하나님의 말씀을 '공표하는' 모습을 볼 때, "요단 서쪽 산지와…모든 왕들이 이 일을 듣고 모여서 일심으로 여호수아와 이스라엘에 맞서서 싸우려 하[게]"(9:1-2) 한 것은 바로 이 행사이다. 언약의 선언은 모든 민족을 다스리는 하나님의 주권을 주장하는 것인 만큼 여기에는 정치적 논리가 있다.[77] 세 장에 걸쳐 집중적인 군사행동이 묘사된 뒤에 온 이스라엘이 예배를 드리려 모인 모습을 서술하는 이 기사는 짧지만 분명한 멈춤의 순간에 해당한다. 언약의 하나님께 순종하고 그분과 교제를 나누며 살아가는 질서정연한 백성이 지켜보는 민족들에게 그들의 군사적 용맹보다 더 거슬리는 모습임이 입증된다. 여기서 이 역학이 시편 2편에서 하나님의 보편적 통치에 땅의 왕들이 적대적 태도를 취하는 모습에도 똑같이 나타나는 것을 놓칠 수 없다.

이 언약 공동체의 성격은 앞에서 탐구한 바 있다. 이는 한 마디로 포괄적 공동체이다. 그 기사는 여자들과 아이들 그리고 (두 번 언급된) 거류민의 존재를 크게 다루고, 그와 더불어 이스라엘 남자들과 그 관리들을 포함시키고 있다. 교부 오리겐(Origen)의 여호수아서에 관한 아홉 번째 설교가 이 단락을 다룬다. 그는 풍유적(allegorical) 해석을 하는 경향이 있어서 여호수아의 제단을 만든 땅의 돌들을 교회의 "살아있는 돌들"(벧전 2:5)과 연관시킨다. 그는 또한 돌로 만든 건축물이란 개념을 에베소서 2:20, 즉 교회가 "사도들과 선지자들의 터 위에 세우심을" 입었고 "그리스도 예수께서 친히 모퉁잇돌이 되셨느니라"라는 구절과 연결시킨다. 그리고 오리겐은 이런 교훈을 이끌어낸다. "이 교회의 건축물에도 반드시 제단이 있어야 한

---

77 참고. Creach, *Joshua*, 80. 크리치는 특히 신명기 28:1, 7, 10의 도발적 성격에 주목한다.

다."[78] 에베소서 인용문의 더 넓은 배경은 특히 여호수아서의 이 단락을 성찰하는 데 적합함에도 불구하고 그것을 주목하는 것은 그의 관심사가 아니다. 거기서 바울은 "비밀"(엡 3:2-6)을 설명하고 있는데, 내용인즉 그리스도의 복음이 "먼 데 있는" 사람들과 "가까운 데 있는" 사람들(엡 2:17) 모두에게 전파됨에 따라 그 복음을 통해 하나님의 한 백성이 만들어져서 이방인들이 "이스라엘 나라"(엡 2:12)와 함께 동료 시민이 되었다는 것이다. 언약 공동체에 속한 거류민을 영입하여 에발산에 여호수아와 함께 모인 무리는 적어도 장차 하나님께서 스스로에게 "각 나라와 족속과 백성과 방언에서 아무도 능히 셀 수 없는 큰 무리"(계 7:9)를 끌어와서 예배하게 하려는 그분의 목적이 완전히 실현될 것을 암시하고 있다.

율법 전체를 낭독한 것 역시 오리겐의 관심을 끈다. 그는 고린도후서 3:15-16을 통해 예수님이 율법을 읽을 때 변화를 가져오는 것과 연관을 짓지만,[79] 여기에는 교회를 위한 또 하나의 단순한 교훈이 있다. 성경을 공적으로 낭독하는 행습은 지역교회에 따라 상당히 다양하다. 하지만 필자의 경험상 그런 낭독이 소홀해지는 경향이 있다. 성구집(lectionary)을 사용한 전통들은 이 점에서 도움을 받을 수 있다. 그러나 하나님의 백성 가운데서 하나님의 말씀을 신중하고 명료하고 사려 깊게 낭독하는 일은 강력한 힘을 발휘한다. 이는 왕들로 무릎을 꿇게 할 수 있다(왕하 22:10-11). 낭독은 읽는 자의 편에 활력을 주며 듣는 자의 편에도 마찬가지다(눅 8:18).

---

78 *Homilies on Joshua*, ed. Cynthia White, trans. Barbara J. Bruce, FC 105 (Washington, DC: Catholic University of America Press, 2002), 97.

79 Earl, *Reading Joshua*, 156에 나온 주석.

¹ 이 일 후에 요단 서쪽 산지와 평지와 레바논 앞 대해 연안에 있는 헷 사람과 아모리 사람과 가나안 사람과 브리스 사람과 히위 사람과 여부스 사람의 모든 왕들이 이 일을 듣고 ² 모여서 일심으로 여호수아와 이스라엘에 맞서서 싸우려 하더라

¹ As soon as all the kings who were beyond the Jordan in the hill country and in the lowland all along the coast of the Great Sea toward Lebanon, the Hittites, the Amorites, the Canaanites, the Perizzites, the Hivites, and the Jebusites, heard of this, ² they gathered together as one to fight against Joshua and Israel.

³ 기브온 주민들이 여호수아가 여리고와 아이에 행한 일을 듣고 ⁴ 꾀를 내어 사신의 모양을 꾸미되 해어진 전대와 해어지고 찢어져서 기운 가죽 포도주 부대를 나귀에 싣고 ⁵ 그 발에는 낡아서 기운 신을 신고 낡은 옷을 입고 다 마르고 곰팡이가 난 떡을 준비하고 ⁶ 그들이 길갈 진영으로 가서 여호수아에게 이르러 그와 이스라엘 사람들에게 이르되 우리는 먼 나라에서 왔나이다 이제 우리와 조약을 맺읍시다 하

니 7 이스라엘 사람들이 히위 사람에게 이르되 너희가 우리 가운데에 거주하는 듯하니 우리가 어떻게 너희와 조약을 맺을 수 있으랴 하나 8 그들이 여호수아에게 이르되 우리는 당신의 종들이니이다 하매 여호수아가 그들에게 묻되 너희는 누구며 어디서 왔느냐 하니 9 그들이 여호수아에게 대답하되 종들은 당신의 하나님 여호와의 이름으로 말미암아 심히 먼 나라에서 왔사오니 이는 우리가 그의 소문과 그가 애굽에서 행하신 모든 일을 들으며 10 또 그가 요단 동쪽에 있는 아모리 사람의 두 왕들 곧 헤스본 왕 시혼과 아스다롯에 있는 바산 왕 옥에게 행하신 모든 일을 들었음이니이다 11 그러므로 우리 장로들과 우리나라의 모든 주민이 우리에게 말하여 이르되 너희는 여행할 양식을 손에 가지고 가서 그들을 만나서 그들에게 이르기를 우리는 당신들의 종들이니 이제 우리와 조약을 맺읍시다 하라 하였나이다 12 우리의 이 떡은 우리가 당신들에게로 오려고 떠나던 날에 우리들의 집에서 아직도 뜨거운 것을 양식으로 가지고 왔으나 보소서 이제 말랐고 곰팡이가 났으며 13 또 우리가 포도주를 담은 이 가죽 부대도 새 것이었으나 찢어지게 되었으며 우리의 이 옷과 신도 여행이 매우 길었으므로 낡아졌나이다 한지라 14 무리가 그들의 양식을 취하고는 어떻게 할지를 여호와께 묻지 아니하고 15 여호수아가 곧 그들과 화친하여 그들을 살리리라는 조약을 맺고 회중 족장들이 그들에게 맹세하였더라

3 But when the inhabitants of Gibeon heard what Joshua had done to Jericho and to Ai, 4 they on their part acted with cunning and went and made ready provisions and took worn-out sacks for their donkeys, and wineskins, worn-out and torn and mended, 5 with worn-out, patched sandals on their feet, and worn-out clothes. And all their provisions were dry and crumbly. 6 And they went to Joshua in the camp at Gilgal and said to him and to the men of Israel, "We have come from a distant country, so now make a covenant with us." 7 But the men of Israel said

to the Hivites, "Perhaps you live among us; then how can we make a covenant with you?" 8 They said to Joshua, "We are your servants." And Joshua said to them, "Who are you? And where do you come from?" 9 They said to him, "From a very distant country your servants have come, because of the name of the Lord your God. For we have heard a report of him, and all that he did in Egypt, 10 and all that he did to the two kings of the Amorites who were beyond the Jordan, to Sihon the king of Heshbon, and to Og king of Bashan, who lived in Ashtaroth. 11 So our elders and all the inhabitants of our country said to us, 'Take provisions in your hand for the journey and go to meet them and say to them, "We are your servants. Come now, make a covenant with us."' 12 Here is our bread. It was still warm when we took it from our houses as our food for the journey on the day we set out to come to you, but now, behold, it is dry and crumbly. 13 These wineskins were new when we filled them, and behold, they have burst. And these garments and sandals of ours are worn out from the very long journey." 14 So the men took some of their provisions, but did not ask counsel from the Lord. 15 And Joshua made peace with them and made a covenant with them, to let them live, and the leaders of the congregation swore to them.

16 그들과 조약을 맺은 후 사흘이 지나서야 그들이 이웃에서 자기들 중에 거주하는 자들이라 함을 들으니라 17 이스라엘 자손이 행군하여 셋째 날에 그들의 여러 성읍들에 이르렀으니 그들의 성읍들은 기브온과 그비라와 브에롯과 기럇여아림이라 18 그러나 회중 족장들이 이스라엘의 하나님 여호와로 그들에게 맹세했기 때문에 이스라엘 자손이 그들을 치지 못한지라 그러므로 회중이 다 족장들을 원망하니 19 모든 족장이 온 회중에게 이르되 우리가 이스라엘의 하나님 여호와로 그들

에게 맹세하였은즉 이제 그들을 건드리지 못하리라 ²⁰ 우리가 그들에게 맹세한 맹약으로 말미암아 진노가 우리에게 임할까 하노니 이렇게 행하여 그들을 살리리라 하고 ²¹ 무리에게 이르되 그들을 살리라 하니 족장들이 그들에게 이른 대로 그들이 온 회중을 위하여 나무를 패며 물을 긷는 자가 되었더라

¹⁶ At the end of three days after they had made a covenant with them, they heard that they were their neighbors and that they lived among them. ¹⁷ And the people of Israel set out and reached their cities on the third day. Now their cities were Gibeon, Chephirah, Beeroth, and Kiriath-jearim. ¹⁸ But the people of Israel did not attack them, because the leaders of the congregation had sworn to them by the Lord, the God of Israel. Then all the congregation murmured against the leaders. ¹⁹ But all the leaders said to all the congregation, "We have sworn to them by the Lord, the God of Israel, and now we may not touch them. ²⁰ This we will do to them: let them live, lest wrath be upon us, because of the oath that we swore to them." ²¹ And the leaders said to them, "Let them live." So they became cutters of wood and drawers of water for all the congregation, just as the leaders had said of them.

²² 여호수아가 그들을 불러다가 말하여 이르되 너희가 우리 가운데에 거주하면서 어찌하여 심히 먼 곳에서 왔다고 하여 우리를 속였느냐 ²³ 그러므로 너희가 저주를 받나니 너희가 대를 이어 종이 되어 다 내 하나님의 집을 위하여 나무를 패며 물을 긷는 자가 되리라 하니 ²⁴ 그들이 여호수아에게 대답하여 이르되 당신의 하나님 여호와께서 그의 종 모세에게 명령하사 이 땅을 다 당신들에게 주고 이 땅의 모든 주민을 당신들 앞에서 멸하라 하신 것이 당신의 종들에게 분명히 들리므로 당신들로 말미암아 우리의 목숨을 잃을까 심히 두려워하여 이같이

하였나이다 25 보소서 이제 우리가 당신의 손에 있으니 당신의 의향에 좋고 옳은 대로 우리에게 행하소서 한지라 26 여호수아가 곧 그대로 그들에게 행하여 그들을 이스라엘 자손의 손에서 건져서 죽이지 못하게 하니라 27 그날에 여호수아가 그들을 여호와께서 택하신 곳에서 회중을 위하며 여호와의 제단을 위하여 나무를 패며 물을 긷는 자들로 삼았더니 오늘까지 이르니라

22 Joshua summoned them, and he said to them, "Why did you deceive us, saying, 'We are very far from you,' when you dwell among us? 23 Now therefore you are cursed, and some of you shall never be anything but servants, cutters of wood and drawers of water for the house of my God." 24 They answered Joshua, "Because it was told to your servants for a certainty that the Lord your God had commanded his servant Moses to give you all the land and to destroy all the inhabitants of the land from before you—so we feared greatly for our lives because of you and did this thing. 25 And now, behold, we are in your hand. Whatever seems good and right in your sight to do to us, do it." 26 So he did this to them and delivered them out of the hand of the people of Israel, and they did not kill them. 27 But Joshua made them that day cutters of wood and drawers of water for the congregation and for the altar of the Lord, to this day, in the place that he should choose.

기브온 주민에 관한 기사는 여리고 기사(수 2, 6장)와 아이 기사(7-8장)와 마찬가지로 두 장에 걸쳐 실려 있고, 이 책의 첫 부분에 나오는 약속의 땅 주민들과의 세 차례의 만남 중 세 번째다. 그 두 번의 전투와 같이 기브온 이야기도 한 성읍과 관계가 있다. 그러나 이 이야기는 17절에 거명된 네 성읍이 맺은 더 큰 연맹과 관련이 있고 결국 더 넓은 군사 분쟁으로 전환된다. 이 시점부터 이스라엘이 온 영토를 정복함에 따라 이른바 "정복"이 추진력을 얻어 지역별로 퍼져나간다.

앞의 본문들은 라합과 아간이라는 개인과 관련이 있었고, 그들의 뚜렷이 대비되는 정체성, 헌신, 운명은 분명한 평가와 목적을 갖고 있었다. 전자는 가나안 사람으로서 그 가족과 함께 살아남는다. 반면에 후자는 이스라엘 사람으로서 그 가족과 함께 죽음을 맞이한다. 기브온 주민의 이야기는 그런 분명한 평가를 용인하지 않는다. 오랜 세월에 걸쳐 주석가들은 이스라엘이 기브온 주민을 해이하게 대한 것을 난처한 문제로 여겨왔고 기브온을 이스라엘 공동체에 영입한 것을 어떻게 간주해야 할지에 대해 곤혹스러워했다. 이런 난제를 감안해서 이 단락의 주석은 이전 장들과는 다른 방식으로 진행하려 한다. 내용에 관한 논평은 빠르게 진행할 것이고, 이어서 그 이야기를 신학적으로 평가하는 전반적인 질문들에 대해 숙고할 예정이다. 누가 이스라엘을 대신하여 행동하고 있는가? 기브온 주민은 어떤 신학을 갖고 있는가? 그리고 이스라엘과 기브온 사이에 맺은 언약을 어떻게 간주해야 하는가?

그 이야기의 개요는 상당히 명료하다. 중부 지방의 가나안 왕들이 이스라엘의 언약 행사에 대해 보인 반응(1-2절)을 언급한 후, 기브온 성읍 편에서 보인 대조적인 반응을 기록하고 있다. 기브온 주민은 다른 가나안 족속들의 적대적 입장에 참여해 이스라엘의 손에 멸망당할 위험을 감수하기보다 속임수를 써서 이스라엘과의 "조약"[ESV는 "covenant"(언약), 15절]을 성공적으로 맺는다(3-15절). 조금 뒤에 그들의 계략이 이스라엘에 의해 밝혀지고, 이는 다음에 어떻게 할지의 문제로 이어진다. 이스라엘과 맺은 언약 덕분에 그들은 살아남지만, 그 조건은 여호수아가 말하듯이(23절) 영구적으로 "종이 되어 다 내 하나님의 집을 위하여 나무를 패며 물을 긷는 자가 되[는]" 것이다(16-27절).

〰〰〰 단락 개요 〰〰〰

I. 약속의 땅을 차지하다(1:1-12:24)

  K. 기브온 주민의 계략(9:1-27)

    1. 가나안 왕들이 모이다(9:1-2)

    2. 기브온 주민의 조약(9:3-15)

      a. 기브온 주민이 조약을 요청하다(9:3-7)

      b. 여호수아와의 교섭(9:8-13)

      c. 여호수아의 조약, 지도자의 맹세(9:14-15)

    3. 이스라엘 백성의 발견(9:16-27)

      a. 이스라엘이 진실을 알고 추적하다(9:16-17)

      b. 공동체의 불화와 합의(9:18-21)

      c. 여호수아와 기브온 주민이 협상하다(9:22-25)

      d. 기브온 주민이 살아남되 종이 되다(9:26-27)

$$\approx\approx\approx\approx\ \text{주석}\ \approx\approx\approx\approx$$

9:1-2 8:30-35에 대한 '응답'에서 가나안 왕들이 보인 반응의 성격을 그 대목에 기록된 언약 갱신 행사와 관련시켜 논의한 바 있다(그 내러티브의 흐름상 그 대목의 위치와 관련된 본문의 복잡한 문제 때문에). 정경의 본문에서는 왕들의 반응이 그 행사에 의해 유발되었는데, 그 행사가 이스라엘의 하나님의 최고 주권을 주장한 까닭에 그 땅에 대한 권리까지 주장했기 때문이다. 이 언급은 10:1-5과 11:1-5에 상대역을 가지고 있고, 후자에서는 중부와 남부 지방 그리고 다시금 북부 지방의 왕들이 동일한 적대적 반응을 보인다. 이 대목들이 묘사하듯이 이 모든 왕들과 성읍들이 이스라엘에 "맞서서 싸우[게]" 된다.

라합의 이야기는 이미 독자에게 반드시 그럴 필요가 없었다는 사실을 일깨워주었다. 이런 결과는 자동적인 것이 아니었다. 여기서 기브온 주민의 이야기가 기여하는 점이 있다. 가나안 사람들에게 개개인과 그들의 가족뿐만 아니라 온 공동체를 위해 다른 가능성이 있었다는 것을 증명한다는 점이다. 그러나 여호수아서 앞부분 전체에 걸쳐 압도적으로 나타나는 패턴은 이스라엘의 존재와 이스라엘의 하나님의 능력이 적대적이고 공격적인 반응을 유발하는 모습이다.

9:3-5 기브온의 정체는 단번에 완전히 폭로되지 않는데, 9:17과 10:2에 나오는 정보가 현재 여호수아와 이스라엘 백성에 접근하는 사람들이 누군지를 이해하도록 도와준다. 기브온은 여리고 동쪽에 있는 이스라엘 진영이 위치한 길갈에서 서쪽으로 약 31킬로미터, 그리고 아이에서 남서쪽으로 10킬로미터밖에 떨어지지 않은 성읍이었다. 기사가 시작될 때는 기브온이 그 자신을 위해 행동하는 것으로 나오지만 실은 그 지역 성읍들의 연맹에서 대표적인 멤버임이 분명해진다. 따라서 그 지위와 능력은 아이의 그것과 상당히 다른 차원에 속한다(참고. 10:2).

기브온 주민에 대해 동정을 품을지 아니면 반감을 품을지 여부는 여기에 묘사된 그들의 특성을 어떻게 이해할 것인지에 달려있다. 그 열쇠는 바로 ESV가 "cunning"(교활한, 약삭빠른, 꾀 있는)으로 번역한 단어[오르마(*ormah*), 개역개정은 "꾀"로 번역 – 옮긴이 주]에 있다. 이 단어가 지혜가 제공하는 것(잠 1:4: 8:5, 12)의 맥락에서 사용될 때는 ESV에서 "prudence"(신중함)으로 번역된다. 이런 경우들 외에 이 단어가 구약에서 한 번 더 사용되는데, 출애굽기 21:14이다. 이 구절은 은밀한 의도를 가지고 범한 살인을 묘사한다. 거기서도 ESV는 "cunning"으로 번역한다.[80] 영어 번역본들에는 다른 견해들이 엄청나게 많이 나오는데, 이는 기브온 주민의 행동에 대한 서로 다른 도덕적 평가를 반영한다. 예컨대, "wily"(꾀바른, KJV), "shrewd"(명민한, ISV), "deceptive"(기만적인, CSB) 등이다. 그 이야기의 이 지점에 이르면 독자들은 정보에 근거한 판단을 내리는 데 필요한 충분한 자료가 없다. "영리한"(clever, NET)과 같은 보다 중립적인 용어가 그 의미를 포착할지 모른다. 그러나 판단이 비록 부정적인 것이라 할지라도, 이것이 여호수아서에서 속임수가 하나님의 목적과 일치해서 작용하는 최초의 경우는 아니다[참고. 2:2-7 주석(라합과 관련하여); 8:3-9 주석(아이의 매복과 관련하여)].

9:5-7 계략은 간단하다. 기브온 주민은 상한 양식과 낡아빠진 용품을 보여주며 마치 먼 거리를 여행한 것처럼 보이려 하고, 이는 6절에 나오는 "우리는 먼 나라에서 왔나이다"(히브리어로는 여행의 출발점을 앞에 두는 강조체)라는 주장으로 더욱 강화된다. 기브온은 길갈 서쪽으로 32킬로미터도 채 안 되기에 그들이 아침에 출발했다면 그날 오후에 충분히 도착할 수 있었다. 이는 떡에 곰팡이가 피고 신발이 낡을 만큼 긴 시간이 아니다!

그들은 명시적으로 이스라엘과 "언약"을 맺자고 요청한다. 이는 기브온 주민의 의도에 대해 또 다른 의문을 불러일으킨다. 그들은 이스라엘의 전

---

80 이와 관련된 히브리어 형용사 아룸(*arum*)은 구약에서 11번 사용되는데, 그 가운데 유명한 구절은 창세기 3:1로 "간교한" 뱀에게 사용된 경우이다(참고. 욥 5:12; 15:5, 둘 다 엘리바스의 말). 이 단어는 잠언에 8번 나오고 각 경우에 긍정적 뉘앙스를 지니며 ESV는 모두 "prudent"(신중한)으로 번역한다.

통에 대해 무엇을 알고 있는가? 신명기에 나오는 두 대목이 기브온 주민의 주도권과 직접 관련이 있다. (1) 신명기 7장(참고. 6:15-19 주석)은 가나안에서 내쫓을 민족들과 관련하여 헤렘에 대한 가르침을 담고 있다. (2) 신명기 7:2은 "그들과 어떤 언약도 하지 말 것이요 그들을 불쌍히 여기지도 말 것이며"라고 규정한다. 하지만 신명기 20장에 나오는 전쟁에 관한 법은 단지 "네게서 멀리 떠난 성읍들 곧 이 민족들에게 속하지 아니한 성읍들"(신 20:15)에 대해서만 화평과 예속의 조건을 제시하라는 요건을 포함한다. 이 대목은 이어서 신명기 7장에 제시된 노선을 따라 가까운 주민들에게 헤렘을 시행하도록 규정한다. 이 문제에 대해서는 잠시 후 기브온 언약의 위상과 관련하여 더욱 탐구할 예정이다. 그러나 기브온 대표들이 여호수아에게 나타나고 첫 조사가 시작될 때, 협상이 진행되는 모습은 구체적으로 이런 신명기의 율법을 유념하고 있는 듯 보인다.

기브온 주민이 길갈에 있는 여호수아에게 와서(6절) 그에게 말하지만(9:8, 9-13도 보라) "이스라엘 사람들"(7절)이 개입하고, 여호수아와 이스라엘 사람들 모두가 최초의 협상 단계가 종료될 때 관여하고 있다(9:14-15). "이스라엘 사람들"이 먼저 이 낯선 자들의 근접성에 대한 염려를 표명하고, 이후에야 여호수아가 의문을 제기한다. 여호수아와 이 폭넓은 그룹 간의 상호작용에 대해서는 다음에 좀 더 자세히 조사할 필요가 있다.

9:8-13 이제 기브온 주민은 9:4-5에 이미 제시된 계획과 일치되는 그들의 행동에 대해 설명한다. 그런데 먼저는 그들이 먼 곳에서 왔다는 것과 (그들의 "심히 먼 나라"가 어디에 있는지에 대한 지형적 안내를 생략한 채) 이스라엘의 하나님에 관한 그들의 지식에 비추어 이스라엘과 언약을 맺으려는 이유를 말한다. 라합처럼(2:10), 여호와께서 이집트에서 행한 일과 아모리 왕들인 시혼과 옥을 멸망시킨 일에 관한 소식이 그들의 판단에 크게 다가온 것이다. 중요한 점은 그들의 행동을 유발한 사건, 즉 최근에 여리고와 아이가 정복된 사건(9:3)에 대한 지식은 드러내지 않는다는 것이다. 그럴 필요가 없다. 이스라엘의 하나님의 평판("이름")은 역사적으로 좀 더 먼 사건들

에 기초해 충분히 세워졌고, 여리고와 아이를 언급하면 괜히 이스라엘의 최근 전투에 관한 소식을 접할 수 있었다는 의심만 불러일으킬 것이기 때문이다.

이스라엘의 하나님에 대한 그들의 존경은 명백히 고백되기보다 은연중에 나타날 뿐이다. 기브온 주민은 한참 전에 일어난 이스라엘을 위한 하나님의 능력과 행동을 알고 있음을 보여주긴 해도 그 이상으로 존경을 고백하진 않는다. 언약을 맺으라는 그들의 장로들의 권고는 여기에 묘사된 그 모든 반응을 가리키고, 이스라엘의 눈길은 여호와 하나님을 향한 그들의 존경이 아니라 그들의 양식과 용품이라는 증거물로 향하게 된다.

9:14-15 이스라엘 측의 반응은 꽤 신속하게 나오고 놀랄 만큼 기브온 주민의 말을 신뢰한다. 이스라엘 측에서는 세 편(parties)이 언약을 맺는 일에 관여한다. 첫째, 그 의심이 여호수아의 의문(9:8)을 불러일으킨 "이스라엘 사람들"은 그들의 물품을 세밀히 조사함으로써 기브온 주민의 주장을 시험한다. 이 지점에서(14절) 우리는 내레이터 편에서의 짧고 보기 드문 개입을 보게 된다. "[그러나] 무리가…어떻게 할지를 여호와께 묻지 아니하고." 히브리어 어구는 이 실책을 주목하게 하면서 독특한 언어를 사용한다. "여호와께 묻[다]"는 '여호와의 입'[피 아도나이(*pi yhwh*)]를 번역한 것이다. 이 어구는 종종 하나님의 명령의 직접 계시를 가리키는 데 사용되고, 신명기 8:3("사람이 떡으로만 사는 것이 아니요 여호와의 입에서 나오는 모든 말씀으로 사는 줄을 네가 알게 하려 하심이니라")에 나오는 어구이다. 여기서 이스라엘 사람들은 오로지 떡만 고려하고 하나님의 입에서 무엇이 나올지는 무시하고 만다.

이스라엘의 "사람들"이 만족한 만큼 이제는 여호수아가 기브온 주민과 "화친하고" 또 "그들을 살리리라"는 언약을 맺는다. 이 마지막 어구는 언약의 함의를 명백히 밝히고 여호수아가 라합에게 보장한 대우(6:17, 25)를 상기시킨다. 세 번째 편이 이제 간략하게 이 조처에 더해진다. 바로 "회중의 지도자들"(새번역, 개역개정은 "회중 족장들")이 맹세로써 그 협정을 확증한 것이다. 그리하여 그 일이 완료되었다.

9:16-17 이스라엘이 속임수를 발견하고 확인한 것은 더 큰 내러티브에 중요한 사실인데도 지극히 간략하게 묘사되어 있다. "사흘" 뒤에 발견하게 되고, 조사의 여정은 이스라엘 대표단이 떠난 지 "사흘" 만에 마무리된다. 그처럼 짧은 여정이 이토록 길게 걸려야 했던 이유는 내레이터의 관심사가 아니다. 그것은 전통적인 수를 사용해서 단순히 며칠이 경과했다는 의미일 수 있다. 어쩌면 이스라엘의 조사단이 17절에 언급된 다섯 성읍의 모든 구성원의 위치를 확인하고 있을지도 모른다. 어쨌든 진상이 이제 이스라엘에게 알려진 것이다.

9:18-21 이제는 기브온 주민의 계략에 어떻게 반응해야 할지의 문제가 생긴다. 기브온과의 조약을 확증하는 데 관여했던 세 편 중 두 편이 이제 서로 논쟁한다. 공동체의 위기가 발생한 순간에 여호수아가 부재한 것이 눈에 띈다. "이스라엘 사람들"은 그들을 속인 사람들을 파멸시키는 쪽으로 기우는 듯하다. 그러나 "족장들"은 백성("온 회중"으로도 불리는)에게 "이스라엘의 하나님 여호와로" 맹세한 것을 가리키면서 그들의 적대감을 완화시킨다. 그런 맹세는 정탐꾼들이 라합과 맺은 적이 있고(2:12, 17) 도무지 깰 수 없는 것이다. 21절은 차후에 약간의 설명을 붙여서 그 결과를 기록한다. 기브온 주민은 살도록 허용되지만 "'온 회중을 위하여' 나무를 패며 물을 긷는 자가 되[도록]", 즉 지도자들의 약속에 부합되게 이스라엘의 일반 대중 가운데 살게 될 것이다.

9:22-23 이제야 비로소 여호수아가 개입하고, 나머지 장면은 기브온 주민과 여호수아 사이에서 벌어진다. 그는 먼저 기브온 주민의 행동을 속임수로 부르며 사기와 배신의 뉘앙스를 지닌 흔치 않은 히브리어 동사[라마(ramah), 구약에서 여덟 번 사용되고 있음]를 사용한다. 일례로 이 동사는 라반이 야곱을 라헬이 아닌 레아와 결혼시킬 때(창 29:25)와 미갈이 다윗을 보호하려고 세운 계략(삼상 19:17)에 사용된다. 더 나아가, 여호수아는 그들의 역할이 온 백성 가운데 살아가는 존재가 아니라 "내 하나님의 집을 위하여 나

무를 패며 물을 긷는 자"가 되도록 지시한다. 지도자들이 기브온 주민에게 이미 하인의 업무를 부여했는데, 이를 여호수아가 명백하게 표현하는 것을 어떻게 생각해야 할지 모르겠다. 공동체를 위한 봉사는 신명기 20:10-11의 규정, 곧 먼 성읍이 평화 제의를 받아들인다면 그들을 "당신들의 노비로 삼고, 당신들을 섬기게 하[라]"(새번역)는 규정과 일치하는 듯하다.

9:24-25 기브온 주민은 진정시키고 변호하는 태도로 응답하면서 앞서 9:9-10에서 내놓은 설명을 보충한다. 이제 그들은 하나님께서 그 땅에서 수행하도록 명령하신 행동에 대한 그들의 지식에 대해 보다 개인적인 반응을 말한다. 즉, 그들은 스스로를 보존하기 위해 왔다는 것이다. 그래서 그들은 여호수아가 그들에게 부과한 조건을 기꺼이 받아들인다.

9:26-27 마지막 두 구절은 그 모든 실을 다함께 모아서 기브온 주민의 장래와 관련된 여호수아의 결정을 묘사한다. 그들은 계속 생존할 것이 확증된다. 그들은 오히려 그들을 죽일 뻔 했던(참고. 9:18) 사람들로부터 "건져[졌다]". 그들의 역할은 이제 "여호와께서 택하신 곳에서 회중을 위하며 여호와의 제단을 위하여"[81] 섬기는 것으로 묘사되어 있는데, 이는 신명기의 독특한 언어를 사용한 것이다. 이는 예루살렘을 내다보고 있으나 이 시점에서는 주님의 제단이 있을 만한 어느 곳이든 지칭하고 있다. 이 문제는 우리가 곧 기브온 언약에 대해 평가하는 대목에서 더 다룰 것이다.

---

81 이 어구는 구약에서 23번 사용되는데, 두 경우만 빼놓고 모두 신명기 12-31장에 나온다. 신명기 외에 나오는 곳은 여호수아 9:27과 느헤미야 1:9 뿐이다.

〜〜〜〜 여호수아 9:1-27에 대한 보충 설명 〜〜〜〜

이 단락에 관한 세 가지 의문이 그 내러티브 전반을 볼 수 있을 때까지 유예되었다. 앞의 주석을 염두에 둔 채 이제는 이 질문들을 다룰 수 있다.

누가 이스라엘을 위해 행동하는가?

이 에피소드의 다양한 지점에서 서로 다른 편(당사자)들이 이스라엘을 위해 말하고 이스라엘을 대신해서 행동한다. 첫째는 "이스라엘의 사람들"로서 "회중"과 동일시될 수도 있는 자들이다. 둘째는 회중의 "지도자들"[네시임 (nesi'im)]이다. 그리고 셋째는 여호수아다.

여기서 네 가지 사항을 주목할 필요가 있다. (1) "장로들"은 아간/아이 에피소드에서 줄곧 대표적인 역할(7:6에서는 탄식, 8:10에서는 백성을 분발시킴, 8:33에서는 언약 갱신)을 했는데 여기에는 나오지 않는다. 이 부재의 이유는 추측만 할 수 있을 뿐이나, 이 에피소드에 나오는 방심의 분위기를 감안하면 그 부재가 유감스럽다. (2) "이스라엘 사람들"(9:6, 7, 14)을 백성 전체 또는 나중에 "지도자들"(15, 18절)로 불리는 자들 중 어느 편과 관련 있는지를 알기 어렵다. (3) 여호수아가 두 차례 개입한 것은 파생적이고 부차적인 성격을 지니는 것 같다. 두 경우 모두 그 개입은 이미 펼쳐지는 또는 명백해지는 상황에 대한 반응에 불과하다. (4) "회중의 지도자들"은 여호수아서에서 오직 여기서만 능동적인 대리자로 나오고 이례적인 주도권을 잡는다.[82] "회중의 지도자들"은 출애굽 내러티브에 여러 번 나오고(출 16:22; 민 4:34; 31:13; 32:2) 보통은 모세와 협조하는 모습을 보인다. 민수기 31장은 이스라엘의 적들에게 부적절한 관대함을 베푼 또 다른 경우다. 그 경우에는 바알브올 에피소드 직후 지도자들이 모세에게 합류해서 잘못을 저지른

---

82 그들은 여호수아 22:30에 나오는 목록에도 등장한다.

군대 지휘관들을 질책한다.

이 요약은 이스라엘의 지휘 계통이 그 전략적 본능과 영적 본능이 꽉 막혀 있어서 다소 혼란스러웠다는 것을 시사한다. 아마 이 가운데 가장 큰 관심사는 여호수아의 역할일 것이다. 여호수아가 아간/아이 에피소드에서 잘못 판단한 것을 감안할 때 우리는 그의 경각심이 더욱 커질 것을 기대했을지 모른다. 하지만 여기서 또 하나의 판단 착오를 보게 된다. 나중에 땅의 분배가 진행될 때 이 문제가 다시 나타날 것이다(13-19장). 14절에서 내레이터가 불쑥 끼어들어 퍼붓는 비판은 "[이스라엘] 무리"를 겨냥한 듯 보이지만, 그 다음 구절이 그에 따른 여호수아의 행동을 얘기한다는 사실은 여호수아 역시 그들의 부주의함에 동참했음을 암시한다.

여호수아의 리더십을 정밀 조사하게 되면 경고의 이야기가 서서히 출현한다(참고. 시 146:3). 훗날 사사기에서 가속화되는 내리막길에 접어드는 첫걸음이 이미 시작된 것이다.

기브온 주민의 신학은 무엇인가?

기브온 주민과 라합의 유사점이 종종 주목을 받아왔다. 라합의 고백은 이스라엘의 하나님에 대한 신앙을 심오하게, 아니 놀랍게 표현한 것이며, 그 어구는 모세와 솔로몬과 나란히 둘 수 있을 정도다(2:9-11. 해당 주석도 참고하라).

기브온 대표들이 표명한 관점은 라합의 말에 담긴 깊은 깨달음에는 못 미치나 이런 특성을 어느 정도 공유한다. 라합의 고백은 정탐꾼들과의 합의와 약속 이전에 진술된 것인데 비해, 기브온 주민의 고백은 두 단계로 나뉜다. 첫째는 9-10절이고 다음은 24절이다. 두 경우 모두 그들의 해명이 여호수아의 질문에 대한 응답으로 주어진 것이고, 두 번 모두 이스라엘과의 제휴에 대한 간청에 뿌리박고 있다(6, 11절은 "언약"과 관련되고, 25절은 자비를 베풀어달라는 것이다). 다음은 이 두 고백을 비교하는 도표다(표2).

공유하는 요소	라합	기브온 주민
지식	"내가 아노라" (2:9)	"우리가 소문을 들었다" (9:9)
이스라엘의 하나님	여호와	여호와
[여호와의] 행동	땅을 주셨다	행하셨다
반응	두려워하다	두려워하다
이스라엘의 역사	이집트, 시혼, 옥	이집트, 시혼, 옥
결론	여호와는 하늘과 땅의 하나님이시다	그들의 목숨을 구하고자 크게 두려워했다

표2. 라합의 고백과 기브온 주민의 고백 비교

공유하는 여섯 가지 요소 중에 셋은 비슷하고 셋은 다르다. 유사점은 둘다 (1) 이스라엘의 하나님을 언약의 이름으로 부르고, (2) 출애굽과 아모리 왕인 시혼과 옥의 정복 등 중요한 정치 역사를 알며, (3) 두려움을 표현한다는 것이다. 차이점은 다음과 같다. (1) 라합은 그녀의 고백을 개인적 지식의 측면에서 말하는 데 비해, 기브온 주민은 그들이 공유하는 불특정한 출처의 간접적 소문을 가리킨다. 그들의 진짜 이유는 최근에 여리고와 아이가 멸망한 사건에 있다(2절). (2) 라합은 그 땅을 여호와의 선물로 보는 데 비해, 기브온 주민은 한 걸음 물러나서 단지 모세를 통해 멸망시키신 하나님의 행동과 명령만 거론한다. (3) 놀랍게도 라합의 진술은 여호와를 "하늘과 땅의 하나님"으로 인정하는 대목에서 절정에 이르는데, 이는 그녀를 모세와 솔로몬의 반열에 올려놓는 통찰력이다. 기브온 주민의 진술의 절정은 하나님이 누구신지에 관한 것이 아니라 그들의 자기보존에 대한 관심에 관한 것이다. 이 모든 것을 요약하면, 라합은 스스로를 이스라엘의 하나님께 의탁하는 반면, 기브온 주민은 스스로를 이스라엘에게(25절) 또는 이스라엘의 지도자인 여호수아에게 의탁한다.

기브온의 접근이 이스라엘의 하나님이 누구신지를 인정하는 것보다 자기보존과 더 관련이 있다는 것은 왜 중요한가? 이는 라합과 이스라엘의 협력이 이끌어냈던 그런 하나님의 은총을 이끌어낼 수 있었는가? 여기에는 언약 자체의 위상과 관련된 다음 질문과의 연관성이 있다. 하지만 잠정적으로, 이스라엘의 하나님의 성품에 대해 모른 채 그저 소심한 두려움에서 나오는 자기이익조차도 좋은 방향으로 이끌어갈 수 있는 듯하다. 하나님은 너무나 은혜로우시기에 치사한 이기적 두려움이라 할지라도 우리를 그분께로 이끈다면 그분과의 뜻깊은 관계의 기초가 될 수 있다는 사실이 곧 드러날 것이다.

우리는 기브온 언약을 어떻게 생각해야 하는가?

기브온 주민은 자기네 목숨에 대한 두려움이 이스라엘과의 언약을 모색하게 된 출발점이라고 말한다. 싸움이나 도망이나 얻어붙음(이 가운데 싸움은 가나안 이웃들의 반응이다)과 같은 흔한 반응과 대조적으로, 기브온 주민의 회피성 행동은 속임수를 포함한다. 그들이 두려움을 줄이는 수단은 대다수의 경우(5:1; 9:1-2; 10:1-5; 11:1-5)처럼 싸워서 군사적으로 정복하여 이스라엘을 그들에게 종속시키거나 이스라엘을 멸망시켜서 위험의 근원을 제거하는 것이 아니다. 오히려 그들은 이스라엘이 어떤 조건을 제시하든지 스스로를 이스라엘에게 종속시킨다(25절). 그들이 원하는 것은 "언약"이고, 이번 장의 끝에 이르면 달갑지 않은 조건인데도 그들이 언약을 맺게 된다.

이 "언약"은 어떻게 평가하면 될까? 라합의 경우가 전례를 만들지만 기브온의 경우는 그보다 더 복잡하다. 우리가 살펴본 것처럼, 일부 "거류민들"[또는 '외국인들', 게림(gerim)]이 이스라엘의 언약 공동체에 포함되어 있고(8:33, 35), 이것 역시 비(非)원주민이 언약 공동체에 영입될 여지가 있음을 시사한다. 그러나 기브온의 경우는 성경 역사에서 그들의 위치에 대한 좀 더 폭넓은, 하지만 여전히 선택적인 관점을 취할 것을 요구한다. 이와 관련된 요소들은 다음과 같다.

(1) 여호수아서의 다음 장은 기브온 주민의 생각(이스라엘이 그들과 맺은 언약을 존중할 것이라는)이 옳다는 것을 보여줄 것이다. 이스라엘이 약속의 땅을

취하는 다음 단계는 그 토대에 기브온과 맺은 언약, 즉 의심스러운 상황에서 실행되는 그 언약이 있다.

(2) 사울은 그의 통치 기간에 분명히 기브온 주민을 살해했고, 이 언약 위반은 다윗의 통치 기간에 사울의 남은 후손을 멸망시킬 것을 요구했다 (므비보셋은 제외됨, 삼하 21:1-14). 사울의 행동이 구약에 기록되어 있지는 않아도, 그것은 종종 기브온 주민이 섬기던 놉의 제사장들을 죽인 사건과 연관이 있는 것으로 여겨진다(삼상 21-22장).[83] 기브온 언약은 다윗의 시대에도 여전히 효력이 있어서 공의를 요구했다.

(3) 기브온은 주님이 솔로몬에게 지혜를 선물로 주신 그의 꿈의 무대였다(왕상 3:4-15). 역대기 저자(대상 16:39; 21:29)는 기브온의 산당이 열왕기상 3:4에서 제사를 지내기 좋은 곳인 동시에 회막 또는 적어도 '장막 성소'의 본거지이기도 했다는 정보를 제공함으로써 그곳에 어느 정도의 위상을 부여한다.[84]

따라서 기브온 언약의 기원에 관한 의문은 여전히 풀리지 않으며, 이스라엘이 그들과 그 언약을 맺은 것은 이스라엘과 (특히) 그 지도자들이 깨어 있지 못했음을 보여주지만, 그럼에도 불구하고 이 언약은 그들이 계속 하나님의 백성 사이에 존재하는 근거가 되었다.

83 참고. P. Kyle McCarter Jr., *II Samuel*, AB 9 (Garden City, NY: Doubleday, 1984), 441.

84 참고. H. G. M. Williamson, *1 and 2 Chronicles*, NCBC (Grand Rapids, MI: Eerdmans, 1982), 130-132.

응답

제롬 크리치(Jerome Creach)는 이 단락에 대해 적절한 질문을 던진다. "여호수아 9장은 누구에게 좋은 소식인가?"[85] 이는 무엇보다 먼저 기브온 주민처럼 이스라엘의 하나님께로부터 멸망당할 위기에 처해 있다고 믿는 사람들에게 좋은 소식이다. 기브온 주민이 취한 접근은 결함이 있지만 그 결과는 분명하다. 그들이 살아남은 것이다. 뿐만 아니라 그들은 그 언약 공동체 안에서 그리고 그들의 언약의 하나님께로부터 보호와 공의를 모두 받게 될 것이다. 여기에 라합과 대조되는 면이 있다. 그녀는 적어도 이스라엘 정탐꾼들을 숨겨주었다. 이에 비해 기브온이 이스라엘을 위해 행한 일은 기껏해야 상한 떡을 제공한 것뿐이었다. 그것도 그들의 속임수를 증명하기 위해서였다! 하지만 기브온 주민은 그 '자격'이 조금 못 미치긴 해도 라합처럼 그들이 멸망당할 필요가 없고 오히려 이스라엘의 하나님께 순복해서 희망과 미래를 찾을 수 있다는 것을 깨달았다.

또한 여호수아 9장은 이스라엘 백성처럼 하나님께서 선호하시는 선택이 멸망이라고 믿는 사람들에게도 좋은 소식이다. 그러나 어떤 조건이 충족되면 하나님은 그분의 말씀이 진실이 아니라 '허위로 판명되길' 기뻐하는 분이다. 구약(겔 18:23, 32; 33:11)과 신약(벧후 3:9)은 모두 주님이 "아무도 멸망하지 아니하고 다 회개하기에 이르기를 원하[신다]"라고 확신시켜준다. 먼 훗날 요나서에서 하나님께서 니느웨에 보이신 반응은 이스라엘 하나님의 넘치는 은혜를 보여주는 가장 명백한 본보기 중 하나다.

그리고 여기에는 이 하나님에 대한 의존이 흔들린 사람들, 주권적인 하나님과 관계없이 살아온 사람들을 위한 좋은 소식도 있다. 여호수아 9장은 하나님의 뜻을 구하지 않아도 된다고 허락하지도 않고 흐리멍덩한 신자가 되는 것을 정당화하지도 않는다. 그러나 인간의 실패가 하나님의 선한 계획을 좌절시킬 수 없다는 진리를 다시금 증언하고 있다.

---

[85] Creach, *Joshua*, 88.

¹ 그때에 여호수아가 아이를 빼앗아 진멸하되 여리고와 그 왕에게 행한 것 같이 아이와 그 왕에게 행한 것과 또 기브온 주민이 이스라엘과 화친하여 그 중에 있다 함을 예루살렘 왕 아도니세덱이 듣고 ² 크게 두려워하였으니 이는 기브온은 왕도와 같은 큰 성임이요 아이보다 크고 그 사람들은 다 강함이라 ³ 예루살렘 왕 아도니세덱이 헤브론 왕 호함과 야르뭇 왕 비람과 라기스 왕 야비아와 에글론 왕 드빌에게 보내어 이르되 ⁴ 내게로 올라와 나를 도우라 우리가 기브온을 치자 이는 기브온이 여호수아와 이스라엘 자손과 더불어 화친하였음이니라 하매 ⁵ 아모리 족속의 다섯 왕들 곧 예루살렘 왕과 헤브론 왕과 야르뭇 왕과 라기스 왕과 에글론 왕이 함께 모여 자기들의 모든 군대를 거느리고 올라와 기브온에 대진하고 싸우니라

¹ As soon as Adoni-zedek, king of Jerusalem, heard how Joshua had captured Ai and had devoted it to destruction,¹ doing to Ai and its king as he had done to Jericho and its king, and how the inhabitants of Gibeon had made peace with Israel and were among them, ² he² feared greatly, because Gibeon was a great city, like one of the royal

cities, and because it was greater than Ai, and all its men were warriors. 3 So Adoni-zedek king of Jerusalem sent to Hoham king of Hebron, to Piram king of Jarmuth, to Japhia king of Lachish, and to Debir king of Eglon, saying, 4 "Come up to me and help me, and let us strike Gibeon. For it has made peace with Joshua and with the people of Israel." 5 Then the five kings of the Amorites, the king of Jerusalem, the king of Hebron, the king of Jarmuth, the king of Lachish, and the king of Eglon, gathered their forces and went up with all their armies and encamped against Gibeon and made war against it.

6 기브온 사람들이 길갈 진영에 사람을 보내어 여호수아에게 전하되 당신의 종들 돕기를 더디게 하지 마시고 속히 우리에게 올라와 우리를 구하소서 산지에 거주하는 아모리 사람의 왕들이 다 모여 우리를 치나이다 하매 7 여호수아가 모든 군사와 용사와 더불어 길갈에서 올라가니라 8 그때에 여호와께서 여호수아에게 이르시되 그들을 두려워하지 말라 내가 그들을 네 손에 넘겨주었으니 그들 중에서 한 사람도 너를 당할 자 없으리라 하신지라 9 여호수아가 길갈에서 밤새도록 올라가 갑자기 그들에게 이르니 10 여호와께서 그들을 이스라엘 앞에서 패하게 하시므로 여호수아가 그들을 기브온에서 크게 살륙하고 벧호론에 올라가는 비탈에서 추격하여 아세가와 막게다까지 이르니라 11 그들이 이스라엘 앞에서 도망하여 벧호론의 비탈에서 내려갈 때에 여호와께서 하늘에서 큰 우박 덩이를 아세가에 이르기까지 내리시매 그들이 죽었으니 이스라엘 자손의 칼에 죽은 자보다 우박에 죽은 자가 더 많았더라

6 And the men of Gibeon sent to Joshua at the camp in Gilgal, saying, "Do not relax your hand from your servants. Come up to us quickly and save us and help us, for all the kings of the Amorites who dwell in the

hill country are gathered against us." **7** So Joshua went up from Gilgal, he and all the people of war with him, and all the mighty men of valor. **8** And the Lord said to Joshua, "Do not fear them, for I have given them into your hands. Not a man of them shall stand before you." **9** So Joshua came upon them suddenly, having marched up all night from Gilgal. **10** And the Lord threw them into a panic before Israel, who³ struck them with a great blow at Gibeon and chased them by the way of the ascent of Beth-horon and struck them as far as Azekah and Makkedah. **11** And as they fled before Israel, while they were going down the ascent of Beth-horon, the Lord threw down large stones from heaven on them as far as Azekah, and they died. There were more who died because of the hailstones than the sons of Israel killed with the sword.

12 여호와께서 아모리 사람을 이스라엘 자손에게 넘겨주시던 날에 여호수아가 여호와께 아뢰어 이스라엘의 목전에서 이르되 태양아 너는 기브온 위에 머무르라 달아 너도 아얄론 골짜기에서 그리할지어다 하매 **13** 태양이 머물고 달이 멈추기를 백성이 그 대적에게 원수를 갚기까지 하였느니라 야살의 책에 태양이 중천에 머물러서 거의 종일토록 속히 내려가지 아니하였다고 기록되지 아니하였느냐 **14** 여호와께서 사람의 목소리를 들으신 이같은 날은 전에도 없었고 후에도 없었나니 이는 여호와께서 이스라엘을 위하여 싸우셨음이니라

12 At that time Joshua spoke to the Lord in the day when the Lord gave the Amorites over to the sons of Israel, and he said in the sight of Israel, "Sun, stand still at Gibeon, and moon, in the Valley of Aijalon." **13** And the sun stood still, and the moon stopped, until the nation took vengeance on their enemies. Is this not written in the Book of Jashar? The sun stopped in the midst of heaven and did not hurry to set for about a whole day. [14] There has been no day like it before or since, when the Lord heeded the voice of a man, for the Lord fought for Israel.

[15] 여호수아가 온 이스라엘과 더불어 길갈 진영으로 돌아왔더라

[15] So Joshua returned, and all Israel with him, to the camp at Gilgal.

[16] 그 다섯 왕들이 도망하여 막게다의 굴에 숨었더니 [17] 어떤 사람이 여호수아에게 고하여 이르되 막게다의 굴에 그 다섯 왕들이 숨은 것을 발견하였나이다 하니 [18] 여호수아가 이르되 굴 어귀에 큰 돌을 굴려 막고 사람을 그 곁에 두어 그들을 지키게 하고 [19] 너희는 지체하지 말고 너희 대적의 뒤를 따라가 그 후군을 쳐서 그들이 자기들의 성읍에 들어가지 못하게 하라 너희 하나님 여호와께서 그들을 너희 손에 넘겨주셨느니라 하고 [20] 여호수아와 이스라엘 자손이 그들을 크게 살륙하여 거의 멸하였고 그 남은 몇 사람은 견고한 성들로 들어간 고로 [21] 모든 백성이 평안히 막게다 진영으로 돌아와 여호수아에게 이르렀더니 혀를 놀려 이스라엘 자손을 대적하는 자가 없었더라

[16] These five kings fled and hid themselves in the cave at Makkedah. [17] And it was told to Joshua, "The five kings have been found, hidden in the cave at Makkedah." [18] And Joshua said, "Roll large stones against the mouth of the cave and set men by it to guard them, [19] but do not stay there yourselves. Pursue your enemies; attack their rear guard. Do not let them enter their cities, for the Lord your God has given them into your hand." [20] When Joshua and the sons of Israel had finished striking them with a great blow until they were wiped out, and when the remnant that remained of them had entered into the fortified cities, [21] then all the people returned safe to Joshua in the camp at Makkedah. Not a man moved his tongue against any of the people of Israel.

²² 그때에 여호수아가 이르되 굴 어귀를 열고 그 굴에서 그 다섯 왕들을 내게로 끌어내라 하매 ²³ 그들이 그대로 하여 그 다섯 왕들 곧 예루살렘 왕과 헤브론 왕과 야르못 왕과 라기스 왕과 에글론 왕을 굴에서 그에게로 끌어내니라 ²⁴ 그 왕들을 여호수아에게로 끌어내매 여호수아가 이스라엘 모든 사람을 부르고 자기와 함께 갔던 지휘관들에게 이르되 가까이 와서 이 왕들의 목을 발로 밟으라 하매 그들이 가까이 가서 그들의 목을 밟으매 ²⁵ 여호수아가 그들에게 이르되 두려워하지 말며 놀라지 말고 강하고 담대하라 너희가 맞서서 싸우는 모든 대적에게 여호와께서 다 이와 같이 하시리라 하고 ²⁶ 그 후에 여호수아가 그 왕들을 쳐 죽여 다섯 나무에 매달고 저녁까지 나무에 달린 채로 두었다가 ²⁷ 해 질 때에 여호수아가 명령하매 그들의 시체를 나무에서 내려 그들이 숨었던 굴 안에 던지고 굴 어귀를 큰 돌로 막았더니 오늘까지 그대로 있더라

²² Then Joshua said, "Open the mouth of the cave and bring those five kings out to me from the cave." ²³ And they did so, and brought those five kings out to him from the cave, the king of Jerusalem, the king of Hebron, the king of Jarmuth, the king of Lachish, and the king of Eglon. ²⁴ And when they brought those kings out to Joshua, Joshua summoned all the men of Israel and said to the chiefs of the men of war who had gone with him, "Come near; put your feet on the necks of these kings." Then they came near and put their feet on their necks. ²⁵ And Joshua said to them, "Do not be afraid or dismayed; be strong and courageous. For thus the Lord will do to all your enemies against whom you fight." ²⁶ And afterward Joshua struck them and put them to death, and he hanged them on five trees. And they hung on the trees until evening. ²⁷ But at the time of the going down of the sun, Joshua commanded, and they took them down from the trees and threw them

into the cave where they had hidden themselves, and they set large stones against the mouth of the cave, which remain to this very day.

²⁸ 그날에 여호수아가 막게다를 취하고 칼날로 그 성읍과 왕을 쳐서 그 성읍과 그 중에 있는 모든 사람을 진멸하여 바치고 한 사람도 남기지 아니하였으니 막게다 왕에게 행한 것이 여리고 왕에게 행한 것과 같았더라

²⁸ As for Makkedah, Joshua captured it on that day and struck it, and its king, with the edge of the sword. He devoted to destruction every person in it; he left none remaining. And he did to the king of Makkedah just as he had done to the king of Jericho.

1 That is, set apart (devoted) as an offering to the Lord (for destruction); also verses 28, 35, 37, 39, 40 *2* One Hebrew manuscript, Vulgate (compare Syriac); most Hebrew manuscripts *they* *3* Or *and he*

≋≋≋≋ 단락 개관 ≋≋≋≋

기브온 주민과 맺은 언약과 관련해 우리가 어떤 결론을 이끌어내든지 간에 분명한 사실이 하나 있다. 바로 이 사건이 마침내 이스라엘을, 그들이 하나님의 선물인 약속의 땅을 자기 것으로 주장하게 될 연속적인 전투로 몰아넣는다는 사실이다. 이 시점까지는 그들이 여리고와 요단강 사이에 있는 그들의 기지인 길갈에서 무척 가까운 중부 지방을 탐사하는 작은 발자국만 내디뎠을 뿐이다. 그러나 기브온 언약은 중남부 지방에 있는 다섯 왕이 이스라엘을 대항하는 전쟁을 일으키기 위해 연맹을 결성하게 하는 계기가 된다. 이 군사행동의 결과 이스라엘은 남부와 서부에 있는 성읍들로 더 깊이 들어가게 되고(10:29-43), 그 전투들에서의 승리는 북부에 있

는 성읍들의 왕들이 연합하도록 만든다(11:1-5). 이스라엘의 군사행동은 초기의 망설이던 단계를 지나서 마침내 추진력을 얻게 되는데, 기브온과 맺은 언약이 그 받침대 역할을 한다. 우리는 사도행전에 서술된 초기 교회의 확산에서 이와 비슷한 역학을 보게 된다. 사도들이 한동안 예루살렘 근처에 머물러 있다가 스데반의 처형에 뒤이어 "큰 박해"가 일어나서 그리스도인을 "흩어지[게]" 했는데(행 8:1-4), 이는 "예루살렘"뿐 아니라 "온 유대와 사마리아와 땅 끝까지 이르러" 자신의 증인이 되라는 예수님의 명령(행 1:8)이 마침내 성취되는 계기가 된다.

중부에서의 군사행동은 두 단계로 되어 있다. 첫 부분은 기브온을 공격하는 전투에 초점을 둔다(1-15절). 예루살렘 왕의 주도하에 결성된 연맹이 일단 행동을 취하자(1-5절), 기브온 주민은 언약의 파트너에게 자기들을 도우러 오라고 요청하는 반응을 보인다. 이후 이스라엘은 기브온을 위해 싸워서 그 성읍을 적들로부터 구출하고 그 주변을 확보한다. 내레이터는 이스라엘의 행동을 길갈에서 이동했다가 그곳으로 돌아가는 것으로 묘사한다(6-15절). 이 전투는 어느 시점에 "태양이 중천에 머물러"(13절) 있었다는, 이스라엘을 위한 하나님의 가장 극적이고 신비로운 개입 중 하나를 담고 있다.

그런데 기브온의 적들이 패주하는 동안 연맹을 맺은 왕들이 도망친다. 그들을 추격해서 처형하는 이야기가 이 단락의 둘째 단계에 서술되어 있고, 이 역시 기브온과 관계를 맺은 결과이다(16-28절). 이들은 이스라엘에 대해 전쟁을 일으킨 책임이 있는 왕들이다. 그들 앞과 그들 이후의 다른 적대적인 왕들처럼 그들은 그들이 처한 운명을 통해 시편 2편의 진리를 배우게 된다.

I. 약속의 땅을 차지하다(1:1-12:24)

　L. 중부에서의 군사행동(10:1-28)

　　1. 반(反)기브온 연합(10:1-15)

　　　a. 아모리의 다섯 왕이 기브온에 대항하는 연맹을 결성하
　　　　다(10:1-5)

　　　b. 기브온 주민이 이스라엘에게 도움을 요청하다(10:6-8)

　　　c. 주님이 이스라엘을 위해 싸우시다(10:9-14)

　　　d. 이스라엘이 길갈로 돌아가다(10:15)

　　2. 아모리의 다섯 왕이 처형되다(10:16-28)

　　　a. 다섯 왕이 막게다에서 구금되고, 그들의 성읍들이 패배
　　　　하다(10:16-21)

　　　b. 다섯 왕의 처형(10:22-27)

　　　c. 막게다가 점령되다(10:28)

≋≋≋≋ 주석 ≋≋≋≋

10:1-5 기브온은 아이의 멸망에 반응하는 유일한 이웃이 아니다. 그런데 기브온과의 화친은 예루살렘의 왕 아도니세덱에게 더 큰 영향을 미친다. 그 왕의 이름과 성읍은 모두 주목할 만하다. 그 성읍에 관해 말하자면, 이것이 성경에서 예루살렘이 최초로 언급된 구절이다. 그 성읍은 장차 주님이 "자기의 이름을 두려고 거처로 삼으[시기]"(신 12:5, 새번역) 위해 택하실 장소다. 그런데 그 성읍이 성경 이야기에서 처음 그 모습을 드러내는 순간에 침략하는 이스라엘 백성과 그 하나님께 적대적이란 사실은 참으로 충

격적이다. 그 장소는 그 주민들과 함께 변화될 것이다. 그 왕의 이름은 '의
(義)의 주님' 또는 '나의 주님은 의롭다'란 뜻으로 사사기에서 이스라엘과
처음 전투를 벌이는 왕 아도니베섹(그 역시 예루살렘과 연관이 있다)의 이름과
매우 비슷하다(삿 1:5-7).

　기브온이 주도적으로 이스라엘과의 화평을 구한 사건은 아도니세덱을
딜레마에 빠지게 했다. 여리고와 아이의 패배가 그에게 놀라움을 안겨주
기에 충분할 것이다. 그러나 2절이 분명히 밝히듯이, 기브온의 위상과 용
맹스러움은 아이의 그것과 등급이 달랐다. 그런데도 그들이 이스라엘과
싸우기보다 화평을 구한 것이다. 군사적 정복이 아니라 바로 이것이 아도
니세덱을 "크게 두려워하[게]" 만든다. 그는 어떻게 할 것인가? 그는 항복
대신 기브온을 비롯한 네 도시(참고. 9:17)보다 더 많은 다섯 성읍의 연맹을
소집한다. 그 성읍들은 예루살렘, 헤브론, 야르뭇, 라기스, 에글론이다. 그
들은 예루살렘의 남서쪽을 향해 부채꼴로 퍼져나감으로써[86] 예루살렘의 북
쪽으로 9.7킬로미터에 못 미치는 기브온에서 더 먼 곳에 자리를 잡는다.
예루살렘 왕이 네 왕을 소환할 때 하는 말 가운데 아이 또는 여리고의 패
배를 가리키며 여호수아와 이스라엘을 공격하자는 것이 아니라 기브온이
'화친했다'고 하면서 그들을 공격 목표로 삼는 것은 시사하는 바가 있다.
그 연맹이 결성되어 네 도시의 대표에 해당하는 기브온을 포위하게 된다.

10:6-8 10:3-4에서 아도니세덱이 발표한 소환은 6절에 나온 기브온
의 반응에서 비슷한 상대역을 발견한다. 예루살렘의 왕이 그의 동맹들에
게 전갈을 '보낸' 것처럼(10:3) 기브온 주민 역시 그들의 동맹에게 그렇게
한다. 그들이 요청하는 말은 바뀐다. 아도니세덱의 간청은 "올라와…도우
라…우리가…치자"(10:4)인데 비해, 여호수아에게 전한 기브온의 요청은

86　이 네 성읍 중에서 야르뭇이 예루살렘의 서남서쪽으로 약 26킬로미터 떨어진 가장 가까운 곳에 위치해 있고, 라기
스와 에글론은 [만일 텔 에톤(Tel Eton)과 동일시되는 것이 옳다면] 예루살렘의 남서쪽으로 약 43킬로미터 떨
어진 가장 먼 곳에 있다.

"돕기를 더디게 하지 마시고 속히 우리에게 올라와 우리를 구하소서"이다. 언약적 합의가 요구하는 사항은 이스라엘이 기브온을 보호할 뿐만 아니라 그들을 구원하는 것을 의미한다.

여호수아는 즉각적인 반응을 보이며 이스라엘 군대를 데리고 기브온으로 행군한다(7절). 앞의 역사를 감안하면, 혹자는 하나님의 인도를 신중하게 구하려고 했을 것으로 생각할 수도 있다. 예전에 그런 모습이 없어서 주님 앞에서 이스라엘의 입장이 크게 곤란해진 적이 있기 때문이다. 하지만 8절에서 안심시키는 말이 단도직입적으로 주어진다. "그들 중에서 한 사람도 너를 당할 자 없으리라"라는 표현은 여호수아서에서 독특한 하나님의 보증이며, 21:44에서는 이스라엘에게 주신 하나님의 약속이 성취된 것을 확증하는 말로, 그리고 23:9에서는 여호수아가 하나님의 신실하심에 대해 성찰하는 말로 다시 나온다.[87] 따라서 이 경우에는 여호수아가 올바르게 분별한 것이다. 기브온과 맺은 언약에 충실하려면 이스라엘 편에서 이런 반응을 보여야 마땅하다. 하지만 하나님께서 주신 승리의 보증은 좋은 판단이라는 증거라기보다 이스라엘이 약속의 땅 속으로 전진하는 것이 곧 앞으로 이동하는 것임을 확증하는 말이다.

10:9-11 이스라엘의 재빠른 이동은 밤중에 일어난다. 길갈로부터 밤중에 진행된 놀라운 행군은 이튿날 아침 기브온에서 동맹 군대와 마주칠 때 그들을 깜짝 놀라게 한다. 하지만 이스라엘은 홀로 행동하지 않는다. 10:7에 나오는 여호수아의 주도권이 10:8에서 하나님의 협력과 만나는 것처럼, 이스라엘이 기브온 주민의 적들(이제는 그들의 적이기도 한)과 전투를 벌일 때 취한 행동은(9절) 신적 전사(divine warrior)의 개입과 짝을 이룬다. 여기서 신적 전사는 이 전투에서 이스라엘을 위한 세 가지 행동 중 첫째 행동을 취한다. 이스라엘이 "그들을…크게 살육하[는]"(10절) 동시에 주님은 동맹의

---

87 약속의 성격을 띤 이 표현은 이 세 곳에만 나온다. 변형된 형태가 신명기 7:24과 에스더 9:2에도 나오는데, 이 본문들이 히브리어 성경에 나오는 단 두 구절이다.

군대에 공포심을 불어넣으신다. 아도니세덱이 동맹들의 도움을 받아 기브온에 가하려고 한 바로 그것(10:4)을 이스라엘이 언약의 파트너를 도우러 올 때 그 동맹에게 가하게 된다.

　동맹의 전사들이 도망하고 이스라엘은 그들을 추격한다(10-11절). 그들의 경로는 야르뭇이 있는 방향인 남쪽으로 바뀌기 전에 그들을 기브온을 비롯한 네 성읍의 북쪽으로 데려간다. 그리고 이 전투가 시작될 때와 같이 다시금 도망과 추격이 일어나는 동안 이스라엘의 행동은 신적 전사의 개입으로 지원을 받는다. 이스라엘의 칼이 일하는 동안에 하나님의 우박도 일한다. 이 우박은 처음에 '큰 돌들'로 묘사되어 있다. 우박[바라드(barad)]은 하나님께서 이집트에 내리신 일곱 번째 재앙(출 9:13-35)을 상기시킨다. 이집트에 내린 우박과 이 전투에서 내린 우박은 모두 파괴적이고(참고. 출 9:19, 25) 선택적이라서(9:26) 이집트 사람과 가나안 사람은 쓰러뜨리지만 어느 경우에도 이스라엘 사람은 건드리지 않는다. 좀 더 넓게 살펴보면, 우박은 신적 병기의 중요한 일부라서 시편 18:13-14에서처럼 높임 받는다. 그리고 욥기 38:22-23에 나오는 하나님의 나타나심에서와 같이 언급된다. 또한 이사야 30:30-31에서 주님은 앗수르에게 우박을 도구로 이용하신다. 주님이 도망하는 동맹에 던지신 공포의 혼란은 그 출처를 분간하기 어려울 수 있지만, 파괴적인 우박이 억수 같이 쏟아지는 것은 신적 전사의 행동임이 훨씬 더 명백히 드러난다.

10:12-14 이 전투에 주님이 개입하신 세 번째 사건은 비길 데가 없을 만큼 극적이고 가장 유명하다. 우리가 이 에피소드에서 살펴본 적어도 하나의 천체 현상은 지각 변동이 일어나서 우박이 떨어진 것이다. 어쩌면 또 하나의 천체 현상이 있었을지 모른다. 만일 이스라엘이 밤중에 길갈에서 기브온까지 행군할 동안 달빛이 그들을 도왔다면 말이다. 이제 여호수아의 부르짖음(12절)에 반응하여 "태양이 머물고 달이 멈추[었을]"(13절) 때 극적인 천체 징조가 절정에 이른다. 그 기도문의 보존, 시적인 응답, "야살의 책"(삼하 1:18. 사울과 요나단의 죽음에 대한 다윗의 탄식을 소개하는 비슷한 진술을 통

해서만 알려진)에 대한 언급은 이미 그 놀라운 사건이 유발한 신비로운 느낌을 더욱 불러일으킨다. 그 기적을 설명하려는 몇몇 시도가 있어왔다. 보통은 그 기사를 설명하기 위해 일식이나 월식과 같은 자연 현상을 주목하거나, 그 사건에 종교적 내지는 문화적 맥락을 제공하는 고대 근동 문헌에 나오는 유사한 현상에 호소한다.[88] 그런 모든 설명은 그 사건의 일차적 의미를 제거하고 만다. 칼빈은 "기브온에서 태양이 어떻게 멈추었는지에 대한 의문은 일부에 의해 부적절하게 제기된 것 못지않게 다른 이들에 의해 서투르게 설명되었다"라고 말했다. 칼빈의 19세기 영역본을 편집한 사람은 "여기서 그 기적을 설명하려는 사람들에게 주어진 책망은 그 사건을 얼버무리려는 이들에게 두 배로 적용된다"[89]고 날카롭게 지적한다. 그 기적을 합리화하려는 사람에게 지적할 근본적인 점은 어쨌든 메커니즘의 설명이 의미의 설명과 같지 않다는 것이다. 예컨대, 엄마의 출산과 관련된 생물학적 과정을 설명하는 것이 곧 인생의 의미를 설명하는 것은 아니다.

내레이터는 14절에서 이날은 비길 데 없는 날임을 밝힘으로써 기브온과 관련해 다음 주장을 강하게 편다. "이는 여호와께서 이스라엘을 위하여 싸우셨음이니라." 따라서 이보다 더 유익한 것은 하박국 3:11에 나오는 기도이다. "날아가는 주의 화살의 빛과 번쩍이는 주의 창의 광채로 말미암아 해와 달이 그 처소에 멈추었나이다." 거기서도 여기와 같이 천체는 그것을 만드신 분에게 종속되어 있다. 하나님의 '무기'가 무엇보다도 우선한다.[90] 더 나아가, 하나님의 이 개입(실은 혼돈, 우박, 기나긴 낮 등 세 가지 모두)은 군사적으로 꼭 필요한 것이 아니었다고 한다. 이스라엘의 군대는 승리를 향해 순조롭게 나아가고 있다.[91] 내레이터의 짧지만 명백한 요약은 기브온 언약

88 유용한 개관과 평가를 보려면 다음 자료들을 참고하라. Hess, *Joshua*, 215-218, Pekka M. A. *Joshua*, ApOTC 6 (IVP Academic, 2010), 224, McConville and Williams, *Joshua*, 154-170.

89 Calvin, *Book of Joshua*, 153.

90 참고. Creach, *Joshua*, 92.

91 Levin, "Wars of Joshua," 41.

에 의해 줄줄이 일어난 모든 사건이 모두 끝났을 때인 여호수아 10:42에 다시 반복되어 있다. 본질적인 요점은 바로 "이스라엘의 하나님 여호와께서 이스라엘을 위하여 싸우셨[다]"는 것이다.

10:15 이스라엘이 예루살렘 동맹을 추격하기 위해 먼 길을 갔음에도 길 갈은 여전히 이스라엘의 작전 기지로 남아있다. 기브온은 안전하게 지켰어도 그들의 적은 도처에 널려있다. 하지만 잠시 동안 이스라엘은 안식한다. 이는 이례적인 멈춤으로 보일지 모른다. 이어지는 대목에서 행동이 재개될 때는 이스라엘이 야르뭇의 북쪽으로 되돌아온 상태이고, 그곳 아얄론 골짜기에서 극적인 사건이 일어났다. 우리가 현재 (연대순으로 전개되지 않는) 3-4 장의 내러티브와 같은 내러티브를 다루고 있는지, 아니면 이 내러티브가 이스라엘의 출정 움직임들을 묘사하고 있는지는 판단하기가 어렵다.

10:16-21 눈길이 다시 동맹의 다섯 왕으로 돌아가서 그들이 붙잡히지 않으려고 "막게다의 굴"에 숨는 모습을 그려준다. 왕들이 어째서 요새화된 그들 성읍이 아니라 여기에 피신하고 있는지 의문이 생긴다. 이곳은 알려진 장소('그 굴')인 듯하다. 가장 간단한 설명은 그들이 이스라엘로부터 도망치고 있다는 것이다. 19절이 가리키듯이, 전투가 들판에서 계속 벌어지는 중이다. 여호수아의 전략은 아이와의 전투(8장)를 통해 배운 대로, 적군이 요새의 보호를 받지 못한 채 노출되어 있는 동안 그들을 대적하는 것이다. 막게다는 에글론 북쪽(만일 에글론이 텔에톤과 동일시된다면), 라기스와 헤브론의 중간 지점에 있다.

   하지만 이스라엘은 왕들을 처리하기 전에 그 동맹에 대한 공격을 마무리해야 한다(20절). 히브리어는 신기하게도 이스라엘의 승리가 결정적 성격을 띠고 있음을 강조한다. 이스라엘이 입힌 '큰 타격'("great blow", ESV 참고, 10절)은 완결과 마무리의 뜻을 실은 두 용어로 되어 있고, 후자는 종종 무언가를 죽음에 처하게 했다는 뜻을 함축하는 어구에 나온다[아드 투맘(*ad-tumam*)]. 그런데 일부 도피자들은 요새화된 성읍들로 다시 피할 수 있었기 때문에 그런 표현이 신기하게 보인다. 일부 사람의 생명이 여전히 보존되어 있었다는 사실은 나중에 헤브론 성읍을 점령하는 갈렙의 이야기(14:13-15, 참고. 드빌도 남아있다, 10:38-39; 15:15)에서도 분명히 드러난다.

여호수아 내러티브의 앞부분, 특히 요단 횡단을 둘러싼 이야기에서, 우리는 약속의 땅에 들어가는 이스라엘의 모습과 모세의 인도 하에 이집트를 떠나는 출애굽 세대의 모습을 연결시키는 수많은 유사점을 살펴보았다. 그 가운데 마지막 유사점은 예루살렘 동맹을 패배시키는 이 장면에 나온다. 동맹 군대를 무찌르는 일이 완료되었을 때 내레이터가 이렇게 기록한다. "그 땅에서는 어느 누구도 감히 혀를 놀려 이스라엘 자손을 헐뜯지 못하였다"(21절, 새번역). 이는 온 주민이 이스라엘을 높이 평가했음을 묘사하는 말이다. 뿐만 아니라, 히브리어 관용구 '혀를 자르다'[하라츠(harats) + 라숀(lashon)]는 '으르렁거리다'(참고. NJPS)란 뜻이다. 이 표현은 히브리어 성경에 딱 한 번 더 나온다. 출애굽기 11:7에서 모세는 이스라엘 백성에게 이집트의 장자에게 임할 죽음의 재앙과 그로 인한 울부짖음에 관해 알려준다. "그러나 이스라엘 자손에게는 사람에게나 짐승에게나 개 한 마리도 그 혀를 움직이지[으르렁거리지] 아니하리니." 그래서 여기서도 단 한 사람도 이스라엘을 향해 '으르렁거리지' 않는다. 모세가 이집트에서 이끌어낸 교훈을 여기서도 정복의 맥락에서 이해할 필요가 있다. 주님은 아모리 왕들 및 그 군대와 이스라엘을 구별하고 계시는 것이다. 이제 곧 펼쳐질 장면들은 이 책에서 가장 피비린내 나는 대목에 속한다. 하지만 이런 구별선이 그어졌고, 이 전쟁은 기브온과 이스라엘의 평화조약으로 인해 그 동맹이 촉발했기 때문에 사실은 굳이 그렇게 될 필요가 없었다.

10:22-27 다섯 왕의 처형이 가까이 다가오자 그들의 이름이 다시 열거된다. 여호수아가 "지휘관들"(24절)에게 다섯 왕의 목을 발로 밟으라고 지시할 때 약간 이상한 행사가 펼쳐진다. 이런 의례적 치욕은 고대 근동에서 그 유례를 찾을 수 있다. 승리한 왕이 정복한 적을 짓밟는 실례는 여럿 있는데, 그 가운데 이와 가장 비슷한 예는 바벨론의 카시틸리아쉬 4세(주전 약

1242-1235년)에 대해 다음과 같이 선언한 앗수르의 티쿨티-닌우르타 1세(주전 약 1244-1208년)의 비문에 나온다. "나는 내 발로 그 왕의 목을 발판으로 삼아 밟았다."[92] 하나님은 여호수아에게 그리고 그를 통해 이스라엘 사람들에게 청동기 시대 사람들이 이해하는 언어로 말씀하고 계신다.

이 상황에서 여호수아가 그의 지휘관들에게 "두려워하지 말며 놀라지 말고 강하고 담대하라"(25절)고 격려하는 것은 무척 자명해보일 수 있다. 이 동사들의 긍정적 쌍과 부정적 쌍이 자주 나오는 편이지만 이 넷의 조합이 다시 나오는 곳은 역대기뿐이다. 그 가운데 두 번은 다윗이 솔로몬에게 성전 건축과 그 예배 준비에 신실하도록 격려하는 장면이다(대상 22:13; 28:20). 이와 비슷하게, 히스기야는 앗수르 사람에게 맞설 준비를 할 때 다음과 같은 말로 예루살렘 사람들을 불러 모은다. "너희는 마음을 강하게 하며 담대히 하고 앗수르 왕과 그를 따르는 온 무리로 말미암아 두려워하지 말며 놀라지 말라 우리와 함께 하시는 이가 그와 함께 하는 자보다 크니 그와 함께 하는 자는 육신의 팔이요 우리와 함께 하시는 이는 우리의 하나님 여호와시라"(대하 32:7-8). 여기에는 겁먹을 유혹을 직면하여 신체적 용기를 내도록 북돋우는 요소가 있다. 그러나 그 이상으로, 그의 백성과 함께 그리고 그들을 위해 싸우시는 주권적인 하나님께 빚졌으니 그분께 순종하도록 격려하는 영적 차원이 있다.

다섯 왕의 처형, 시체의 진열, 시체의 처분은 아이 왕을 취급한 패턴(26-27절, 참고. 8:29)을 따르고, 그 경우와 같이 신명기 21:22-23의 규정을 그대로 따른다. 이 순서가 신명기 율법과 밀접한 관계가 있다는 사실은 그 율법이 실행되려면 그 조건['죽임으로 징벌할' 죄('범죄'), 신 21:22]이 충족될 필요가 있음을 의미하고, 더 나아가 그 죄에 대해 희생자를 심판한다는 것["나무

---

92 F. J. Stendebach, "רֶגֶל", TDOT, 13:312. 상징적인 유례는 다윗이 적을 그의 발아래에 엎드러지게 하는 모습(시 18:38)과 시편 110:1("여호와께서 내 주에게 말씀하시기를 내가 네 원수들로 네 발판이 되게 하기까지 너는 내 오른쪽에 앉아 있으라 하셨도다")에 나온다. 후자는 예수님이 인용하신 본문이다(마 22:44 이하, 참고. 히 1:13).

에 달린 자는 하나님께 저주를 받았음이니라"(신 21:23, 참고. 민 25:4)]을 인정한다. 여호수아서에서 돌 기념비의 경우가 그랬듯이, 이 장소도 그 공동체의 기억을 유지시키는 역할을 한다.

10:28 막게다 성읍이 10:16에서 시작된 이 부분의 앞뒤를 장식한다. 막게다의 왕도 처형당하고 그 성읍은 여리고를 전례로 한 헤렘의 대상이 된다. 헤렘이 바로 이전 장들에서는 두드러지지 않았으나 이제는 내레이터의 기사의 전면으로 복귀한다. 따라서 이 구절은 또한 다음 장면(10:29-39)으로 이어지는 전환부의 역할을 하고(그 대목의 주석을 참고하라), 이후에 줄줄이 나오는 정복 이야기들은 하나같이 막게다의 기사를 상기시킨다.

≋≋≋≋ 응답 ≋≋≋≋

이 에피소드는 일부러 예루살렘 왕의 간청으로 다함께 모인 동맹에 속한 "다섯 왕들"의 행동과 운명의 견지에서 서술되어 있다(5, 16, 26절). 이와 같은 단락(그리고 이어지는 단락)을 읽는 그리스도인 독자는 맨 먼저 과연 누가 주님의 편인지를 묻겠지만, 이 이야기의 틀은 긴급하게 그와 정반대되는 질문을 던진다. 주님의 편에 대적하는 이들은 어떻게 되는가? 히브리서 저자가 말하듯이 "살아 계신 하나님의 징벌하시는 손에 떨어지는 것은 무서운 일[이다]"(히 10:31, 새번역). 이미 언급했듯이, 이 다섯 왕의 운명과 아이 왕의 운명은 매우 비슷하다. 아이 왕처럼 이 왕들의 일차적 대적은 하늘과 땅의 하나님, 곧 이스라엘의 하나님이다. 말하자면, 이 동맹의 경우 그 대적은 여호수아도 이스라엘도 아니고, 기브온은 확실히 아니다.

그 틀 안에서 이 내러티브는 두 종류의 싸움을 전면에 가져온다. 첫째 단계에서 하나님은 이스라엘을 위해 싸우시는 동시에 기브온을 위해서도 싸우신다. 기브온 주민이 이스라엘과 언약을 맺은 방식에 대해 우리가 꺼림칙하게 여길지 몰라도, 하나님은 어쨌든 그것을 진정한 관계로 간주하신다. 번역의 《천로역정》의 말을 빌리자면, 물론 "좁은 문"(Wicket Gate, 참고. 마 7:13-14)으로 들어가지 못하는 일이 있을 수 있지만, 그런 문으로 들어가는 일은 우리가 일반적이지 않은 길이라고 생각하는 것에서 일어날 수 있다. 그래서 신적 전사는 세 번에 걸쳐 그의 백성과 함께 그의 적과 싸우고, 우박을 통해서 더 많은 적을 죽였다고 한다. 웨스트민스터 소요리 문답이 이런 상황에 대해 말한다.

질문 26. 그리스도는 왕의 직무를 어떻게 수행하시는가?
답변: 그리스도는 우리를 그 자신에게 복종시키고, 우리를 다스리고 변호하며, 그 자신과 우리의 모든 적을 억제시키고 정복함으로써 왕의 직무를 수행하신다.

복종시키고, 다스리고, 변호하고, 억제하며, 정복하는 일은 신적 전사가 예루살렘 왕이 꾸며낸 이 교전을 통하여 취하는 행동의 여러 부분이다.

둘째 단계에서는 이스라엘이 하나님을 위해 싸운다. 6-14절에서 눈에 띄는 신적 행동은 나머지 전투가 벌어질 때 계속되지 않는다. 그렇다고 하나님이 부재하신 것은 아니다. 오히려 여호수아는 하나님의 명백한 말씀(8절)의 뜻이 그 세 가지 개입을 통해 입증된 것으로 이해한다. 이는 그분이 이스라엘에게 그 전투를 완료하라고 촉구하시는 근거가 된다(19절). 이스라엘은 순종에 대해 이해하고 하나님의 주권의 성격을 이해하는 면에서 성장하는 중이다.

그리스도인 독자들은 예루살렘의 전혀 다른 왕으로 향하는 궤도를 분별할 것이다. 그 왕은 하나님의 진노를 불러일으키기보다 그 진노를 떠안고서 말뚝 위에 노출되고, 굴속에 매장되고, 돌 뒤에 가로막히셨던, 그러나 돌과 죽음이 붙들어 놓을 수 없고, 하나님께서 높이 들어 올리시어 그에게 모든 무릎이 절해야 할 이름을 부여하신 왕이다(참고. 빌 2:8-10).

29 여호수아가 온 이스라엘과 더불어 막게다에서 립나로 나아가서 립나와 싸우매 30 여호와께서 또 그 성읍과 그 왕을 이스라엘의 손에 붙이신지라 칼날로 그 성읍과 그 중의 모든 사람을 쳐서 멸하여 한 사람도 남기지 아니하였으니 그 왕에게 행한 것이 여리고 왕에게 행한 것과 같았더라

29 Then Joshua and all Israel with him passed on from Makkedah to Libnah and fought against Libnah. 30 And the Lord gave it also and its king into the hand of Israel. And he struck it with the edge of the sword, and every person in it; he left none remaining in it. And he did to its king as he had done to the king of Jericho.

31 여호수아가 또 온 이스라엘과 더불어 립나에서 라기스로 나아가서 대진하고 싸우더니 32 여호와께서 라기스를 이스라엘의 손에 넘겨주신지라 이튿날에 그 성읍을 점령하고 칼날로 그것과 그 안의 모든 사람을 쳐서 멸하였으니 립나에 행한 것과 같았더라

31 Then Joshua and all Israel with him passed on from Libnah to

Lachish and laid siege to it and fought against it. ³² And the Lord gave Lachish into the hand of Israel, and he captured it on the second day and struck it with the edge of the sword, and every person in it, as he had done to Libnah.

³³ 그때에 게셀 왕 호람이 라기스를 도우려고 올라오므로 여호수아가 그와 그의 백성을 쳐서 한 사람도 남기지 아니하였더라

³³ Then Horam king of Gezer came up to help Lachish. And Joshua struck him and his people, until he left none remaining.

³⁴ 여호수아가 온 이스라엘과 더불어 라기스에서 에글론으로 나아가서 대진하고 싸워 ³⁵ 그날에 그 성읍을 취하고 칼날로 그것을 쳐서 그 중에 있는 모든 사람을 당일에 진멸하여 바쳤으니 라기스에 행한 것과 같았더라

³⁴ Then Joshua and all Israel with him passed on from Lachish to Eglon. And they laid siege to it and fought against it. ³⁵ And they captured it on that day, and struck it with the edge of the sword. And he devoted every person in it to destruction that day, as he had done to Lachish.

³⁶ 여호수아가 또 온 이스라엘과 더불어 에글론에서 헤브론으로 올라가서 싸워 ³⁷ 그 성읍을 점령하고 그것과 그 왕과 그 속한 성읍들과 그 중의 모든 사람을 칼날로 쳐서 하나도 남기지 아니하였으니 그 성읍들과 그 중의 모든 사람을 진멸하여 바친 것이 에글론에 행한 것과 같았더라

³⁶ Then Joshua and all Israel with him went up from Eglon to Hebron. And they fought against it ³⁷ and captured it and struck it with the edge of the sword, and its king and its towns, and every person in it. He left

none remaining, as he had done to Eglon, and devoted it to destruction and every person in it.

³⁸ 여호수아가 온 이스라엘과 더불어 돌아와서 드빌에 이르러 싸워 ³⁹ 그 성읍과 그 왕과 그 속한 성읍들을 점령하고 칼날로 그 성읍을 쳐서 그 안의 모든 사람을 진멸하여 바치고 하나도 남기지 아니하였으니 드빌과 그 왕에게 행한 것이 헤브론에 행한 것과 같았으며 립나와 그 왕에게 행한 것과 같았더라

³⁸ Then Joshua and all Israel with him turned back to Debir and fought against it ³⁹ and he captured it with its king and all its towns. And they struck them with the edge of the sword and devoted to destruction every person in it; he left none remaining. Just as he had done to Hebron and to Libnah and its king, so he did to Debir and to its king.

⁴⁰ 이와 같이 여호수아가 그 온 땅 곧 산지와 네겝과 평지와 경사지와 그 모든 왕을 쳐서 하나도 남기지 아니하고 호흡이 있는 모든 자는 다 진멸하여 바쳤으니 이스라엘의 하나님 여호와께서 명령하신 것과 같았더라 ⁴¹ 여호수아가 또 가데스 바네아에서 가사까지와 온 고센 땅을 기브온에 이르기까지 치매 ⁴² 이스라엘의 하나님 여호와께서 이스라엘을 위하여 싸우셨으므로 여호수아가 이 모든 왕들과 그들의 땅을 단번에 빼앗으니라 ⁴³ 여호수아가 온 이스라엘과 더불어 길갈 진영으로 돌아왔더라

⁴⁰ So Joshua struck the whole land, the hill country and the Negeb and the lowland and the slopes, and all their kings. He left none remaining, but devoted to destruction all that breathed, just as the Lord God of Israel commanded. ⁴¹ And Joshua struck them from Kadesh-barnea as far as Gaza, and all the country of Goshen, as far as Gibeon. ⁴² And

Joshua captured all these kings and their land at one time, because the Lord God of Israel fought for Israel. 43 Then Joshua returned, and all Israel with him, to the camp at Gilgal.

단락 개관

28절에 나오는 막게다 타파에 관한 요약문이 남부 지역에서 진행되는 군사행동의 분위기를 설정한다. 예루살렘 동맹의 군대들은 들판에서 패배를 당했으나 요새화된 성읍들은 여전히 정복되지 않았고, 그 가운데 세 성읍이 계속되는 군사행동의 일부를 이룬다. 이 목록에 야르뭇과 예루살렘은 나오지 않는 반면 립나와 드빌은 포함되어 있다. 여호수아가 이스라엘을 이끌며 공격하는 다섯 성읍(스스로 합류하는 게셀까지 포함하면 여섯 성읍, 33절)의 패배에 관한 기사를 살펴보면 어떤 패턴을 공유하고 있다. 공유된 요소들은 다섯 부문 각각에 나타나지 않아도 패턴들이 서서히 드러난다. 따라서 이 주석은 각 성읍을 차례로 다루기보다는 그 패턴들을 알아내고 해석에 필요한 두드러진 특징들을 주목하게 하려고 한다.

〰〰〰 단락 개요 〰〰〰

I. 약속의 땅을 차지하다(1:1-12:24)

  M. 남부에서의 군사행동(10:29-43)

    1. 립나(10:29-30)

    2. 라기스와 게셀(10:31-33)

    3. 에글론(10:34-35)

    4. 헤브론(10:36-37)

    5. 드빌(10:38-39)

    6. 남부의 요약(10:40-43)

내용의 규칙성은 도표로 표현될 수도 있고(표3), 여기에는 이전 단락에 나오는 막게다(28절)도 포함되어 있다.[93] 표의 행은 정복된 성읍들 각각을 묘사하고, 각 행에 나오는 숫자는 그 성읍에 대해 다양한 요소가 발견되는 순서이다. 막게다가 16절에 언급되어 있지만 이 구조에 얼마나 많이 참여하고 있는지를 즉시 알아볼 수 있다. 헤브론과 드빌이 서로에게 가장 근접하지만 어느 두 성읍도 동일한 패턴을 공유하지 않는다.

---

93 이 도표는 Hess, *Joshua*, 223에 나오는 요약을 확장하고 다듬은 것이다.

성읍	(A)	(B)	(C)	(D)	(E)	(F)	(G)	(H)	(I)	(J)	(K)	(L)	(M) (a/b)
막게다		1*	3				2	4	5	6	7	9	8a
립나	1	2	5	3		4			6	7	8	9	10a
라기스 +게셀	1	2	7, 10*	4	3	5	6		8	11		9	
에글론	1	2	6	4	3		5	7	8			9	
헤브론	1*	2	5	3			4	10	7, 11	8		9	6b
드빌	1*	2*	6	3			4	7	8	9	11	10	5b

표3. 남부 군사행동의 성읍별 기록

• 주: 각 열에 해당하는 요소는 다음과 같다. (A) 여호수아가 온 이스라엘과 더불어…에서 나아갔다(* 헤브론은 '올라갔다', 드빌은 '돌아왔다'), (B) 지명1에서 지명2로(* 지명1만 나옴), (C) 칼날로 쳤다(* 게셀은 단순히 '쳤다'), (D) …와 싸웠다, (E) 대진했다, (F) 주님이…를 이스라엘의 손에 넘겨주셨다, (G) 점령했다, (H) 진멸하여 바쳤다(헤렘), (I) 그중에 있는 모든 사람, (J) 그가 한 사람도 남기지 않았다, (K) 그가…에게 행했다, (L) 그가 행한 것과 같았다, (M) a 왕에게 (행했다) / b 왕과 그 성읍들에게 (행했다).

≋≋≋≋ **주석** ≋≋≋≋

10:29-39 남부 군사행동은 기브온을 방어하는 전투와 이후에 그 지역의 심장지대를 향해 동맹 군대를 추격한 결과로 일어난다. 립나는 막게다의 북북서로 약 12.9킬로미터 떨어진 곳이고, 라기스는 립나의 남남동으로 불과 9.7킬로미터 떨어진 곳이다. 이곳이 게셀의 군대가 그 전투에 합류하는 지점이다. 그 기사(33절)가 빈약해서 그 이유는 알기 어렵다. 게셀은 라기스의 북쪽으로 32킬로미터도 넘는 거리에 있다. 에글론과 헤브론과 드빌은 모두 동쪽과 남쪽으로 더 먼 곳에 있다.

성읍 파멸에 관한 다섯 가지(막게다를 포함하면 여섯 가지) 기사는 공유하는 내용이 많지만 그들 간에 공유한 모든 요소를 다 포함하는 기사는 하나도 없다. 열세 가지 특징 중에 여섯은 모든 기사의 공통 요소들이다. (1) 다음 성읍으로의 궤도를 설정하는, '여호수아가 온 이스라엘과 더불어…에서 나아갔다'는 표현, (2) '…와 싸웠다'(막게다는 이 흐름의 일부가 아니다), (3) 한 사슬의 고리로 나오는 두 개의 지명(첫 번째인 막게다와 마지막인 드빌은 예외로서 그 이름이 따로 나온다), (4) 그들을 '칼날로 쳤다', (5) 이 운명이 '그중에 있는 모든 사람'에게 닥쳤다, (6) '그가 행한 것과 같았다'는 어구에 나오는 이전 행동에 대한 언급이다. 일곱 번째 특징인 '그가 한 사람도 남기지 않았다'는 표현은 에글론 기사에만 나오지 않는다. 불규칙적인 면이 있어도 겹치는 부분이 상당히 많은 편이다.

이 기사들의 두드러진 측면의 하나는 이른바 '전멸'이란 포괄적인 용어가 헤렘이란 용어와 부분적으로만 교차한다는 점이다. 이 진술의 취지는 립나와 라기스가 어떻게든 헤렘의 대상이 되지 않은 것으로 구별하기 위함이 아니라, 각 경우에 신명기 7장이 요구하는 전멸을 여호수아의 리더십 아래서 이스라엘이 수행했음을 말하려는 것이다. 신명기의 관점에서 보면, 이는 하나님께서 이스라엘로 하여금 약속의 땅을 유산으로 받게 하려고 제시한 조건에 이스라엘이 순종했음을 보여준다. 이보다 포착하기 힘든 점은 이 가운데 많은 성읍이 여호수아서의 다음 부분이나 사사기에 다시 등장할 것이라는 사실이다. 그래서 "여호수아 내러티브에서 다른 본문은 상당수의 원주민이 어떻게 남겨졌는지를 묘사한다(예. 11:22; 13:1-7; 15:63)"[94]는 견해가 표명되어 왔다. 이 정보를 명심한다고 해서 이 단락에 나오는 파멸의 수사법이 약화되지는 않지만, 이는 현대의 독자들에게 이 기사에 약간의 과장이 있다는 점을 일깨워준다.

자주 나오진 않지만 주목할 만한 특징들도 있다. 립나와 라기스 두 성읍에 대해서만 '여호와께서 그 성읍을 이스라엘의 손에 넘겨주셨다'(30, 32절)

---

94 Pitkänen, *Joshua*, 227.

고 기록되어 있다. 이 내러티브의 전반적인 신학적 취지는 "여호와께서 이스라엘을 위하여 싸우셨[다]"(10:14, 42)라는 것이므로 정복된 성읍들에 관한 개별 기사에 굳이 똑같은 말을 되풀이할 필요가 없었을 것이다. 그러나 이렇게 생각해도 왜 하필이면 립나와 라기스의 경우에만 그랬는가 하는 의문이 생긴다. 우리로서는 확실히 알 수 없다. 하지만 이것이 막게다 이후에 나오는 처음 두 성읍에 대해 언급되었다는 점을 주목할 만하다. 만일 주님이 전투에 공공연하게 개입하는 데서 서서히 물러나는 것으로 보는 것이 옳다면, 남은 성읍들이 그와 같이 이스라엘에게 점령당하는 만큼 그 훈련은 효과가 있는 셈이다. 또 하나의 특징이 단 두 번 나온다. "대진"(포위 공격)은 라기스와 에글론 성읍에 대한 전쟁에서 사용되었다. 이 연속적인 기사는 동맹 군대를 추격한 이전 단락 내러티브의 동력을 받아 정복이 재빨리 이루어졌다는 인상을 남긴다. 포위 공격을 다루려고 잠시 멈추는 것은 그 흐름에 방해가 되는 것 같아서 이 두 경우에 대해서만 그 전쟁이 얼마나 지속되었는지를 언급할 뿐이다. 라기스는 포위한 지 이틀 만에 점령했고(32절) 에글론은 첫 날에 점령한(35절) 것으로 보아 정말로 짧은 포위 기간이다!

게셀의 개입(33절)이 참으로 이상하다는 것은 앞에서 언급했다. 아울러 그 성읍 자체는 여기서 교전에 참가하거나 점령되지 않았다는 점도 의미심장하다. 적어도 당시에는 그 성읍이 이스라엘 군대의 행군의 범위 바깥에 있었다. 게셀은 쉐펠라 북부에 위치해 있어서 유다의 영토로 간주될 만한 지역의 일부지만, 그 성읍은 가나안의 통제 아래 존속하다가(참고. 삿 1:29) 마침내 솔로몬의 시대에 이집트 왕에게 멸망당했다(왕상 9:16).

10:40-43 마지막 요약문은 여호수아 아래서 이스라엘이 거둔 신속한 성공을 부각시키고(42절) 이런 정복들로 인한 영토의 경계들을 개관한다. 기본적으로, 남쪽으로는 기브온 경계에서 시내의 북부 범위(가데스-바네아)까지, 동서쪽으로는 해변의 평지에서 길갈에 있는 이스라엘 기지까지다. 이는 광대한 지역으로서 정복된 성읍들과 그 배후지들만으로 설명하는 것보

다 훨씬 더 넓은 범위임을 시사한다. 이 지리적인 관심 이외에 신학적 평가도 포함되어 있다. 헤렘의 적용과 주님의 말씀에 대한 순종이 이제 명시적으로 결합되어 있다(40절). 14절에 처음 나온 언급("여호와께서 이스라엘을 위하여 싸우셨음이니라")이 다시 되풀이되면서(42절) 이스라엘의 순종이 언약의 복(참고. 레 26:7-8)과 만나게 된다. 이 내러티브의 주목에 비춰보면 비록 주님이 두드러진 위치에서 물러나고 계실지라도, 이스라엘이 하나님의 명령에 순종하여 취한 행동은 능력을 부여하는 신적 전사의 행동에서 상대역을 찾게 된다.

〰〰〰 응답 〰〰〰

이 정복 기사 내내 반복되는 요소들은 이스라엘의 행동, 가나안의 파멸 그리고 하나님의 의도에 대한 본질적 특징들을 전면으로 가져온다. 여호수아와 이스라엘에 대해서는 그들의 순종과 그 일관성을 강조한다. 이 백성은 7장의 교훈을 배운 결과 이제는 올바르게 싸우게 된 것이다. 이 때문에 그 기사들이 줄곧 포괄적인 요소("모든 사람", "한 사람도 남기지 않았다")를 반복하고 있고, 그 파멸이 총체적일 뿐 아니라 하나님의 명령을 수행하는 이스라엘의 순종도 마찬가지다. 흔히 선례를 언급하는 "행한 것 같이"란 진술이 일관되게 나옴으로써 개별적 기사들이 되돌아보기(지명과 함께 '…에서 올라갔다')와 현재의 갱신을 그 틀로 삼고 있다. 이스라엘과 이스라엘의 하나님을 대적하려고 합류한 그 성읍들 각각은 동일한 운명에 처한다.

헤렘의 효용은 이 단락에서 점점 더 강해진다. 이 짧은 대목에 다섯 번이나 나온다. 여호수아서에서 이만큼 자주 나오는 다른 대목은 7장의 아간 에피소드인데, 그 본문은 헤렘의 적용을 다루는 것이 아니라 이스라엘이 헤렘의 요구를 지키지 못해서 군사적 몰락을 초래하는 장면이다. 하지만 남부의 군사행동에서는 헤렘이 일관성 있게 지켜진다. 어쩌면 이 장면은 하나님께서 출애굽 때에 친히 실행하신 것을 이스라엘이 정복 과정에서 실행하는 모습을 그리고 있을지 모른다. 출애굽 당시에도 최후의 재앙이 하나님의 목적에 완고하게 반항하는 이집트 사람들을 죽음에 몰아넣었기 때문이다. (이는 여호수아 11:20에서 더 분명히 나타날 것이다. 참고. 11:16-20 주석.) 이것은 장차 취해질 하나님 백성의 행동을 위한 선례를 만드는 것이 아니고 패턴을 조성하는 것은 더더욱 아니다. 이제 헤렘은 점차 사라질 것이기 때문이다. 헤렘이 사사기에 잠깐 나타나지만, 하나님의 백성은 점차 몰락해서 사사기 21:11에 이르면 그것이 이스라엘의 내부에 적용되는 비극이 발생한다. 헤렘이 마지막으로 사용되는 것은 이스라엘이 군주제로 전환되는 과정에서 사울의 치하에 아말렉을 전멸시킬 때이다(삼상 15장). 여호수아서의 이 단락에서는 헤렘이 가장 최근에 하나님과 언약관계를 맺은 기브온 주민을 공격함으로 하나님의 목적을 반대하기로 작정한 자들에 대해 실행되었다.

이 기사들의 또 다른 두드러진 특징(라기스와 에글론에서는 생략된)은 이 시리즈의 출발점인 여리고 왕을 두 번 언급하면서 왕들을 주목한다는 점이다. "왕"이 아니라는 큰 성읍 기브온(수 10:2)이 여호수아와 화평을 구하게 된 것이 그저 우연의 일치일까? 어떤 학자는 라합이 아간에게서 상대역을 발견하는 것처럼, 기브온 주민 역시 이스라엘의 하나님의 통치에 대적하는 이 왕들에게서 그 상대역을 발견한다고 주장한다.[95] 여기서 대조적인 모습은 외부인이 내부인으로 변하는 것과 내부인이 외부인으로 변하는 것 사이에 있지 않고, (올바르게) 종이 되려고 하는 왕이 아닌 자들과 (그릇되게) 주권을 주장하는 왕들 사이에 있다. 북쪽에 있는 왕의 성읍들 중에 가장 큰 성읍이 11장에서 이런 사건들에 반응을 보일 때 다른 왕들의 교만이 점점 커지는 듯하다. 성경이 말하는 왕의 신학에 따르면, 왕들은 그들의 통치가 왕 중의 왕에게 종속될 때(신 17:18-20; 삼상 12:13-15; 시 72:1-4) 그리고 그들이 그분의 왕권을 충실하게 반영할 때(참고. 사 33:22; 렘 23:5-6) 비로소

95 Earl, Reading Joshua, 165.

잘 다스린다. 궁극적으로는 땅의 왕들의 허세와 하나님의 왕적 통치 간의 긴장은 오직 그분이 인간의 몸을 입고 하늘의 보좌로 높이 올릴 때에만 해소될 것이다(겔 34:14, 24, 참고. 계 7:15-17).

¹ 하솔 왕 야빈이 이 소식을 듣고 마돈 왕 요밥과 시므론 왕과 악삽 왕
과 ² 및 북쪽 산지와 긴네롯 남쪽 아라바와 평지와 서쪽 돌의 높은 곳
에 있는 왕들과 ³ 동쪽과 서쪽의 가나안 족속과 아모리 족속과 헷 족
속과 브리스 족속과 산지의 여부스 족속과 미스바 땅 헤르몬 산 아래
히위 족속에게 사람을 보내매 ⁴ 그들이 그 모든 군대를 거느리고 나왔
으니 백성이 많아 해변의 수많은 모래 같고 말과 병거도 심히 많았으
며 ⁵ 이 왕들이 모두 모여 나아와서 이스라엘과 싸우려고 메롬 물가에
함께 진 쳤더라

¹ When Jabin, king of Hazor, heard of this, he sent to Jobab king of
Madon, and to the king of Shimron, and to the king of Achshaph,
² and to the kings who were in the northern hill country, and in the
Arabah south of Chinneroth, and in the lowland, and in Naphoth-dor
on thewest, ³ to the Canaanites in the east and the west, the Amorites,
the Hittites, the Perizzites, and the Jebusites in the hill country, and
the Hivites under Hermon in the land of Mizpah. ⁴ And they came out
with all their troops, a great horde, in number like the sand that is on

the seashore, with very many horses and chariots. 5 And all these kings joined their forces and came and encamped together at the waters of Merom to fight against Israel.

6 여호와께서 여호수아에게 이르시되 그들로 말미암아 두려워하지 말라 내일 이맘때에 내가 그들을 이스라엘 앞에 넘겨주어 몰살시키리니 너는 그들의 말 뒷발의 힘줄을 끊고 그들의 병거를 불사르라 하시니라 7 이에 여호수아가 모든 군사와 함께 메롬 물가로 가서 갑자기 습격할 때에 8 여호와께서 그들을 이스라엘의 손에 넘겨주셨기 때문에 그들을 격파하고 큰 시돈과 미스르봇 마임까지 추격하고 동쪽으로는 미스바 골짜기까지 추격하여 한 사람도 남기지 아니하고 쳐 죽이고 9 여호수아가 여호와께서 자기에게 명령하신 대로 행하여 그들의 말 뒷발의 힘줄을 끊고 그들의 병거를 불로 살랐더라

6 And the Lord said to Joshua, "Do not be afraid of them, for tomorrow at this time I will give over all of them, slain, to Israel. You shall hamstring their horses and burn their chariots with fire." 7 So Joshua and all his warriors came suddenly against them by the waters of Merom and fell upon them. 8 And the Lord gave them into the hand of Israel, who struck them and chased them as far as Great Sidon and Misrephoth-maim, and eastward as far as the Valley of Mizpeh. And they struck them until he left none remaining. 9 And Joshua did to them just as the Lord said to him: he hamstrung their horses and burned their chariots with fire.

10 하솔은 본래 그 모든 나라의 머리였더니 그때에 여호수아가 돌아와서 하솔을 취하고 그 왕을 칼날로 쳐 죽이고 11 그 가운데 모든 사람을 칼날로 쳐서 진멸하여 호흡이 있는 자는 하나도 남기지 아니하

였고 또 하솔을 불로 살랐고 ¹² 여호수아가 그 왕들의 모든 성읍과 그 모든 왕을 붙잡아 칼날로 쳐서 진멸하여 바쳤으니 여호와의 종 모세가 명령한 것과 같이 하였으되 ¹³ 여호수아가 하솔만 불살랐고 산 위에 세운 성읍들은 이스라엘이 불사르지 아니하였으며 ¹⁴ 이 성읍들의 모든 재물과 가축은 이스라엘 자손들이 탈취하고 모든 사람은 칼날로 쳐서 멸하여 호흡이 있는 자는 하나도 남기지 아니하였으니 ¹⁵ 여호와께서 그의 종 모세에게 명령하신 것을 모세는 여호수아에게 명령하였고 여호수아는 그대로 행하여 여호와께서 모세에게 명하신 모든 것을 하나도 행하지 아니한 것이 없었더라

¹⁰ And Joshua turned back at that time and captured Hazor and struck its king with the sword, for Hazor formerly was the head of all those kingdoms. ¹¹ And they struck with the sword all who were in it, devoting them to destruction;¹ there was none left that breathed. And he burned Hazor with fire. ¹² And all the cities of those kings, and all their kings, Joshua captured, and struck them with the edge of the sword, devoting them to destruction, just as Moses the servant of the Lord had commanded. ¹³ But none of the cities that stood on mounds did Israel burn, except Hazor alone; that Joshua burned. ¹⁴ And all the spoil of these cities and the livestock, the people of Israel took for their plunder. But every person they struck with the edge of the sword until they had destroyed them, and they did not leave any who breathed. ¹⁵ Just as the Lord had commanded Moses his servant, so Moses commanded Joshua, and so Joshua did. He left nothing undone of all that the Lord had commanded Moses.

¹⁶ 여호수아가 이같이 그 온 땅 곧 산지와 온 네겝과 고센 온 땅과 평지와 아라바와 이스라엘 산지와 평지를 점령하였으니 ¹⁷ 곧 세일로 올

라가는 할락 산에서부터 헤르몬산 아래 레바논 골짜기의 바알갓까지라 그들의 왕들을 모두 잡아 쳐 죽였으며 18 여호수아가 그 모든 왕들과 싸운 지가 오랫동안이라 19 기브온 주민 히위 족속 외에는 이스라엘 자손과 화친한 성읍이 하나도 없고 이스라엘 자손이 싸워서 다 점령하였으니 20 그들의 마음이 완악하여 이스라엘을 대적하여 싸우러 온 것은 여호와께서 그리하게 하신 것이라 그들을 진멸하여 바치게 하여 은혜를 입지 못하게 하시고 여호와께서 모세에게 명령하신 대로 그들을 멸하려 하심이었더라

16 So Joshua took all that land, the hill country and all the Negeb and all the land of Goshen and the lowland and the Arabah and the hill country of Israel and its lowland 17 from Mount Halak, which rises toward Seir, as far as Baal-gad in the Valley of Lebanon below Mount Hermon. And he captured all their kings and struck them and put them to death. 18 Joshua made war a long time with all those kings. 19 There was not a city that made peace with the people of Israel except the Hivites, the inhabitants of Gibeon. They took them all in battle. 20 For it was the Lord's doing to harden their hearts that they should come against Israel in battle, in order that they should be devoted to destruction and should receive no mercy but be destroyed, just as the Lord commanded Moses.

21 그때에 여호수아가 가서 산지와 헤브론과 드빌과 아납과 유다 온 산지와 이스라엘의 온 산지에서 아낙 사람들을 멸절하고 그가 또 그들의 성읍들을 1)진멸하여 바쳤으므로 22 이스라엘 자손의 땅에는 아낙 사람들이 하나도 남지 아니하였고 가사와 가드와 아스돗에만 남았더라 23 이와 같이 여호수아가 여호와께서 모세에게 말씀하신 대로 그 온 땅을 점령하여 이스라엘 지파의 구분에 따라 기업으로 주매 그 땅에 전쟁이 그쳤더라

²¹ And Joshua came at that time and cut off the Anakim from the hill country, from Hebron, from Debir, from Anab, and from all the hill country of Judah, and from all the hill country of Israel. Joshua devoted them to destruction with their cities. ²² There was none of the Anakim left in the land of the people of Israel. Only in Gaza, in Gath, and in Ashdod did some remain. ²³ So Joshua took the whole land, according to all that the Lord had spoken to Moses. And Joshua gave it for an inheritance to Israel according to their tribal allotments. And the land had rest from war.

1) 히. 바쳤으므로

1 That is, setting apart (devoting) as an offering to the Lord (for destruction); also verses 12, 20, 21

≋≋≋ 단락 개관 ≋≋≋

북부에서의 군사행동에 관한 기사가 대체로 남부에 관한 기사와 비슷하다는 것이 금방 드러난다. 그 지역을 대표하는 성읍의 왕이 요청하여 동맹이 결성되고 그들의 군대가 이스라엘을 공격하려고 진군한다(1-5절). 전투가 들판에서 벌어지고, 하나님께서 주시는 확신과 도움으로 여호수아와 이스라엘 군대가 적을 참패시킨다(6-9절). 그 동맹은 군대들이 패배함에 따라 그 성읍들도 이스라엘의 손에 패배하게 된다(10-15절). 이 모든 사건은 대체로 10장에 서술된 남부에서 일어난 일을 상기시킨다. 여기에 나온 기사는 내러티브의 특징을 포함하고 있어서 절정에 이르렀다는 느낌을 준다. 그럼에도 10장보다 훨씬 더 간결하다. 이 동맹의 정확한 구성은 예루살렘 왕이 결성한 동맹보다 더 모호하다. 남부에서의 군사행동에 관한 기사와 같이 여기서도 다양한 전투들이 그 풍경 속에 배치되어 있으나 덜 상세한 편이다. 두 기사 모두 신학적 견해를 진술하고 있지만 후자의 기사에 담긴 견해가 더욱 두드러진다.

내레이터는 그동안의 사건들을 쌓아 올리는 작업을 한다. 북부 군사행동에 달린 요약문(16-20절)은 여리고와의 첫 충돌 이래 취한 모든 영토를 개관하는 가운데 남부 지역과 중부 지역까지 뒤돌아본다. 이전의 요약문에서 보았던 지리적 개관과 신학적 개관을 묶어놓는 행습이 여기서도 다시 나온다. 이 자체는 성경신학에서 하나님과 장소와 백성 사이에 깊은 상호연관성이 있음을 보여주는 신호이다.

아낙 사람과의 만남과 그 멸망에 관한 간략한 언급은 약간 아리송하다(21-22절). 아낙 사람은 이스라엘의 영토 작전 외부에 있으나 내레이터에 의해 이 책의 개막 단계의 마지막 순간으로 통합되는데, 그들은 다함께 이스라엘과 싸우려고 나온 가나안의 성읍들과는 다른 종류에 속하는 적을 대표한다.

〰〰〰 단락 개요 〰〰〰

I. 약속의 땅을 차지하다(1:1-12:24)
　N. 북부에서의 군사행동(11:1-15)
　　1. 북부 동맹이 결성되다(11:1-5)
　　2. 메롬 물가의 전투(11:6-9)
　　3. 하솔과 그 연맹이 패배하다(11:10-15)
　O. 정복 요약(11:16-23)
　　1. 지리적 요약을 새로 정리하다(11:16-17)
　　2. 신학적 요약을 새로 정리하다(11:18-20)

3. 아낙 사람의 전멸(11:21-22)

4. 그 땅에 전쟁이 그치다(11:23)

〰〰〰〰 주석 〰〰〰〰

11:1-5 남부 지역 왕들에 대한 이스라엘의 승리가 이제 북부의 공격을 유발시킨다. 또 다른 "하솔 왕 야빈"이 훗날 드보라와 바락과의 전쟁에서 교전하는데(삿 4:2), 이는 여호수아 10:1에 나오는 예루살렘의 아도니세덱이 사사기 1:6-7의 아도니베섹에 반영되는 것과 같다. 1991-1992년에 그 장소(하솔)에서 발굴된 이브니-[아다드?](Ibni-[Adad?])에게 보낸 편지를 담은 설형문자 서판은 야빈이 하솔에서 왕족의 이름이었다는 견해에 신빙성을 더해준다.

> 이브니-아다드란 이름은 서부 셈족 이름 아브리-하다드의 아카드어 형태이고, 하솔의 왕, 야빈(수 11:1; 삿 4:2)이란 이름은 언어적으로 그 이름에서 유래했을 가능성이 있다. 여호수아서와 사사기에 언급된 야빈은 마리(Mari) 기록보관소의 이브니-아다드보다 500년 이상 지난 뒤에 나오는데, 이는 그 이름이 하솔의 왕들 중 한 사람 이상이 지닌 왕족 이름이었음이 틀림없다는 것을 가리킨다.[96]

하솔 자체는 여전히 인상적인 장소로 남아있고, 그 넓은 범위와 거대한

---

[96] Amnon Ben-Tor, "The Yagael Yadin Memorial Excavations at Hazor, 1990-93: Aims and Preliminary Results," in *The Archaeology of Israel: Constructing the Past, Interpreting the Present*, ed. Neil Asher Silberman and David Small, JSOTSup 237 (Sheffield, UK: Sheffield Academic Press, 1997), 126.

요새는 청동기 시대 동안 그 권력과 위상을 증언한다.[97] 2010년대의 발굴 작업은 하솔이 그 자체의 법적 제도(엘리트 위상의 표징)를 운영했음을 입증한 더 많은 설형문자 본문들을 찾아냈다.[98] 북부 동맹을 결성한 하솔의 역할은 이런 지역적 명성 및 위상과 잘 일치한다.

첫 세 성읍의 정확한 위치는 모두 논쟁거리지만 일부 지명은 다른 것들보다 더 그럴 듯하다. 그리고 마돈과 시므론이란 이름들은 텍스트상의 변형들이 존재한다. 이 지명들이 묘사하는 궤도는 하솔의 남서쪽에 놓여 있다. 마돈은 하솔 남쪽으로 약 26킬로미터 떨어진 곳에 있는데, 오늘날의 티베리아스(Tiberias) 바로 서쪽에 해당한다. 시므론은 이스르엘 골짜기의 북쪽 끝에서 약 48킬로미터 떨어져 있고, 악삽은 서남서쪽으로 약 42킬로미터(지중해 해안에서 7킬로미터 가량) 떨어진 악코(Acco) 평야에 있다.[99] 여호수아 11:2-3에 일일이 열거된 지명들은 하솔에서 모든 방향으로 뻗어있는 넓은 영토를 포함한다. 그 의도는 남부 지역에서 이보다 작은 예루살렘 동맹에 대해 묘사한 것처럼 참여자들의 완전한 목록을 제공하려는 것이 아니라, 오히려 방대한 영토와 압도적인 군대를 인상적으로 그려내는 것이다. 사실 내레이터가 4절에서 바로 그런 장면을 묘사한다. 남부 동맹이 매우 위압적인 모습으로 보였을지 몰라도 하솔 왕의 선동으로 소집된 병력에 비하면 왜소하기 짝이 없다.

전투 현장인 "메롬 물가"(5절)가 오늘날 정확히 어디에 위치하는지도 학자들은 도무지 파악하지 못한다. 하지만 이 기사는 메롬 물가가 하솔의 북쪽으로 멀지 않은 곳에 있음을 시사하는데, 나할 디손(Nahal Dishon, 우기에 생기는 강 이름)의 경로에 위치해 있을 가능성이 많다. 그렇다면 그곳은 하솔의

---

97 "텔 하솔은 이스라엘에서 가장 큰 언덕을 구성한다"(같은 책, 107, 참고. 108-109).

98 Wayne Horowitz, "Hazor: A Cuneiform City in the West," *NEA* 76/2 (2013): 98-101.

99 이에 관한 상세한 논의는 다음 책을 참고하라. Eero Junkkaala, *Three Conquests of Cannan: A Comparative Study of Two Egyptian Military Campaign and Joshua 10-12 in the Light of Recent Archaeological Evidence* (Turku: Åbo Akademis Förlag, 2006), 117-120, 144-145, 165-166, 262-267.

북북동쪽으로 3.2킬로미터밖에 떨어지지 않은 장소다.

11:6-9 남부 동맹과 싸울 때와 같이(10:8) 여기서도 하나님은 여호수아에게 안심시키는 말씀을 주신다. 이는 하나님께서 여호수아에게 시기("내일 이맘때")를 알려주시고 군사 지침을 전달하신다는 면에서 이전의 말씀을 넘어선다. 병거의 파괴는 예전에 이집트에서 도망할 때 경험했던 것이다. 당시에 주님이 먼저 이집트의 병거들을 이동하지 못하게 한 뒤에 파괴시키신 적이 있다(출 14:25; 15:4). 여기서 병거 부대는 이전의 남부 군사행동과 대조적으로 이 군대의 위압적이고 우월한 성격을 더욱 부각시킨다. 공격자와 예비 압제자의 이런 무기를 파괴하는 일은 역사적 선례와 이 말씀(참고. 시 46:9)을 통한 하나님의 명령일 뿐 아니라 빈틈없는 조치이기도 하다. 말의 힘줄을 끊는 것이 오늘날의 독자에게 또 다른 종류의 윤리적 문제를 제기하는 듯 보일지 모른다. 그러나 사회적 및 역사적 맥락에 비춰보면, 이것은 우리가 상상하는 만큼 야만적인 행위가 아니다.

> 이는 전투 후 말의 앞쪽 굴근 힘줄 하나를 절개하는 것이다. 그 결과 말은 앞다리를 올릴 수 없어서 더 이상 병거를 끄는 데 적합하지 못하게 되고, 농업과 견인과 같은 평화로운 목적에만 이용될 수 있다. 그러므로 힘줄을 끊는 것은 모종의 전투 전술이 아니라 말이 장래의 전투에 이용될 수 없게 만드는 한 가지 방법이다.[100]

여호수아와 그의 전사들이 적들을 "갑자기" 습격한다는 기록은 이 간결한 전투 기사에서 앞 장(10:9)과 연결되는 또 하나의 고리를 만들어준다. 다시금 이스라엘은 그들 앞에서 도망치는 군대를 추격한다. 도주하는 궤적은 주목할 만하다. 적들은 그들의 성읍을 향해 남쪽과 서쪽으로 도망하

---

100 Koert van Bekkum, *From Conquest to Coexistence: Ideology and Antiquarian Intent in the Historiography of Israel's Settlement in Canaan* (Leiden: Brill, 2011), 276.

지 않고 북쪽으로 도망한다. 이 지명들 중에 두 곳은 여전히 그 위치가 불확실하지만, 이 모든 이름은 훗날 지파별 분배가 이뤄질 때의 북쪽 경계선을 가리키는 듯이 보인다. 분배 당시 서쪽으로는 악고의 북쪽 해변 평지로부터 북쪽으로는 시돈까지, 동쪽으로는 헤르몬산의 방향으로 뻗어갔다.[101] 그리고 다시금 완벽한 승리를 거두었다. 방대한 북부 동맹과 그 모든 영토가 단 한 번의 신속한 행동으로 이스라엘에게 무너진 것이다. 한편 이스라엘은 주님의 요구에 완전히 부응한다.

11:10-13 내레이터가 남부 군사행동에 관한 기사에서는 이스라엘이 교전한 자세한 장소 목록을 제공했으나 여기서는 요새가 있든 없든 간에 전 지역과 그 성읍들의 정복을 함축하는 한 편의 요약 진술로 만족한다. 이 요약문은 앞의 기사와 같이 11-12절에 명시된 헤렘의 적용에 강조점을 둔다. 아이의 경우처럼 이번은 이스라엘이 일부 전리품을 챙기는 만큼 일종의 조건부 헤렘이다. 이 경우에 독특한 요소는 하솔에게 주목하는 것이다. 하솔의 멸망은 학술 문헌에서 여리고의 고고학을 둘러싼 논쟁과 비슷한 주목을 받았으나, 그 이유는 정반대다. 여리고의 경우에는 여호수아 6장에 서술된 초자연적 상황과 더불어 고고학적 증거의 부재가 논쟁을 불러일으켰다. 하솔의 경우에는 주전 13세기에 맹렬한 불로 파괴되었다는 풍부한 고고학적 증거와 더불어 여호수아의 병력이 그런 큰 불에 책임이 있다는 11절과 13절의 명백한 진술이 이런 점들을 너무나 쉽게 연결시켜주었다. 고고학자 이가엘 야딘(Yigael Yadin)이 그런 연결망을 똑바로 그었으나 이는 회의적 성향을 지닌 사람들과 더 높은 수준의 증거를 요구하는 이들의 저항을 받아왔다.[102] 우리가 최소한 말할 수 있는 바는 청동기 시대에 하솔의 소각은 성경의 기억과 현대 고고학이 만나는 놀라운 교차점이라는 것이다.

---

101 같은 책, 177-181.

102 이 논쟁의 현 상황에 대해서는 다음 글을 참고하라. Brendon C. Benz, "The Destruction of Hazor: Israelite History and the Construction of History in Israel," *JSOT* 44/2 (2019): 262-278.

11:14 앞에서 언급했듯이, 이 군사행동에서 헤렘의 적용은 이스라엘로 하여금 "모든 재물과 가축"을 전리품으로 챙기도록 허용한다. 가축에 관한 언급은 동맹의 군마를 취급한 방법과 대조를 이룬다. 따라서 헤렘의 적용은 "(도시국가와 우월성을 상징하는) 말과 병거에 대해서는 명백하지만 (대안적인 미래를 상징하는) 가축에 대해서는 모호하다."[103]

11:15 이 군사행동의 요약문에 나오는 내레이터의 통보(여호와께서 명령의 출처시고 모세가 첫째 수령자면서 그 명령을 여호수아에게 전달하는 명령의 고리)가 이 시점에서 첫 눈에는 약간 거슬린다. 여호수아는 직접 주님의 명령을 받아왔고, 요단을 건넌 뒤에는 모세와 같은 수준에 있는 것으로 인정되었다(3:7; 4:14). 하지만 12절은 "여호와의 종 모세"(참고 1:1)를 언급하면서 은근히 여호수아의 업적에 대한 이런 인식에 대비했다. 이런 종류의 명령 구조를 보여주는 다른 유일한 순간은 4:10에서 요단을 건널 때다. 거기서는 주님의 임재를 나타내는 궤를 멘 제사장들이 여호수아에게 주어진 모세의 "명령"과 연결되어 있고, 이런 병치(併置)가 나오는 곳은 히브리어 성경에 두 곳뿐이다. 따라서 그 군사행동이 이 지점에 이른 만큼 이제 문지방에 도달했다는 인식이 있는 듯하다. 약속의 땅에 진입한 순간은 마지막 군사행동에서 상대역을 발견하며, 그 군사행동을 통해 이스라엘은 그 선물로 받은 땅을 점령한다. 아직도 할 일이 남아 있으나 그 땅의 경계들은 이미 확보되었다.

11:16-20 이 모든 에피소드의 끝에 접근하는 내레이터의 의식은 북부 동맹에 대한 승리에 따라오는 지리적 요약문에 또 다른 방식으로 표현되어 있다. 이 요약은 방금 패배한 영토들뿐 아니라 요단 횡단 이후 정복된 땅의 모든 범위를 묘사한다. 16절에 묘사된 지형도는 중부와 동부와 서부 지

---

103 Peter M. Sensenig, "Chariots on Fire: Military Dominance in the Old Testament," *HBT* 34/1 (2012): 76.

역을 그리는 한편, 17절에 나오는 두 산맥은 그 땅의 범위를 규정하는 남쪽 끝에서 북쪽 끝까지 뻗어있다. 이 요약은 놀랄 만큼 포괄적이지만 "그들의 모든 왕들"이 잡혀서 죽임을 당했다는 보다 정치적인 종류의 진술에서 절정에 이른다. 이 책이 앞에서 입증했듯이, 핵심적인 적대관계는 백성과 백성 사이가 아니라 땅의 왕들과 왕 중의 왕 사이에 있다.

이는 지리적 요약에서 신학적 요약으로 자연스럽게 이어지게 한다. "여호수아가 그 모든 왕들과 싸운 지가 오랫동안이라"라는 18절의 주장이 뜻밖의 말로 다가올지 모르겠다. 남부와 북부 군사행동에 관한 기사들이 이스라엘의 반격이 갑자기 일어났다고(10:9; 11:7) 말하는 한편, 빠른 화법이 여호수아와 이스라엘 군대가 신속한 행동을 취했다는 인상을 주기 때문이다. 중세의 유대인 주석가였던 라쉬는 이 구절을 여호수아가 그의 수명을 늘릴 목적으로 그 땅의 정복을 연기시킨 것에 대한 책망으로 해석한다. 일단 정복이 완료되면 그의 인생 목적이 이뤄지고 그의 날이 끝날 것이었기 때문이라고 한다. 현대의 주석가들은 오히려 이 구절이 정복 단계가 압축적으로 서술되어 많은 세부사항이 생략되었음을 입증한다고 본다.

하지만 이 대목에 담긴 '역사 신학'(theology of history)이 "특히 눈길을 끈다".[104] 적의 비타협적 태도가 이스라엘의 순종을 통해 하나님의 계획이 이뤄지는 일에 쓰임을 받는다. 이는 출애굽 당시 하나님의 목적이 이집트 왕의 선택을 통해 이뤄졌던 일을 상기시킨다. 여기서도 가나안 왕들이 그와 같이 이스라엘의 하나님을 대적하기로 선택하는 것이다. "그런즉 인간의 선택 배후에 있는 여호와의 은혜로운 행동과 이스라엘의 충성이 합력하여 하나님의 뜻이 열매를 맺게 한다."[105] 이 경우 여기서 히위 족속으로 밝혀진 기브온 주민의 주도권은 예외로 판명되고, 이는 이스라엘 및 그 하나님과 평화조약을 맺는 것이 가능했다는 사실을 다시 암시하는 듯하다. 이 구절

---

104 Richard D. Nelson, *Joshua: A Commentary*, OTL (Louisville: Westminster John Knox, 1997), 152.

105 같은 책, 152.

들은 또한 기브온 주민의 마음이 '완악해지지' 않았다고 시사하면서 그것은 은혜를 입은 것이라고 강조하고 있다.

11:21-22 이제 모든 것이 끝난 듯이 보인다(적어도 또 다른 적이 나타나기 전까지는). 동시성을 표현하는 "그때에"는 여전히 모호하다. 내레이터가 신비로운 아낙 사람들의 파멸에 관한 간단한 기록을 여기에 배치해서 그것을 보존하고 있는 것 같다. 여기에 다시금 헤렘이란 용어가 사용되고 있는데, 이는 이 책에서 마지막으로 나오는 경우다. (22:20에 사용되는 경우는 아간 이야기에 대한 언급이다.) 이 아낙 자손들(신 1:28)은 그 땅 전역에 퍼져있던 '거인들'(민 13:33, KJV)이었고, 그들이 이스라엘의 정탐꾼 열 명에게 두려움을 안겨주어서 출애굽 세대 전체가 그 땅에 들어가지 못하게 되었다(민 13:28-33). 이 결정적 순간은 기억 속에 살아있었다. 정복 세대는 예전에 모세가 그들에게 아낙 자손의 위협적인 존재와 함께 또한 "네 하나님 여호와께서 맹렬한 불과 같이 네 앞에 나아가신즉 여호와께서 그들을 멸하사 네 앞에 엎드러지게 하시리[라]"라고 상기시킨(신 9:1-3) 사실을 기억하고 있을 것이다. 따라서 아낙 자손은 그 땅에서 최초의 적이자 최후의 적인 셈이다. 그래서 광야의 경험과 정복의 경험을 잇는 또 하나의 고리가 맺어지고, 부모 세대가 이 적을 대적하지 못한 것이 이제 여호수아의 리더십 아래서 바로잡힌다.

11:23 이제야 비로소 그 "온 땅"이 점령되어서 "그 땅에 전쟁이 그쳤더라"고 말할 수 있다. 하지만 이는 한동안의 멈춤으로 판명될 것이고, 정복과 정착이 마침내 완료되기 전에 이 어구가 이 책에서 다른 형태로(그렇지만 이와 똑같은 형태가 14:15에서 한 번 더 나옴)[106] 다시금 들릴 것이다.

---

106 히브리어 샤카트(*shaqat*, '평온하다, 평화롭다')과 "그 땅"의 조합은 사사기에서 위기의 모면을 가리키는 표현이다(삿 3:11, 30; 5:31; 8:28; 18:7). 이는 여호수아서 곳곳에서 나오는 전쟁의 멈춤을 가리키는 "안식"[누아흐(*nuakh*)의 한 형태]의 개념과 다르다(수 1:13, 15; 3:13; 4:3, 8; 6:23; 21:44; 22:4; 23:1).

응답

남부 성읍들에 대한 이스라엘의 승리는 주목할 만한 업적이자 안식의 기회로 보일 것이다. 그러나 그렇게 되지 않는다. 북부 군사행동은 남부 군사행동과 비슷한 점이 많아도 이스라엘에 대항하는 병력의 규모가 엄청나게 커진다. 적들도 더 크고 그들의 무기도 더 강하다. 혼동, 우박, 길어진 낮이 예루살렘 동맹과의 교전에서 이스라엘을 도와주었다면, 그보다 훨씬 인상적인 하솔 동맹을 맞설 때는 여호수아에게 두려워하지 말라는 주님의 말씀밖에 없다(6절). 이즈음에 이르면 주님의 말씀이 너무나 많은데도 말이다. 이는 불가피한 것은 아니지만 성경과 삶에서 친숙한 패턴이다. 한번 승리를 거두면 싸움이 끝나지 않고 오히려 더 강한 적과의 싸움으로 이어진다는 것이다.

북부 동맹의 왕도들[11, 12, 21절(요약)]과 고대 아낙 자손(22절)에 대한 승리로 헤렘은 막을 내린다. 적어도 여호수아서에서 이스라엘이 그 땅에 정착할 때의 특징으로서 그렇다. 앞에서 언급한 대로, 여기서 헤렘의 적용이 드물고 예외적인 것과 동일하게 이후에도 그럴 것이다. 이스라엘의 전쟁의 이 단계가 마지막에 도달할 때 모세를 통한 주님의 명령과 명시적 연결이 맺어지는 것은 주목할 만하다. 이스라엘에게 이것은 하나님의 명령에 대한 순종의 문제였고, 대체로 그들을 대항해 소집된 왕들이 거느린 군사력에 제한되어 있었다. 가나안의 왕들은 이스라엘을 말살시키려고 했으나 그들 자신이 '진멸되어 바쳐졌다'("devoted to destruction", 20절). 어쩌면 18절("여호수아가 그 모든 왕들과 싸운 지가 오랫동안이라")과 19절("기브온 주민 히위 족속 외에는 이스라엘 자손과 화친한 성읍이 하나도 없고") 간의 관계를 이해하는 또 다른 방식이 있을지 모른다. 아간의 이야기에 회개하고 하나님께 돌이킬 여지가 있었던 것처럼 여기서도 가나안 왕들이 그와 다른 결론에 도달했을 수도 있었다는 것을, 즉 라합이 그랬던 것처럼 오직 이스라엘의 하나님만이 그 땅을 자기의 뜻대로 처분할 권리와 능력을 갖고 계시며 그들의 미래는 그분을 대적하는 것이 아니라 경배하는 데 있음을 깨달았을 수도 있었다는 것을 시사하는 듯하다. 그러나 그렇게 되지 않았다.

"그 땅에 전쟁이 그쳤더라"(23절)라는 말은 평화를 언뜻 보게 할 뿐 아니라 희망의 징표이기도 하다. 여기서 사용된 히브리어 동사[샤카트(*shaqat*)의 한 형태]는 흔히 "안식"[누아흐(*nuakh*)]으로 번역되는 다른 히브리어 동사보다 평온한 휴식과 평화와 더 관계가 있다. 후자는 보통 일한 뒤의 휴양을 가리킨다[1:13, 15; 22:4(요단 동편의 지파들과 관련하여)]. 이 안식은 한시적이지만 진정한 것이다. 시편 76:6에 나오는 하나님께서 유다에서 그분의 통치를 세우시는 모습에 관한 시편 저자의 성찰은 분명히 이집트에 대한 승리를 가리키지만, "땅이 두려워 잠잠하였나니"(시 76:8)라는 말은 여호수아서에 나오는 이 표현을 반영한다. 이 시편 저자는 하나님의 의로운 통치의 도래를 그분이 "세상의 왕들"(시 76:12)을 끊으셔서 "온유한 자"(76:9, 고통 받는 가난한 자)가 기뻐하는 것과 연관시키는데, 이는 시편 2편과 함께 적대적인 가나안 왕들의 패배에 대한 또 다른 관점을 제공한다. 비록 여호수아가 히브리서에서 모세나 아론만큼 두각을 나타내지는 않지만, 그는 어느 의미에서 불완전하고 심지어 부적합한 것으로 판명될지언정 일종의 안식을 제공한 인물로 그들 가운데 포함되어 있다(히 4:8). 그러나 이것은 하나님의 백성이 얻을 더 완전하고 최종적인 미래의 안식을 가리키는 종말론적 언급이다.

1 이스라엘 자손이 요단 저편 해 돋는 쪽 곧 아르논 골짜기에서 헤르몬산까지의 동쪽 온 아라바를 차지하고 그 땅에서 쳐 죽인 왕들은 이러하니라 2 시혼은 헤스본에 거주하던 아모리 족속의 왕이라 그가 다스리던 땅은 아르논 골짜기 가에 있는 아로엘에서부터 골짜기 가운데 성읍과 길르앗 절반 곧 암몬 자손의 경계 얍복강까지이며 3 또 동방 아라바 긴네롯 바다까지이며 또 동방 아라바의 바다 곧 염해의 벧여시못으로 통한 길까지와 남쪽으로 비스가 산기슭까지이며 4 옥은 르바의 남은 족속으로서 아스다롯과 에드레이에 거주하던 바산의 왕이라 5 그가 다스리던 땅은 헤르몬산과 살르가와 온 바산과 및 그술 사람과 마아가 사람의 경계까지의 길르앗 절반이니 헤스본 왕 시혼의 경계에 접한 곳이라 6 여호와의 종 모세와 이스라엘 자손이 그들을 치고 여호와의 종 모세가 그 땅을 르우벤 사람과 갓 사람과 므낫세 반 지파에게 기업으로 주었더라

1 Now these are the kings of the land whom the people of Israel defeated and took possession of their land beyond the Jordan toward the sunrise, from the Valley of the Arnon to Mount Hermon, with all the

Arabah eastward: 2 Sihon king of the Amorites who lived at Heshbon and ruled from Aroer, which is on the edge of the Valley of the Arnon, and from the middle of the valley as far as the river Jabbok, the boundary of the Ammonites, that is, half of Gilead, 3 and the Arabah to the Sea of Chinneroth eastward, and in the direction of Beth-jeshimoth, to the Sea of the Arabah, the Salt Sea, southward to the foot of the slopes of Pisgah; 4 and Og[1] king of Bashan, one of the remnant of the Rephaim, who lived at Ashtaroth and at Edrei 5 and ruled over Mount Hermon and Salecah and all Bashan to the boundary of the Geshurites and the Maacathites, and over half of Gilead to the boundary of Sihon king of Heshbon. 6 Moses, the servant of the Lord, and the people of Israel defeated them. And Moses the servant of the Lord gave their land for a possession to the Reubenites and the Gadites and the half-tribe of Manasseh.

7 여호수아와 이스라엘 자손이 요단 이편 곧 서쪽 레바논 골짜기의 바알갓에서부터 세일로 올라가는 곳 할락산까지 쳐서 멸한 그 땅의 왕들은 이러하니라 (그 땅을 여호수아가 이스라엘의 지파들에게 구분에 따라 소유로 주었으니 8 곧 산지와 평지와 아라바와 경사지와 광야와 네겝 곧 헷 족속과 아모리 족속과 가나안 족속과 브리스 족속과 히위 족속과 여부스 족속의 땅이라) 9 하나는 여리고 왕이요 하나는 벧엘 곁의 아이 왕이요 10 하나는 예루살렘 왕이요 하나는 헤브론 왕이요 하나는 야르뭇 왕이요 11 하나는 라기스 왕이요 12 하나는 에글론 왕이요 하나는 게셀 왕이요 13 하나는 드빌 왕이요 하나는 게델 왕이요 14 하나는 호르마 왕이요 하나는 아랏 왕이요 15 하나는 립나 왕이요 하나는 아둘람 왕이요 16 하나는 막게다 왕이요 하나는 벧엘 왕이요 17 하나는 답부아 왕이요 하나는 헤벨 왕이요 18 하나는 아벡 왕이

요 하나는 랏사론 왕이요 ¹⁹ 하나는 마돈 왕이요 하나는 하솔 왕이요 ²⁰ 하나는 시므론 므론 왕이요 하나는 악삽 왕이요 ²¹ 하나는 다아낙 왕이요 하나는 므깃도 왕이요 ²² 하나는 게데스 왕이요 하나는 갈멜의 욕느암 왕이요 ²³ 하나는 돌의 높은 곳의 돌 왕이요 하나는 길갈의 고임 왕이요 ²⁴ 하나는 디르사 왕이라 모두 서른한 왕이었더라

⁷ And these are the kings of the land whom Joshua and the people of Israel defeated on the west side of the Jordan, from Baal-gad in the Valley of Lebanon to Mount Halak, that rises toward Seir (and Joshua gave their land to the tribes of Israel as a possession according to their allotments, ⁸ in the hill country, in the lowland, in the Arabah, in the slopes, in the wilderness, and in the Negeb, the land of the Hittites, the Amorites, the Canaanites, the Perizzites, the Hivites, and the Jebusites): ⁹ the king of Jericho, one; the king of Ai, which is beside Bethel, one; ¹⁰ the king of Jerusalem, one; the king of Hebron, one; ¹¹ the king of Jarmuth, one; the king of Lachish, one; ¹² the king of Eglon, one; the king of Gezer, one; ¹³ the king of Debir, one; the king of Geder, one; ¹⁴ the king of Hormah, one; the king of Arad, one; ¹⁵ the king of Libnah, one; the king of Adullam, one; ¹⁶ the king of Makkedah, one; the king of Bethel, one; ¹⁷ the king of Tappuah, one; the king of Hepher, one; ¹⁸ the king of Aphek, one; the king of Lasharon, one; ¹⁹ the king of Madon, one; the king of Hazor, one; ²⁰ the king of Shimron-meron, one; the king of Achshaph, one; ²¹ the king of Taanach, one; the king of Megiddo, one; ²² the king of Kedesh, one; the king of Jokneam in Carmel, one; ²³ the king of Dor in Naphath-dor, one; the king of Goiim in Galilee,² one; ²⁴ the king of Tirzah, one: in all, thirty-one kings.

1 Septuagint; Hebrew *the boundary of Og 2* Septuagint; Hebrew *Gilgal*

내레이터는 주님이 모세를 통해 주신 명령에 여호수아 아래에서 이스라엘이 순종한 것을 북부 동맹의 패배까지 연결시킨다. 그리고 이제 정복된 땅의 범위를 묘사한 후, 잠깐 멈추어 요단의 동편과 서편에서 모세와 여호수아 아래에서 이스라엘에 의해 정복된 모든 왕을 요약한다. 모세에게 패배한 아모리 왕 두 명은 하나님께 대적한 왕들을 정복하신 하나님의 능력을 상징하는 인물이 된다. 이 전투는 민수기에 서술되어 있다. 여기서 내레이터는 그들의 지리적 영토와 더불어 그들에 관한 세부사항을 약간 제공한다(1-6절). 이 땅들은 이른바 요단 동편 지파들이 정착하게 되어 있고(참고. 1:12-18), 이것이 13:8-32에 나오는 정착 대목의 앞부분을 이룬다. 이번 장의 나머지 부분은 여호수아가 패배시킨 왕들 서른 한 명의 목록을 제공한다(7-24절). 이 이름들 중 대다수는 바로 앞의 내러티브들에 나왔기에 친숙한 편이나 일부는 이전에 언급되지 않았다. 이번 장 전체는 하나님의 백성이 약속의 땅 안으로 전진하는 것이 이제 전환점에 도달했음을 가리킨다.

I. 약속의 땅을 차지하다(1:1-12:24)
　P. 이스라엘의 전투를 요약하다(12:1-24)
　　1. 요단의 동편에서 정복된 왕들(12:1-6)
　　2. 요단의 서편에서 정복된 왕들(12:7-24)

주석

12:1 내레이터는 먼저 '이스라엘 자손'이 정복한 요단 동편 땅의 범위가 남쪽 경계인 아르논강에서 북쪽으로 헤르몬산까지 이른다는 일반적인 진술을 제공한다. 묘사되는 영역은 상당히 넓은 지역인데, 남쪽 끝은 사해의 옛 범위의 중간 지점이고 거기에서 북쪽으로는 230킬로미터에 걸쳐 헤르몬산까지 이른다. 이어지는 구절들은 이전에 민수기 21:21-35에 서술되고 모세가 신명기 2:26-3:11에서 회상한 시혼과 옥의 역사를 요약하며, 이후 신명기 3:12-17에서 요단 동편 지파들에게 분배한 땅까지 언급한다. 하지만 여호수아 이야기의 이 지점에서는 모세의 이름이 거론되지 않는다.

12:2-3 이어지는 '아모리 족속의 왕 시혼'의 영토는 민수기 21:24의 간략한 진술에 나오는 것보다 더 상세하다. 이 진술의 상대역은 여호수아 13:9-11에 나온다. 북부 지역과 남부 지역은 가로지르는 얍복강을 중심으로 하여 대략 절반으로 갈라진다. 동쪽과 서쪽의 크기는 가장 넓은 범위가 요단에서 동쪽으로 약 80킬로미터에 달하는 것으로 묘사되어 있다.

12:4-5 언제나 이 쌍이 나오듯이, 이제는 주의가 북쪽에 있는 '바산의 왕 옥'으로 전환된다. 민수기 기사에서는 옥이 시혼보다 덜 주목 받지만, 여기서는 한 토막 기사("르바의 남은 족속", 4절)가 옥에게 붙여진다. 그 지역의 범위는 더 넓다. 북쪽 끝은 이미 헤르몬산으로 밝혀졌다. 동서의 궤도는 다메섹을 아우르는 방대한 지역을 포함하는데, 동쪽으로는 요단 골짜기의 동편 108킬로미터에 위치한 살르가까지다(5절).

그술 사람과 마아가 사람(5절)은 모두 작은 아람족 왕국으로서 남쪽에는 그술이 북쪽에는 마아가가 있었다. 그 동쪽 경계는 갈릴리 바다와 평행을 이루면서 요단강에 접하고 북쪽으로는 바산을 향해 뻗어있다. 그들은 13:11, 13에서 다시 언급될 것이다.

12:6 서로 이웃하는 두 왕의 영토의 위치를 알려주고 이제 모세의 이름이 두 번 언급되는데, 두 번 다 1:1(이 구절의 주석을 참고하라)과 같이 "여호와의 종"으로 묘사되어 있다. 두 번의 언급은 행동의 두 단계와 일치하는데, 먼저는 적을 정복한 것이고 다음은 그들의 영토를 요단 동편 지파들에게 분배한 것이다. 이 둘은 동시에 일어날 수 있는 만큼 바로 잇달아 나오는 것이 주목할 만하다(참고. 신 3:12-17).

12:7-8 이제는 주의를 '여호수아와 이스라엘 자손'이 이룬 요단 서편의 정복으로 돌린다. 그 땅의 넓은 범위는 이미 11장에 나오는 요약문으로 인해 친숙한 편이지만, 여기에는 이 영토와 관련된 족속들의 이름들이 추가되어 있다. 이 경우에는 여섯 족속이 열거되어 있는데, 3:10의 조금 더 긴 목록에 나오는 기르가스 족속이 빠져 있다(참고. 3:9-13 주석). 이것은 왕들이 아니라 영토라고 말해도 무방하다.

12:9-24 이와 대조적으로, 이어지는 목록은 영토가 아니라 왕들에게 관심이 있다. 이 가운데 여러 성읍은 역사적 지리에서 확인되지 않거나(예. 14절의 호르마, 15절의 아둘람) 이 목록 바깥에서는 알려지지 않은 장소들(예. 13절의 게델, 18절의 랏사론, 23절의 고임)이다.[107] 그럼에도 이 목록의 순서와 취지는 쉽게 드러난다. 이름의 순서는 대체로 이전 장들에 나오는 정복 기사들의 순서를 따르고, 여리고와 아이(9절)와 예루살렘 왕이 맺은 남부 동맹(10-16a절)으로 시작한 후 이전에 언급되지 않았으나 중부 지역에 위치한 성읍들의 목록(16b-18절)을 삽입한다. 이후 북부 지역과 하솔 왕이 구성한 동맹으로 넘어간다(19-24a절). 이미 앞에서 반복해서 보았듯이, 강조점은 성읍의 숫자나 얻은 지역들이 아니라 패배한 왕들에게 놓인다. 이는 적어도 부분적으로 그동안 일관적으로 드러났던 신학적 입장과 관련이 있다. 그것

---

107 그 위치들을 간편하게 제공하는 자료를 보려면 Hess, *Joshua*, 244-253을 참고하라. 12장에 나오는 지명들에 대한 보다 상세한 논의를 보려면 Van Bekkum, *From Conquest to Coexistence*, 196-213을 참고하라.

은 땅의 왕들과 하늘과 땅을 창조한 왕 사이의 충돌이었다. 하지만 여기에 또 다른 요소가 작동하고 있을지 모른다('응답'을 참고하라).

≋≋≋≋ 응답 ≋≋≋≋

이제 전환점에 도달했다. 그 땅의 왕들이 패배했다. 첫 지도자와 그 후계자 아래서 이스라엘이 승리를 거둔 것이다(1, 7절). 신학적 요약은 이미 11장의 끝부분에서 주어졌고, 앞으로 여러 장에 나올 사건들이 잠시 멈춘 채 자신의 백성을 위한 하나님의 신실하심과 공급하심에 주목하게 할 것이다. 이 놀라운 업적에서 맡은 이스라엘의 몫이 간략하지만 부지런하게 진술된 만큼 여기서 취한 관점은 신학적이기보다는 인류학적이다.

분량이 다른 이번 장의 두 부분은 독자들로 하여금 1:12-15에 명백히 진술된 이스라엘 지파들의 지리적 배분을 주목하게 한다. 요단 동편 지파들의 분배가 다시 명시되는 한편(12:6) 나머지 지파들의 분배는 장차 이뤄질 것이다. 미묘한 방식으로 이 대목은 이런 상황을 독자들에게 상기시켜 준다. 요단 동편의 이해관계가 또한 여호수아서 다음 단계의 초반을 장식하고 13장을 거의 차지한다. 결국, 요단 동편 지파들과 나머지 지파들의 연합에 대한 관심이 22장의 극적인 이야기에 나온다. 거듭된 약속에도 불구하고, 요단 동편의 협정에 따른 위험이 뚜렷이 드러난다. 하지만 이 순간에는 그 요약문이 요단 동편의 정복과 분배를 서편 왕들에 대한 승리와 연관시킬 뿐이다. 균열의 가능성은 내레이터의 명백한 관심사가 아니다.

끝으로, 또 하나의 사소한 불균형을 간과할 수 있다. 모세 아래에서는 왕들의 패배와 땅의 분배가 다소 연속적이었다. 후자가 전자를 곧바로 뒤따랐던 것이다. 이런 의미에서 모세(눈에 띄게 반복해서 "여호와의 종"으로 불린)는 이상적인 패턴을 세운다. 하지만 여호수아는 그것을 잘 고수하지 않는 듯하다. 그 땅이 점령되고 왕들이 패배했지만 그곳은 여전히 분배되지 않고 정착되지 않은 상태로 남아있다.

여호수아 13:1-21:45 개관

1-12장에 서술된 여호수아서의 첫 단계는 분명한 진보를 보여준다. 둘째 부분에서도 진보가 자연스럽게 계속되지만, 활동의 성격은 이스라엘 백성이 전체로서(지금 이 지점에 이르기까지 해왔듯이) 실행하는 대신에 이스라엘 전반에 널리 분배된다. 이처럼 파편화된 활동은 또한 다른 종류의 자료 배열을 허용한다. 정착 기사를 구성하는 큰 대목들을 쉽게 볼 수 있다. 13장은 요단 동편의 정착을 재개하고, 14-17장은 요단 서편에 있던 이스라엘 백성의 본래 진영인 길갈에서 정리한 유다 지파 그리고 에브라임과 므낫세의 나머지 반(半)지파(이 둘은 "요셉" 지파들이다. 참고. 16:1, 4)의 정착을 묘사한다. 18-19장은 실로에서 처리한 나머지 지파들의 정착을 설명하는 한편, 20-21장은 도피성의 지정(20장)과 땅을 유산으로 받지 않는 레위 지파를 위한 분배(21장)로 그 분배 작업을 완료한다. 이런 요소들을 다음과 같은 방식으로 정돈해서 계획적인 패턴을 분별하는 것도 가능하다.[108]

---

108 참고. Hendrick Koorevaar, *De opbouw van het boek Jozua* (Heverlee: Centrum voot Bijbelse Vorming België, 1990), English summary, 281-294; Pitkänen, *Joshua*, 247-250.

(A) 하나님의 명령이 반복되다(13:1-7)

(B) 장소가 있는 사람들(요단 동편) (13:8-33)

(C) 전환부: 지파별 정리가 되풀이되다(14:1-5), 갈렙의 유산

(14:6-15)

(D) 유다와 "요셉"(15:1-17:18)

(E) 실로에서의 분배(18:1-10)

(D′) 나머지 일곱 지파들(18:11-19:48)

(C′) 여호수아의 유산(19:49-50)

(E) 요약: 실로 분배가 완료되다(19:51)

(B′) 장소가 없는 사람들(요단의 이쪽) (20:1-21:42)

(A′) 하나님의 약속이 실현되다(21:43-45)

바깥 틀(A/A′)은 이스라엘이 하나님의 명령을 부분적으로 착수하는 모습[이는 "내가 그들을 이스라엘 자손 앞에서 쫓아내리[라]"(13:6)는 보증의 지지를 받는다]을 하나님의 약속의 성취 및 이스라엘 정착의 완료와 대조시킨다. 이례적인 두 가지 정착 패턴들이 B/B′에서 함께 등장한다. 즉, 모세가 요단 저편을 두 지파와 반(半) 지파에게 이미 분배한 것을 돌아보고, 요단 서편에 있는 성읍들을 땅을 분배받지 않는 이들(주로 레위)에게 나누는 것을 묘사한다. C/C′는 나머지 지파들의 유산과 민수기 13장의 신실한 두 정탐꾼, 곧 광야 세대 중에 약속의 땅에 정착하는 유일한 사람들을 그 틀에 넣는다(참고. 민 14:30). 이 단락들은 또한 장래의 남쪽 왕국(유다 출신의 갈렙)과 북쪽 왕국(에브라임 출신의 여호수아)을 대변한다. D(다시 장래의 북쪽/남쪽을 묶어놓는)와 D′는 "아홉 지파와 반 지파"(수 14:2, 참고. 13:7)의 정착에 관한 기사를 담고 있다. 따라서 E는 실로 집회를 교차대구법의 중심점으로 삼는다.

그 결과는 땅의 분배에 관한 세심한 구조이다. 이것은 지파별로 구역을 분류하면서 많은 지명을 개관하는 단락에 불과한 것이 아니다. 이는 하나님의 백성이 약속의 땅을 차지하게 하는 하나님의 목적과 신실하심 그리고 그 민족 전체에 대한 그분의 돌봄을 중심으로 짜여 있다. 그리고 그 백

성이 장차 예배 생활의 초점으로 삼을 중심부를 향해 움직이는 모습을 그 특징으로 한다.

¹ 여호수아가 나이가 많아 늙으매 여호와께서 그에게 이르시되 너는 나이가 많아 늙었고 얻을 땅이 매우 많이 남아있도다 ² 이 남은 땅은 이러하니 블레셋 사람의 모든 지역과 그술 족속의 모든 지역 ³ 곧 애굽 앞 시홀 시내에서부터 가나안 사람에게 속한 북쪽 에그론 경계까지와 블레셋 사람의 다섯 통치자들의 땅 곧 가사 족속과 아스돗 족속과 아스글론 족속과 가드 족속과 에그론 족속과 또 남쪽 아위 족속의 땅과 ⁴ 또 가나안 족속의 모든 땅과 시돈 사람에게 속한 므아라와 아모리 족속의 경계 아벡까지와 ⁵ 또 그발 족속의 땅과 해 뜨는 곳의 온 레바논 곧 헤르몬산 아래 바알갓에서부터 하맛에 들어가는 곳까지와 ⁶ 또 레바논에서부터 미스르봇마임까지 산지의 모든 주민 곧 모든 시돈 사람의 땅이라 내가 그들을 이스라엘 자손 앞에서 쫓아내리니 너는 내가 명령한 대로 그 땅을 이스라엘에게 분배하여 기업이 되게 하되 ⁷ 너는 이 땅을 아홉 지파와 므낫세 반 지파에게 나누어 기업이 되게 하라 하셨더라

13 Now Joshua was old and advanced in years, and the Lord said to him, "You are old and advanced in years, and there remains yet very

much land to possess. 2 This is the land that yet remains: all the regions of the Philistines, and all those of the Geshurites 3 (from the Shihor, which is east of Egypt, northward to the boundary of Ekron, it is counted as Canaanite; there are five rulers of the Philistines, those of Gaza, Ashdod, Ashkelon, Gath, and Ekron), and those of the Avvim, 4 in the south, all the land of the Canaanites, and Mearah that belongs to the Sidonians, to Aphek, to the boundary of the Amorites, 5 and the land of the Gebalites, and all Lebanon, toward the sunrise, from Baal-gad below Mount Hermon to Lebo-hamath, 6 all the inhabitants of the hill country from Lebanon to Misrephoth-maim, even all the Sidonians. I myself will drive them out from before the people of Israel. Only allot the land to Israel for an inheritance, as I have commanded you. 7 Now therefore divide this land for an inheritance to the nine tribes and half the tribe of Manasseh."

≋≋≋≋ 단락 개관 ≋≋≋≋

이 책의 두 번째 큰 단락이 시작될 때, 하나님은 다시 여호수아에게 직접 말씀하시면서 여호수아가 몸담은 새로운 상황에 대해 가르침을 주신다. 1a절에 내레이터의 짧은 진술이 나온 후 하나님의 말씀이 7절 끝까지 계속 이어진다. 그 말씀은 먼저 내레이터가 방금 진술한 내용을 긍정하고, 이어서 2-6a절은 "아직도 남은 땅"(2절)을 개관한다. 6b절은 또 다른 하나님의 약속을 불쑥 삽입하고, 7절은 아직 정착하지 못한 지파들에게 초점을 맞춘다.

단락 개요

II. 약속의 땅에 거주하다(13:1-21:45)

   A. 아직도 남은 땅(13:1-7)

      1. 여호수아가 늙다(13:1a)

      2. 하나님이 그 땅에 정착하라고 다시 명령하시다(13:1b-7)

주석

13:1 서사적 내용과 구조적 특징(참고. 13:1-21:45 개관)은 이 순간이 여호수아와 이스라엘 백성에게 새로운 삶의 단계를 가져온다는 것을 가리킨다. 이 구절의 구조 자체에 그런 지표가 있다. 이스라엘의 지도자의 상태가 기록되어 있고, 이어서 주님이 그와 똑같은 말씀으로 똑같은 정보를 확증하신다. 이와 똑같은 패턴이 1:1-2에서 시작되는데, 그 본문은 모세의 죽음이 기록된 후 주님이 여호수아에게 이스라엘을 이끌고 요단을 건너가라고 지시하시는 내용이다.[109] 여기서 주시는 지시는 그 땅의 깊숙한 곳으로 계속 전진하라는 것이다. 그들이 정체상태에 빠졌다는 암시가 있는가? "나이가 많아 늙었다"는 표현, 23:1에 다시 나오고 23:2에서 여호수아가 직접 인정하는 그 사실에 그런 뜻이 담겨있을지 모른다. 이 어구는 구약에서 두 번 더 나온다. 아브라함이 약속의 자녀인 이삭의 아내를 구할 때 "나이가 많아 늙었고"(창 24:1)라고 하고, 다윗도 아비삭을 그의 '간호사'로 삼고 아직 왕위를 이을 후계자를 책정하지 못했을 때 "나이가 많아 늙으니"(왕상

---

109 Creach, *Joshua*, 99에 논의된 내용.

1:1)라고 묘사되어 있다. 여호수아는 이전의 아브라함과 이후의 다윗처럼 마땅히 수행했어야 할 기간보다 더 길게 이런 정착을 지연했던 것처럼 보인다.

이 구절은 이 책에서 두 번째로 긴 하나님의 말씀을 시작하고, 순서상으로 이 말씀은 끝에서 두 번째 말씀이다. 대부분이 장황한 지명들에 할애된 내용이라 여호수아가 받기에 이례적인 말씀처럼 보일 수 있다. 하지만 이 말씀은 그 상대역인 여호수아 1:2-9에 나오는 핵심 요소들 대다수를 담고 있다. 이는 새로운 상황에 대한 인정, 그 땅에 관한 지리적 정보, 하나님의 도움에 대한 약속 그리고 명백한 지시 또는 명령을 모두 포함한다. 이 마지막 말씀에 빠진 요소는 단연코 담대하게 행동하라고 격려하는 내용이다. 아울러 "율법책"(1:7-8)에 주의를 기울이라는 내용도 없다. 그동안 적대적인 가나안 왕들에게 승리를 거둔 일련의 군사행동을 벌이는 동안 어떤 교훈들을 배웠음이 분명하다. 하지만 우선적인 관심사는 아직 수행되지 않은 일이다.

13:2-6a "[아직도] 남은 땅"은 남쪽으로는 이집트와의 경계로부터 저 멀리 북서쪽에 있는 다메섹을 둘러싼 지역들까지 널리 뻗어있다. 그 초점은 블레셋 해변의 평지와 그와 연계된 성읍들에 있다. 궤도는 북쪽으로 지중해 해변에서 두로와 시돈의 지역을 향한 후, 동쪽으로 아모리 족속과의 북부 경계를 가로질러 오늘날 골란 고원과 연계된 산간 지역에서 끝난다. 이 가운데 일부 지명(예. 므아라)은 여전히 위치가 불분명하다.

주님은 "땅"을 거론하시고, 이 말씀은 상당수의 지명을 포함하고 있다. 그러나 그에 상응하는 족속들도 있다. 블레셋 사람, 그술 족속, 그발 족속, "산지의 모든 주민", 시돈 사람 등이다. 약속의 땅은 사람들로 가득하지만 이스라엘은 이제 그들의 유산에 들어가야 한다.

13:6b-7 짧은 대목에 두 번 사용된 "유산"[기업, 나할라(*nahalah*)]이 이전에는 단 한 번만 사용되었으나(11:23) 여기서는 무척 두드러진다. 정착을 다

룬 장들(13-21장)에서는 45번 사용되고, 여호수아서를 끝맺는 장들에서는 단지 네 번 더 사용되는데 그 가운데 세 번은 마지막 여섯 구절에 나온다. 따라서 이 용어는 이스라엘이 그 땅에 정착하는 일의 개념적 표지로 크게 부각된다. 영어(또는 한국어) 사용자들에게는 이 용어가 그 소유주가 죽을 때 무언가를 소유하게 되는 개념을 상기시킨다. 하지만 여호수아서의 맥락에서는 이 용어가 누군가 권리를 행사하는 토지를 가리키고, 그 권리는 대대로 집안/혈족 내에서 유지되길 기대하는 것이다. 따라서 권리부여가 기본 개념이고 대대로 전수하는 것은 부차적이다.[110] 엘런 데이비스(Ellen Davis)는 이렇게 말한다.

> '나할라'(naḥālâ)란 한 용어가 묘사하는 복합적인 개념들이 토지 소유에 초점을 맞추기 때문에 그 복합적인 요소들이 국가적 의미에서 정치적 주권에 관한 토론에 포함된다. 하지만 나는 그동안 무시된 측면을 부각시키고 있다. 이 개념의 성경적 발달과정은 정복에 기초를 둔 "위로부터"의 소유를 가리킬 뿐 아니라(주로 그렇지는 않을 것이다) 배려에 기초를 둔 "아래부터"의 소유도 가리키기 때문이다.[111]

나할라와 연결된 용어는 할라크(ḥalaq)로 7절에 동사("나누어")로 사용되어 있으나 종종 명사[헬레크(ḥeleq)]로 사용되며 그 뜻은 "부분" 또는 "몫"이다.[112] 헬레크와 나할라는 동의어처럼 보이지만 헬레크가 '나할라'에 내재되지 않은 분배의 의미를 전달한다.

(여호수아서에 나오는) 이 새로운 개념들을 소개할 때 놓치지 말아야 할 것

---

110 참고. Norman Habel, *The Land is Mine: Six Biblical Land Ideology* (Minneapolis: Fortress, 1995), 33-35. 하벨은 여호수아 14:2-5을 언급하며 히브리어 나할라(nahalah)를 "분배로서 하나님이 승인하신 토지 증여 절차에 의해 [부족과 조상의 가족이] 권리를 부여받은 것을 고수하는 일"(34)이라고 설명한다.

111 Ellen F. Davis, *Scripture, Culture, and Agriculture: An Agrarian Reading of the Bible* (Cambridge: Cambridge University Press, 2009), 106-107.

112 여호수아서에서 명사(아홉 번)와 동사(일곱 번)로 나오는 경우는 모두 13-22장에 국한되어 있다.

은 주님이 여호수아에게 주시는 간략하지만 의미심장한 보증이다. "내가 그들을 이스라엘 자손 앞에서 쫓아내리니"(6절). 하지만 이로 인해 이스라엘이 하나님의 명령에 따라 행동할 책임이 면제되는 것은 아니다. 오히려 정반대다. 그 말씀은 그들이 순종할 근거가 된다.

응답

이와 같은 대목을 영적으로 해석하고픈 충동은 피하기 어렵다. 이 말씀에서 하나님께서 여호수아를 위해 실제 주민들이 사는 실제 영역을 묘사하고 계시다는 사실을 결코 잊으면 안 된다. 이어지는 장들도 마찬가지로 이스라엘 백성의 삶이 주님이 주신 땅에 끊임없이 뿌리박게 한다. 이와 동시에, 하나님이 직접 여호수아에게 주시는 이 마지막 말씀을 촉발하는 역학은 구약과 신약에 나오는 친숙한 것이다. 시작을 하더라도 유종의 미를 거두는 끈기가 필요하다. 앨리스 호지킨(Alice Hodgkin)은 여호수아서에 나오는 이 역학에 대해 이렇게 말한다.

> 그리스도 안에서 "모든 것이 우리의 것"이지만 우리가 믿음으로 경험적으로 그것들을 손아귀에 넣는 것은 우리의 몫이다. 그들의 발바닥이 밟는 곳은 모두 그들의 것이 된다는 약속이 주어졌다. 그리고 이 책의 13장에서 주님은 여호수아에게 "정복하여야 할 땅은 아직도 많이 남아 있다"(새번역)라고 말씀하셨다. 이스라엘 편에는 주님이 그들에게 주신 땅을 차지하는 데 꾸물거리는 모습이 있었다 (13:3).[113]

113 A. M. Hodgkin, *Christ in All the Scriptures* (London: Alfred Holness, 1909), 51.

그런 모습의 일부 책임을 여호수아의 탓으로 돌리는 듯하다. 모세가 민첩하게 요단 동편 지파들의 "유산"을 분배한 모습과 여호수아 아래서 왕들을 정복한 후 보이는 느슨한 모습이 계속 반복되는 것을 보면 이렇게 생각할 수밖에 없다.

하나님께서 여호수아에게, 그리고 그를 통해 이스라엘에게 요구하시는 것은 끈기(참고. 히 10:32-39; 12:12)뿐 아니라 끊임없는 인내이기도 하다. 여기서 깨어있는 상태와 끈기는 동일한 동전의 양면이다. 그래서 한 면이 시들해지면 다른 면의 실패로 이어질 것이다. 요한계시록에서 "성도들의 인내"(계 14:12, 참고. 13:10)를 요청하는 것도 똑같은 뜻을 갖고 있다. 다른 한편, 인내와 끈기 그리고 그에 수반되는 순종이란 주제가 여기에 암시되어 있다면, 여호수아가 24장에서 고별사를 할 시기에 이르면 그것이 놀랄 만한 규모로 커져있을 것이다.

"권리부여"의 뜻을 수반하는 히브리어 용어 나할라는 특히 사람들이 이미 거주하는 영역과 안 어울리는 듯이 보인다. 앞에서 남부와 북부에서의 군사행동과 관련해 논의할 때 "세상의 왕들"의 반역(시 76:12)을 거론했는데, 그 저변에 깔린 원리는 너무 멀어서 도움이 안 되는 느낌이 들 수 있다. 그러나 모든 창조세계가 창조주의 선물이라는 개념 역시 성경에 널리 퍼져있는 원리다. 이를 기반으로 이스라엘의 토지 규정이 만들어졌다. "토지를 영구히 팔지 말 것은 토지는 다 내 것임이니라"(레 25:23). 시편 저자들은 하나님께서 만물을 소유하고 계시다고 주장하고 또 노래한다. "땅과 거기에 충만한 것과 세계와 그 가운데에 사는 자들은 다 여호와의 것이로다"(시 24:1). "세계와 거기에 충만한 것이 내 것임이로다"(시 50:12). 아모스 9:7에 날카롭게 표현되어 있듯이, 정치적으로 이 원리는 하나님의 호의적 행동과 상관없는 족속들에게도 확장된다. 때가 차면 이 원리가 "각 나라와 족속과 백성과 방언에서" 하나님의 백성이 다함께 모일 때(계 7:9, 참고. 엡 2:13-18) 비로소 실현될 것이다. 따라서 이 경우에는 하나님이 그 땅을 그의 백성에게 선물로 주실 권리를 행사하고 계신 셈이다. 그들은 창조주의 뜻을 따라 그 땅을 돌보는 것이 마땅하다.

여호수아
13:8-33

⁸ 므낫세 반 지파와 함께 르우벤 족속과 갓 족속은 요단 저편 동쪽에서 그들의 기업을 모세에게 받았는데 여호와의 종 모세가 그들에게 준 것은 이러하니 ⁹ 곧 아르논 골짜기 가에 있는 아로엘에서부터 골짜기 가운데에 있는 성읍과 디본까지 이르는 메드바 온 평지와 ¹⁰ 헤스본에서 다스리던 아모리 족속의 왕 시혼의 모든 성읍 곧 암몬 자손의 경계까지와 ¹¹ 길르앗과 및 그술 족속과 마아갓 족속의 지역과 온 헤르몬산과 살르가까지 온 바산 ¹² 곧 르바의 남은 족속으로서 아스다롯과 에드레이에서 다스리던 바산 왕 옥의 온 나라라 모세가 이 땅의 사람들을 쳐서 쫓아냈어도 ¹³ 그술 족속과 마아갓 족속은 이스라엘 자손이 쫓아내지 아니하였으므로 그술과 마아갓이 오늘까지 이스라엘 가운데에서 거주하니라

⁸ With the other half of the tribe of Manasseh*¹* the Reubenites and the Gadites received their inheritance, which Moses gave them, beyond the Jordan eastward, as Moses the servant of the Lord gave them: ⁹ from Aroer, which is on the edge of the Valley of the Arnon, and the city that is in the middle of the valley, and all the tableland of Medeba

as far as Dibon; [10] and all the cities of Sihon king of the Amorites, who reigned in Heshbon, as far as the boundary of the Ammonites; [11] and Gilead, and the region of the Geshurites and Maacathites, and all Mount Hermon, and all Bashan to Salecah; [12] all the kingdom of Og in Bashan, who reigned in Ashtaroth and in Edrei (he alone was left of the remnant of the Rephaim); these Moses had struck and driven out. [13] Yet the people of Israel did not drive out the Geshurites or the Maacathites, but Geshur and Maacath dwell in the midst of Israel to this day.

[14] 오직 레위 지파에게는 여호수아가 기업으로 준 것이 없었으니 이는 그에게 말씀하신 것과 같이 이스라엘의 하나님 여호와께 드리는 화제물이 그들의 기업이 되었음이더라
[14] To the tribe of Levi alone Moses gave no inheritance. The offerings by fire to the Lord God of Israel are their inheritance, as he said to him.

[15] 모세가 르우벤 자손의 지파에게 그들의 가족을 따라서 기업을 주었으니 [16] 그들의 지역은 아르논 골짜기 가에 있는 아로엘에서부터 골짜기 가운데 있는 성읍과 메드바 곁에 있는 온 평지와 [17] 헤스본과 그 평지에 있는 모든 성읍 곧 디본과 바못 바알과 벧 바알 므온과 [18] 야하스와 그데못과 메바앗과 [19] 기랴다임과 십마와 골짜기의 언덕에 있는 세렛 사할과 [20] 벳브올과 비스가 산기슭과 벧여시못과 [21] 평지 모든 성읍과 헤스본에서 다스리던 아모리 족속의 왕 시혼의 온 나라라 모세가 시혼을 그 땅에 거주하는 시혼의 군주들 곧 미디안의 귀족 에위와 레겜과 술과 훌과 레바와 함께 죽였으며 [22] 이스라엘 자손이 그들을 살륙하는 중에 브올의 아들 점술가 발람도 칼날로 죽였더라 [23] 르우벤 자손의 서쪽 경계는 요단과 그 강가라 이상은 르우벤 자손의 기업으로 그 가족대로 받은 성읍들과 주변 마을들이니라

¹⁵ And Moses gave an inheritance to the tribe of the people of Reuben according to their clans. ¹⁶ So their territory was from Aroer, which is on the edge of the Valley of the Arnon, and the city that is in the middle of the valley, and all the tableland by Medeba; ¹⁷ with Heshbon, and all its cities that are in the tableland; Dibon, and Bamoth-baal, and Beth-baal-meon, ¹⁸ and Jahaz, and Kedemoth, and Mephaath, ¹⁹ and Kiriathaim, and Sibmah, and Zereth-shahar on the hill of the valley, ²⁰ and Beth-peor, and the slopes of Pisgah, and Beth-jeshimoth, ²¹ that is, all the cities of the tableland, and all the kingdom of Sihon king of the Amorites, who reigned in Heshbon, whom Moses defeated with the leaders of Midian, Evi and Rekem and Zur and Hur and Reba, the princes of Sihon, who lived in the land. ²² Balaam also, the son of Beor, the one who practiced divination, was killed with the sword by the people of Israel among the rest of their slain. ²³ And the border of the people of Reuben was the Jordan as a boundary. This was the inheritance of the people of Reuben, according to their clans with their cities and villages.

²⁴ 모세가 갓 지파 곧 갓 자손에게도 그들의 가족을 따라서 기업을 주었으니 ²⁵ 그들의 지역은 야셀과 길르앗 모든 성읍과 암몬 자손의 땅 절반 곧 랍바 앞의 아로엘까지와 ²⁶ 헤스본에서 라맛 미스베와 브도님까지와 마하나임에서 드빌 지역까지와 ²⁷ 골짜기에 있는 벧 하람과 벧 니므라와 숙곳과 사본 곧 헤스본 왕 시혼의 나라의 남은 땅 요단과 그 강가에서부터 요단 동쪽 긴네렛 바다의 끝까지라 ²⁸ 이는 갓 자손의 기업으로 그들의 가족대로 받은 성읍들과 주변 마을들이니라

²⁴ Moses gave an inheritance also to the tribe of Gad, to the people of Gad, according to their clans. ²⁵ Their territory was Jazer, and all the

cities of Gilead, and half the land of the Ammonites, to Aroer, which is east of Rabbah, 26 and from Heshbon to Ramath-mizpeh and Betonim, and from Mahanaim to the territory of Debir,² 27 and in the valley Beth-haram, Beth-nimrah, Succoth, and Zaphon, the rest of the kingdom of Sihon king of Heshbon, having the Jordan as a boundary, to the lower end of the Sea of Chinnereth, eastward beyond the Jordan. 28 This is the inheritance of the people of Gad according to their clans, with their cities and villages.

29 모세가 므낫세 반 지파에게 기업을 주었으되 므낫세 자손의 반 지파에게 그들의 가족대로 주었으니 30 그 지역은 마하나임에서부터 온 바산 곧 바산 왕 옥의 온 나라와 바산에 있는 야일의 모든 고을 육십 성읍과 31 길르앗 절반과 바산 왕 옥의 나라 성읍 아스다롯과 에드레이라 이는 므낫세의 아들 마길의 자손에게 돌린 것이니 곧 마길 자손의 절반이 그들의 가족대로 받으니라

29 And Moses gave an inheritance to the half-tribe of Manasseh. It was allotted to the half-tribe of the people of Manasseh according to their clans. 30 Their region extended from Mahanaim, through all Bashan, the whole kingdom of Og king of Bashan, and all the towns of Jair, which are in Bashan, sixty cities, 31 and half Gilead, and Ashtaroth, and Edrei, the cities of the kingdom of Og in Bashan. These were allotted to the people of Machir the son of Manasseh for the half of the people of Machir according to their clans.

32 요단 동쪽 여리고 맞은편 모압 평지에서 모세가 분배한 기업이 이러하여도 33 오직 레위 지파에게는 모세가 기업을 주지 아니하였으니 이는 그들에게 말씀하신 것과 같이 이스라엘의 하나님 여호와께서 그

들의 기업이 되심이었더라

32 These are the inheritances that Moses distributed in the plains of Moab, beyond the Jordan east of Jericho. 33 But to the tribe of Levi Moses gave no inheritance; the Lord God of Israel is their inheritance, just as he said to them.

1 Hebrew *With it* *2* Septuagint, Syriac, Vulgate; Hebrew *Lidebir*

≋≋≋≋ 단락 개관 ≋≋≋≋

본문은 "[아직도] 남은 땅"(13:2)을 "아홉 지파와 므낫세 반 지파"(13:7, 참고. 14:2)에게 분배한 것을 얘기하기 전에 먼저 모세의 리더십 아래 요단 동편의 땅을 나눠준 것을 다시 한 번 되풀이한다. 이 단락은 말끔하게 나눠져 있다. 지역별 개관(8-13, 32절)을 레위에게 유산이 없는 것에 대한 언급(14, 33절)과 묶어주는 구조는 요단 동편 지파들의 정착 각각을 다루는 세 대목을 담고 있다. 15-23절은 장자이자 첫 번째로 정착한 르우벤을, 24-28절은 갓의 분배를, 그리고 29-31절은 므낫세 반 지파의 정착을 각각 다룬다. 이 대목들은 각각 '모세가 (그들에게) 준' 땅과 소유권을 언급하면서 시작하고 간략한 요약으로 끝난다. 이 규칙적인 구조 내에 흥미로운 변형도 나온다.

≈≈≈≈≈ **단락 개요** ≈≈≈≈≈

> II. 약속의 땅에 거주하다(13:1-21:45)
>
> B. 모세의 리더십 아래 정착한 것을 회고하다(13:8-33)
>
>   1. 레위를 제외한 요단 동편에서의 정착을 지역별로 개관하다
>   (13:8-14)
>
>   2. 모세가 르우벤의 정착지를 분배하다(13:15-23)
>
>   3. 모세가 갓의 정착지를 분배하다(13:24-28)
>
>   4. 모세가 므낫세 반 지파의 정착지를 분배하다(13:29-31)
>
>   5. 레위를 제외한 요단 동편 정착의 요약(13:32-33)

이는 요단 동편 정착이 민수기 21장(그런데 민 21:25, 35을 참고하라)에서 시혼과 옥 왕의 패배를 다룬 첫 기사 이후에 나오는 네 번째 기록이다. 네 차례의 기사는 다음과 같다.

(1) 요단 동편 지파들이 약속의 땅 정복에 계속 참여하기로 합의한 이후 모세가 분배함(민 32:33-42)

(2) 모세가 모압 평지에서 설교할 때 그 분배를 되풀이해서 말함 (신 3:12-17)

(3) 여호수아서의 첫째 부분을 마무리하는 지역별 요약(수 12:1-6)

(4) 아홉 지파와 반 지파의 정착에 대한 서문(수 13:8-33)

각 경우에 이후의 전투를 위한 선례와 모본으로서 특별한 위치를 차지하는 아모리 왕들인 시혼과 옥의 패배 역사와 연관성이 맺어진다. 그런 전투들로부터 보도된 정밀한 정도는 거기에 제공된 지리적 세부사항의 성격과 정도와 같이 무척 다양하다. 분배 자체는 둘째 기사와 셋째 기사에 요약된

형태로 나온다. 보다 세부적인 사항들, 특히 지역 내에서 영향을 받은 성읍들의 이름과 관련된 사항들은 첫째 기사와 넷째 기사에 나와 있다. 어느 두 기사도 똑같지 않다. 각 기사는 그 직접적인 맥락의 필요를 채우는 방식으로 기여한다. 여기서 나머지 지파들의 정착으로 이어지는 부분에 이 서문을 삽입하는 효과는 여호수아가 따를 모본을 세우는 것이다. 여호수아는 이제 모세가 이전에 행했던 대로 행해야 한다. 이는 또한 14-19장에 나오는 기록을 위한 문학적 모본을 제공하기도 한다.

≋≋≋≋ **주석** ≋≋≋≋

13장

13:8-13 요단 동편의 두 지파와 반 지파가 정착한 지역들에 대한 소개는 방금 12장의 초반에 제공된 것을 상기시킨다. 양자는 하나 이상의 의미에서 "가까운 이웃"이다. 이 소개들은 근접하고 또 전략도 비슷하며 요단의 동편에 남부에서 북부로 정착한 이력서를 제공한다. 시혼과 옥이 다시 한 번 거명되고, 옥의 위상이 르바의 마지막 족속임을 한 번 더 상기시킨다(참고. 신 3:11; 수 12:4). 그술 족속과 마아갓 족속의 영토들은 이전의 요약(12:5)에서 언급되었으나 여기서는 그에 덧붙여 그들이 이스라엘 백성 가운데 존속하고 있다고 밝힌다(13:13). 이스라엘의 정착에 관한 기사가 펼쳐질 때 여러 지점에서 그런 주민들이 언급될 것이다. 흔히 여호수아서는 완전한 정복을 서술하고 사사기는 부분적인 정복을 서술한다고 주장되며, 때로는 이 점이 두 책 간의 모순으로 제기되곤 한다. 그러나 이곳에 나오는 주민들은 그런 피상적인 비교를 약화시킨다. 그런 비교는 한 마디로 과장이다.

13:14, 33 모세 아래에서의 정착 구조에는, 모세가 레위 지파에게는 "기업"("inheritance")을 주지 않았다는 반복되는 말이 포함된다. 이것 역시 약속의 땅에서 하나님의 백성의 구성과 관련된 순종과 올바른 질서의 문제다. 이 제도는 민수기 18:21-24에서 처음 확립되는데, 십일조가 기업 없음에

여호수아 13:8-33 _ **281**

대한 제사장의 보상으로 기록되어 있다. 이 제도는 상호성의 요소를 갖고 있다. 이스라엘의 나머지 지파들은 십일조를 바치기 때문에 제사와 제물과 관련된 거룩한 것을 모독할 때 따르는 파괴적 결과로부터 보호를 받는다. 십일조에 덧붙여, 민수기 35:1-8은 지파별 정착지로부터 성읍들과 목초지들을 배정해서 도피성들과 함께 레위인의 거주지로 주어야 한다고 규정한다. 이 일은 여호수아 20-21장에서 일어난다(그곳의 주석을 참고하라). 레위 지파에게 유산이 없다는 것은 정착이 진행될 때(14:3, 4) 다시금 상기되고, 분배의 두 번째 단계가 시작될 때(18:7)에도 다시 나온다.

14절과 33절에 나오는 두 언급은 각각 이런 상황에 대해 약간 다른 이유를 제공한다. 레위 지파는 그 "기업"으로서 "화(火)제물"(14절)이나 "이스라엘의 하나님 여호와"(33절)를 받는다고 한다. 이 두 진술은 신명기 18:1-2에 나오는 제사장에 관한 규정을 반영한다. 제사장은 땅이 없을지 몰라도 특권을 받았다.

13:15-23 르우벤의 영토는 요단 동편에 자리 잡은 세 지파 중에 가장 남쪽에 있고, 이 묘사는 지역별 요약에 나오는 남부에서 북부로 향하는 궤도를 따른다. 이 기사의 특징은 두 편의 내러티브가 심겨 있다는 것이다. 시혼과 옥이 갓과 동부 므낫세의 정착 기사에도 다시 나오지만 둘 중 어느 경우(27, 30절)에도 서사적 요소가 첨가되어 있지 않다. 모세의 시혼에 대한 승리의 성격에 대한 이 진술이 그 사건을 충분히 상기시키는 역할을 하기 때문이다(21절). 21절에 언급된 시혼의 다른 지도자들의 처형은 거짓 선지자 발람이 야기한 위험을 떠올리게 하고, 이 죽음들은 미디안과의 전쟁 중에 일어났다고 민수기 31:8에 기록되어 있다. 간략한 서사적 언급은 이스라엘의 이전 역사에 있었던 승리와 위험을 모두 가리킨다.

13:24-28 갓의 정착지는 르우벤의 북쪽에 있다. 그 정착지는 시혼의 영토 중에 르우벤이 차지하지 않은 나머지 땅(27절)을 포함하고, 북쪽으로는 저 멀리 갈릴리 바다("긴네렛," 27절)까지 확장된다. 요단강이 동쪽의 경계로

놓여있다.

13:29-32 실로와 연계된 지역이 처분되고, 므낫세 반 지파는 예전에 옥과 연계된 영토를 점령한다. 이 영토는 북쪽으로 바산을 향해 더욱 확장된다. 여기에 분배된 성읍 전체가 포함되어 있다. 이 특징은 여호수아 아래서 다른 지파들의 정착에 관한 기록에 다시 나타날 것이다.

요단 동편의 정착에 관한 이 기록은 시혼과 옥을 한 쌍으로 보는 출애굽 기사와 정복 기사들 중에 마지막에 해당한다. 이 두 왕은 전형적인 정복으로서 두드러진 역할을 갖고 있고, 이는 이 영토들에 요단 동편 지파들이 정착하는 것을 포함한다. 그들은 구약의 뒷부분에서 솔로몬의 행정 제도를 개관하는 열왕기상 4:19에 다시 나오고, 그밖에는 느헤미야 9:22의 기도와 시편 135:11과 136:19-20에 역사적 회상으로 나올 따름이다. 이들을 이스라엘이 약속의 땅을 받기 시작하는 첫 열매로 보는 것은 지나친 주장일지도 모른다. 하지만 하나님의 약속에 비추어 그분의 명령에 충실한 첫 걸음을 내디딘 것이 아모리 족속의 왕들인 시혼과 옥에 대한 승리를 가져왔다는 것은 틀림없는 사실이다.

내레이터가 모세 아래 일어난 요단 동편의 정착을 한 번 더 되풀이하면서 여호수아 아래서의 정착 이야기(참고. 수 13:7; 14:2)를 중단시키는 이유는 알기 어렵다. 저자의 목적을 규명하기 어려워도 독자에게 주는 효과는 말할수 있다.

첫째, 이 회고는 요단 동편의 정착을 여호수아 아래서 일어난 나머지 백성의 정착에 통합시킨다. 앞에서 논의했듯이, 시혼과 옥을 마지막으로 언급한 것은 그들 영토에 정착한 일을 이스라엘의 정착에 관한 완전한 기사에 통합시키는 것이 중요함을 시사한다. 이 지점에서 이 기사를 엮어 넣으면 이스라엘 백성 전체가 단 한 번에 정착했다는 인식을 심어준다.

둘째, 이 연합 주장과 대조적인 요소가 나타난다. 하나님 백성의 연합에 대한 염려가 잠복해 있는 듯하다. 발람의 죽음을 회상하는 모습이 이런 염려를 날카롭게 보여준다. 하지만 두 지파와 반 지파와 맺은 합의에 관한모든 기사를 읽어보면 그 저변에 이런 염려가 숨겨있음을 감지하게 된다. 그래서 민수기 32:1-32에서 모세는 이 지파들로부터 요단 건너편 땅에 들어가는 그들 형제들을 동반하겠다는 약속을 끌어내려고 애쓴다. 여호수아서 역시 이 지파들이 그렇게 순종하겠다고 선언하며 여호수아에게 주신하나님의 격려를 모방하는 모습으로 시작한다(수 1:12-18). 연합의 주장이분열의 두려움을 무심코 드러내는 만큼 여기에 그런 요소가 예시되고, 그두려움이 22장에서 현실화된다.

14장

¹ 이것은 이스라엘 자손이 가나안 땅에서 받은 기업 곧 제사장 엘르아살과 눈의 아들 여호수아와 이스라엘 자손 지파의 족장들이 분배한 것이니라 ² 여호와께서 모세에게 명령하신 대로 그들의 기업을 제비 뽑아 아홉 지파와 반 지파에게 주었으니 ³ 이는 두 지파와 반 지파의 기업은 모세가 요단 저쪽에서 주었음이요 레위 자손에게는 그들 가운데에서 기업을 주지 아니하였으니 ⁴ 이는 요셉의 자손이 므낫세와 에브라임의 두 지파가 되었음이라 이 땅에서 레위 사람에게 아무 분깃도 주지 아니하고 다만 거주할 성읍들과 가축과 재산을 위한 목초지만 주었으니 ⁵ 이스라엘 자손이 여호와께서 모세에게 명령하신 것과 같이 행하여 그 땅을 나누었더라

¹ These are the inheritances that the people of Israel received in the land of Canaan, which Eleazar the priest and Joshua the son of Nun and the heads of the fathers' houses of the tribes of the people of Israel gave them to inherit. ² Their inheritance was by lot, just as the Lord had commanded by the hand of Moses for the nine and one-half tribes. ³ For Moses had given an inheritance to the two and one-half tribes beyond

the Jordan, but to the Levites he gave no inheritance among them. 4 For the people of Joseph were two tribes, Manasseh and Ephraim. And no portion was given to the Levites in the land, but only cities to dwell in, with their pasturelands for their livestock and their substance. 5 The people of Israel did as the Lord commanded Moses; they allotted the land.

6 그때에 유다 자손이 길갈에 있는 여호수아에게 나아오고 그니스 사람 여분네의 아들 갈렙이 여호수아에게 말하되 여호와께서 가데스 바네아에서 나와 당신에게 대하여 하나님의 사람 모세에게 이르신 일을 당신이 아시는 바라 7 내 나이 사십 세에 여호와의 종 모세가 가데스 바네아에서 나를 보내어 이 땅을 정탐하게 하였으므로 내가 성실한 마음으로 그에게 보고하였고 8 나와 함께 올라갔던 내 형제들은 백성의 간담을 녹게 하였으나 나는 내 하나님 여호와께 충성하였으므로 9 그날에 모세가 맹세하여 이르되 네가 내 하나님 여호와께 충성하였은즉 네 발로 밟는 땅은 영원히 너와 네 자손의 기업이 되리라 하였나이다 10 이제 보소서 여호와께서 이 말씀을 모세에게 이르신 때로부터 이스라엘이 광야에서 방황한 이 사십오 년 동안을 여호와께서 말씀하신 대로 나를 생존하게 하셨나이다 오늘 내가 팔십오 세로되 11 모세가 나를 보내던 날과 같이 오늘도 내가 여전히 강건하니 내 힘이 그때나 지금이나 같아서 싸움에나 출입에 감당할 수 있으니 12 그날에 여호와께서 말씀하신 이 산지를 지금 내게 주소서 당신도 그날에 들으셨거니와 그곳에는 아낙 사람이 있고 그 성읍들은 크고 견고할지라도 여호와께서 나와 함께 하시면 내가 여호와께서 말씀하신 대로 그들을 쫓아내리이다 하니

6 Then the people of Judah came to Joshua at Gilgal. And Caleb the son of Jephunneh the Kenizzite said to him, "You know what the Lord said

to Moses the man of God in Kadesh-barnea concerning you and me.
7 I was forty years old when Moses the servant of the Lord sent me
from Kadesh-barnea to spy out the land, and I brought him word again
as it was in my heart. 8 But my brothers who went up with me made
the heart of the people melt; yet I wholly followed the Lord my God.
9 And Moses swore on that day, saying, 'Surely the land on which
your foot has trodden shall be an inheritance for you and your children
forever, because you have wholly followed the Lord my God.' 10 And
now, behold, the Lord has kept me alive, just as he said, these forty-
five years since the time that the Lord spoke this word to Moses, while
Israel walked in the wilderness. And now, behold, I am this day eighty-
five years old. 11 I am still as strong today as I was in the day that
Moses sent me; my strength now is as my strength was then, for war
and for going and coming. 12 So now give me this hill country of which
the Lord spoke on that day, for you heard on that day how the Anakim
were there, with great fortified cities. It may be that the Lord will be
with me, and I shall drive them out just as the Lord said."

13 여호수아가 여분네의 아들 갈렙을 위하여 축복하고 헤브론을 그에
게 주어 기업을 삼게 하매 14 헤브론이 그니스 사람 여분네의 아들 갈
렙의 기업이 되어 오늘까지 이르렀으니 이는 그가 이스라엘의 하나님
여호와를 온전히 좇았음이라 15 헤브론의 옛 이름은 기럇 아르바라 아
르바는 아낙 사람 가운데에서 가장 큰 사람이었더라 그리고 그 땅에
전쟁이 그쳤더라

13 Then Joshua blessed him, and he gave Hebron to Caleb the son
of Jephunneh for an inheritance. 14 Therefore Hebron became the
inheritance of Caleb the son of Jephunneh the Kenizzite to this day,

여호수아 14:1–15 _ 287

because he wholly followed the Lord, the God of Israel. ^{15} Now the name of Hebron formerly was Kiriath-arba.^{1} (Arba^2 was the greatest man among the Anakim.) And the land had rest from war.

1 Kiriath-arba means *the city of Arba* *2* Hebrew *He*

〰〰〰 단락 개관 〰〰〰

요단 동편의 배분에 관한 회고가 끝나고 이제 무대는 하나님께서 여호수 아에게 하신 마지막 말씀(13:1)으로 확인된 작업을 위해 준비된다. 13:1- 21:45 개관에서 말했듯이, 남은 작업에 대해 다수의 종점들을 염두에 두고 있다. 모든 일은 레위 지파가 그들의 거주지를 배당받았을 때에야 비로소 완수될 것이다. 이는 21장에서 일어나고, 그 이전의 20장에는 도피성의 마 련이 나온다. 하지만 이 대목의 주관심사는 남은 "아홉 지파와 반 지파"(2 절)이고, 이 작업은 19장에 가서야 완료될 것이다.

내레이터는 1-5절에서 요단 동편의 땅에서 요단 서편의 정착으로 명시 적 전환을 이룬다. 이는 이제 일어날 일에 대한 이유를 제공하고 그 땅의 분배가 펼쳐짐에 따라 지파별로 나눠지게 된 연유를 설명한다. 유다가 요 단 서편 지파들 중에 첫 번째로 집을 찾고, 이 이야기는 갈렙의 정착에 초 점을 맞춘 채 시작된다(6-14절). 갈렙 이야기는 여호수아의 정착(19:49-50) 을 그 상대역으로 가지고, 후자는 전자보다 훨씬 짧게 기록되어 있다. 이 개인적인 이야기에는 뚜렷한 특징이 있다. 내레이터의 마지막 짧은 말(15 절)은 갈렙 기사가 종결되었다는 느낌을 주는데 이것이 유다 지파 정착의 첫 사례의 역할을 한다면, 이는 무척 뜻밖이다.

피상적 수준에서 보면, 이 단락은 오랫동안 기다렸던 과정, 곧 약속의 땅 에 속한 영토들을 나머지 지파들에게 분배하는 과정을 작동시킨다. 하지만 그 표면 아래에는 순종과 정체성에 관한 이슈들이 숨겨져 있다.

〰〰〰 **단락 개요** 〰〰〰

II. 약속의 땅에 거주하다(13:1-21:45)

   C. 요단의 서편 정착이 시작되다(14:1-15)

      1. 주님이 모세에게 하신 명령에 따라 정착하다(14:1-5)

      2. 그니스 사람 갈렙이 헤브론에 정착하다(14:6-15)

         a. 갈렙의 요청(14:6-12)

         b. 여호수아의 축복(14:13-14)

         c. 결론(14:15)

〰〰〰 **주석** 〰〰〰

14:1-5 하나님의 경고가 여호수아에게 임해서(13:1-7) 비로소 여호수아와 엘르아살의 리더십 아래 행동으로 옮겨지지만, 그 실행은 이스라엘의 순종으로 묘사되어 있다(1, 5절). 그 땅의 분배를 다루기 전에 내레이터는 그 분배가 일어난 상황을 신중하게 정리한다. 2절은 모세에게 주신 하나님의 명령에 따라 "아홉 지파와 반 지파"의 "기업"(유산)이 "제비 뽑아" 결정되도록 되어 있음을 명기한다. 이 언급은 두 가지 목적을 이룬다. 하나는 남은 땅의 배분이 '제비뽑기'로 거행된다고 선언하는 것이다. 그리고 다른 하나는 암묵적으로 왜 이전의 두 지파와 반 지파의 정착은 그렇게 이뤄지지 않았는지를 설명하는 것이다. 여호와께서 애초에 모세에게 제비뽑기로 땅을 나누라고 지시하신 내용은 민수기 26:52-56에 나온다. 그리고 그 본

문은 (에브라임과 므낫세를 포함한) 정복 세대의 열두 지파의 인구조사가 끝났을 때, 그러나 정착에서 제외된 레위 지파의 인구조사 기사 앞에 위치한다. 이 지점에서는 그것이 모든 지파에게 적용되는 듯이 보이지만, 땅이 모세와 엘르아살 아래서 요단 동편 지파들에게 할당된 뒤인 민수기 33:54에서는 주님이 다시금 모세에게 나머지 지파들은 "제비뽑기"로 유산을 받아야 한다고 명령하신다. 또 한 번은 모세가 직접 하나님의 명령을 전하면서 그것을 요단의 서쪽에 이르는 지리적 한계를 개관하는 요소로 말하는데, 이 역시 요단 동편의 분배가 일어난 뒤의 일이다(민 34:13-15). 앞으로 '제비뽑기'를 활용하라는 '요건'은 여호수아 14:2에 진술되어 있는 한편, 제비뽑기의 '부재'는 3절에 설명되어 있다. 이것은 5절에 기록된 순종의 불가결한 일부가 될 것이다. '제비뽑기'(고랄)에 대한 언급은 여호수아서 여기저기에 흩어져 있는데, 여호수아서에 나오는 스물여섯 번 전체가 14-21장(이는 히브리어 성경 전체에 나오는 숫자의 3분의 1에 해당한다)에 몰려있고 그중에 스무 번이 여호수아 18-19장과 21장에 나온다.

다시금 유산이 없는 레위 지파가 두드러진 주목을 받는다(참고. 13:14 주석; 13:33 주석). 민수기 26:55-56에서 제비뽑기로 결정하라는 긍정적 명령이 주어진 직후에 레위 지파가 인구조사에 참여하지 않은 것은 그들이 유산을 받지 않기 때문이라고 한다(민 26:62). 제비뽑기의 요건은 민수기 33:54과 34:13에서 반복되고, 이후에 민수기 35:1-8에서 성읍들과 목초지들에 대한 배정이 따라온다. 이런 언어를 이제 여호수아서에서 내레이터가 사용한다. 어쩌면 이상하게 들릴 수 있는 말, 곧 "요셉의 자손이 므낫세와 에브라임의 두 지파가 되었음이라"라는 이 배정에서 또 하나의 지파가 배제되는데 어째서 유산을 받는 지파가 모두 열둘인지 그 이유를 설명해준다. 따라서 전반적인 상황이 설명된 셈이고, 이스라엘은 그 지도자들인 여호수아와 엘르아살과 더불어 순응하는 모습을 보인다.

14:6-12 이후에 갈렙의 유산이 제비뽑기로 주어지지 않는 것이 이상하게 보일 수 있다. 하지만 갈렙은 그가 요청하는 땅이 약속에 의해 그의 것

임을 분명히 알고 있다. 6절과 12절에서 갈렙은 주님이 그에게 특정한 땅이 그의 소유가 될 것임을 약속하셨다고 명백히 말한다. 9절에서는 이것이 모세의 말, 곧 갈렙이 민수기 13-14장에서 땅을 정탐하러 갔을 때와 그의 길고 신실한 생애 내내(참고 민 32:12) 보여줬던 성실한 순종에 비추어 모세가 확증한 말로 상술되어 있다. 그 약속은 우리가 예상할 법한 민수기에 기록되어 있지 않고, 정복 세대가 약속의 땅에 들어갈 준비를 하던 당시 모세가 모압 평지에서 이스라엘의 출애굽 경험을 다시 말하기 시작할 때 전하고 있다(신 1:36, 참고. 민 14:24). 갈렙은 그 땅에 들어갈 때의 행동과 기대로 인해 참으로 특별한 사례에 해당한다.

갈렙의 순종 너머에는 정체성의 문제가 있다. 이 이야기가 시작되고 끝날 때(6, 14절) 갈렙의 신원이 "그니스 사람 여분네의 아들"로 완전히 밝혀진다. 갈렙이 유다 지파에 속한다는 사실은 그 지파의 여호수아에 대한 접근과 갈렙의 요청이 병렬되어 있는 것에 암시되어 있을 뿐이다. 이 대목 이외에 그를 그니스 사람으로 밝히는 곳은 민수기 32:12밖에 없다. 그러면 이 소속이 여기서 왜 그토록 주목을 받는 것일까? 보통은 그니스 사람을 에서의 자손인 그나스와 연관시키고, 그나스는 에돔 족속과 연관되어 있다(창 36:1-11, 40-43). 따라서 갈렙의 신원을 이렇게 밝히는 것은 그의 조상으로 인해 그가 이스라엘 사람이 아니지만 그의 가족이 이스라엘로 편입되었고, 그의 모범적인 충성으로 인해 그가 그 세대에서 비할 데 없는 인물로 돋보이게 되었다는 것을 시사한다. 모세가 지정한 후계자인 여호수아조차 갈렙이 받은 칭찬을 받지 못한다.

갈렙의 요청이 이례적인 신학적 뉘앙스를 풍기는 것처럼 보일지 모른다. 갈렙이 그의 요청의 근거를 제시하고, 하나님의 약속을 가리키고, 하나님의 신실하심을 경험한 것을 표현하고, 그의 정력과 그의 영토에 대해 명백한 말로 주장한 후, 그 말의 절정은 놀랍게도 미적지근하게 보인다. "[아마도] 여호와께서 나와 함께 하시면 내가 여호와께서 말씀하신 대로 그들을 쫓아내리이다"(12절). 갈렙이 하나님의 선물과 그 자신의 능력에 대한 확신의 근거를 제시했음에도 불구하고, '아마도'[울라이('ulay), 개역개정에는 없음]란 말은 용기의 부족이나 하나님의 공급에 대한 확신의 결여처럼 보일지 모른다. 하지만 그와 반대로, 갈렙은 하나님의 약속이 다른 방식으로 실현될 가능성을 열어놓고 있다. 이는 신학적 겸손의 특징이면서 영적 주제넘음이 없다는 증거다. 이스라엘의 하나님은 갈렙이 기대하는 방식으로 반드시 행동해야 할 의무가 없다. 이것은 하나님의 능력이나 그분의 기쁜 뜻을 의심하는 것과 다른 문제다. 갈렙이 일생 동안 이 하나님에 관해 목격한 모든 것은 그분이 그분의 말씀에 충실하시다는 확신을 주고, '아마도'란 말은 그런 확신을 약화시키는 것이 아니다.

14:13-14 여호수아가 갈렙을 축복하고 그에게 땅을 할당하는 것은 굳이 제비뽑기를 할 필요가 없다. 갈렙은 자기가 갖고 싶은 땅을 "이 산지"(14:12)라고 불렀지만 그 땅이 이제 헤브론임이 두 번 밝혀진다. 유다의 정착과 연관된 영역의 남쪽에 위치한 헤브론은 다윗의 시대에 이르기까지 갈렙과의 연관성을 계속 유지했다(삼상 30:14).

14:15 내레이터의 마지막 말은 헤브론을 "기럇 아르바"와 연관시킨다. 만일 "아르바"가 숫자 4와 관계가 있다면 이는 네 도시(기브온과 관련된 도시들처럼)를 가리킬 수 있다. 이는 갈렙이 "성읍들"(14:12)을 요청했는데 결국 왜 외견상 한 도시를 받았는지 그 이유를 설명할 수 있다. 그 옛 이름은 또한 아낙 사람과 연관이 있다(참고. 11:21-22 주석). 이전의 경우와 같이 이번에도 아낙 사람의 언급이 "전쟁이 그치다"는 말과 짝을 이룬다. 이는 11:23에 나온 어구를 반복하는 말이다.

응답

구약에서 갈렙과 여호수아를 뚜렷하게 비교한 적은 한 번도 없다. 이는 여전히 미묘하고 주의를 기울여야 겨우 간파할 수 있을 뿐이다. 그런데 이 내러티브에 대조적인 모습이 드러나는 듯하다. 여기서 갈렙의 모범적 성품은 그의 자서전적 주장(8절)뿐 아니라 내레이터의 긍정적 인정(14절)으로도 나타난다. 주님에 대한 온전한 헌신을 보여주는 두 어구 사이에 늙은 나이에도 하나님의 약속을 추구하겠다는 갈렙의 간청이 있다. 우리가 지나친 읽기의 위험을 경계해야 하겠지만, 이 요청은 여호수아가 늙었을 때 일어나서 전진하라는 촉구가 필요했다는 사실(13:1)과 대조를 이루는 듯하다. 이 책에는 인내를 요청하는 경우가 여럿 나오는데 이것도 또 하나의 경우다. "늙어 백발이 될 때에도"(시 71:18) 끝까지 신실함을 유지하라는 긴급한 요청이다. 오랜 세월 동안, 하나님의 약속을 실현하기 위한 갈렙의 담대한 끈기는 "푯대를 향하여 그리스도 예수 안에서 하나님이 위에서 부르신 부름의 상을 위하여 달려가[는]"(빌 3:14) 늙은 사도, 그리고 훗날 "선한 싸움을 싸우고 나의 달려갈 길을 마치고 믿음을 지켰[다]"(딤후 4:7)고 회상하는 그 사도의 끈기를 연상시킨다.

갈렙이 그니스 사람이란 사실 또한 성찰할 만하다. 여호수아서의 첫 부분은 한 개인과 그 가족 그리고 한 지역의 주민 전체가 어떻게 하나님의 백성 가운데 피난처를 찾을 수 있는지에 대해 생각하게 만들었다. 어떻게 생각하든 갈렙은 비범한 이스라엘 사람이지만 그 역시 한때 하나님의 백성 바깥에 있던 가족 출신인 듯하다. 여호수아서의 후반부가 하나님의 백성 가운데 사는 외국인을 이만큼 부각시키지는 않아도 이 주제는 사라진 것이 아니고 이 책이 끝나기 전에 다시 드러날 것이다. 앞에서 여호수아서를 면밀히 읽으면 외국인 혐오증과 종족 학살의 혐의에 반박할 수 있다고 말한 바 있다. 여기에 나온 갈렙의 이야기 또한 이 반증에 기여할 수 있다.

앞에서 갈렙의 말에 담긴 한 마디(울라이, '아마도')에 주목한 바 있다. 이는 한 단어에 불과해도 주권적 하나님에 대한 그의 복종을 보여주는데, 하나님께서 그분의 약속을 성취하시되 피조물이 꼭 기대할 만한 방식으로 성취할 의무가 없다는 것을 인정하는 태도다. 여기서 다시 한 번 바울과의 유사점을 보게 된다. 바울은 그리스도 예수의 고난을 알고, 그래서 그분의 부활의 능력도 알기를 간절히 원했으며 "어떻게 해서든지 죽은 자 가운데서 부활에 이르려"(빌 3:11) 한다고 고백했다. 하나님의 신실하심에 대한 확신은 그 신실하심이 나타날 방식과 관련된 겸손함과 평화롭게 공존할 수 있다. 갈렙과 사도 바울이 한 목소리로 증언하는 소리를 들으면 그 둘이 공존할 수 있다는 것과 그것을 권하고 있음을 알게 된다.

¹ 또 유다 자손의 지파가 그들의 가족대로 제비 뽑은 땅의 남쪽으로는 에돔 경계에 이르고 또 남쪽 끝은 신 광야까지라 ² 또 그들의 남쪽 경계는 염해의 끝 곧 남향한 해만에서부터 ³ 아그랍빔 비탈 남쪽으로 지나 신에 이르고 가데스 바네아 남쪽으로 올라가서 헤스론을 지나며 아달로 올라가서 돌이켜 갈가에 이르고 ⁴ 거기서 아스몬에 이르러 애굽 시내로 나아가 바다에 이르러 경계의 끝이 되나니 이것이 너희 남쪽 경계가 되리라 ⁵ 그 동쪽 경계는 염해이니 요단 끝까지요 그 북쪽 경계는 요단 끝에 있는 해만에서부터 ⁶ 벧 호글라로 올라가서 벧 아라바 북쪽을 지나 르우벤 자손 보한의 돌에 이르고 ⁷ 또 아골 골짜기에서부터 드빌을 지나 북쪽으로 올라가서 그 강 남쪽에 있는 아둠밈 비탈 맞은편 길갈을 향하고 나아가 엔 세메스 물들을 지나 엔로겔에 이르며 ⁸ 또 힌놈의 아들의 골짜기로 올라가서 여부스 곧 예루살렘 남쪽 어깨에 이르며 또 힌놈의 골짜기 앞 서쪽에 있는 산꼭대기로 올라가나니 이곳은 르바임 골짜기 북쪽 끝이며 ⁹ 또 이 산 꼭대기에서부터 넵도아 샘물까지 이르러 에브론산 성읍들로 나아가고 또 바알라 곧 기럇 여아림으로 접어들며 ¹⁰ 또 바알라에서부터 서쪽으로 돌이켜 세

일산에 이르러 여아림산 곧 그살론 곁 북쪽에 이르고 또 벧 세메스로 내려가서 딤나를 지나고 11 또 에그론 비탈 북쪽으로 나아가 식그론 으로 접어들어 바알라산을 지나고 얍느엘에 이르나니 그 끝은 바다며 12 서쪽 경계는 대해와 그 해안이니 유다 자손이 그들의 가족대로 받 은 사방 경계가 이러하니라

1 The allotment for the tribe of the people of Judah according to their clans reached southward to the boundary of Edom, to the wilderness of Zin at the farthest south. 2 And their south boundary ran from the end of the Salt Sea, from the bay that faces southward. 3 It goes out southward of the ascent of Akrabbim, passes along to Zin, and goes up south of Kadesh-barnea, along by Hezron, up to Addar, turns about to Karka, 4 passes along to Azmon, goes out by the Brook of Egypt, and comes to its end at the sea. This shall be your south boundary. 5 And the east boundary is the Salt Sea, to the mouth of the Jordan. And the boundary on the north side runs from the bay of the sea at the mouth of the Jordan. 6 And the boundary goes up to Beth-hoglah and passes along north of Beth-arabah. And the boundary goes up to the stone of Bohan the son of Reuben. 7 And the boundary goes up to Debir from the Valley of Achor, and so northward, turning toward Gilgal, which is opposite the ascent of Adummim, which is on the south side of the valley. And the boundary passes along to the waters of En-shemesh and ends at En-rogel. 8 Then the boundary goes up by the Valley of the Son of Hinnom at the southern shoulder of the Jebusite (that is, Jerusalem). And the boundary goes up to the top of the mountain that lies over against the Valley of Hinnom, on the west, at the northern end of the Valley of Rephaim. 9 Then the boundary extends from the top of the mountain to the spring of the waters of Nephtoah, and from there to

the cities of Mount Ephron. Then the boundary bends around to Baalah (that is, Kiriath-jearim). 10 And the boundary circles west of Baalah to Mount Seir, passes along to the northern shoulder of Mount Jearim (that is, Chesalon), and goes down to Beth-shemesh and passes along by Timnah. 11 The boundary goes out to the shoulder of the hill north of Ekron, then the boundary bends around to Shikkeron and passes along to Mount Baalah and goes out to Jabneel. Then the boundary comes to an end at the sea. 12 And the west boundary was the Great Sea with its coastline. This is the boundary around the people of Judah according to their clans.

13 여호와께서 여호수아에게 명령하신 대로 여호수아가 기럇 아르바 곧 헤브론을 유다 자손 중에서 분깃으로 여분네의 아들 갈렙에게 주었으니 아르바는 아낙의 아버지였더라 14 갈렙이 거기서 아낙의 소생 그 세 아들 곧 세새와 아히만과 달매를 쫓아내었고 15 거기서 올라가서 드빌 주민을 쳤는데 드빌의 본 이름은 기럇 세벨이라 16 갈렙이 말하기를 기럇 세벨을 쳐서 그것을 점령하는 자에게는 내가 내 딸 악사를 아내로 주리라 하였더니 17 갈렙의 아우 그나스의 아들인 옷니엘이 그것을 점령함으로 갈렙이 자기 딸 악사를 그에게 아내로 주었더라 18 악사가 출가할 때에 그에게 청하여 자기 아버지에게 밭을 구하자 하고 나귀에서 내리매 갈렙이 그에게 묻되 네가 무엇을 원하느냐 하니 19 이르되 내게 복을 주소서 아버지께서 나를 네겝 땅으로 보내시오니 샘물도 내게 주소서 하매 갈렙이 윗샘과 아랫샘을 그에게 주었더라

13 According to the commandment of the Lord to Joshua, he gave to Caleb the son of Jephunneh a portion among the people of Judah, Kiriath-arba, that is, Hebron (Arba was the father of Anak). 14 And

Caleb drove out from there the three sons of Anak, Sheshai and Ahiman and Talmai, the descendants of Anak. 15 And he went up from there against the inhabitants of Debir. Now the name of Debir formerly was Kiriath-sepher. 16 And Caleb said, "Whoever strikes Kiriath-sepher and captures it, to him will I give Achsah my daughter as wife." 17 And Othniel the son of Kenaz, the brother of Caleb, captured it. And he gave him Achsah his daughter as wife. 18 When she came to him, she urged him to ask her father for a field. And she got off her donkey, and Caleb said to her, "What do you want?" 19 She said to him, "Give me a blessing. Since you have given me the land of the Negeb, give me also springs of water." And he gave her the upper springs and the lower springs.

20 유다 자손의 지파가 그들의 가족대로 받은 기업은 이러하니라 21 유다 자손의 지파의 남쪽 끝 에돔 경계에 접근한 성읍들은 갑스엘과 에델과 야굴과 22 기나와 디모나와 아다다와 23 게데스와 하솔과 잇난과 24 십과 델렘과 브알롯과 25 하솔 하닷다와 그리욧 헤스론 곧 하솔과 26 아맘과 세마와 몰라다와 27 하살갓다와 헤스몬과 벤 벨렛과 28 하살수알과 브엘세바와 비스요댜와 29 바알라와 이임과 에셈과 30 엘돌랏과 그실과 홀마와 31 시글락과 맛만나와 산산나와 32 르바옷과 실힘과 아인과 림몬이니 모두 스물아홉 성읍과 그 마을들이었으며

20 This is the inheritance of the tribe of the people of Judah according to their clans. 21 The cities belonging to the tribe of the people of Judah in the extreme south, toward the boundary of Edom, were Kabzeel, Eder, Jagur, 22 Kinah, Dimonah, Adadah, 23 Kedesh, Hazor, Ithnan, 24 Ziph, Telem, Bealoth, 25 Hazor-hadattah, Kerioth-hezron (that is, Hazor), 26 Amam, Shema, Moladah, 27 Hazar-gaddah, Heshmon, Beth-pelet,

²⁸ Hazar-shual, Beersheba, Biziothiah, ²⁹ Baalah, Iim, Ezem, ³⁰ Eltolad, Chesil, Hormah, ³¹ Ziklag, Madmannah, Sansannah, ³² Lebaoth, Shilhim, Ain, and Rimmon: in all, twenty-nine cities with their villages.

³³ 평지에는 에스다올과 소라와 아스나와 ³⁴ 사노아와 엔간님과 답부아와 에남과 ³⁵ 야르뭇과 아둘람과 소고와 아세가와 ³⁶ 사아라임과 아디다임과 그데라와 그데로다임이니 열네 성읍과 그 마을들이었으며
³³ And in the lowland, Eshtaol, Zorah, Ashnah, ³⁴ Zanoah, En-gannim, Tappuah, Enam, ³⁵ Jarmuth, Adullam, Socoh, Azekah, ³⁶ Shaaraim, Adithaim, Gederah, Gederothaim: fourteen cities with their villages.

³⁷ 스난과 하다사와 믹달갓과 ³⁸ 딜르안과 미스베와 욕드엘과 ³⁹ 라기스와 보스갓과 에글론과 ⁴⁰ 갑본과 라맘과 기들리스와 ⁴¹ 그데롯과 벧다곤과 나아마와 막게다이니 열여섯 성읍과 그 마을들이었으며
³⁷ Zenan, Hadashah, Migdal-gad, ³⁸ Dilean, Mizpeh, Joktheel, ³⁹ Lachish, Bozkath, Eglon, ⁴⁰ Cabbon, Lahmam, Chitlish, ⁴¹ Gederoth, Beth-dagon, Naamah, and Makkedah: sixteen cities with their villages.

⁴² 립나와 에델과 아산과 ⁴³ 입다와 아스나와 느십과 ⁴⁴ 그일라와 악십과 마레사니 아홉 성읍과 그 마을들이었으며
⁴² Libnah, Ether, Ashan, ⁴³ Iphtah, Ashnah, Nezib, ⁴⁴ Keilah, Achzib, and Mareshah: nine cities with their villages.

⁴⁵ 에그론과 그 촌락들과 그 마을들과 ⁴⁶ 에그론에서부터 바다까지 아스돗 곁에 있는 모든 성읍과 그 마을들이었으며
⁴⁵ Ekron, with its towns and its villages; ⁴⁶ from Ekron to the sea, all that were by the side of Ashdod, with their villages.

⁴⁷ 아스돗과 그 촌락들과 그 마을들과 가사와 그 촌락들과 그 마을들
이니 애굽 시내와 대해의 경계에까지 이르렀으며

⁴⁷ Ashdod, its towns and its villages; Gaza, its towns and its villages; to
the Brook of Egypt, and the Great Sea with its coastline.

⁴⁸ 산지는 사밀과 얏딜과 소고와 ⁴⁹ 단나와 기럇 산나 곧 드빌과 ⁵⁰ 아
납과 에스드모와 아님과 ⁵¹ 고센과 홀론과 길로이니 열한 성읍과 그
마을들이었으며

⁴⁸ And in the hill country, Shamir, Jattir, Socoh, ⁴⁹ Dannah, Kiriath-
sannah (that is, Debir), ⁵⁰ Anab, Eshtemoh, Anim, ⁵¹ Goshen, Holon,
and Giloh: eleven cities with their villages.

⁵² 아랍과 두마와 에산과 ⁵³ 야님과 벧 답부아와 아베가와 ⁵⁴ 훔다와
기럇 아르바 곧 헤브론과 시올이니 아홉 성읍과 그 마을들이었으며

⁵² Arab, Dumah, Eshan, ⁵³ Janim, Beth-tappuah, Aphekah, ⁵⁴ Humtah,
Kiriath-arba (that is, Hebron), and Zior: nine cities with their villages.

⁵⁵ 마온과 갈멜과 십과 윳다와 ⁵⁶ 이스르엘과 욕드암과 사노아와 ⁵⁷ 가
인과 기브아와 딤나니 열 성읍과 그 마을들이었으며

⁵⁵ Maon, Carmel, Ziph, Juttah, ⁵⁶ Jezreel, Jokdeam, Zanoah, ⁵⁷ Kain,
Gibeah, and Timnah: ten cities with their villages.

⁵⁸ 할훌과 벧술과 그돌과 ⁵⁹ 마아랏과 벧 아놋과 엘드곤이니 여섯 성읍
과 그 마을들이었으며

⁵⁸ Halhul, Beth-zur, Gedor, ⁵⁹ Maarath, Beth-anoth, and Eltekon: six
cities with their villages.

⁶⁰ 기럇 바알 곧 기럇 여아림과 랍바이니 두 성읍과 그 마을들이었으며

⁶⁰ Kiriath-baal (that is, Kiriath-jearim),and Rabbah: two cities with their villages.

⁶¹ 광야에는 벧 아라바와 밋딘과 스가가와 ⁶² 닙산과 소금 성읍과 엔게디니 여섯 성읍과 그 마을들이었더라

⁶¹ In the wilderness, Beth-arabah, Middin, Secacah, ⁶² Nibshan, the City of Salt, and Engedi: six cities with their villages.

⁶³ 예루살렘 주민 여부스 족속을 유다 자손이 쫓아내지 못하였으므로 여부스 족속이 오늘까지 유다 자손과 함께 예루살렘에 거주하니라

⁶³ But the Jebusites, the inhabitants of Jerusalem, the people of Judah could not drive out, so the Jebusites dwell with the people of Judah at Jerusalem to this day.

≋≋≋≋ 단락 개관 ≋≋≋≋

유다 지파의 정착에 관한 이 기사는 그 서론이 여호수아 14:6, 즉 "유다 자손"이 그들의 몫을 받기 위해 여호수아에게 나아가는 구절에 나온다. 그 뒤에 곧바로 갈렙의 요청에 관한 기사가 나왔으며, 이제 그 지파의 나머지 사람들에 관한 이야기가 펼쳐진다. 갈렙은 계속 크게 부각된다. 이번 장은 세 단락으로 나눠지고 간략한 후기로 마무리된다. 유다의 몫의 지역적 경계들은 첫째 단락(1-12절)에 신중하게 묘사되어 있고, 그 지역에 포함된 상세한 지명 색인이 셋째 단락(20-62절)을 구성한다. 둘 사이에는 갈렙에 관한 짧은 내러티브가 다시 크게 다뤄지고 이번에는 그의 딸 악사가 합류한다(13-19절). 이 짧은 이야기의 간결한 성격이 그 중요성과 그것이 제기하

는 이슈들의 중대성을 숨기고 있다. 이 대목은 그 지파의 정착지 내에 예루살렘에 거주하는 여부스 족속이 계속 존재한다는 다소 불길한 말로 마무리된다.

유다의 정착에 관한 기사는 크기와 우선성(precedence)으로 인해 이스라엘의 약속의 땅 점령에 관한 전반적 그림에서 단연 두드러진 위치를 차지한다. 그래도 내레이터가 유다의 이야기를 이런 식으로 들려주기로 한 결정의 온전한 함의를 끌어내려면 세심한 읽기가 필요하다. 우리가 살펴볼 것처럼, 이 기사는 유다의 위상이 지파들의 대표임을 가리킬 뿐만 아니라 그 한계로 인해 요단 서편에 정착하는 "아홉 지파와 반 지파"(14:2)와 동등하다는 것을 가리킨다.

〰〰〰 단락 개요 〰〰〰

II. 약속의 땅에 거주하다(13:1-21:45)

    D. 유다의 정착(15:1-63)

        1. 유다의 경계(15:1-12)

        2. 갈렙의 몫: 악사의 부탁(15:13-19)

        3. 유다의 성읍들이 열거되다(15:20-62)

        4. 여부스 족속이 남다(15:63)

$\approx\approx\approx$ **주석** $\approx\approx\approx$

15:1-12 유다의 경계들을 묘사하는 데 모든 주의를 쏟았지만 많은 지명의 정체와 위치는 도무지 파악할 수 없다. 이 기사의 전반적 궤도와 경계들의 주요 윤곽은 비교적 확실하게 추적할 수 있고, 적어도 그 기록의 목적이 유지될 수 있을 만큼 명료하다. 말하자면, 성경의 기사는 모든 영토를 글로 빠짐없이 기록하는 행정 자료와 동일하지는 않을지라도 훗날의 독자들에게 그 경계의 중요성을 전달하기에 충분한 만큼의 세부사항을 갖고 있다.

유다의 경계에 속한 부분들은 시계 반대 방향으로 묘사되어 있는데, 그 동쪽 변두리에 있는 남쪽 경계인 사해의 남쪽 끝으로 시작하여 지중해변에서 끝나는 서쪽을 향한 궁형을 묘사한다(1-4절). 이후 사해의 범위가 동쪽 경계에 해당되므로 사해로 되돌아간다(5a절). 북쪽 경계는 사해의 북쪽 끝에서 서쪽으로 흐르는 굽이치는 선으로 묘사되어 있는데, 여부스("곧 예루살렘", 8절)의 남부는 따라서 유다 영토에서 제외되고 얍느엘 성읍(북쪽의 욥바와 남쪽의 아스돗의 중간 지점)이 위치한 지중해변에서 끝난다(5b-11절). 지중해변은 자연스럽게 서쪽 경계가 된다(12절).

다른 지파들의 경계는 이처럼 상세하게 묘사되지 않을 것이다(그리고 시므온과 잇사갈과 단의 경계들은 아예 묘사되지 않는다). 여기서도 경계들이 첫 눈에 보이는 만큼 뚜렷하지 않다. 남쪽 경계는 본래 가나안 자체의 경계(참고. 민 34:1-4)이고, 북쪽 경계는 본래 베냐민의 남쪽 범위와 같은 경계이다(수 18:12-19). 서쪽 경계는 지중해를 접하고 있는데(참고. 민 34:6) 이 기록의 특징적 요소는 5절, 곧 사해를 유다의 동쪽 경계로 삼는 구절에 나온다.

이 기사에서 주목할 특징은 다음 두 가지다. 첫째는 그 경계의 포괄성이다. 주석가들은 때때로 유다의 뜻깊은 남쪽 경계의 결여와 서쪽으로 지중해에 이르는 낙관적인 묘사를 한탄한다. 하지만 이런 경계들은 이전 시대에 약속된 땅의 범위(참고. 민수기 34장)와 일치한다. 이는 유다의 경계가 원시 국가적(protonational) 경계와 같은 것, 즉 뚜렷한 선이 그인 지파의 몫보

15장

다 더 많은 것을 지향하게 하는 듯하다. 둘째 특징은 8절에서 예루살렘을 제외시킨 것인데, 이 명시적인 언급이 18:16에 나오는 베냐민과 관련된 병행 목록에는 빠져 있다. 내레이터는 15:63에서 유다의 몫과 관련해 마지막 말을 하는데, 거기서도 예루살렘이 유다의 통제권 밖에 있음을 강조한다. 여기에는 모든 성읍 중에 가장 중요한 성읍이 장차 어떻게 될 것인지, 그 훗날의 전개양상을 기대하는 관점이 숨어있는 듯하다.

15:13-19 개요

여기에 나오는 갈렙에 관한 기사는 약간 다른 형태로 사사기의 첫 장(삿 1:10-15)에 다시 나온다. 아낙의 세 아들을 "쫓아내[는]"[야라쉬(yarash)] 갈렙의 역할이 사사기에서는 유다의 손이 그 아들들을 '무찌른'[나카(nakah)] 것으로 묘사되어 있다. 사사기에는 옷니엘이 갈렙의 남동생으로 언급되어 있는데, 이 추가적 세부사항이 여호수아서에는 나오지 않는다. 아울러 히브리어 표현에도 사소한 차이점이 있다. 물론 두 기사의 주된 차이점은 양자의 맥락이다. 사사기에서는 그 일화가 가나안 사람을 상대로 싸우는 유다와 다른 지파들을 묘사하는 일련의 시나리오 중 하나로 나오고, 옷니엘을 장차 이상적인 사사가 될 인물(삿 3:7-11)로 소개한다. 여기서는 이 일화가 유다의 영토에 관한 행정 기록에 나오는 동떨어진 기사이다. 비록 이 기사가 슬로브핫의 딸들을 부각시키는 간단한 내러티브를 포함하는 요셉의 정착에 관한 기사(수 17:3-6)에 반영되어 있지만 말이다. 이 본문은 간결함에도 불구하고, 아니 어쩌면 간결하기 때문에 사사기에 나오는 병행 본문과의 관계, 옷니엘의 지위, 악사에 대한 대우 그리고 갈렙에게서 받은 선물의 법적 맥락 등과 관련하여 많은 난점을 담고 있다.[114] 이 주석은 현재의 맥락에 초점을 맞춘다.

이 간단한 기사는 자연스레 세 단계로 나눠진다. (1) 갈렙의 행동(13-15절), (2) 옷니엘의 승리와 이로 인해 갈렙의 딸 악사를 아내로 얻음(16-17절), (3) 악사가 아버지에게 담대한 요청을 함(18-19절)이다. 이 기사의 놀라운 특징 중 하나는 '주다'라는 동사가 줄곧 반복되는 것이다. 이 동사가 불과 몇 구절에서 일곱 번이나 나오는 것은 이 이야기의 중심 주제를 암시한다.

15:13-15 이 기사는 14:6-15에 훨씬 길게 서술된 갈렙에 관한 전통을 반복하며 시작한다. 갈렙이 유다 지파에 속한다는 사실, 갈렙이 주님의 말씀을 통해 헤브론 땅을 소유하게 된 것, 그가 아낙 족속을 무찌른 것을 서술하되 여기서는 아낙의 자손인 세 "아들"의 이름을 추가로 밝힌다. 이 전통의 보존은 아낙 족속의 기원이 고대에 있다는 사실을 강화시킨다(참고. 14:15 주석).[115] 헤브론을 확보한 갈렙은 이제 눈길을 드빌(여기서 "기럇 세벨"로도 불린다)과 그 주민에게 돌린다. 드빌은 남부 군사행동에 포함된 성읍들 중 하나이며 "여호수아와 온 이스라엘"(10:38)이 무찌른 성읍들 중 마지막 성읍이다.[116]

15:16-17 갈렙은 (당시에 그에게 알려진 성읍의 이름으로 추정되는) "기럇 세벨"이란 옛 이름을 계속 사용하면서 이 성읍을 획득하는 사람에게 자기 딸 악사를 "아내로" 주겠다고 도전한다. 내레이터는 왜 갈렙의 아들들이 아버지의 일을 계속 이어받지 않는지에 대한 실마리를 제공하지 않는다(참고. 대상 2:42-50; 4:15). 아마 이런 이유로 갈렙이 땅과 아내라는 두 가지 상급을 얻는 동기로 악사를 내세운 것 같다. 갈렙이 제안한 도전에는 위험 요소가 있다. 어떤 사람이든지 기럇 세벨을 쳐서 점령하는 '누구나'("whoever", 개역개

---

114 이 대목에서 생기는 여러 난점들에 관해서는 다음 글을 참고하라. Heidi M. Szpek "Achsah's Story: A Metaphor for Societal Transition," *AUSS* 40/2 (2002): 245-256. 복잡한 법적 문제에 대해서는 다음 글을 보라. Joseph Fleishman, "A Daughter's Demand and a Father's Compliance: The Legal Background to Achsah's Claim and Caleb's Agreement (Joshua 15, 16-19, Judges 1, 12-15)," *ZAW* 118 (2006): 354-373.

115 참고. Hess, *Joshua*, 33. 헤스는 이 이름들이 후르리인(Hurrian)의 이름임을 밝히는데, 이는 그 지역에 혼합 인구가 살았다는 증거이다.

116 지금은 헤브론의 남서쪽 13킬로미터에 위치한 키르벳 라부드(Khirbet Rabûd)로 알려져 있다.

정에는 드러나지 않음)가 될 수 있었고, 그 업적이 갈렙의 딸을 위한 합당한 남편감임을 보장하지 않기 때문이다. 그래서 갈렙의 전략이 현대의 독자들에게는 거슬리게 보인다. 그의 딸이 용감한 행위의 공훈에 대한 상급에 딸린 상품으로 비치기 때문이다. 그러나 청동기 시대 아버지들은 현대적 도덕관념이 없었고, 하나님의 자비로 특정한 악에서 선(善)이 나올 수 있다. 한편 악사는 반론을 제기하지 않고 오히려 그 상황을 최대한 선용하기 위해 스스로 주도권을 취한다.

어쨌든 옷니엘이 그 도전에 부응해서 악사를 아내로 맞이한다. 그는 "갈렙의 아우 그나스의 아들"(17절)이고, 군사적 용맹뿐 아니라 (그의 모범적인 사사 직분이 보여주듯이, 삿 3:9-10) 주님께 대한 헌신의 면에서도 갈렙을 빼닮은 것 같다.

15:18-19 이 이야기의 셋째 단계에서는 악사가 전면에 등장한다. 이 책의 가장 두드러진 여성인 라합처럼 악사도 능동적인(심지어 담대하기까지 한) 역할을 취하고 수동적이 되는 데 만족하지 않는다. 그녀는 대다수 영어번역본이 시사하는 것보다 더 담대한 것처럼 보인다.[117] 18절의 첫 부분을 문자 그대로 번역하면 "그녀가 왔을 때"가 되고 "그에게"는 번역문에 추가된 것이다(ESV 참고). 따라서 추가된 어구를 포함시키면 "그녀가 '그에게' 그녀의 아버지에게 요청하도록 재촉했다"가 된다. 이 번역에 따르면 그녀가 옷니엘에게 그녀의 아버지로부터 "밭"을 구하라고 촉구하는 듯이 보인다. "기럇 세벨"을 빼앗으라는 도전에 부응했던 인물에게 과연 그런 촉구가 필요한지는 무척 의심스럽고, 히브리어 본문이 요구하는 것도 아니다. 이보다는 18a절을 다음과 같이 번역하는 편이 더 나은 듯하다. '그녀가 도착했을 때, 그녀는 그녀의 아버지에게 밭을 달라고 그에게[즉, 갈렙에게] 촉구했다.' '촉구하다'(또는 '재촉하다')는 히브리어 단어 swt의 동사형을 번역한

---

117 번역과 관련된 이슈는 다음 글이 상세히 다루고 있다. Paul G. Mosea, "Who Seduced Whom? A Note on Joshua 15:18//Judges 1:14," CBQ 46/1 (1984): 18-22.

것이고 부정적인 의미를 내포한다. 이 단어의 동사형은 '격동하다'(예. 삼하 24:1; 왕상 21:25), '부추기다'(예. 욥 36:16) 또는 심지어 '오도하다'(예. 사 36:18)로도 번역된다. 여기서 악사가 기만하려는 의도를 품었다고 생각할 필요는 없다. 오히려 외견상 갈렙을 그의 뜻과 반대되는 방향으로 움직이기 위해 설득력 있는 말을 구사할 필요가 있었던 것 같다. 갈렙은 간결하고 날카로운 질문으로 반응하는데, 그 질문은 번역하는 것은 고사하고 그 말투조차 분간하기가 어렵다. 동사는 아예 없고, 아마도 가장 근접한 표현은 "무슨 일이냐?" 정도가 될 것이다.

이 짧은 이야기에 '주다'라는 동사가 일곱 번 나오는데, 그중에 네 번이 19절에 몰려있는 것은 그 사태를 첨예화한다. 이미 옷니엘의 수중에 들어온 토지는 개간해서 무언가를 생산하기에 부적합한 땅으로 보인다. 그래서 악사는 "샘물"(spring[118] of water)을 달라고 요청한다. 마치 라합이 그녀 자신과 가족을 위해 장래를 구했듯이, 악사 역시 옷니엘과 함께 받은 소유물이 생명을 지탱하고 번성하게 하는 도구를 확보한다. 갈렙은 악사의 담대한 개입에 반응해 두 샘을 제공하는 등 관대한 반응을 보인다.[119] 악사의 설득력 있는 말에 자극을 받았든지, 아니면 그가 선물로 준 땅의 단점을 인정했든지 간에 그렇게 반응한 것이다. 딸은 아버지처럼 안전한 정착지를 확보한다.

15:20-62 갈렙과 옷니엘과 악사의 기사가 끝나고 본문은 이제 "유다 자손"(12, 20절) 전체의 정착으로 되돌아간다. 지금은 유다가 정착하는 "성읍들과 그 마을들"에 주목한다. 이 묘사들은 단도직입적인 행정적 기사로 읽

---

118 히브리어 굴로트(*gullot*)은 이곳과 병행 구절인 사사기 1:15("샘물")에만 나오고, 샘을 가리키는 일반적인 히브리어 단어는 아인(*ayin*, 예. 출 15:27)이다. 일반적으로 굴로트는 웅덩이를 가리키므로 악사가 요청한 것은 '샘'이라기보다 '물웅덩이'일 가능성이 있다. 이와 달리 그 용어가 인공 연못의 이름('윗' 굴로트와 '아래' 굴로트)과 연관이 있을 가능성도 있다.

119 만일 키르벳 라부드가 드빌/기럇 세벨과 동일하다는 주장이 견지된다면, 가까이 있는 이 두 샘에 관한 이야기는 무척 인상적이다. 참고. Moshe Kochavi, "Khirbet Rabûd = Debir," *TA* 1/1 (1974): 2-3, 29-30.

히고 각각 규칙적 패턴으로 나눠진다. 이는 지구(地區)별로 움직이는데, 각 지구는 성읍들을 모두 요약하는 것으로 마무리된다. 지구들은 대체로 비슷한 남부 구획과 북부 구획으로 정리되어 있다. 21-44절은 유다의 서쪽 측면(지중해를 향하는)에 관해, 48-62절은 동쪽 측면(요단강을 향하는)에 관해 다룬다. 이 패턴이 45-47절에서 깨지는데, 에스론과 아스돗과 가사는 지명된 지구들 바깥에 위치하고, 요약문이 없으며, 유다 지파의 북쪽 끝과 서쪽 끝의 경계로 나오기 때문이다.

우리는 놀랍도록 완전한 이 유다 마을 목록을 어떻게 생각해야 할까? 15:1-12에 나오는 경계들에 관한 기사와 마찬가지로, 이런 세부사항에 주목하는 데에는 단순한 자료 제공 이상의 중요성이 있는 듯하다. 단지 행정과 회계의 목적으로 숫자들을 제공하지는 않는다. 요약문들에 기록된 성읍들은 모두 112개다(45-47절에 나오는 예외적인 세 성읍은 제외하고, 이들을 포함하면 115개다). 공교롭게도 이 합계는 나머지 지파들을 다 합쳐서 계산한 성읍들의 수와 동일하다. 지명된 성읍들의 수와 요약문에 나오는 합계가 항상 일치하지 않는다는 것을 감안하면, 요약된 수는 의도적으로 맞춰진 것처럼 보인다. 유다 지역의 보유 수는 나머지 지파들을 다 합친 수와 대등하다.

15:63 유다가 소유한 것에 그토록 많이 주목한 뒤에, 이 본문은 중요한 성읍인 예루살렘과 쫓아낼 수 없었던 그곳 주민인 여부스 족속에 관해 세심하게 기록하면서 약간 음울한 필치로 끝난다. 이는 그 경계를 구부러지게 하고(15:8), 그렇지 않았다면 놀라웠을 유다의 업적에 관한 기사에 오점을 남긴다. 예루살렘은 언젠가 이스라엘의 가장 위대한 왕에 의해 국가의 수도로 유다에 통합될 그날을 기다린다(삼하 5:6-10).

≋≋≋≋ 응답 ≋≋≋≋

이는 대체로 행정적인 성격을 띤 긴 기사라서 읽기 지루할 수 있으나 의미 심장한 내용을 담고 있다. 이번 장의 대부분은 지파의 경계들을 글로 묘사하고 소유한 지역의 상세한 목록을 더해준다. 이는 다함께 유다의 정착의 중요성을 전달하고, 이 중요성은 이 기사가 제일 먼저 나온다는 사실에도 반영되어 있다. 유다의 경계들은 어떤 면에서 약속의 땅 전체의 경계선들을 반영하고, 내적으로는 그 할당량이 나머지 지파를 다 합친 분량과 대등하다. 열두 지파 가운데 유다의 탁월함은 요셉 내러티브 이래 계속 성장을 거듭해왔다. 그것은 유다 지파의 족장이 회개의 뜻을 배우고(창 38장) 놀라운 성품의 변화를 보여주며, 격노하던 한 리더(37:26-27)에서 그의 아버지와 막내 동생을 위해 그의 목숨을 희생할 준비가 된 인물(44:18-34)로 성장하는 이야기였다. 야곱의 축복에서 유다는 왕에 준하는 위상을 부여받았다(창 49:8-12). 광야의 진영에서는 유다가 첫 번째로 열거되고(민 2:3) 첫째로 행진에 착수한다(민 2:9). 그래서 유다의 분배에 관한 기사가 이 궤도에 합류하는데, 장차 유다로부터 이스라엘의 위대한 왕, 여호와께서 "그의 마음에 맞는 사람"(삼상 13:14, 참고. 행 13:22)으로 선택할 왕이 나올 것이기 때문이다. 어떤 의미로 유다는 여기에서 맹아기의 국가로 나타나고 있다.

또한 유다는 지파들 가운데 모범이 되고 있다. 오직 유다만이 주도적으로 여호수아에게 정착지를 달라고 했고(수 14:6) 그 주도권이 즉시 자기 정착지를 허락해달라는 갈렙의 요청(14:6-12)과 짝을 이루기 때문이다. 따라서 유다가 지파로서 행하는 일은 갈렙의 뛰어난 모범으로 나타나고, 이는 여기에 나오는 내러티브에 계속 이어진다. 갈렙과 옷니엘 그리고 특히 악사의 기사가 여기에 심긴 것이 어색하게 보일지 몰라도, 그 기사는 그 민족의 이야기를 개개인의 삶에 뿌리박게 하는 역할을 한다. 이는 앞에서 라합을 긍정적으로 그리고 아간을 부정적으로 본 것과 비슷하다. 이 짧은 삽화가 신중한 독자에게는 전율을 일으키겠지만(과연 누가 악사를 아내로 맞이할 것인가? 무엇이 악사를 고민하게 만드는가? 갈렙은 악사의 요청에 어떻게 반응할 것인가?),

옷니엘의 반응과 악사의 담대함은 그 이야기를 만족스런 결말에 이르게 한다. 흔히 얘기하듯이, 이것은 잘 정착하는 이야기고, 따라서 그런 정착을 구하지 않는 다른 지파들에 대한 암묵적 책망이기도 하다.

이것은 물론 위험부담이 없는 일이 아니었다. 갈렙의 극적인 도전은 훗날의 아버지인 입다의 도전을 내다보는데, 후자는 성급한 서약을 하다가 결국 딸의 생명을 구한 게 아니라 그녀의 (암묵적) 죽음을 확보하게 된다(삿 11:30-31, 34-40). 악사를 살펴보면 그녀의 두드러진 역할이 그녀를 잠언 31:10-31에 나오는 '탁월한 아내'[에쉐트 하일('*eshet hayil*), ESV는 "excellent wife"], 즉 "밭을 살펴보고 사[는]"(31:16) 자로서 모든 상황에서 집안에 양식을 공급하기 위해 능동적으로 주도권을 취하는 인물로 묘사한다. 현대의 독자들은 그녀가 아내가 되는 방식에 대해 거리낌을 느낄지 몰라도, 아내로서 그녀의 행동은 그녀를 아버지의 여성 상대역으로 묘사한다.

갈렙의 성급한 서약에 경고의 암시가 있다면, 그 경고는 유다가 예루살렘 성읍을 취하지 못한 기사에 담긴 두 개의 언급(8, 63절)에 표현되어 있다. 흔히 여호수아서와 사사기를 피상적으로 비교하면서 전자에서는 모든 것이 옳고 후자에서는 모든 것이 잘못되었다고 하는데, 사실 그런 비교는 너무 손쉽기도 하고 오도할 소지가 있다. 내레이터가 지파별 분배 중에 최상의 것을 구성한 방식은 그의 날카로운 안목을 보여준다. 이는 하나님의 백성 가운데 성공한 사례를 보는 눈일 뿐 아니라 그냥 곪도록 내버려두면 파괴적인 방식으로 전개될 실패를 보는 눈이기도 하다. 따라서 이는 내레이터가 무대에서 부는 휘파람이다. 우리가 그것을 놓치지 않을 만큼 나지막하면서도 그 소리에 귀를 기울이게 할 만큼 큰 소리다.

16:1 요셉 자손이 제비 뽑은 것은 여리고 샘 동쪽 곧 여리고 곁 요단으로부터 광야로 들어가 여리고로부터 벧엘 산지로 올라가고 2 벧엘에서부터 루스로 나아가 아렉 족속의 경계를 지나 아다롯에 이르고 3 서쪽으로 내려가서 야블렛 족속의 경계와 아래 벧호론과 게셀에까지 이르고 그 끝은 바다라

16:1 The allotment of the people of Joseph went from the Jordan byJericho, east of the waters of Jericho, into the wilderness, going up from Jericho into the hill country to Bethel. 2 Then going from Bethel to Luz, it passes along to Ataroth, the territory of the Archites. 3 Then it goes down westward to the territory of the Japhletites, as far as the territory of Lower Beth-horon, then to Gezer, and it ends at the sea.

4 요셉의 자손 므낫세와 에브라임이 그들의 기업을 받았더라

4 The people of Joseph, Manasseh and Ephraim, received their inheritance.

5 에브라임 자손이 그들의 가족대로 받은 지역은 이러하니라 그들의 기업의 경계는 동쪽으로 아다롯 앗달에서 윗 벧호론에 이르고 6 또 서쪽으로 나아가 북쪽 믹므다에 이르고 동쪽으로 돌아 다아낫 실로에 이르러 야노아 동쪽을 지나고 7 야노아에서부터 아다롯과 나아라로 내려가 여리고를 만나서 요단으로 나아가고 8 또 답부아에서부터 서쪽으로 지나서 가나 시내에 이르나니 그 끝은 바다라 에브라임 자손의 지파가 그들의 가족대로 받은 기업이 이러하였고 9 그 외에 므낫세 자손의 기업 중에서 에브라임 자손을 위하여 구분한 모든 성읍과 그 마을들도 있었더라 10 그들이 게셀에 거주하는 가나안 족속을 쫓아내지 아니하였으므로 가나안 족속이 오늘까지 에브라임 가운데에 거주하며 노역하는 종이 되니라

5 The territory of the people of Ephraim by their clans was as follows: the boundary of their inheritance on the east was Ataroth-addar as far as Upper Beth-horon, 6 and the boundary goes from there to the sea. On the north is Michmethath. Then on the east the boundary turns around toward Taanath-shiloh and passes along beyond it on the east to Janoah, 7 then it goes down from Janoah to Ataroth and to Naarah, and touches Jericho, ending at the Jordan. 8 From Tappuah the boundary goes westward to the brook Kanah and ends at the sea. Such is the inheritance of the tribe of the people of Ephraim by their clans, 9 together with the towns that were set apart for the people of Ephraim within the inheritance of the Manassites, all those towns with their villages. 10 However, they did not drive out the Canaanites who lived in Gezer, so the Canaanites have lived in the midst of Ephraim to this day but have been made to do forced labor.

17:1 므낫세 지파를 위하여 제비 뽑은 것은 이러하니라 므낫세는 요셉

의 장자였고 므낫세의 장자 마길은 길르앗의 아버지라 그는 용사였기 때문에 길르앗과 바산을 받았으므로 2 므낫세의 남은 자손을 위하여 그들의 가족대로 제비를 뽑았는데 그들은 곧 아비에셀의 자손과 헬렉의 자손과 아스리엘의 자손과 세겜의 자손과 헤벨의 자손과 스미다의 자손이니 그들의 가족대로 요셉의 아들 므낫세의 남자 자손들이며

17:1 Then allotment was made to the people of Manasseh, for he was the firstborn of Joseph. To Machir the firstborn of Manasseh, the father of Gilead, were allotted Gilead and Bashan, because he was a man of war. 2 And allotments were made to the rest of the people of Manasseh by their clans, Abiezer, Helek, Asriel, Shechem, Hepher, and Shemida. These were the male descendants of Manasseh the son of Joseph, by their clans.

3 헤벨의 아들 길르앗의 손자 마길의 증손 므낫세의 현손 슬로브핫은 아들이 없고 딸뿐이요 그 딸들의 이름은 말라와 노아와 호글라와 밀가와 디르사라 4 그들이 제사장 엘르아살과 눈의 아들 여호수아와 지도자들 앞에 나아와서 말하기를 여호와께서 모세에게 명령하사 우리 형제 중에서 우리에게 기업을 주라 하셨다 하매 여호와의 명령을 따라 그들에게 그들의 아버지 형제들 중에서 기업을 주므로 5 요단 동쪽 길르앗과 바산 외에 므낫세에게 열 분깃이 돌아갔으니 6 므낫세의 여자 자손들이 그의 남자 자손들 중에서 기업을 받은 까닭이었으며 길르앗 땅은 므낫세의 남은 자손들에게 속하였더라

3 Now Zelophehad the son of Hepher, son of Gilead, son of Machir, son of Manasseh, had no sons, but only daughters, and these are the names of his daughters: Mahlah, Noah, Hoglah, Milcah, and Tirzah. 4 They approached Eleazar the priest and Joshua the son of Nun and the leaders and said, "The Lord commanded Moses to give us an inheritance along

with our brothers." So according to the mouth of the Lord he gave them an inheritance among the brothers of their father. 5 Thus there fell to Manasseh ten portions, besides the land of Gilead and Bashan, which is on the other side of the Jordan, 6 because the daughters of Manasseh received an inheritance along with his sons. The land of Gilead was allotted to the rest of the people of Manasseh.

7 므낫세의 경계는 아셀에서부터 세겜 앞 믹므닷까지이며 그 오른쪽으로 가서 엔답부아 주민의 경계에 이르나니 8 답부아 땅은 므낫세에게 속하였으되 므낫세 경계에 있는 답부아는 에브라임 자손에게 속하였으며 9 또 그 경계가 가나 시내로 내려가서 그 시내 남쪽에 이르나니 므낫세의 성읍 중에 이 성읍들은 에브라임에게 속하였으며 므낫세의 경계는 그 시내 북쪽이요 그 끝은 바다이며 10 남쪽으로는 에브라임에 속하였고 북쪽으로는 므낫세에 속하였고 바다가 그 경계가 되었으며 그들의 땅의 북쪽은 아셀에 이르고 동쪽은 잇사갈에 이르렀으며 11 잇사갈과 아셀에도 므낫세의 소유가 있으니 곧 벧 스안과 그 마을들과 이블르암과 그 마을들과 돌의 주민과 그 마을들이요 또 엔돌 주민과 그 마을들과 다아낙 주민과 그 마을들과 므깃도 주민과 그 마을들 세 언덕 지역이라 12 그러나 므낫세 자손이 그 성읍들의 주민을 쫓아내지 못하매 가나안 족속이 결심하고 그 땅에 거주하였더니 13 이스라엘 자손이 강성한 후에야 가나안 족속에게 노역을 시켰고 다 쫓아내지 아니하였더라

7 The territory of Manasseh reached from Asher to Michmethath, which is east of Shechem. Then the boundary goes along southward to the inhabitants of En-tappuah. 8 The land of Tappuah belonged to Manasseh, but the town of Tappuah on the boundary of Manasseh belonged to the people of Ephraim. 9 Then the boundary went down

to the brook Kanah. These cities, to the south of the brook, among the cities of Manasseh, belong to Ephraim. Then the boundary of Manasseh goes on the north side of the brook and ends at the sea, [10] the land to the south being Ephraim's and that to the north being Manasseh's, with the sea forming its boundary. On the north Asher is reached, and on the east Issachar. [11] Also in Issachar and in Asher Manasseh had Beth-shean and its villages, and Ibleam and its villages, and the inhabitants of Dor and its villages, and the inhabitants of En-dor and its villages, and the inhabitants of Taanach and its villages, and the inhabitants of Megiddo and its villages; the third is Naphath.[1] [12] Yet the people of Manasseh could not take possession of those cities, but the Canaanites persisted in dwelling in that land. [13] Now when the people of Israel grew strong, they put the Canaanites to forced labor, but did not utterly drive them out.

[14] 요셉 자손이 여호수아에게 말하여 이르되 여호와께서 지금까지 내게 복을 주시므로 내가 큰 민족이 되었거늘 당신이 나의 기업을 위하여 한 제비, 한 분깃으로만 내게 주심은 어찌함이니이까 하니 [15] 여호수아가 그들에게 이르되 네가 큰 민족이 되므로 에브라임 산지가 네게 너무 좁을진대 브리스 족속과 르바임 족속의 땅 삼림에 올라가서 스스로 개척하라 하니라 [16] 요셉 자손이 이르되 그 산지는 우리에게 넉넉하지도 못하고 골짜기 땅에 거주하는 모든 가나안 족속에게는 벧스안과 그 마을들에 거주하는 자이든지 이스르엘 골짜기에 거주하는 자이든지 다 철 병거가 있나이다 하니 [17] 여호수아가 다시 요셉의 족속 곧 에브라임과 므낫세에게 말하여 이르되 너는 큰 민족이요 큰 권능이 있은즉 한 분깃만 가질 것이 아니라 [18] 그 산지도 네 것이 되리니 비록 삼림이라도 네가 개척하라 그 끝까지 네 것이 되리라 가나안 족

속이 비록 철 병거를 가졌고 강할지라도 네가 능히 그를 쫓아내리라 하였더라

14 Then the people of Joseph spoke to Joshua, saying, "Why have you given me but one lot and one portion as an inheritance, although I am a numerous people, since all along the Lord has blessed me?" 15 And Joshua said to them, "If you are a numerous people, go up by yourselves to the forest, and there clear ground for yourselves in the land of the Perizzites and the Rephaim, since the hill country of Ephraim is too narrow for you." 16 The people of Joseph said, "The hill country is not enough for us. Yet all the Canaanites who dwell in the plain have chariots of iron, both those in Beth-shean and its villages and those in the Valley of Jezreel." 17 Then Joshua said to the house of Joseph, to Ephraim and Manasseh, "You are a numerous people and have great power. You shall not have one allotment only, 18 but the hill country shall be yours, for though it is a forest, you shall clear it and possess it to its farthest borders. For you shall drive out the Canaanites, though they have chariots of iron, and though they are strong."

1 The meaning of the Hebrew is uncertain

여호수아서에 나오는 남부에서 북부로의 일반적인 패턴이 남부의 대표 지
파인 유대에서 북부의 대표 "지파"인 요셉으로 이동하는 정착기사에서도
계속 이어진다. 므낫세와 에브라임이 공유하는 남쪽 경계(16:1-3)가 먼저
묘사된 후 각 지파의 분배지가 서술되는데, 출생 순서가 아니라 우선순위
(참고. 창 48:14-20)에 따라 에브라임(수 16:5-10)이 먼저 그리고 므낫세(17:1-
13)가 나중에 묘사된다. 므낫세의 기사는 그 속에 슬로브핫의 딸들을 위한
유산에 관한 기록의 결말(17:3-6)을 담고 있는데, 이는 악사가 옷니엘과 결
혼하는 이야기(15:18-19)가 유다의 기사에 포함된 것을 상기시킨다. 이 대
목은 "요셉"으로 시작해서 "요셉"으로 끝난다(17:14-18). 비록 요셉이 불평
하면서 여호수아에게 그들의 몫을 확대해달라고 요청하는 장면이 나오지
만 말이다. 전반적으로, 에브라임과 므낫세의 기사는 유다의 정착 기사보
다 훨씬 덜 상세한데, 이것이 앞으로 묘사될 지파들의 패턴이 될 것이다.

16장

≋≋≋≋≋ 단락 개요 ≋≋≋≋≋

II. 약속의 땅에 거주하다(13:1-21:45)

　　E. 요셉의 정착(16:1-17:18)

　　　　1. 요셉의 경계(16:1-3)

　　　　2. 요셉이 므낫세와 에브라임으로 나뉘다(16:4)

　　　　3. 에브라임의 경계(16:5-10)

　　　　　　a. 경계선(16:5-9)

　　　　　　b. 게셀의 가나안 족속이 남다(16:10)

　　　　4. 므낫세의 경계(17:1-13)

a. 므낫세의 대표적인 서술들(17:1-2)

b. 슬로브핫의 딸들을 위한 유산(17:3-6)

c. 므낫세의 경계와 성읍들(17:7-11)

d. 가나안 족속이 남다(17:12-13)

5. 요셉의 불평과 여호수아의 응수(17:14-18)

~~~~ 주석 ~~~~

16:1-3 이 구절들에는 "요셉"에 대해 단 하나의 경계선만 묘사되어 있고, 그것은 에브라임과 므낫세가 부분적으로 공유하는 것이다. 유다의 경계의 관한 기사가 그랬듯이, 그 영토의 출발점은 요단강과 사해가 만나는 지점 근처에 있다. 이는 3-4장에 서술된 약속의 땅 진입 지점과 일치하는 것이 기도 하다. 이 지점부터 서쪽으로 지중해변에 이르기까지 물결 모양의 선이 그어진다.

16:4 에브라임이 므낫세보다 우선권을 갖고 있음에도 불구하고 그들이 언급되는 순서는 때에 따라 다르다. 민수기에 나오는 두 편의 인구조사 기사에는 둘 다 "요셉", 곧 형제 지파들로 소개되고(민 1:32-35; 26:28-37), 앞에서는 에브라임이, 뒤에서는 므낫세가 각각 먼저 나온다. 광야 기간에는 므낫세가 수적으로 에브라임보다 더 많아졌다(참고. 표4.).

	민수기 1:32-35	민수기 26:28-37
에브라임	40,500명 (민 1:33)	32,500명 (민 26:37)
므낫세	32,200명 (민 1:35)	52,700명 (민 26:34)

표4. 두 편의 인구조사 기사에 나온 에브라임과 므낫세의 비교

16:5-9 에브라임의 경계들은 다소 불규칙적인 방식으로 묘사되어 있고 상당히 추상적으로 남아있다. 첫째 줄은 16:1-3에 이미 언급된 남쪽 경계를 상기시킨다(5-6a절). 이후 믹므다는 에브라임 영토의 북쪽 끝에 해당하는 지점으로 밝혀져 있다. 그곳은 세겜의 동남쪽 약 8킬로미터 떨어진 곳으로 보인다. 이 지점부터 그 다음 줄은 북부에서 남부로 요단강과 평행을 이루다가 여리고 근처에서 끝난다(6b-7절). 답부아가 믹므다의 남서쪽에 있는 만큼 이후의 기사는 믹므다 인근으로 되돌아가고, 이 지점부터 궤도가 지중해를 향해 나아간다(8a절). 8b-9절의 요약문은 에브라임이 차지한 성읍과 마을의 수를 제공하지 않는다.

16:10 유다의 기록이 예루살렘이 그 통제권 밖에 있다는 말로 끝난 것처럼, 게셀(오래되고 중요한 지명인) 성읍 역시 비록 "노역하는 종"이 되긴 했으나 계속 가나안 족속에게 속해 있다. 성경의 기록에 따르면, 게셀은 솔로몬이 이집트 왕의 딸과 결혼할 때 그에게 지참금으로 주어져서 이스라엘의 통제 아래 들어온다(왕상 3:1; 9:16).

17:1-2 므낫세로 전환할 때 장소보다 사람들에게 먼저 주목한다. 나머지 지파들의 기사들은 각각 "그들의 가족대로"란 어구를 포함하고 소수의 경우에 약간의 변형이 있지만, 므낫세의 경우에만 이 가족들의 신원에 주의를 기울인다. 가능한 이유로 다음 두 가지를 들 수 있다. 마길은 그의 뿌리가 이집트로 거슬러 올라가고(창 50:23), 모세의 시대에 가족 단위로 길르앗에 있는 요단 서편 정착지를 얻었으며, 그 지역으로 사해와 갈릴리 바다 사이의 대다수 땅을 차지한다(민 32:39-40). "용사"로 묘사된 마길은 갈렙과 비슷한 듯하다. 둘째 이유는 슬로브핫과의 밀접한 관계 때문이다(참고. 대상 7:14-15). 슬로브핫의 딸들은 민수기에서 중요한 역할을 하고 그들의 이야기가 여호수아 17:3-6에서 마무리된다. 그래서 므낫세의 정착 기사의 첫 구절들은 그 지파의 몫을 요단의 양편과 연결시킨다.

17:3-6 슬로브핫의 딸들은 민수기에서 두 번 등장한다(민 27:1-11; 36:1-12). 이 에피소드들을 이렇게 배치한 것 자체가 민수기의 구조에 무척 의미 심장하다. 이 에피스드들은 두 번째 인구조사(민 26장) 이후부터 민수기의 결말에 이르는 마지막 단락을 괄호처럼 묶어준다. 따라서 이 삽화들은 약속의 땅에 정착하려고 전진하는 책의 후반부를 이 여인들의 주도권, 곧 아들이 없는 슬로브핫을 위해 기업을 달라고 의도적으로 요청하는 모습으로 장식한다. 이것은 성경의 율법에서 여자 기업을 위해 선례를 세우는 보기 드문 판례법의 본보기다. 갈렙 기사(참고. 수 14:9)에 나오는 것처럼, 현재의 맥락에서도 모세를 통해 전달된 주님의 결정이 여호수아에 의해(이번에는 엘르아살과 더불어, 4절) 재가되고, 악사의 경우(15:18-19)처럼 여성 등장인물들이 관여하고 있다. 그러나 이 자매들의 사례는 악사의 경우와 다른데, 악사의 자산은 혼인을 통해 얻어진 것이고 법적 판례를 세우지 않기 때문이다. 다른 한편, 두 본문은 모두 이스라엘에서 여성들이 영구적 정착지를 확보하기 위해 취한 주도권을 다른 방식으로 부각시킨다. 실제적으로 말하자면, 슬로브핫의 딸들의 요청에 대한 이 결론은 므낫세 지파에 속한 이 가족이 어떻게 요단의 양편에 정착하게 되었는지를 명백히 설명해준다(5절).

17:7-13 요단 서편에 있는 므낫세의 영토는 약간 간결하게 묘사되어 있다. 그 지파가 공유하는 경계가 언급되어 있고, 자세한 경계선을 묘사하는 데 필요한 관심이 줄어든다. 또는 역사학자가 쓸 만한 정보가 감소한다. 전반적인 움직임은 남부에서 북부로 진행되고 7a절이 양쪽 극단을 표시하지만, 여기서는 북부에 있는 아셀에서 시작하여 남부에 있는 믹므닷까지 이른다. 남쪽 경계는 7b-10절에서 동부에서 서부로 그어지고, 북쪽 경계는 단지 그 북쪽에 있는 이웃 지파들(아셀과 잇사갈)의 견지에서 묘사되어 있다. 11절은 정착한 성읍들의 목록을 제공하지만, 12절은 므낫세가 쫓아낼 능력이 없어서 가나안 사람들이 남아있다는 익숙한 말로 들린다. 16:10에 나오는 에브라임처럼, 므낫세 역시 그 남은 가나안 사람들에게 강제 노역을 시키게 된다(13절).

17:14-18 이스라엘은 그 땅에 들어가서 "네가 건축하지 아니한 크고 아름다운 성읍"에 거주하고 "네가 심지 아니한 포도원과 감람나무를 차지하게" 되었다(신 6:10-12). 요셉 지파들이 여호수아에게 가져오는 불평의 배후에 그런 기대가 놓여있는 듯이 보인다. 첫 불평은 그토록 많은 민족에게 공간이 부족하다는 것이다(14절). 여호수아의 해결책은 그들로 (미개간된) 숲속의 땅을 개간해서 그들의 많은 주민에게 제공하도록 자극하는 것이다(15절). 요셉은 여기서 문제점을 보게 된다. 그 산지는 불충분한 것으로 배격되고 이는 둘째 불평으로 이어진다. 그들은 해변 평지의 성읍들에 사는 가나안 족속이 우월한 군사 기술인 "철 병거"를 갖고 있어서 난공불락이라고 말한다(16절. 참고. 삼상 13:19-21). 여호수아는 그들의 불평이나 추론 노선에 대해 전혀 공감하지 않는다(17-18절). 요셉 지파들이 정착하기에 부적합한 곳으로 여기는 "산지"를 여호수아는 개간의 노력을 기울이기에 적합한 땅으로 간주하고, 그들에게 할당된 땅의 경계 내에서 그들이 원하는 공간을 준다. 아울러 가나안 족속의 세력이 여호수아에게 전혀 영향을 미치지 못한다. 우리가 이 용사에게 기대할 법한 것처럼, 여호수아는 처음부터 믿은 대로(민 14:6-9) 이스라엘에게 가나안 족속을 쫓아낼 만한 능력이 있다는 믿음을 보유하고 있다.

≋≋≋≋ 응답 ≋≋≋≋

요셉의 정착 기사와 15장에 나오는 유다의 기사 간에는 뚜렷한 차이점에도 불구하고 부합하는 측면이 분명히 드러난다. 마길과 슬로보핫의 딸들은 암묵적으로 갈렙과 악사의 역학을 상기시킨다. 두 경우 모두 큰 이득을 얻었지만 계속되는 실패를 보여주며, 잠재적으로 훗날에 손상을 초래하는 씨를 뿌린다.

앞에서 가리켰듯이, 슬로보핫의 딸들이 보인 주도권에 관한 가장 중요한 성찰은 민수기에 속해 있다. 그렇지만 그들은 어떤 이유로 여기에 등장하고, 하나님의 백성을 위해 하나님의 최선을 구하는 오랜 신실함을 상기시켜주는 인물들이다. 그들의 주도권은 이스라엘의 법에 하나의 발달을 가져오는 계기가 된다. 그런 발달은 훗날에 신실한 삶에 대한 지침이 불분명한 상황이 발생할 때에도 일어난다. 여호수아서에서 여성 등장인물이 담대한 행동을 취하는 장면이 세 번 나오는데, 이 세 번째(그래서 모든 경우)는 하나님의 백성에게 유익한 결과를 낳는다. 이런 일곱 딸들의 경우, 그들을 유리한 정착지로 이끄는 것은 바로 정의에 대한 충동이고, 이는 그들뿐 아니라 그들 이후 비슷한 환경에 처할 여성들에게도 마찬가지다.

다른 궤도가 또한 이 에브라임/므낫세 기사의 마지막 시나리오에서 작동하고 있다(14-18절). 분배 기사들에서 "축복"이 언급된 곳은 다음 세 군데밖에 없다. 갈렙이 여호수아로부터 그의 유산을 받을 때(14:13), 악사가 갈렙에게 요청하고 갈렙이 관대하게 반응할 때(15:19), 그리고 요셉 지파들이 처음 여호수아에게 불평할 때(17:14)이다. 여기에 일종의 아이러니가 있다. 한편으로 불평은 어쩌면 옷니엘과 악사처럼 번성하게 할 그런 정착지에 대한 욕망을 보여주는데, 단 이번에는 씨족이나 집안이 아니라 지파의 차원에서 그렇다. 다른 한편으로 불평은 단순한 불만족 및 그들이 어느 정도 노력을 기울이면 실현할 수 있는 목표를 위해 전념할 마음이 없는 상태에서 생긴다. 다시 말하건대, 여호수아서는 기뻐할 것이 너무도 많은 책이지만 이 책을 피상적으로 읽으면 장차 사사기의 앞부분에 나올 장면들을 내다보고 또 그 토대를 놓는 이런 요소들을 간과하기가 쉽다.

¹ 이스라엘 자손의 온 회중이 실로에 모여서 거기에 회막을 세웠으며 그 땅은 그들 앞에서 돌아와 정복되었더라

¹ Then the whole congregation of the people of Israel assembled at Shiloh and set up the tent of meeting there. The land lay subdued before them.

² 그러나 이스라엘 자손 중에 그 기업의 분배를 받지 못한 자가 아직도 일곱 지파라 ³ 여호수아가 이스라엘 자손에게 이르되 너희가 너희 조상의 하나님 여호와께서 너희에게 주신 땅을 점령하러 가기를 어느 때까지 지체하겠느냐 ⁴ 너희는 각 지파에 세 사람씩 선정하라 내가 그들을 보내리니 그들은 일어나서 그 땅에 두루 다니며 그들의 기업에 따라 그 땅을 그려 가지고 내게로 돌아올 것이라 ⁵ 그들이 그 땅을 일곱 부분으로 나누되 유다는 남쪽 자기 지역에 있고 요셉의 족속은 북쪽에 있는 그들의 지역에 있으니 ⁶ 그 땅을 일곱 부분으로 그려서 이곳 내게로 가져오라 그러면 내가 여기서 너희를 위하여 우리 하나님 여호와 앞에서 제비를 뽑으리라 ⁷ 레위 사람은 너희 중에 분깃이 없나

니 여호와의 제사장 직분이 그들의 기업이 됨이며 갓과 르우벤과 므낫세 반 지파는 요단 저편 동쪽에서 이미 기업을 받았나니 이는 여호와의 종 모세가 그들에게 준 것이니라 하더라

2 There remained among the people of Israel seven tribes whose inheritance had not yet been apportioned. 3 So Joshua said to the people of Israel, "How long will you put off going in to take possession of the land, which the Lord, the God of your fathers, has given you? 4 Provide three men from each tribe, and I will send them out that they may set out and go up and down the land. They shall write a description of it with a view to their inheritances, and then come to me. 5 They shall divide it into seven portions. Judah shall continue in his territory on the south, and the house of Joseph shall continue in their territory on the north. 6 And you shall describe the land in seven divisions and bring the description here to me. And I will cast lots for you here before the Lord our God. 7 The Levites have no portion among you, for the priesthood of the Lord is their heritage. And Gad and Reuben and half the tribe of Manasseh have received their inheritance beyond the Jordan eastward, which Moses the servant of the Lord gave them."

8 그 사람들이 일어나 떠나니 여호수아가 그 땅을 그리러 가는 사람들에게 명령하여 이르되 가서 그 땅으로 두루 다니며 그것을 그려 가지고 내게로 돌아오라 내가 여기 실로의 여호와 앞에서 너희를 위하여 제비를 뽑으리라 하니 9 그 사람들이 가서 그 땅으로 두루 다니며 성읍들을 따라서 일곱 부분으로 책에 그려서 실로 진영에 돌아와 여호수아에게 나아오니 10 여호수아가 그들을 위하여 실로의 여호와 앞에서 제비를 뽑고 그가 거기서 이스라엘 자손의 분파대로 그 땅을 분배하였더라

8 So the men arose and went, and Joshua charged those who went to write the description of the land, saying, "Go up and down in the land and write a description and return to me. And I will cast lots for you here before the Lord in Shiloh." 9 So the men went and passed up and down in the land and wrote in a book a description of it by towns in seven divisions. Then they came to Joshua to the camp at Shiloh, 10 and Joshua cast lots for them in Shiloh before the Lord. And there Joshua apportioned the land to the people of Israel, to each his portion.

〰〰〰 단락 개관 〰〰〰

짧지만 중요한 이 에피소드는 13-21장에 나오는 지파별 정착 기사에서 전환점의 역할을 한다(참고. 13:1-21:45에 대한 개관). 네레이터는 팡파르도 없이 이스라엘의 진영을 길갈에서 실로로 이전시키고(1절) 일곱 지파가 땅이 없는 채 남아있다고 한다(2절). 여호수아는 이 지파들이 정착 과정에서 우물쭈물한다고 그들을 질책하고 각 지파에게 영토를 분배하기 위한 계획을 개관한다. 이제 지파의 대표들이 땅을 조사해서 일곱 구획을 제안할 것이다(3-7절). 이 작업에 기초하여 여호수아가 "실로의 여호와 앞에서"(8절) 최종 분배를 할 것이다. 간결한 요약문(9-10절)이 실제로 그렇게 되었다고 전해준다.

이 몇 구절은 평이하게 보이지만 실로로 이동하는 중요한 기착지를 표시하고, 땅 분배의 최종 단계에 여호와께서 개입하는 장면을 부각시킨다. 그리고 이 시점까지 경험했던 정착의 군사적 성격에서 멀어지는 전환점을 보여준다.

≋≋≋ 단락 개요 ≋≋≋

> II. 약속의 땅에 거주하다(13:1-21:45)
>
> F. 일곱 지파가 실로에서 정착하다(18:1-10)
>
> 1. 이스라엘이 실로로 이동하다(18:1)
>
> 2. 나머지 일곱 지파에게 분배하다(18:2-10)
>
> a. 정착하려고 남아있는 일곱 지파(18:2)
>
> b. 여호수아가 일곱 지파에게 도전하다(18:3-7)
>
> c. 여호수아가 지파들의 대표들에게 명령하다(18:8)
>
> d. 여호수아가 남은 지파들에게 땅을 분배하다(18:9-10)

≋≋≋ 주석 ≋≋≋

18:1 이스라엘이 요단강을 건너 약속의 땅에 들어온 이래(3-4장) 작전기지는 여리고 근처에 있는 길갈 진영이었다(4:19). 거기서 백성은 하나님께서 그들에게 선물로 주시는 땅을 점령하기에 적합한 모습을 갖추었다(5:9, 10). 그들이 지역별 군사행동을 치른 후에 길갈로 돌아왔고(10:15, 43), 길갈에서 지파별 정착지의 첫 번째 분배가 이뤄졌다(14:6). 그러나 길갈은 이스라엘이 그 땅에 발판을 얻었을 때 한시적 기착지가 되도록 되어 있었다. 즉, 주변부에 있는 전초기지가 되는 것이었다.

이스라엘이 그 땅에 아직 완전히 정착하진 못했어도 자리를 충분히 잡은 만큼, 이제는 지리적으로 중심부에 있는 새로운 위치가 소집 장소가 된다. 실로는 현명한 선택이다. 에브라임에 속한 세겜 남쪽 18킬로미터에 위치해 있고, 이미 분배된 중요한 유다/요셉 영토들의 중앙에 놓여 있다. 하지만 이 장소 이전이 단지 실제적인 것만은 아니다. 이스라엘이 "회막을 세웠[다]"라는 말은 여호수아서에 나오는 회막에 대한 단 두 번의 언급 중 첫 번째다. 다른 언급(19:51)은 정착의 두 번째 단계를 괄호로 묶어주는 구절에 나온다. 예루살렘이 여호수아서에서 특별한 역할을 수행하지 못하는 가운데(아직도 가나안의 고립된 장소다, 15:63) 실로는 지리적 중심지일 뿐 아니라 종교적 중심지이기도 하다. 훗날 전통은 실로를 하나님께서 그분의 백성 가운데 "거주하시는" 장소(시 78:60)로 이해하고, 먼 훗날 예레미야 시대까지도 여전히 "내가 처음으로 내 이름을 둔 처소"(렘 7:12)라고 기억한다.[120] 여기에 나온 언급은 간략하고 줄잡은 진술이긴 해도 이스라엘의 사회적 기억에 미친 영향은 무척 깊고 영구적이다.

이 간단한 구절의 마지막 부분 역시 무언가 의미심장한 것을 가리킨다. "그 땅은 그들 앞에서 돌아와 정복되었더라." 여호수아서에는 더 이상 군사행동이 나오지 않을 것이다. 유다와 요셉의 정착은 어느 정도의 군사행동을 수반했지만 남은 일곱 지파의 정착 기사에는 그런 것이 없다. 헤렘 관행은 북부에서의 지역별 군사행동이 마무리되었을 때(11:21) 마지막으로 언급되었고, 실로에서 땅을 분배하는 시점 이후에는 어떤 종류의 전투도 나타나지 않는다. 그러면 이스라엘은 더 이상 가나안 족속을 쫓아내려고 하지 않는 것일까? 더 이상의 저항이 없는 것일까? 아니면 그 땅이 이제는 텅 비어 있는 것일까? 여호수아서는 이런 질문들에 대해 명시적인 답변을 주지 않는다. 오히려 사사기가 이런 문제들에 대한 관점을 제공하고 이런 설명들 중 첫째 것으로 기울어진다. 하지만 여기에 나온 "그 땅은 그들 앞에서…정복되었더라"라는 표현은 완전한 진압을 의미한다. 이와 똑같은 표현을 모세가 사용했는데, 당시의 상황은 요단 동편 지파들이 그들의 정착지로 되돌아가도록 그들을 군복무에서 해방시켜줄 때였다(민 32:22, 29). 이와 마찬가지로 이는 다윗이 솔로몬에게 성전을 건축할 때 평화를 누리

---

120 실로는 주전 11세기에 파괴되어 이 역할을 오랫동안 수행하지 못했다. 참고. John Day, "The Destruction of the Shiloh Sanctuary and Jeremiah vii 12, 14," in *Studies in the Historical Books of the Old Testament*, ed. J. A. Emerton, SVT 30 (Leiden: Brill, 1979), 87-94.

게 될 것이라고 격려하는 말의 일부이다(대상 22:18). 이 동사는 지리적 및 종교적 전환점 뿐 아니라 군사적 전환점을 나타내기도 한다.

18:2 요단 서편에 정착할 "아홉 지파와 반 지파"(14:2) 중에 단 두 지파와 반 지파만 그들의 영토를 할당받았다. 일곱 지파가 아직 남아있다. 요단의 동편과 서편에 이미 정착한 "두 지파와 반 지파"(14:3) 모두 이어지는 여호수아의 발언에서 언급될 것이다. 따라서 이는 지파별 정착에 관한 문학적 묘사에서 또 하나의 균형을 이룬다.

18:3-7 여호수아의 첫 마디는 이제까지 "비난보다 동기부여"[121]에 가까운 것으로 불리긴 했으나 책망의 말투를 감추기는 어렵다. "어느 때까지 '지체'하겠느냐?"에 나오는 히브리어는 미트랍핌(*mitrappim*)이다. 동사형인 라파(*raphah*)는 이곳 외에 잠언 18:9과 24:10에만 사용되는 단어로 게으름의 해로운 결과와 관련이 있고 용기가 부족하다는 뜻도 지닌다. 여호수아가 여호수아 13:1에서 주님에게 책망을 받았듯이 그 지파들이 그런 도전에서 책망을 받는 느낌이 들 것이다. 이에 덧붙여 여호수아가 그 땅을 "너희 조상의 하나님 여호와께서" 선물로 주신 곳이라고 부른다. 이스라엘의 언약의 하나님에 대한 이 정확한 호칭은 출애굽기 3:15-16에서 하나님의 이름이 계시된 이후 사용된 것이다. 이 단어가 신명기에서 여덟 번 사용되는데, 보통은 땅에 대한 하나님의 약속과 관련해서 사용된다. 그리고 그 가운데 두 번은 그 땅을 차지하는 책임(신 1:21; 4:1)과 관련해서 사용된다. 여호수아서에서는 여기에서만 사용되고, 사사기 2:12에서는 다시 한 번 이스라엘의 배교와 연관되어 사용된다. 이런 식으로 그 땅을 하나님의 선물이라고 부르는 것은 나머지 일곱 지파의 느슨한 태도를 부각시킨다.

여호수아의 계획은 지파별 대표들로 하여금 남아있는 영토를 일곱 구획

---

121 Nelson, *Joshua*, 210.

으로 나누고 경계도(圖)를 여호수아에게 제출하게 하고, 여호수아가 "여호와 앞에서 제비를 뽑[아]"(참고. 14:1-5 주석) 그 땅을 이 지파들에게 분배하는 것이다. 여호수아는 또한 이미 두 세트로 땅을 받은 지파들의 영토(요단 서편을 남부/북부의 순서로 묘사한 유다와 요셉 및 요단 동편을 차지한 두 지파와 반 지파)를 확증하고, 다시 한 번 레위 지파를 기업을 받는 데서 제외시킨다.

18:8-10 대표들이 땅을 조사한 뒤에 되돌아오고, 여호수아가 그 구획들을 지파들에게 할당한다. 내레이터는 이런 활동의 기간을 명시하지는 않는다. 여기서 이슈는 시간이 얼마나 걸렸느냐가 아니라 그 과업을 수행해서 완수했다는 것이다.

≈≈≈≈ **응답** ≈≈≈≈

사람들은 종종 흥미롭게도 이 대목이 시작되는 방식인 그 "땅[에레츠]은 그들 앞에서 돌아와 정복되었더라[니크베샤(*nikbeshah*)]"(1절)와 창세기 1:28에 나오는 창조명령인 "땅[에레츠]에 충만하라, 땅을 정복하라[키브슈하(*kibshuha*)]"를 서로 연결시킨다. 두 본문 모두 동사 카바쉬(*kabash*)의 여러 형태를 에레츠("땅")와 관련하여 사용한다. 이 두 본문 간의 공명은 포착하기 힘들어도 시사하는 바가 있다. 하나님의 피조물인 인간이 번성하는 자연세계의 청지기가 되어야 한다는 창조 의도가 이스라엘이 약속의 땅의 관리인이 되는 것에서 부분적으로 성취된다. 그와 동시에 회막이 이전됨에 따라 에덴동산과 같이 하나님과 그분의 백성이 만나는 장소가 생긴다.

　두 단어가 이 열 구절 내내 자주 반복되고, 그 둘 다 이름이다. "실로"가 네 번(1, 8, 9, 10절) 나오고 여호와(= "주님")가 여섯 번[3, 6, 7(2번), 8, 10절] 나온다. 전자는 앞에서 논의했고, 후자 역시 반응의 일환으로 주목할 만하다. 여호와는 14-17장에서 땅이 분배되는 여러 지점에 그 모습을 나타내셨는데, 특히 갈렙의 정착(예. 14:6, 8, 12)과 슬로보핫의 딸들(17:4) 그리고 요셉의 더 넓은 지파들(17:14)과 관련해서 그렇게 하셨다. 그런데 남은 일곱 지파에게 몫을 할당하는 이야기가 펼쳐질 때는 그런 언급이 전혀 없는 것이 눈에 띈다. 여호와는 앞으로 19:50에 나오는 여호수아의 정착에 관한 짧은 기록과 19:51(참고. 이 구절에 대한 주석)에 나오는 이 단락의 요약에 이를 때까지는 다시 거명되지 않을 것이다. 하나님은 여전히 이 분배에 관여하고 계시나 그분의 기여는 실로에서 취해진 행동에 내포되어 있다. 즉, 하나님께서 그 땅을 선물로 주셨고, 제비뽑기가 "여호와 앞에서"(6, 8, 10절) 행해진다. 그런즉 하나님께서 지시를 내리셨으니 이제는 그분의 백성이 그 지시에 따라 행동하는 일만 남았다.

따라서 이 짧지만 중요한 대목에 세 가지 요소가 다함께 나온다. '정복된' 땅, 하나님의 지시 그리고 아직도 수행되어야 할 일이다. 승리는 거두었으나 미완성된 과업이 남아있다. 여기에 성도의 인내를 요구하는 목소리가 있다. 존 파이퍼는 그리스도인들이 "전투에 지친 나머지 기독교를 포기할 것을 고려할 수도 있는" 이유들에 대해 성찰한다. 그는 다음 사실을 격려의 말로 가리킨다.

> 승리는 확보되었다. 우리의 확신은 인내에 대한 요구에 의해 무너지지 않는다. 확신의 열쇠는 인내하라는 성경의 명령을 제거하는 게 아니라 오히려 은혜를 확대해서 죄에 대한 과거의 용서뿐 아니라 믿음에 이를 장래의 능력으로 삼는 것이다.[122]

이것이 바로 이스라엘이 여기서 처한 상황이다. 이스라엘이 하나님의 선물로 받은 유산 속에 들어와 있으나 한 민족으로서 아직 안식을 찾지 못한 상황인 것이다. 그리스도인에게는 그 조건이 바뀌었으나 그 역학은 동일하다. 하나님께서 주셨고, 승리를 거두었고, 아직도 할 일이 남아있다.

---

122 John Piper, *Future Grace: The Purifying Power of the Promises of God*, rev. ed. (Colorado Springs: Multinomah, 2012), 315, 317.《장래의 은혜》(좋은씨앗).

이는 베드로후서 1:3-5(참고. 10절)에 잘 요약되어 있다.

그의 신기한 능력으로 생명과 경건에 속한 모든 것을 우리에게 주셨으니〔데도레메네스(*dedōrēmenēs*), 완료 시제〕…이로써 그 보배롭고 지극히 큰 약속을 우리에게 주사〔데도레타이(*dedōrētai*), 완료 시제〕…그러므로 너희가 더욱 힘써….

18:11 베냐민 자손 지파를 위하여 그들의 가족대로 제비를 뽑았으니 그 제비 뽑은 땅의 경계는 유다 자손과 요셉 자손의 중간이라 12 그들의 북방 경계는 요단에서부터 여리고 북쪽으로 올라가서 서쪽 산지를 넘어서 또 올라가서 벧아웬 황무지에 이르며 13 또 그 경계가 거기서부터 루스로 나아가서 루스 남쪽에 이르나니 루스는 곧 벧엘이며 또 그 경계가 아다롯 앗달로 내려가서 아래 벧호론 남쪽 산 곁으로 지나고 14 벧호론 앞 남쪽 산에서부터 서쪽으로 돌아 남쪽으로 향하여 유다 자손의 성읍 기럇 바알 곧 기럇 여아림에 이르러 끝이 되나니 이는 서쪽 경계며 15 남쪽 경계는 기럇 여아림 끝에서부터 서쪽으로 나아가 넵도아 물 근원에 이르고 16 르바임 골짜기 북쪽 힌놈의 아들 골짜기 앞에 있는 산 끝으로 내려가고 또 힌놈의 골짜기로 내려가서 여부스 남쪽에 이르러 엔 로겔로 내려가고 17 또 북쪽으로 접어들어 엔 세메스로 나아가서 아둠밈 비탈 맞은편 글릴롯으로 나아가서 르우벤 자손 보한의 돌까지 내려가고 18 북으로 아라바 맞은편을 지나 아라바로 내려가고 19 또 북으로 벧 호글라 곁을 지나서 요단 남쪽 끝에 있는 염해의 북쪽 해만이 그 경계의 끝이 되나니 이는 남쪽 경계며 20 동쪽 경계

는 요단이니 이는 베냐민 자손이 그들의 가족대로 받은 기업의 사방 경계였더라

18:11 The lot of the tribe of the people of Benjamin according to its clans came up, and the territory allotted to it fell between the people of Judah and the people of Joseph. 12 On the north side their boundary began at the Jordan. Then the boundary goes up to the shoulder north of Jericho, then up through the hill country westward, and it ends at the wilderness of Beth-aven. 13 From there the boundary passes along southward in the direction of Luz, to the shoulder of Luz (that is, Bethel), then the boundary goes down to Ataroth-addar, on the mountain that lies south of Lower Beth-horon. 14 Then the boundary goes in another direction, turning on the western side southward from the mountain that lies to the south, opposite Beth-horon, and it ends at Kiriath-baal (that is, Kiriath-jearim), a city belonging to the people of Judah. This forms the western side. 15 And the southern side begins at the outskirts of Kiriath-jearim. And the boundary goes from there to Ephron,¹ to the spring of the waters of Nephtoah. 16 Then the boundary goes down to the border of the mountain that overlooks the Valley of the Son of Hinnom, which is at the north end of the Valley of Rephaim. And it then goes down the Valley of Hinnom, south of the shoulder of the Jebusites, and downward to En-rogel. 17 Then it bends in a northerly direction going on to En-shemesh, and from there goes to Geliloth, which is opposite the ascent of Adummim. Then it goes down to the stone of Bohan the son of Reuben, 18 and passing on to the north of the shoulder of Beth-arabah² it goes down to the Arabah. 19 Then the boundary passes on to the north of the shoulder of Beth-hoglah. And the boundary ends at the northern bay of the Salt Sea, at the south end of the Jordan: this is the southern border. 20 The Jordanforms its boundary on the eastern side. This is the inheritance of the people of Benjamin, according to their clans, boundary by boundary all around.

21 베냐민 자손의 지파가 그들의 가족대로 받은 성읍들은 여리고와 벤 호글라와 에멕 그시스와 22 벤 아라바와 스마라임과 벧엘과 23 아윔과 바라와 오브라와 24 그발 암모니와 오브니와 게바이니 열두 성읍과 또 그 마을들이며 25 기브온과 라마와 브에롯과 26 미스베와 그비라와 모사와 27 레겜과 이르브엘과 다랄라와 28 셀라와 엘렙과 여부스 곧 예루살렘과 기부앗과 기럇이니 열네 성읍이요 또 그 마을들이라 이는 베냐민 자손이 그들의 가족대로 받은 기업이었더라

21 Now the cities of the tribe of the people of Benjamin according to their clans were Jericho, Beth-hoglah, Emek-keziz, 22 Beth-arabah, Zemaraim, Bethel, 23 Avvim, Parah, Ophrah, 24 Chephar-ammoni, Ophni, Geba—twelve cities with their villages: 25 Gibeon, Ramah, Beeroth, 26 Mizpeh, Chephirah, Mozah, 27 Rekem, Irpeel, Taralah, 28 Zela, Haeleph, Jebus[3] (that is, Jerusalem), Gibeah[4] and Kiriath-jearim[5]—fourteen cities with their villages. This is the inheritance of the people of Benjamin according to its clans.

19:1 둘째로 시므온 곧 시므온 자손의 지파를 위하여 그들의 가족대로 제비를 뽑았으니 그들의 기업은 유다 자손의 기업 중에서라 2 그들이 받은 기업은 브엘세바 곧 세바와 몰라다와 3 하살 수알과 발라와 에셈과 4 엘돌랏과 브둘과 호르마와 5 시글락과 벤 말가봇과 하살수사와 6 벤 르바옷과 사루헨이니 열세 성읍이요 또 그 마을들이며 7 또 아인과 림몬과 에델과 아산이니 네 성읍이요 또 그 마을들이며 8 또 네겝의 라마 곧 바알랏 브엘까지 이 성읍들을 둘러 있는 모든 마을들이니

이는 시므온 자손의 지파가 그들의 가족대로 받은 기업이라 9 시므온 자손의 이 기업은 유다 자손의 기업 중에서 취하였으니 이는 유다 자손의 분깃이 자기들에게 너무 많으므로 시므온 자손이 자기의 기업을 그들의 기업 중에서 받음이었더라

19:1 The second lot came out for Simeon, for the tribe of the people of Simeon, according to their clans, and their inheritance was in the midst of the inheritance of the people of Judah. 2 And they had for their inheritance Beersheba, Sheba, Moladah, 3 Hazar-shual, Balah, Ezem, 4 Eltolad, Bethul, Hormah, 5 Ziklag, Beth-marcaboth, Hazar-susah, 6 Beth-lebaoth, and Sharuhen—thirteen cities with their villages; 7 Ain, Rimmon, Ether, and Ashan—four cities with their villages, 8 together with all the villages around these cities as far as Baalath-beer, Ramah of the Negeb. This was the inheritance of the tribe of the people of Simeon according to their clans. 9 The inheritance of the people of Simeon formed part of the territory of the people of Judah. Because the portion of the people of Judah was too large for them, the people of Simeon obtained an inheritance in the midst of their inheritance.

10 셋째로 스불론 자손을 위하여 그들의 가족대로 제비를 뽑았으니 그들의 기업의 경계는 사릿까지이며 11 서쪽으로 올라가서 마랄라에 이르러 답베셋을 만나 욕느암 앞 시내를 만나고 12 사릿에서부터 동쪽으로 돌아 해 뜨는 쪽을 향하여 기슬롯 다볼의 경계에 이르고 다브랏으로 나가서 야비아로 올라가고 13 또 거기서부터 동쪽으로 가드헤벨을 지나 엣 가신에 이르고 네아까지 연결된 림몬으로 나아가서 14 북쪽으로 돌아 한나돈에 이르고 입다엘 골짜기에 이르러 끝이 되며 15 또 갓닷과 나할랄과 시므론과 이달라와 베들레헴이니 모두 열두 성읍과 그 마을들이라 16 스불론 자손이 그들의 가족대로 받은 기업은

이 성읍들과 그 마을들이었더라

10 The third lot came up for the people of Zebulun, according to their clans. And the territory of their inheritance reached as far as Sarid. 11 Then their boundary goes up westward and on to Mareal and touches Dabbesheth, then the brook that is east of Jokneam. 12 From Sarid it goes in the other direction eastward toward the sunrise to the boundary of Chisloth-tabor. From there it goes to Daberath, then up to Japhia. 13 From there it passes along on the east toward the sunrise to Gath-hepher, to Eth-kazin, and going on to Rimmon it bends toward Neah, 14 then on the north the boundary turns about to Hannathon, and it ends at the Valley of Iphtahel; 15 and Kattath, Nahalal, Shimron, Idalah, and Bethlehem—twelve cities with their villages. 16 This is the inheritance of the people of Zebulun, according to their clans—these cities with their villages.

17 넷째로 잇사갈 곧 잇사갈 자손을 위하여 그들의 가족대로 제비를 뽑았으니 18 그들의 지역은 이스르엘과 그술룻과 수넴과 19 하바라임과 시온과 아나하랏과 20 랍빗과 기시온과 에베스와 21 레멧과 엔 간님과 엔핫다와 벧 바세스이며 22 그 경계는 다볼과 사하수마와 벧 세메스에 이르고 그 끝은 요단이니 모두 열여섯 성읍과 그 마을들이라 23 잇사갈 자손 지파가 그 가족대로 받은 기업은 이 성읍들과 그 마을들이었더라

17 The fourth lot came out for Issachar, for the people of Issachar, according to their clans. 18 Their territory included Jezreel, Chesulloth, Shunem, 19 Hapharaim, Shion, Anaharath, 20 Rabbith, Kishion, Ebez, 21 Remeth, En-gannim, En-haddah, Beth-pazzez. 22 The boundary also touches Tabor, Shahazumah, and Beth-shemesh, and its boundary

ends at the Jordan—sixteen cities with their villages. 23 This is the inheritance of the tribe of the people of Issachar, according to their clans—the cities with their villages.

24 다섯째로 아셀 자손의 지파를 위하여 그 가족대로 제비를 뽑았으니 25 그들의 지역은 헬갓과 할리와 베덴과 악삽과 26 알람멜렉과 아맛과 미살이며 그 경계의 서쪽은 갈멜을 만나 시홀 림낫에 이르고 27 해 뜨는 쪽으로 돌아 벧 다곤에 이르며 스불론을 만나고 북쪽으로 입다 엘 골짜기를 만나 벧에멕과 느이엘에 이르고 가불 왼쪽으로 나아가서 28 에브론과 르홉과 함몬과 가나를 지나 큰 시돈까지 이르고 29 돌아서 라마와 견고한 성읍 두로에 이르고 돌아서 호사에 이르고 악십 지방 곁 바다가 끝이 되며 30 또 움마와 아벡과 르홉이니 모두 스물두 성읍과 그 마을들이라 31 아셀 자손의 지파가 그 가족대로 받은 기업은 이 성읍들과 그 마을들이었더라

24 The fifth lot came out for the tribe of the people of Asher according to their clans. 25 Their territory included Helkath, Hali, Beten, Achshaph, 26 Allammelech, Amad, and Mishal. On the west it touches Carmel and Shihor-libnath, 27 then it turns eastward, it goes to Beth-dagon, and touches Zebulun and the Valley of Iphtahel northward to Beth-emek and Neiel. Then it continues in the north to Cabul, 28 Ebron, Rehob, Hammon, Kanah, as far as Sidon the Great. 29 Then the boundary turns to Ramah, reaching to the fortified city of Tyre. Then the boundary turns to Hosah, and it ends at the sea; Mahalab,*6* Achzib, 30 Ummah, Aphek and Rehob—twenty-two cities with their villages. 31 This is the inheritance of the tribe of the people of Asher according to their clans—these cities with their villages.

32 여섯째로 납달리 자손을 위하여 납달리 자손의 가족대로 제비를 뽑았으니 33 그들의 지역은 헬렙과 사아난님의 상수리나무에서부터 아다미 네겝과 얍느엘을 지나 락굼까지요 그 끝은 요단이며 34 서쪽으로 돌아 아스놋 다볼에 이르고 그곳에서부터 훅곡으로 나아가 남쪽은 스불론에 이르고 서쪽은 아셀에 이르며 해 뜨는 쪽은 요단에서 유다에 이르고 35 그 견고한 성읍들은 싯딤과 세르와 함맛과 락갓과 긴네렛과 36 아다마와 라마와 하솔과 37 게데스와 에드레이와 엔 하솔과 38 이론과 믹다렐과 호렘과 벧 아낫과 벧 세메스니 모두 열아홉 성읍과 그 마을들이라 39 납달리 자손의 지파가 그 가족대로 받은 기업은 이 성읍들과 그 마을들이었더라

32 The sixth lot came out for the people of Naphtali, for the people of Naphtali, according to their clans. 33 And their boundary ran from Heleph, from the oak in Zaanannim, and Adami-nekeb, and Jabneel, as far as Lakkum, and it ended at the Jordan. 34 Then the boundary turns westward to Aznoth-tabor and goes from there to Hukkok, touching Zebulun at the south and Asher on the west and Judah on the east at the Jordan. 35 The fortified cities are Ziddim, Zer, Hammath, Rakkath, Chinnereth, 36 Adamah, Ramah, Hazor, 37 Kedesh, Edrei, En-hazor, 38 Yiron, Migdal-el, Horem, Beth-anath, and Beth-shemesh—nineteen cities with their villages. 39 This is the inheritance of the tribe of the people of Naphtali according to their clans—the cities with their villages.

40 일곱째로 단 자손의 지파를 위하여 그들의 가족대로 제비를 뽑았으니 41 그들의 기업의 지역은 소라와 에스다올과 이르세메스와 42 사알랍빈과 아얄론과 이들라와 43 엘론과 딤나와 에그론과 44 엘드게와 깁브돈과 바알랏과 45 여훗과 브네브락과 가드 림몬과 46 메얄곤과 락

곤과 욥바 맞은편 경계까지라 ⁴⁷ 그런데 단 자손의 경계는 더욱 확장되었으니 이는 단 자손이 올라가서 레셈과 싸워 그것을 점령하여 칼날로 치고 그것을 차지하여 거기 거주하였음이라 그들의 조상 단의 이름을 따라서 레셈을 단이라 하였더라 ⁴⁸ 단 자손의 지파가 그에 딸린 가족대로 받은 기업은 이 성읍들과 그들의 마을들이었더라

⁴⁰ The seventh lot came out for the tribe of the people of Dan, according to their clans. ⁴¹ And the territory of its inheritance included Zorah, Eshtaol, Ir-shemesh, ⁴² Shaalabbin, Aijalon, Ithlah, ⁴³ Elon, Timnah, Ekron, ⁴⁴ Eltekeh, Gibbethon, Baalath, ⁴⁵ Jehud, Bene-berak, Gath-rimmon, ⁴⁶ and Me-jarkon and Rakkon with the territory over against Joppa. ⁴⁷ When the territory of the people of Dan was lost to them, the people of Dan went up and fought against Leshem, and after capturing it and striking it with the sword they took possession of it and settled in it, calling Leshem, Dan, after the name of Dan their ancestor. ⁴⁸ This is the inheritance of the tribe of the people of Dan, according to their clans—these cities with their villages.

⁴⁹ 이스라엘 자손이 그들의 경계를 따라서 기업의 땅 나누기를 마치고 자기들 중에서 눈의 아들 여호수아에게 기업을 주었으니 ⁵⁰ 곧 여호와의 명령대로 여호수아가 요구한 성읍 에브라임 산지 딤낫 세라를 주매 여호수아가 그 성읍을 건설하고 거기 거주하였더라

⁴⁹ When they had finished distributing the several territories of the land as inheritances, the people of Israel gave an inheritance among them to Joshua the son of Nun. ⁵⁰ By command of the Lord they gave him the city that he asked, Timnath-serah in the hill country of Ephraim. And he rebuilt the city and settled in it.

⁵¹ 제사장 엘르아살과 눈의 아들 여호수아와 이스라엘 자손의 지파의 족장들이 실로에 있는 회막 문 여호와 앞에서 제비 뽑아 나눈 기업이 이러하니라 이에 땅 나누는 일을 마쳤더라

⁵¹ These are the inheritances that Eleazar the priest and Joshua the son of Nun and the heads of the fathers' houses of the tribes of the people of Israel distributed by lot at Shiloh before the Lord, at the entrance of the tent of meeting. So they finished dividing the land.

1 See 15:9; Hebrew *westward 2* Septuagint; Hebrew *to the shoulder over against the Arabah 3* Septuagint, Syriac, Vulgate; Hebrew *the Jebusite 4* Hebrew *Gibeath 5* Septuagint; Hebrew *Kiriath 6* Compare Septuagint; Hebrew *Mehebel*

≋≋≋≋ 단락 개관 ≋≋≋≋

여호수아 15-17장에 나오는 정착 기사들에 약간의 규칙성은 있어도 지파들이 들어간 지역들을 기록하는 데 안정된 공식이 세워진 것은 아니다. 그와 마찬가지로 여기에도 기사들 간에, 특히 성읍 목록을 열거할 때 약간의 유사성은 있어도 이 나머지 일곱 지파에게 영토를 할당하는 기록에 상당한 차이가 있다. 경계선들이 때로는 더 상세하게 때로는 덜 상세하게 묘사되고, 때로는 성읍 목록 앞에 때로는 그 뒤에 묘사되어 있다(아셀의 경우에는 둘 다 나온다). 맨 먼저 베냐민을 위해 "제비"를 뽑았고(18:11-28) 그 영토에 관한 기록은 길갈에서 뽑은 유다와 요셉의 영토에 관한 것과 가장 비슷하다. 베냐민의 기사가 나머지 지파들 중에 가장 길다. 이후 시므온(19:1-9), 스불론(10-16절), 잇사갈(17-23절), 아셀(24-31절), 납달리(32-39절)에 관한 기록이 따라오고, 나머지 일곱 중에 마지막은 실패한 유산에 해당하는 이상한 경우인 단(40-48절)이다. 그 순서는 전형적인 패턴을 따라 대체로 남부에서 북부로 움직인다. 단은 애초에 중서부 지역의 땅을 할당받았으나

결국에는 북쪽 끝의 지파로 정착하게 된다.

〜〜〜〜 **단락 개요** 〜〜〜〜

II. 약속의 땅에 거주하다(13:1-21:45)

   G. 나머지 일곱 지파의 영토와 성읍(18:11-19:51)

     1. 베냐민의 정착(18:11-28)

     2. 시므온의 정착(19:1-9)

     3. 스불론의 정착(19:10-16)

     4. 잇사갈의 정착(19:17-23)

     5. 아셀의 정착(19:24-31)

     6. 납달리의 정착(19:32-39)

     7. 단의 정착(19:40-48)

     8. 여호수아의 몫(19:49-50)

     9. 실로에서의 정착이 마무리되다(19:51)

18장

〜〜〜〜 **주석** 〜〜〜〜

18:11-28 베냐민은 16-17장에서 정착한 요셉 지파들(에브라임과 므낫세의 반 지파)과 같은 부류인 라헬 지파이다. 제비뽑기를 한 결과 베냐민은 유다의 북쪽 경계에 자리 잡게 된다. 특히 유다의 기사 같은 앞의 기사들처럼, 여기서도 경계선을 완벽하게 묘사할뿐더러(11-20절) 15장에 이미 서술된 유다와의 경계까지 반복되어 있다. 이어서 이 지역에 편입된 성읍들의 목록이 나온다(21-28절). 이 기사의 특징 중 하나는 베냐민과 유다가 땅의 배

분이 명확한 듯 보이면서도 양자의 보유지가 서로 침투하는 것 같다는 점이다. 14절은 기럇 여아림이 베냐민의 영토에 속한다고 묘사하면서도 그 시민권은 유다에 있다. 이런 예외에 대해 내레이터는 어떤 설명이나 판단도 제공하지 않는다.

19:1-39 다음 다섯 지파(시므온, 스불론, 잇사갈, 아셀, 납달리)의 정착에 관한 기사는 윤곽과 보도 전략을 섞어놓은 내용이다. 시므온이 가장 이례적인데, "유다 자손의 분깃이 자기들에게 너무 많으므로"(9절), 확정된 경계가 없이 유다의 영토 내에 그 집을 마련한 모양새다. 그래서 할당받은 성읍들의 기록밖에 없다. 시므온은 남부에 정착한 반면, 이 집단에 속한 나머지 지파들은 므낫세 영토의 북쪽인 이스르엘 골짜기 위편에 자리를 잡는다.

19:40-48 단 지파의 경우는 지파별 정착 이야기 중에 가장 마지막이자 가장 이상한 사례다. 아니, 미(未)정착이라 부를 만한 경우다. 제비뽑기를 통해 욥바 인근에서 동쪽으로 뻗어가는 내륙에 속한 성읍들을 분배받은 후, "단 자손은 그들의 땅을 잃었[다]"(47a절, 새번역, ESV 참고)고 간략하게 언급되어 있다. 여기에 사용된 히브리어 관용구 야차(yatsa´, '나가다')와 민(min, '…로부터')은 때때로 '그들의 손아귀에서 벗어나다'로 번역된다(예. JPS). 이 단어들의 형태는 단이 뜻밖에도 땅을 상실할 때 수동적이었음을 보여주며, 이에 대한 설명이 전혀 없다. 이후 단이 적극적으로 변하고 47b절에서 스스로 일부 영토를 회복하게 된다. 단의 새로운 집은 헤르몬산 맞은편인 먼 북쪽에 있고, 그 땅을 회복할 때에 군사행동이 필요했다. 그러나 사사기에 나오는 (좀 더 자세하고 골치 아픈) 병행 기사(참고. 삿 18:1, 7-10)가 분명히 밝히듯이, 이 기사는 실로 이후(post-Shiloh) 정착의 일부가 아니라 약간 훗날에 일어난 일이다.

19:49-50 하나님의 약속(14:9-12)과 명령[엘 피 아도나이('el pi yhwh), 15:13]으로 갈렙에게 땅을 준 것이 이스라엘 정착 기사의 출발점이었는데, 이제 하

나님의 명령[알 피 아도나이(*al pi yhwh*), 50절]으로 여호수아에게 땅을 주는 것이 그 기사를 마무리한다. 이번에는 이스라엘 사람들이 여호수아에게 한 몫을 주기(49절) 때문에 그들의 할당 행위는 일종의 역할 전환에 해당한다. "이스라엘 백성"이 레위 사람들에게 성읍들을 줄 때에도 이와 똑같은 언어가 사용된다[21:3, 8, 참고. 대상 6:64(6:49 마소라 본문)]. 이런 경우들이 이스라엘 백성이 무언가를 준다고 하는 유일한 사례들이다. 이는 또한 기업 분배가 완수되었고, 그 땅이 하나님 아래서 이스라엘의 소유가 되었다는 신호이다.

갈렙과 관련해 앞에서 언급했듯이, 그 신실한 전사가 여기에 나온 여호수아보다 더 많은 주목을 받았다. 성경 어디에도 여호수아에게 가족이 있다는 암시가 없다. 여호수아는 그의 삶이 하나님의 백성을 약속의 땅으로 인도하는 그의 소명(참고. 24:14-15 주석)과 완전히 묶여있는 외로운 인물이다. 딤낫 세라는 세겜의 남서쪽 약 24킬로미터, 아래 벧호론과 윗 벧호론의 북쪽 13킬로미터 거리에 위치하며 에브라임 경계 위에 있다. 이 지방은 여호수아가 아모리 족속에게 극적인 승리를 거둔(10:12-14) 아얄론 골짜기에 접해 있다. 이 간결한 문장에 나오는 여호수아의 정력과 주도성이 훨씬 긴 기사에 나온 갈렙의 그것만큼 두드러지지 않을 수 있으나, 여호수아가 "그 성읍을 건설하고 거기 거주하였더라"(50절)라는 말은 적어도 그 방향으로 향하는 몸짓이다.

19:51 실로에서 취한 엘르아살과 여호수아의 활동에 관한 마지막 요약문이 나머지 일곱 지파들의 정착을 마무리한다(참고. 18:1). 오직 여기에만 '제비뽑기'로 땅을 분배하는 일이 "회막 문 여호와 앞에서" 이뤄졌다고 명시적으로 기록되어 있다. 이는 정확하고 의미심장한 장소이다. 출애굽기 29:42에 따르면, 모세가 회막 건축에 대해 하나님께로부터 받은 명령에는 그 "문"(입구)이 "내가 거기서 너희와 만나고 네게 말[할]" 장소로 지정되어 있다. 그래서 그 장소가 많은 경우에 그런 역할을 하는 것으로 판명된다. 여기서 이 추가적인 사항은 비록 하나님의 임재가 이 정착 단계의 서

사적 특징은 아닐지라도 그 정착이 그분의 목적과 계획에 따라 이뤄졌음을 강하게 시사한다.

≋≋≋≋   응답   ≋≋≋≋

실로에서 약속의 땅을 분배한 단계의 문학적 구조는 여호수아 18:1과 19:51의 반향이 분명히 보여주고 있다. '제비뽑기'로 "여호와 앞에서" 분배한 것은 그 조처에 유사 선지자적(quasi-phophetic) 측면을 부여한다. 하지만 내레이터는 나머지 지파들의 정착이나 이스라엘 전체의 기업 수령을 이상적으로 그리지 않았다. 오히려 이 단락의 세부사항은 그와 반대되는 그림을 그린다. 시므온의 영토는 영토가 아니고 다른 지파의 영역에서 베어낸 한 움큼의 성읍들이다. 북부에 정착하는 지파들의 지역들은 누덕누덕 기록되어 있을 뿐이다. 마지막으로 정착하는 지파인 단은 하나님께서 할당하신 몫을 지키지 못한 채 부랑자 신세가 되고 만다. 비록 내레이터는 여기서 이 점을 너무 호되게 표현하지 않으려 절제하고 그것을 사사기로 넘기지만 말이다. 우리는 이 형식의 기사를 작성하는 데 긴장이 존재한다는 것을 볼 수 있다. 이상을 향한 대책과 열망이 현실의 불완전한 모습과 문제와 뒤섞여있기 때문이다. 지형을 변덕스럽게 묘사하는 것은 그대로 남아있다. 먼 훗날 에스겔이 등장해서 이상적인 판(版)을 새롭게 그리게 될 것이다. 여기서 이스라엘은 약속의 땅에 거주하고, 이스라엘의 정착은 기이한 일과 결함으로 얼룩져 있다. 그러나 동시에 이 민족은 하나님께서 그들을 두신 장소에서 하나님의 백성으로 살 수 있는 준비를 갖추게 된다.

¹ 여호와께서 여호수아에게 말씀하여 이르시되 ² 이스라엘 자손에게 말하여 이르기를 내가 모세를 통하여 너희에게 말한 도피성들을 너희를 위해 정하여 ³ 부지중에 실수로 사람을 죽인 자를 그리로 도망하게 하라 이는 너희를 위해 피의 보복자를 피할 곳이니라 ⁴ 이 성읍들 중의 하나에 도피하는 자는 그 성읍에 들어가는 문어귀에 서서 그 성읍의 장로들의 귀에 자기의 사건을 말할 것이요 그들은 그를 성읍에 받아들여 한 곳을 주어 자기들 중에 거주하게 하고 ⁵ 피의 보복자가 그의 뒤를 따라온다 할지라도 그들은 그 살인자를 그의 손에 내주지 말지니 이는 본래 미워함이 없이 부지중에 그의 이웃을 죽였음이라 ⁶ 그 살인자는 회중 앞에 서서 재판을 받기까지 또는 그 당시 대제사장이 죽기까지 그 성읍에 거주하다가 그 후에 그 살인자는 그 성읍 곧 자기가 도망하여 나온 자기 성읍 자기 집으로 돌아갈지니라 하라 하시니라

¹ Then the Lord said to Joshua, ² "Say to the people of Israel, 'Appoint the cities of refuge, of which I spoke to you through Moses, ³ that the manslayer who strikes any person without intent or unknowingly may flee there. They shall be for you a refuge from the avenger of blood. ⁴ He shall flee to one of these cities and shall stand at the entrance of

20장

the gate of the city and explain his case to the elders of that city. Then they shall take him into the city and give him a place, and he shall remain with them. 5 And if the avenger of blood pursues him, they shall not give up the manslayer into his hand, because he struck his neighbor unknowingly, and did not hate him in the past. 6 And he shall remain in that city until he has stood before the congregation for judgment, until the death of him who is high priest at the time. Then the manslayer may return to his own town and his own home, to the town from which he fled.'"

7 이에 그들이 납달리의 산지 갈릴리 게데스와 에브라임 산지의 세겜과 유다 산지의 기럇 아르바 곧 헤브론과 8 여리고 동쪽 요단 저쪽 르우벤 지파 중에서 평지 광야의 베셀과 갓 지파 중에서 길르앗 라못과 므낫세 지파 중에서 바산 골란을 구별하였으니 9 이는 곧 이스라엘 모든 자손과 그들 중에 거류하는 거류민을 위하여 선정된 성읍들로서 누구든지 부지중에 살인한 자가 그리로 도망하여 그가 회중 앞에 설 때까지 피의 보복자의 손에 죽지 아니하게 하기 위함이라

7 So they set apart Kedesh in Galilee in the hill country of Naphtali, and Shechem in the hill country of Ephraim, and Kiriath-arba (that is, Hebron) in the hill country of Judah. 8 And beyond the Jordan east of Jericho, they appointed Bezer in the wilderness on the tableland, from the tribe of Reuben, and Ramoth in Gilead, from the tribe of Gad, and Golan in Bashan, from the tribe of Manasseh. 9 These were the cities designated for all the people of Israel and for the stranger sojourning among them, that anyone who killed a person without intent could flee there, so that he might not die by the hand of the avenger of blood, till he stood before the congregation.

성경에 나오는 최초의 망명 신청자는 가인이고, 그의 목숨은 도피 상태로 하나님의 손에 의해 보존 받았다(창 4:13-15). 살인의 경우 도피처를 정규화하는 메커니즘은 일찍이 이 목적을 위해 "한 곳"을 약속해서 제단을 도피처로 마련해주는 출애굽기 21:12-14 대목에 나오며, 그것은 장차 약속의 땅에 살 그분의 백성을 위해 세워질 하나님 계획의 일부였다. 도피성에 대한 조건과 절차는 이스라엘의 정착 직후인 이 순간보다 먼저 나오며, 민수기 35:9-34과 신명기 19:1-13에 진술되어 있다. 여호수아서에 나오는 이 대목은 앞서 나온 그 본문들의 표현을 반영한다. 여기서의 관심사는 앞의 대목들이 더 주목하는 절차보다 도피성의 확정에 있다. 물론 목적과 법적 절차에 관한 간략한 진술도 포함되어 있지만 말이다.

따라서 여호수아 20:1-6은 이 책에서 하나님께서 여호수아에게 주신 마지막 말씀을 담고 있고, "도피성들"(민 35:1)을 마련하도록 이미 모세에게 주신 지시를 직접 상기시키는 진술을 포함한다. 7-8절은 요단 서편에 있는 세 성읍과 동편에 있는 세 성읍의 이름을 밝힌다. 9절은 이처럼 간략한 대목의 요약문을 더해주고 도피성 마련이 이스라엘 사람과 거류민 모두를 위한 것임을 부언한다.

20장

II. 약속의 땅에 거주하다(13:1-21:45)

　　H. 도피성(20:1-9)

　　　1. 하나님께서 여호수아에게 도피성을 지정하도록 지시하시다

　　　　(20:1-6)

　　　2. 요약: 도피성의 확정(20:7-9)

〰〰〰 　주석　 〰〰〰

20:1 다시 한 번 주님이 여호수아에게 말씀하시는데, 이는 이 책에 기록된 주님의 마지막 말씀이다(참고. 1:2 주석; 13:1 주석). 무슨 이유인지 내레이터가 표현 방식을 바꾼다. 친숙한 히브리어인 와요메르 아도나이 엘(*wayyoʾmer yhwh ʾel*, '그리고 여호와께서…에게 말씀하셨다', 예. 1:1) 대신에 와예답베르 아도나이 엘(*wayedabber yhwh ʾel*, '여호와께서…에게 말씀하셨다')로 시작한다. 보다 한정된 이 패턴은 다소 진부한 배경에서 나오는 더욱 강한 지시와 연관이 있는 듯하다. 양자를 엄격하게 구분할 수는 없지만, 표현 방식의 변화가 이 하나님의 진술을 여호수아서의 나머지 부분과 구별시키는 것은 사실이다.

20:2-6 주님이 앞서 모세에게 주신 명령을 상기시키면서 여호수아에게 말씀하시지만 그 지시는 "이스라엘 자손"에게 주어진 것이고, 20:7-8에서 "그들이" 도피성을 할당할 것이다. 도피성 마련의 일관된 특징은 그 자격이 과실치사에 국한되고 따라서 다른 어떤 형태의 도피 신청에도 적용되지 않는다는 것이다. 그 조건은 3절과 5절에 진술되어 있고 20:9의 요약문에도 나온다. 이 조건은 앞의 본문들과 주목할 만한 관계를 보여준다(참고. 표5).

	민수기	신명기	여호수아
1. 비쉬가가(bishegagah) = "부지중에"(실수로)	35:11		20:3, 9
2. 빕리 다아트(bibli da'at) = "부지중에"(실수로)		4:42, 19:4	20:3
3. 로 소네 미테몰(lo' sone'…mitemol) = "본래 원한이 없이"		4:42, 19:4	20:5

표5. 과실치사의 조건

민수기 35장은 살인이나 과실치사 중 하나의 자격이 되는 대표적인 행동들을 제시하는 한편, 신명기 19장은 그런 사례들을 더 적게 제공한다. 민수기 35:11의 요약인 '의도하지 않은 채'["without intention", 비쉬가가(bishegagah)] 죽음을 초래한 행동은 단순한 의도의 부재와 다르고 신명기의 재진술에 가까운데, 후자는 그런 사고가 "부지중에"['unawares', 빕리 다아트(bibli da'at, "unintentionally")] 발생했다고 한다. 말하자면, 그것은 순전히 우발적 사고였다는 것이다. 셋째 조건은 언뜻 보기에는 사전에 악의를 품지 않았다는 것으로 보일지 몰라도, "살인자"가 죽은 사람과 적대관계였다는 이전의 기록이 없었음을 요구할 뿐이다.

이 과정은 사적인 복수가 더 이상 땅을 더럽히지 않도록, 아울러 이스라엘에서 불의의 확대에 기여하지 않도록 확실히 보증한다. 이는 피의 복수를 피하려고 도망하는 사람의 무죄를 가정하거나 보증하지 않고, 오히려 적절한 사법적 절차가 진행되었을 때 정의가 이뤄지도록 보증한다. 방황하는 동안 보호를 받았던 가인의 경우와 약간 비슷하게, 도피성에서 계속 살 수밖에 없다는 것 자체는 이웃을 불시에 죽게 만든 것에 대한 징벌이다. 그것은 일종의 망명이다.

20:7-8 여섯 성읍의 배정은 이전에 하나님께서 명령하신 사항이고(민 35:13-14; 신 19:2, 8-9), 여기서 이스라엘 백성에 의해 실행된다. 첫 세 성읍

(7절)은 요단 서편에 정착한 지파들 가운데서 나오고 여호수아서의 전형적인 패턴과 반대되게 북부에서 남부 방향으로 언급된다. 게데스는 납달리 지역에 있는 성읍으로서 갈릴리 바다의 북쪽 약 26킬로미터에 위치해 있다. 세겜은 중앙에 위치해 있으나 에브라임의 산지에 있는 므낫세의 남쪽 경계를 향해 있다. 헤브론은 남부에 있고 14:14에 나오는 갈렙의 유산 중 일부다. 요단 동편의 성읍들(8절)은 이전에 신명기 4:43에 지명된 곳으로 이 책의 전형적인 방식을 따라 남부에서 북부로 열거되어 있다. 이 셋 중 어느 곳도 그 위치가 확실히 밝혀지지 않았다. "평지 광야"의 베셀은 아마 사해의 북쪽 끝과 일직선을 이루되 동쪽으로 약간의 거리가 있는 곳일 것이다. 길르앗 라못은 갓의 영토 안에 있다. 북부의 바산 아래 있는 골란은 갈릴리 바다와 일직선을 이루면서 약간 동쪽에 위치해 있다.

20:9 자세한 요약문은 민수기 35:12, 15에 나온 자료를 포함하고 도피성이 거류민도 포함한다고 덧붙인다. 내레이터는 이런 세부사항으로 끝내고 또 재판을 받기 위해 "회중 앞에서" 설 필요성을 반복하는 가운데 다음 두 가지를 성취한다. 첫째, 이는 새로 정착한 땅에서 도피성의 위상을 높이고, 새로운 나라에서 정의를 실행하는 것을 강조한다. 둘째, 이는 정착 본문들에 줄곧 등장하는 주제인 주님의 명령에 대한 순종을 보여준다.

≋≋≋ 응답 ≋≋≋

이 단락의 서론에서 말했듯이, 가인은 살인으로 인해 도피처를 찾았던 최초의 인물이다. 그런데 그보다 더 가까운 사례가 있다. 모세 역시 이집트 사람을 죽인 후 안전한 곳을 찾아 도망쳤다(출 2:11-15). 모세의 행동은 우발적인 것이 아니었으나 '본래 원한이 없었다'(참고. 표5)는 조건 아래서는 도피성에 들어갈 자격이 있다. 모세에게는 미디안이 "이집트의 왕이 죽[을]"(출 2:23, 새번역) 때까지 피난처와 집을 제공했는데, 이는 마치 대제사장의 죽음이 그 살인자를 해방시켜주는 것과 같다.[123] 그런 사례들이 이제 이스라엘의 풍경에 제공되어 있다. 아직 법정은 없으나 적어도 무죄한 중에 무죄한 피를 흘린 사람의 목숨이 그릇된 복수로 빼앗기지 않을 가능성이 있다. 창세기 기사에서 하나님은 무죄한 피의 부르짖음을 들으신다. "네 아우의 핏소리가 땅에서부터 내게 호소하느니라"(창 4:10). 그리고 도피처가 그 살인자에게 제공된다. 히브리서 저자는 아벨의 상황에 대해 묵상하는 가운데 피가 부르짖는 소리에 관해 말하면서(히 11:4) 예수님의 피가 "아벨의 피보다 더 나은 것을 말[한다]"(12:24)라고 결론을 짓는다. 예수님의 죽음에 책임이 있는 사람들에게는 도피성보다 훨씬 큰 대책이 주어진다. 그들에게 (그리고 우리에게도) 구원의 가능성이 있다는 것이다.

20장

---

[123] 참고. Jonathan P. Burnside, "Exodus and Asylum: Uncovering the Relationship between Biblical Law and Narrative," *JSOT* 34/3 (2010): 250-251, 263.

¹ 그때에 레위 사람의 족장들이 제사장 엘르아살과 눈의 아들 여호수아와 이스라엘 자손의 지파 족장들에게 나아와 ² 가나안 땅 실로에서 그들에게 말하여 이르되 여호와께서 모세에게 명령하사 우리가 거주할 성읍들과 우리 가축을 위해 그 목초지들을 우리에게 주라 하셨나이다 하매 ³ 이스라엘 자손이 여호와의 명령을 따라 자기의 기업에서 이 성읍들과 그 목초지들을 레위 사람에게 주니라

¹ Then the heads of the fathers' houses of the Levites came to Eleazar the priest and to Joshua the son of Nun and to the heads of the fathers' houses of the tribes of the people of Israel. ² And they said to them at Shiloh in the land of Canaan, "The Lord commanded through Moses that we be given cities to dwell in, along with their pasturelands for our livestock." ³ So by command of the Lord the people of Israel gave to the Levites the following cities and pasturelands out of their inheritance.

⁴ 그핫 가족을 위하여 제비를 뽑았는데 레위 사람 중 제사장 아론의 자손들은 유다 지파와 시므온 지파와 베냐민 지파 중에서 제비 뽑은

대로 열세 성읍을 받았고

4 The lot came out for the clans of the Kohathites. So those Levites who were descendants of Aaron the priest received by lot from the tribes of Judah, Simeon, and Benjamin, thirteen cities.

5 그핫 자손들 중에 남은 자는 에브라임 지파의 가족과 단 지파와 므낫세 반 지파 중에서 제비 뽑은 대로 열 성읍을 받았으며

5 And the rest of the Kohathites received by lot from the clans of the tribe of Ephraim, from the tribe of Dan and the half-tribe of Manasseh, ten cities.

6 게르손 자손들은 잇사갈 지파의 가족들과 아셀 지파와 납달리 지파와 바산에 있는 므낫세 반 지파 중에서 제비 뽑은 대로 열세 성읍을 받았더라

6 The Gershonites received by lot from the clans of the tribe of Issachar, from the tribe of Asher, from the tribe of Naphtali, and from the half-tribe of Manasseh in Bashan, thirteen cities.

7 므라리 자손들은 그 가족대로 르우벤 지파와 갓 지파와 스불론 지파 중에서 열두 성읍을 받았더라

7 The Merarites according to their clans received from the tribe of Reuben, the tribe of Gad, and the tribe of Zebulun, twelve cities.

8 여호와께서 모세에게 명령하신 대로 이스라엘 자손이 제비 뽑아 레위 사람에게 준 성읍들과 그 목초지들이 이러하니라

8 These cities and their pasturelands the people of Israel gave by lot to the Levites, as the Lord had commanded through Moses.

⁹ 유다 자손의 지파와 시므온 자손의 지파 중에서는 이 아래에 기명한 성읍들을 주었는데 ¹⁰ 레위 자손 중 그핫 가족들에 속한 아론 자손이 첫째로 제비 뽑혔으므로 ¹¹ 아낙의 아버지 아르바의 성읍 유다 산지 기럇 아르바 곧 헤브론과 그 주위의 목초지를 그들에게 주었고 ¹² 그 성읍의 밭과 그 촌락들은 여분네의 아들 갈렙에게 주어 소유가 되게 하였더라

⁹ Out of the tribe of the people of Judah and the tribe of the people of Simeon they gave the following cities mentioned by name, ¹⁰ which went to the descendants of Aaron, one of the clans of the Kohathites who belonged to the people of Levi; since the lot fell to them first. ¹¹ They gave them Kiriath-arba (Arba being the father of Anak), that is Hebron, in the hill country of Judah, along with the pasturelands around it. ¹² But the fields of the city and its villages had been given to Caleb the son of Jephunneh as his possession.

¹³ 제사장 아론의 자손에게 준 것은 살인자의 도피성 헤브론과 그 목초지이요 또 립나와 그 목초지와 ¹⁴ 얏딜과 그 목초지와 에스드모아와 그 목초지와 ¹⁵ 홀론과 그 목초지와 드빌과 그 목초지와 ¹⁶ 아인과 그 목초지와 윳다와 그 목초지와 벧 세메스와 그 목초지이니 이 두 지파에서 아홉 성읍을 냈고 ¹⁷ 또 베냐민 지파 중에서는 기브온과 그 목초지와 게바와 그 목초지와 ¹⁸ 아나돗과 그 목초지와 알몬과 그 목초지 곧 네 성읍을 냈으니 ¹⁹ 제사장 아론 자손의 성읍은 모두 열세 성읍과 그 목초지들이었더라

¹³ And to the descendants of Aaron the priest they gave Hebron, the city of refuge for the manslayer, with its pasturelands, Libnah with its pasturelands, ¹⁴ Jattir with its pasturelands, Eshtemoa with its pasturelands, ¹⁵ Holon with its pasturelands, Debir with its pasturelands,

¹⁶ Ain with its pasturelands, Juttah with its pasturelands, Beth-shemesh with its pasturelands—nine cities out of these two tribes; ¹⁷ then out of the tribe of Benjamin, Gibeon with its pasturelands, Geba with its pasturelands, ¹⁸ Anathoth with its pasturelands, and Almon with its pasturelands—four cities. ¹⁹ The cities of the descendants of Aaron, the priests, were in all thirteen cities with their pasturelands.

²⁰ 레위 사람인 그핫 자손 중에 남은 자들의 가족들 곧 그핫 자손에게는 제비 뽑아 에브라임 지파 중에서 그 성읍들을 주었으니 ²¹ 곧 살인자의 도피성 에브라임 산지 세겜과 그 목초지이요 또 게셀과 그 목초지와 ²² 깁사임과 그 목초지와 벧호론과 그 목초지이니 네 성읍이요 ²³ 또 단 지파 중에서 준 것은 엘드게와 그 목초지와 깁브돈과 그 목초지와 ²⁴ 아얄론과 그 목초지와 가드 림몬과 그 목초지이니 네 성읍이요 ²⁵ 또 므낫세 반 지파 중에서 준 것은 다아낙과 그 목초지와 가드 림몬과 그 목초지이니 두 성읍이라 ²⁶ 그핫 자손의 남은 가족들을 위한 성읍들은 모두 열 성읍과 그 목초지들이었더라

²⁰ As to the rest of the Kohathites belonging to the Kohathite clans of the Levites, the cities allotted to them were out of the tribe of Ephraim. ²¹ To them were given Shechem, the city of refuge for the manslayer, with its pasturelands in the hill country of Ephraim, Gezer with its pasturelands, ²² Kibzaim with its pasturelands, Beth-horon with its pasturelands—four cities; ²³ and out of the tribe of Dan, Elteke with its pasturelands, Gibbethon with its pasturelands, ²⁴ Aijalon with its pasturelands, Gath-rimmon with its pasturelands—four cities; ²⁵ and out of the half-tribe of Manasseh, Taanach with its pasturelands, and Gath-rimmon with its pasturelands—two cities. ²⁶ The cities of the clans of the rest of the Kohathites were ten in all with their pasturelands.

²⁷ 레위 가족의 게르손 자손에게는 므낫세 반 지파 중에서 살인자의 도피성 바산 골란과 그 목초지를 주었고 또 브에스드라와 그 목초지를 주었으니 두 성읍이요 ²⁸ 잇사갈 지파 중에서는 기시온과 그 목초지와 다브랏과 그 목초지와 ²⁹ 야르뭇과 그 목초지와 엔 간님과 그 목초지를 주었으니 네 성읍이요 ³⁰ 아셀 지파 중에서는 미살과 그 목초지와 압돈과 그 목초지와 ³¹ 헬갓과 그 목초지와 르홉과 그 목초지를 주었으니 네 성읍이요 ³² 납달리 지파 중에서는 살인자의 도피성 갈릴리 게데스와 그 목초지를 주었고 또 함못 돌과 그 목초지와 가르단과 그 목초지를 주었으니 세 성읍이라 ³³ 게르손 사람이 그 가족대로 받은 성읍은 모두 열세 성읍과 그 목초지들이었더라

²⁷ And to the Gershonites, one of the clans of the Levites, were given out of the half-tribe of Manasseh, Golan in Bashan with its pasturelands, the city of refuge for the manslayer, and Beeshterah with its pasturelands—two cities; ²⁸ and out of the tribe of Issachar, Kishion with its pasturelands, Daberath with its pasturelands, ²⁹ Jarmuth with its pasturelands, En-gannim with its pasturelands—four cities; ³⁰ and out of the tribe of Asher, Mishal with its pasturelands, Abdon with its pasturelands, ³¹ Helkath with its pasturelands, and Rehob with its pasturelands—four cities; ³² and out of the tribe of Naphtali, Kedesh in Galilee with its pasturelands, the city of refuge for the manslayer, Hammoth-dor with its pasturelands, and Kartan with its pasturelands— three cities. ³³ The cities of the several clans of the Gershonites were in all thirteen cities with their pasturelands.

³⁴ 그 남은 레위 사람 므라리 자손의 가족들에게 준 것은 스불론 지파 중에서 욕느암과 그 목초지와 가르다와 그 목초지와 ³⁵ 딤나와 그 목초지와 나할랄과 그 목초지이니 네 성읍이요 ³⁶ 르우벤 지파 중에서

준 것은 베셀과 그 목초지와 야하스와 그 목초지와 37 그데못과 그 목초지와 므바앗과 그 목초지이니 네 성읍이요 38 갓 지파 중에서 준 것은 살인자의 도피성 길르앗 라못과 그 목초지이요 또 마하나임과 그 목초지와 39 헤스본과 그 목초지와 야셀과 그 목초지이니 모두 네 성읍이라 40 이는 레위 가족의 남은 자 곧 므라리 자손이 그들의 가족대로 받은 성읍이니 그들이 제비 뽑아 얻은 성읍이 열두 성읍이었더라

34 And to the rest of the Levites, the Merarite clans, were given out of the tribe of Zebulun, Jokneam with its pasturelands, Kartah with its pasturelands, 35 Dimnah with its pasturelands, Nahalal with its pasturelands—four cities; 36 and out of the tribe of Reuben, Bezer with its pasturelands, Jahaz with its pasturelands, 37 Kedemoth with its pasturelands, and Mephaath with its pasturelands—four cities; 38 and out of the tribe of Gad, Ramoth in Gilead with its pasturelands, the city of refuge for the manslayer, Mahanaim with its pasturelands, 39 Heshbon with its pasturelands, Jazer with its pasturelands—four cities in all. 40 As for the cities of the several Merarite clans, that is, the remainder of the clans of the Levites, those allotted to them were in all twelve cities.

41 레위 사람들이 이스라엘 자손의 기업 중에서 받은 성읍은 모두 마흔여덟 성읍이요 또 그 목초지들이라 42 이 각 성읍의 주위에 목초지가 있었고 모든 성읍이 다 그러하였더라 、

41 The cities of the Levites in the midst of the possession of the people of Israel were in all forty-eight cities with their pasturelands. 42 These cities each had its pasturelands around it. So it was with all these cities.

레위가 영토 분배에서 제외된 것은 정착 기사 내내 언급되어왔다(참고. 13:14 주석; 13:33 주석, 참고. 14:3-4; 18:7). 레위 사람에게 거주할 성읍들을 제 공하라는 명령은 주님이 모세를 통해 주신 것이었다(민 35:2, 6-8). 따라서 신명기는 그 자체의 기업이 없는 레위 지파를 배려하고 유지하는 데에 관 심이 있는 반면(신 10:9; 12:12; 14:27; 18:1), 민수기의 다른 곳이 레위 지파에 주목하는 것은 그들의 의무와 책임과 더 관계가 있다. 이제 그 땅이 지파 들 사이에 분배되었으므로, 마침내 이스라엘이 민수기 35장에 나오는 명 령에 따라 레위 사람에게 성읍들을 분배할 때가 도래했다. 레위 사람이 받 은 성읍은 모두 마흔 여덟 개였다. 여기에 나온 목록은 역대상 6:54-81의 레위 족보에 딸린 부록에 나오는 것과 매우 비슷하다.

그 과정의 서론은 1-3절에 묘사되어 있다. 이어서 성읍들이 개별 레위 가족에게 할당된 것은 4-7절에 요약되어 있다. 8절은 기업을 받은 지파들 이 9-40절에서 제공한 성읍들의 이름들의 상세한 내역을 소개하는데, 여 전히 레위 가족들에 따라 그리고 요약 구절들에 나온 것과 똑같은 순서로 정리되어 있다. 41-42절은 요약판 결론으로서 하나님의 명령에 따라 받 은 성읍의 수가 모두 48개라고 말한다.

II. 약속의 땅에 거주하다(13:1-21:45)

   I. 레위의 성읍(21:1-42)

      1. 이스라엘이 여호수아와 엘르아살의 리더십 아래 레위 지 파에게 성읍들을 기증하다(21:1-3)

2. 레위 지파의 가족에 따른 분배의 요약(21:4-7)

3. 레위 지파의 가족에 따른 분배의 상술(21:8-40)

　　a. 서론: 제비뽑기로 기증하다(21:8)

　　b. 아론 자손이 유다와 시므온과 베냐민에게서 제공받다
　　(21:9-19)

　　c. 그핫 자손이 에브라임과 단과 므낫세 반 지파에게서 제
　　공받다(21:20-26)

　　d. 게르손 자손이 므낫세 반 지파와 잇사갈과 아셀과 납달
　　리에게서 제공받다(21:27-33)

　　e. 므라리 자손이 스불론과 르우벤과 갓에게서 제공받다
　　(21:34-40)

4. 요약(21:41-42)

〰〰〰〰　　**주석**　　〰〰〰〰

21:1-3 1-2절에서 레위 씨족의 지도자들이 엘르아살과 여호수아에게 나아가는 것은 17:4에서 슬로브핫의 딸들이 나아가는 것과 매우 비슷하다. 두 경우 모두 이전에 광야 기간에 내린 하나님의 결정을 실행에 옮길 때가 된 사례들이다. 슬로브핫의 딸들은 그 땅에 정착하는 단계 중 길갈에서 그들의 기업을 받는 반면, 레위 지파는 실로에서 기업이 아닌 성읍들을 받는다(2절). 그 장소의 이름을 명백히 밝히는 것은 그곳이 여전히 이스라엘의 집회 장소임을 상기시켜준다(참고. 19:51).

21:4-7 어쩌면 레위 가족들과 관련된 성읍들의 목록으로 곧바로 넘어가도 충분했을지 모르지만, 이는 기증하는 지파들과 배당한 성읍들의 요약

문이 작성되는 동안 연기되고 있다. 이 대목은 21:9부터 나오는 상세한 목록에 대한 일종의 목차에 해당되고 훗날의 독자에게 유익한 개관이다. "제사장"(4절. 이 직분은 여기서 높은 지위를 얻는 데 필수적이다) 아론의 자손 중 한 집안인 그핫 가족은 예루살렘 인근에 집을 제공받는다. 예루살렘은 아직도 이스라엘의 통제 밖에 있지만 말이다. 그핫 가족 중 남은 자들은 유다의 북쪽 경계를 끼고 있는 성읍들을 받는다(5절). 그핫 자손들과 므라리 자손들은 북부와 요단 동편 지파들 전역에 퍼져 있다(6-7절). 따라서 중앙 지역은 레위 사람이 별로 없는 편인데, 도피성의 하나인 세겜(21:21)은 예외에 속한다.

21:8-40 이제 상세한 목록이 제공되고 있다. 지파별 기증은 주목할 만한 대칭을 이룬다.

> 레위의 성읍 목록의 성격에 관해 비교적 합의가 이뤄진 가장 두드러진 사항 중 하나는 소수의 예외와 더불어 각 지파가 네 성읍씩 배당하는 근본적으로 도식적인 구조(적어도 여호수아 21장에서)다…세 가지 예외는 유다와 시므온, 곧 함께 열거되어 있고 둘의 기증이 모두 아홉 성읍에 달하는 두 지파(13-16절. 참고. 대상 6:(39-41), 42-44)와 단지 세 성읍만 기증하는 납달리(32절=대상 6:61). 이 시스템의 압도적인 규칙성, 즉 대다수 지파들이 정해진 수의 성읍(9지파×4성읍=36성읍)을 기증하고 다른 셋이 그에 상응하는 수(9+3=12성읍, 평균 4성읍씩)를 기증하는 것은 너무 자명해서 놓칠 수 없다.[124]

---

124 Jeremy M. Hutton, "The Levitical Diaspora (II): Modern Perspectives on the Levitical Cities Lists (A Review of Opinions)," in *Levites and Priests in Biblical History and Tradition*, ed. Mark Leuchter and Jeremy M. Hutton, AIL 9 (Atlanta: SBL, 2011), 60-62.

이 도식에 나오는 또 하나의 특징은 레위 성읍들 가운데 도피성이 통합되어 있는 것이다. 이는 이미 민수기 35:6에 나오는 모세의 명령에 포함되어 있었다. 레위를 위한 모든 성읍은 6개의 도피성에다 기증받은 42개의 성읍을 합친 것이다. 여기서는 헤브론(13절. 이 성읍의 언급은 그것이 갈렙에게 할당된 것을 상기시킨다), 세겜(21절), 골란(27절), 게데스(32절), 베셀(36절) 그리고 길르앗 라못(38절)으로 나온다.

21:41-42 이 요약문의 언어는 이번 장의 서론으로 되돌아가고, 이스라엘 편에서 할당과 관련된 명령에 순종했음을 강조할 뿐만 아니라 모든 것이 마무리되었다는 느낌을 준다.

≈≈≈≈ 응답 ≈≈≈≈

적어도 이 단락의 두 가지 측면이 금방 눈에 띈다. 먼저는 이상적 도식화의 모습이고, 다른 하나는 도피성들이 레위 성읍의 배당에 편입된 것이다. 이 둘은 이스라엘이 약속의 땅에서 삶을 시작하는 순간에 그 국가 건설에 기여한다.

성경 이야기에서 이스라엘은 창세기에 나오는 야곱의 가족으로부터 족장들이 나그네로 살던 땅에 이제 정착하는 국가로 발달했다. 내레이터가 다음 대목에서 이 놀라운 순간에 대해 성찰하겠지만, 정착한 열두 지파가 공동 프로젝트로 기업이 없는 레위 지파를 위해 이 성읍들을 지정한 것은 온 백성을 한 덩어리로 묶어준다. 이런 맥락에서 레위 성읍들의 목록은 이에 상응하는 역대상 6장의 대목에 나오는 그런 행정 기록보다 더 많은 의미를 지닌다. 여기에는 분명한 서사적 맥락과 궤도가 있어서 여호수아서에 나오는 정착 과정으로 시작하지 않고 저 멀리 창세기에 나오는 아브라함에게 주신 약속과 이스라엘의 선택으로부터 시작한다. 하지만 여호수아서에 나오는 가까운 맥락이 어느 정도 이 성읍 목록에 대한 묘사를 설명해준다. 이 책의 첫 부분에서 레위 제사장들은 그 민족의 한복판에서 하나님의 궤를 메었다(3-4장; 6장). 그리고 이제는 흩어진 상태로, 그들은 영적 복지(spiritual welfare)의 관리인으로 섬기는 대상인 하나님의 백성 가운데서 (더욱 분산된 방식으로써) 여전히 하나님의 임재를 반영하고 있다(출 32:29; 민 8:19, 참고. 신 10:8).

이 도식화된 표현이 이 새로운 국가에 일체감을 준다면, 도피성을 다른 성읍들과 섞는 것은 레위 지파를 이스라엘의 영적 전쟁의 관리인으로 만들 뿐 아니라 다른 어떤 사법 제도도 세워지기 전에 어느 정도 정의의 감시인으로 만들어주기도 한다. 도망친 살인자에 대한 판결이 모범적 기능을 갖고 있었다는 주장에 장점이 있는지 여부와 상관없이,[125] 이는 이런 생사의 사례에서 공의로운 결과를 추구하는 공동체적 심의를 격려하는 강력한 도구로 남아있다. 이런 모습이 이스라엘로 하여금 이보다 덜 중요한 사례에서도 공의로운 결과를 분별하는 길로 인도하고 있다고 보는 것은 결코 과장이 아니다.

스티븐 윌리엄스(Stephen Williams)는 레위의 책임과 준비(provision)와 특권을 출애굽기 19:6에서 이스라엘을 "제사장 나라"[126]로 부르는 것과 연결시킨다. 레위 제사장과 이스라엘의 관계는 이스라엘과 열방과의 관계와 같다. 베드로는 이 어구에서 신약의 하나님 백성에게 적용되는 것을 찾는다. 신약 교회의 정체성 역시 "왕 같은 제사장"(벧전 2:9)이란 사실과 관계가 있다. 여기에는 목적이 있다. 지켜보는 세상에게 "너희를 어두운 데서 불러내어 그의 기이한 빛에 들어가게 하신 이의 아름다운 덕을 선포하게 하[기]" 위해서라고 한다. 레위 사람이 이스라엘의 영토 전역에 흩어진 것과 특히 그 경계들에 배치된 것은 베드로가 교회를 이스라엘의 "왕 같은 제사장" 직분과 동일시하게 된 배경이다. 교회 역시 이 세상, 곧 더 넓은 공동체가

---

125 Burnside, "Exodus and Asylum," 262.

126 참고. McConville and Williams, *Joshua*, 106-107.

치르는 대가와 상관없이 이기적 권리를 주장하는 세상에서 공의와 정의의
표준대로 살아내고 그런 표준을 증언하는 사명을 받았기 때문이다.

⁴³ 여호와께서 이스라엘의 조상들에게 맹세하사 주리라 하신 온 땅을 이와 같이 이스라엘에게 다 주셨으므로 그들이 그것을 차지하여 거기에 거주하였으니 ⁴⁴ 여호와께서 그들의 주위에 안식을 주셨으되 그 조상들에게 맹세하신 대로 하셨으므로 그들의 모든 원수들 중에 그들과 맞선 자가 하나도 없었으니 이는 여호와께서 그들의 모든 원수들을 그들의 손에 넘겨주셨음이니라 ⁴⁵ 여호와께서 이스라엘 족속에게 말씀하신 선한 말씀이 하나도 남음이 없이 다 응하였더라

⁴³ Thus the Lord gave to Israel all the land that he swore to give to their fathers. And they took possession of it, and they settled there. ⁴⁴ And the Lord gave them rest on every side just as he had sworn to their fathers. Not one of all their enemies had withstood them, for the Lord had given all their enemies into their hands. ⁴⁵ Not one word of all the good promises that the Lord had made to the house of Israel had failed; all came to pass.

이 책의 두 번째 큰 부분인 13-21장은 이제 하나님의 신실하심에 대한 낭랑한 말로 마무리된다. 이 대목에 상응하는 대목인 13:1-7에서는 하나님께서 친히 여호수아에게 그 땅을 차지할 필요성을 상기시키고 어쩌면 피곤하고 머뭇거리던 지도자에게 행동하도록 밀어붙이신다. 이제는 그 일이 완수되었다. 그리고 내레이터의 요약은 이스라엘의 하나님께서 그분의 백성에게 약속을 성취하는 면에서 완전히 신실하셨다는 사실에 대해 성찰한다.

≋≋≋≋ 단락 개요 ≋≋≋≋

II. 약속의 땅에 거주하다(13:1-21:45)
  J. 하나님의 약속이 성취되다(21:43-45)

≋≋≋≋ 주석 ≋≋≋≋

21:43 번역문으로 읽어도 이 구절들의 놀라운 균형과 대칭 구도가 뚜렷이 보인다. 공명이 분명히 들리지만 완벽하거나 기계적이지는 않다. 첫 구절은 공간(또는 장소, "온 땅")과 시간("이스라엘의 조상들")을 결합한다. 그 구절은 하나님의 행동("여호와께서…주셨으므로")과 그에 반응하는 인간 행동("그들이 그것을 차지하여…거주하였으니")을 결합한다.

21:44 번역문에 나오는 "모든"("every")은 히브리어에 직접 대응되는 부분이 없으나 "안식을 주[다]"(누아흐)라는 관용구와 "주위에"에 함축되어 있

다. 이는 적과 관련해 여러 번 사용되고 있고 적대관계가 없을 때 어떤 활동을 할 수 있는 조건을 가리킨다(참고. 신 12:10; 25:19; 삼하 7:1; 대상 22:9). 앞 구절처럼 이 구절도 하나님께서 이전 세대들에게 말씀하신 약속이 성취된 것으로 기록되어 있다. 또한 앞 구절처럼 하나님의 명령이 그에 상응하는 인간의 반응을 얻게 되는데, 이번에는 이스라엘의 적들이 그들에게 대항할 능력이 없는 것이다.

21:45 21:43-44에 나오는, 땅과 승리와 관련된 두 약속이 이제는 확장되어 주님이 이스라엘을 위해 발화하신 모든 말씀을 포함한다. 신명기의 독특한 표현에서는 내레이터가 하나님의 선물의 포괄적 성격과 그 수용을 전달하려고 애씀에 따라 이 경우가 부정적으로 또 긍정적으로 진술되어 있다.

≋≋≋≋ 응답 ≋≋≋≋

이 책의 첫째 부분에 나오는 군사행동의 종료는 하나님께서 약속하신 땅을 점령하고 안식이 도래했다는 요약문(11:22-23)으로 끝났다. 그 대목의 초점은 하나님의 백성의 지도자로서 공격적인 왕들과 줄곧 영토 전쟁을 벌인 여호수아에게 두었다. 그와 대조적으로, 이 책의 둘째 부분을 마감하는 요약문인 이곳에서는 강조점을 이스라엘의 성공을 가능케 하신 하나님의 신실하심에 두고 있다.

이 본문은 이 책의 초반, 특히 요단 동편의 지파들이 여호수아에게 그들의 형제와 함께 요단 서편의 땅으로 들어가겠다고 약속하는 말을 상기시킨다. 이는 특히 44절과 "안식"의 제공(참고. 1:13-15)에서 볼 수 있다. 그러나 이 요약문의 궁형은 그보다 훨씬 먼 과거로 되돌아간다. 두 번이나 하나님의 약속을 받은 사람들을 "이스라엘의 조상들"이라 밝힌다. 맥락상 이것은 족장들인 아브라함과 이삭과 야곱을 지칭하고(참고. 출 4:5) 다시금 이 책의 초반에 나오는 표현과 연결된다(참고. 수 1:6; 5:6). 이처럼 족장들에게 주신 약속으로 되돌아가는 것은 무척 의미심장하다. 모세의 책들은 신명기 34장에서 그런 약속들이 아직 성취되지 않은 채로 끝난다. 이스라엘은 약속의 땅 바깥인 모압 평지에 머물러 있고, 전진할 준비를 갖추고 있으나 여전히 그 땅 밖에 있는 모습이다. 여기서는 정착의 두 단계(길갈과 실로에서)가 완결되고 도피성과 레위 성읍들의 배정이 완수된 만큼, 이제는 그 약속이 성취된 것이다.

이처럼 하나님의 약속이 성취되었다고 강조하는 진술은 낭랑하게 들리고, 이것이 이 본문의 주된 목적이다. 하나님께서 이스라엘에게 주신 선한 약속에 온전히 신실하셨다는 명백하고 결정적인 진술은 그동안 여러 지점에서 언급된 이스라엘 정착의 부분적이고 결함이 있고 불완전한 성격을 더욱 돋보이게 한다. 이 구절들의 표면적 메시지가 종종 일부 사람에 의해 사사기의 비관적인 궤도와 피상적으로 병치되곤 해서 두 책이 서로 모순적인 또는 적어도 양립할 수 없는 이야기를 들려준 것처럼 오해받곤 했다. 그러나 이제 여호수아서의 마지막 장들이 분명히 보여줄 것처럼 사실은 그렇지 않다.

여호수아서의 마지막 세 장은 각각 여호수아가 이스라엘의 일부(22:1) 또
는 이스라엘 전체(23:2; 24:1)를 '소환하거나'(22:1; 23:2) '모으는'(24:1) 모습
을 묘사한다. 각 장은 다른 방식으로 약속의 땅에서 하나님께 순종하는 삶
에 대해 다룬다. 모든 장에서 크게 두드러지는 것은 담론이다. 22장은 긴
밀한 쌍을 이루는 마지막 두 장보다 더 많은 서사적 전개를 포함하지만,
모든 장이 한정된 서사적 맥락을 가진다. 그리고 각 장은 이스라엘 역사의
이 순간에 적실한 질문에 대해 답변한다(참고. 표6).

장	질문	답변의 형식
22	이스라엘은 고스란히 생존할 것인가?	대화: 이스라엘과 이스라엘
23	이스라엘은 어떻게 살 것인가?	독백: 여호수아가 이스라엘에게
24	이스라엘은 누구를 섬길 것인가?	대화: 여호수아와 이스라엘

표6. 여호수아서 마지막 세 장에 담긴 적실한 질문들

만일 22장이 이스라엘의 통일성에 대한 위험을 다루는 이야기를 들려
주고, 23-24장이 이스라엘의 충성에 대해 염려한다면, 여호수아서의 이중
적 결말(22장; 23-24장)은 사사기의 이중적 결말(삿 17-18장; 19-21장)과 어느
정도 공명한다. 후자 역시 실패한 충성과 깨어진 이스라엘의 통일과 관계
가 있기 때문이다.

¹ 그때에 여호수아가 르우벤 사람과 갓 사람과 므낫세 반 지파를 불러서 ² 그들에게 이르되 여호와의 종 모세가 너희에게 명령한 것을 너희가 다 지키며 또 내가 너희에게 명령한 모든 일에 너희가 내 말을 순종하여 ³ 오늘까지 날이 오래도록 너희가 너희 형제를 떠나지 아니하고 오직 너희의 하나님 여호와께서 명령하신 그 책임을 지키도다 ⁴ 이제는 너희의 하나님 여호와께서 이미 말씀하신 대로 너희 형제에게 안식을 주셨으니 그런즉 이제 너희는 여호와의 종 모세가 요단 저쪽에서 너희에게 준 소유지로 가서 너희의 장막으로 돌아가되 ⁵ 오직 여호와의 종 모세가 너희에게 명령한 명령과 율법을 반드시 행하여 너희의 하나님 여호와를 사랑하고 그의 모든 길로 행하며 그의 계명을 지켜 그에게 친근히 하고 너희의 마음을 다하며 성품을 다하여 그를 섬길지니라 하고 ⁶ 여호수아가 그들에게 축복하여 보내매 그들이 자기 장막으로 갔더라

¹ At that time Joshua summoned the Reubenites and the Gadites and the half-tribe of Manasseh, ² and said to them, "You have kept all that Moses the servant of the Lord commanded you and have obeyed my

22장

voice in all that I have commanded you. 3 You have not forsaken your brothers these many days, down to this day, but have been careful to keep the charge of the Lord your God. 4 And now the Lord your God has given rest to your brothers, as he promised them. Therefore turn and go to your tents in the land where your possession lies, which Moses the servant of the Lord gave you on the other side of the Jordan. 5 Only be very careful to observe the commandment and the law that Moses the servant of the Lord commanded you, to love the Lord your God, and to walk in all his ways and to keep his commandments and to cling to him and to serve him with all your heart and with all your soul." 6 So Joshua blessed them and sent them away, and they went to their tents.

7 므낫세 반 지파에게는 모세가 바산에서 기업을 주었고 그 남은 반 지파에게는 여호수아가 요단 이쪽 서쪽에서 그들의 형제들과 함께 기업을 준지라 여호수아가 그들을 그들의 장막으로 돌려보낼 때에 그들에게 축복하고 8 말하여 이르되 너희는 많은 재산과 심히 많은 가축과 은과 금과 구리와 쇠와 심히 많은 의복을 가지고 너희의 장막으로 돌아가서 너희의 원수들에게서 탈취한 것을 너희의 형제와 나눌지니라 하매 9 르우벤 자손과 갓 자손과 므낫세 반 지파가 가나안 땅 실로에서 이스라엘 자손을 떠나 여호와께서 모세에게 명령하신 대로 받은 땅 곧 그들의 소유지 길르앗으로 가니라

7 Now to the one half of the tribe of Manasseh Moses had given a possession in Bashan, but to the other half Joshua had given a possession beside their brothers in the land west of the Jordan. And when Joshua sent them away to their homes and blessed them, 8 he said to them, "Go back to your tents with much wealth and with very much livestock, with silver, gold, bronze, and iron, and with much clothing.

Divide the spoil of your enemies with your brothers." 9 So the people of Reuben and the people of Gad and the half-tribe of Manasseh returned home, parting from the people of Israel at Shiloh, which is in the land of Canaan, to go to the land of Gilead, their own land of which they had possessed themselves by command of the Lord through Moses.

10 르우벤 자손과 갓 자손과 므낫세 반 지파가 가나안 땅 요단 언덕 가에 이르자 거기서 요단 가에 제단을 쌓았는데 보기에 큰 제단이었더라 11 이스라엘 자손이 들은즉 이르기를 르우벤 자손과 갓 자손과 므낫세 반 지파가 가나안 땅의 맨 앞쪽 요단 언덕 가 이스라엘 자손에게 속한 쪽에 제단을 쌓았다 하는지라 12 이스라엘 자손이 이를 듣자 곧 이스라엘 자손의 온 회중이 실로에 모여서 그들과 싸우러 가려 하니라

10 And when they came to the region of the Jordan that is in the land of Canaan, the people of Reuben and the people of Gad and the half-tribe of Manasseh built there an altar by the Jordan, an altar of imposing size. 11 And the people of Israel heard it said, "Behold, the people of Reuben and the people of Gad and the half-tribe of Manasseh have built the altar at the frontier of the land of Canaan, in the region about the Jordan, on the side that belongs to the people of Israel." 12 And when the people of Israel heard of it, the whole assembly of the people of Israel gathered at Shiloh to make war against them.

22장

13 이스라엘 자손이 제사장 엘르아살의 아들 비느하스를 길르앗 땅으로 보내어 르우벤 자손과 갓 자손과 므낫세 반 지파를 보게 하되 14 이스라엘 각 지파에서 한 지도자씩 열 지도자들을 그와 함께 하게 하니 그들은 각기 그들의 조상들의 가문의 수령으로서 이스라엘 중에서 천부장들이라 15 그들이 길르앗 땅에 이르러 르우벤 자손과 갓 자손과

므낫세 반 지파에게 나아가서 그들에게 말하여 이르되 ¹⁶ 여호와의
온 회중이 말하기를 너희가 어찌하여 이스라엘 하나님께 범죄하여 오
늘 여호와를 따르는 데서 돌아서서 너희를 위하여 제단을 쌓아 너희
가 오늘 여호와께 거역하고자 하느냐 ¹⁷ 브올의 죄악으로 말미암아 여
호와의 회중에 재앙이 내렸으나 오늘까지 우리가 그 죄에서 정결함을
받지 못하였거늘 그 죄악이 우리에게 부족하여서 ¹⁸ 오늘 너희가 돌이
켜 여호와를 따르지 아니하려고 하느냐 너희가 오늘 여호와를 배역하
면 내일은 그가 이스라엘 온 회중에게 진노하시리라 ¹⁹ 그런데 너희의
소유지가 만일 깨끗하지 아니하거든 여호와의 성막이 있는 여호와의
소유지로 건너와 우리 중에서 소유지를 나누어 가질 것이니라 오직
우리 하나님 여호와의 제단 외에 다른 제단을 쌓음으로 여호와를 거
역하지 말며 우리에게도 거역하지 말라 ²⁰ 세라의 아들 아간이 온전히
바친 물건에 대하여 범죄하므로 이스라엘 온 회중에 진노가 임하지
아니하였느냐 그의 죄악으로 멸망한 자가 그 한 사람만이 아니었느니
라 하니라

¹³ Then the people of Israel sent to the people of Reuben and the people
of Gad and the half-tribe of Manasseh, in the land of Gilead, Phinehas
the son of Eleazar the priest, ¹⁴ and with him ten chiefs, one from each
of the tribal families of Israel, every one of them the head of a family
among the clans of Israel. ¹⁵ And they came to the people of Reuben,
the people of Gad, and the half-tribe of Manasseh, in the land of Gilead,
and they said to them, ¹⁶ "Thus says the whole congregation of the
Lord, 'What is this breach of faith that you have committed against
the God of Israel in turning away this day from following the Lord
by building yourselves an altar this day in rebellion against the Lord?
¹⁷ Have we not had enough of the sin at Peor from which even yet we
have not cleansed ourselves, and for which there came a plague upon

the congregation of the Lord, 18 that you too must turn away this day from following the Lord? And if you too rebel against the Lord today then tomorrow he will be angry with the whole congregation of Israel. 19 But now, if the land of your possession is unclean, pass over into the Lord's land where the Lord's tabernacle stands, and take for yourselves a possession among us. Only do not rebel against the Lord or make us as rebels by building for yourselves an altar other than the altar of the Lord our God. 20 Did not Achan the son of Zerah break faith in the matter of the devoted things, and wrath fell upon all the congregation of Israel? And he did not perish alone for his iniquity.'"

21 르우벤 자손과 갓 자손과 므낫세 반 지파가 이스라엘 천천의 수령들에게 대답하여 이르되 22 전능하신 자 하나님 여호와, 전능하신 자 하나님 여호와께서 아시나니 이스라엘도 장차 알리라 이 일이 만일 여호와를 거역함이거나 범죄함이거든 주께서는 오늘 우리를 구원하지 마시옵소서 23 우리가 제단을 쌓은 것이 돌이켜 여호와를 따르지 아니하려 함이거나 또는 그 위에 번제나 소제를 드리려 함이거나 또는 화목제물을 드리려 함이거든 여호와는 친히 벌하시옵소서 24 우리가 목적이 있어서 주의하고 이같이 하였노라 곧 생각하기를 후일에 너희의 자손이 우리 자손에게 말하여 이르기를 너희가 이스라엘 하나님 여호와와 무슨 상관이 있느냐 25 너희 르우벤 자손 갓 자손아 여호와께서 우리와 너희 사이에 요단으로 경계를 삼으셨나니 너희는 여호와께 받을 분깃이 없느니라 하여 너희의 자손이 우리 자손에게 여호와 경외하기를 그치게 할까 하여 26 우리가 말하기를 우리가 이제 한 제단 쌓기를 준비하자 하였노니 이는 번제를 위함도 아니요 다른 제사를 위함도 아니라 27 우리가 여호와 앞에서 우리의 번제와 우리의 다른 제사와 우리의 화목제로 섬기는 것을 우리와 너희 사이와 우리

의 후대 사이에 증거가 되게 할 뿐으로서 너희 자손들이 후일에 우리 자손들에게 이르기를 너희는 여호와께 받을 분깃이 없다 하지 못하게 하려 함이라 ²⁸ 우리가 말하였거니와 만일 그들이 후일에 우리에게나 우리 후대에게 이같이 말하면 우리가 말하기를 우리 조상이 지은 여호와의 제단 모형을 보라 이는 번제를 위한 것도 아니요 다른 제사를 위한 것도 아니라 오직 우리와 너희 사이에 증거만 되게 할 뿐이라 ²⁹ 우리가 번제나 소제나 다른 제사를 위하여 우리 하나님 여호와의 성막 앞에 있는 제단 외에 제단을 쌓음으로 여호와를 거역하고 오늘 여호와를 따르는 데에서 돌아서려는 것은 결단코 아니라 하리라

²¹ Then the people of Reuben, the people of Gad, and the half-tribe of Manasseh said in answer to the heads of the families of Israel, ²² "The Mighty One, God, the Lord! The Mighty One, God, the Lord! He knows; and let Israel itself know! If it was in rebellion or in breach of faith against the Lord, do not spare us today ²³ for building an altar to turn away from following the Lord. Or if we did so to offer burnt offerings or grain offerings or peace offerings on it, may the Lord himself take vengeance. ²⁴ No, but we did it from fear that in time to come your children might say to our children, 'What have you to do with the Lord, the God of Israel? ²⁵ For the Lord has made the Jordan a boundary between us and you, you people of Reuben and people of Gad. You have no portion in the Lord.' So your children might make our children cease to worship the Lord. ²⁶ Therefore we said, 'Let us now build an altar, not for burnt offering, nor for sacrifice, ²⁷ but to be a witness between us and you, and between our generations after us, that we do perform the service of the Lord in his presence with our burnt offerings and sacrifices and peace offerings, so your children will not say to our children in time to come, "You have no portion in the Lord."'"

²⁸ And we thought, 'If this should be said to us or to our descendants in time to come, we should say, "Behold, the copy of the altar of the Lord, which our fathers made, not for burnt offerings, nor for sacrifice, but to be a witness between us and you."' ²⁹ Far be it from us that we should rebel against the Lord and turn away this day from following the Lord by building an altar for burnt offering, grain offering, or sacrifice, other than the altar of the Lord our God that stands before his tabernacle!"

³⁰ 제사장 비느하스와 그와 함께 한 회중의 지도자들 곧 이스라엘 천천의 수령들이 르우벤 자손과 갓 자손과 므낫세 자손의 말을 듣고 좋게 여긴지라 ³¹ 제사장 엘르아살의 아들 비느하스가 르우벤 자손과 갓 자손과 므낫세 자손에게 이르되 우리가 오늘 여호와께서 우리 중에 계신 줄을 아노니 이는 너희가 이 죄를 여호와께 범하지 아니하였음이니라 너희가 이제 이스라엘 자손을 여호와의 손에서 건져내었느니라 하고

³⁰ When Phinehas the priest and the chiefs of the congregation, the heads of the families of Israel who were with him, heard the words that the people of Reuben and the people of Gad and the people of Manasseh spoke, it was good in their eyes. ³¹ And Phinehas the son of Eleazar the priest said to the people of Reuben and the people of Gad and the people of Manasseh, "Today we know that the Lord is in our midst, because you have not committed this breach of faith against the Lord. Now you have delivered the people of Israel from the hand of the Lord."

³² 제사장 엘르아살의 아들 비느하스와 지도자들이 르우벤 자손과 갓 자손을 떠나 길르앗 땅에서 가나안 땅 이스라엘 자손에게 돌아와 그

22장

들에게 보고하매 33 그 일이 이스라엘 자손을 즐겁게 한지라 이스라엘 자손이 하나님을 찬송하고 르우벤 자손과 갓 자손이 거주하는 땅에 가서 싸워 그것을 멸하자 하는 말을 다시는 하지 아니하였더라 34 르우벤 자손과 갓 자손이 그 제단을 엣이라 불렀으니 우리 사이에 이 제단은 여호와께서 하나님이 되시는 증거라 함이었더라

32 Then Phinehas the son of Eleazar the priest, and the chiefs, returned from the people of Reuben and the people of Gad in the land of Gilead to the land of Canaan, to the people of Israel, and brought back word to them. 33 And the report was good in the eyes of the people of Israel. And the people of Israel blessed God and spoke no more of making war against them to destroy the land where the people of Reuben and the people of Gad were settled. 34 The people of Reuben and the people of Gad called the altar Witness, "For," they said, "it is a witness between us that the Lord is God."

〰〰 단락 개관 〰〰

13-21장은 약속의 땅이 열두 지파 사이에 분배되는 모습을 다루었고, 기업이 없는 레위 지파는 도피성을 포함해서 각 지파로부터 성읍들을 거주지로 제공받았다. 이스라엘은 이제 약속의 땅에서 정착된 삶을 향유하기 시작할 수 있다. 그런데 정착 이후 첫 내러티브가 위험으로 가득하고 배교에 손을 대는 이야기라는 것은 참으로 불길하고 경종을 울린다.

이제 이스라엘이 "주위에 안식"(21:44)을 얻었으므로 요단 동편 지파들은 하나님께서 모세를 통해 그들에게 허락하신 본토(참고. 1:12-15 및 그 본문의 주석)로 되돌아갈 때가 되었다. 여호수아의 주도 아래 그들이 공식적으로 복무에서 해방되는 것은 22장의 첫 단락(1-8절)에 서술되어 있다. 여호

수아가 이 두 지파와 반 지파의 전사들을 모은 후(1절) 합의사항을 돌아보고(2-3절), 그들이 요단 동편에 정착하는 조건이 충족되었음을 인정하며(4절), 그들에게 돌아간 뒤에 신실하게 순종할 것을 권면한다(5절). 그는 그들을 축복하고, 그들은 해산한다(6절). 7-8절은 더 나아가 므낫세가 두 반쪽 지파로서 요단의 양편에 흩어져 있다고 말하고(7절), 돌아가는 전사들에게 그들의 전리품을 군사행동 동안 그들 지역에 남아있던 사람들과 나누도록 지시한다(8절).

9절은 이 지파들의 전사들의 복귀를 서술하고 일종의 전환점 역할을 한다. 어떤 구조적 배열에서는 이 구절이 1-8절에 나오는 해산 장면의 결론으로 나온다. 하지만 옛 단락이 8절의 끝[페투하(*petukhah*)]에서 끝난다는 것(이 지점에서 뒷 단락과 분리시킨다)과 9절이 이후 사건들을 추진하는 힘이 있음을 감안하면, 9절을 요단 동편 지파들의 해산에 대한 결론으로 보기보다 더 긴 속편을 도입하는 첫 요소로 보는 편이 최선인 것 같다.

그 내러티브는 다섯 편의 움직임으로 전개된다. 요단 동편 전사들이 집으로 돌아간 다음, 거대한 제단이 요단 동편에 건설되었다는 소식이 이스라엘에게 전해지고, 그 백성이 전쟁을 준비하려고 모인다(9-12절). 깜짝 놀란 그들이 비느하스를 우두머리로 한 대표단을 급파하여 그들 형제들을 조사하고 경고하고 징계하게 한다(13-20절). 이에 반응하여 두 지파와 반지파가 스스로를 변호하는 말(이 내러티브의 가장 긴 부분)을 하면서 그들이 이스라엘로부터 단절되는 두려움이 있음을 고백하고 주님을 신실하게 순종하고 예배하겠다는 약속을 한다(21-29절). 이에 만족한 비느하스와 대표단은 요단 동편 지파들을 안심시키고(30-31절) 되돌아가서 이스라엘에게 보고한 결과 그들은 전쟁을 피하게 된다(32-33절).

≋≋≋ **단락 개요** ≋≋≋

III. 약속의 땅에서의 삶(22:1-24:33)

    A. 민족적 비극을 피하다(22:1-34)

        1. 요단 동편 지파들을 해산하다(22:1-8)

           a. 여호수아가 요단 동편 지파들을 해산하고, 권면하고, 축복하다(22:1-6)

           b. 요단 동편 지파들이 전리품을 들고 집으로 가다(22:7-8)

        2. 요단 동편 지파들의 제단(22:9-34)

           a. 되돌아가다, 제단이 전쟁을 도발하다(22:9-12)

           b. 비느하스와 대표단: 고소(22:13-20)

           c. 요단 동편 지파들이 고백하고 변호하다(22:21-29)

           d. 비느하스와 대표단: 무죄 선고(22:30-31)

           e. 되돌아가다, 제단이 평화를 증언하다(22:32-34)

9-34절에 나오는 제단 분쟁 이야기에 대해 다양한 교차 구조가 제안되어 왔는데, 일부가 다른 것들보다 더 정교한 편이다. 이 기사는 분명히 전반적인 대칭구조를 보여준다.

  (A) 되돌아가다[요단 동편 지파들] + 제단을 쌓다 + 이스라엘: 전쟁을 제안하다(9-12절)

    (B) 비느하스와 대표단이 규탄하고 경고하다(13-20절)

      (C) 요단 동편 지파들이 고백하고 변호하다(21-29절)

    (B′) 비느하스와 대표단이 무죄를 선고하고 인정하다(30-31절)

  (A′) 되돌아가다[대표단] + 이스라엘: 전쟁을 피하다 + 제단의 이름을 짓다(32-34절)

아울러 요단 동편 지파들의 긴 발언에서 이와 비슷한 교차대구법을 찾는 것도 가능하다. 그 발언 내내 여러 요소가 되풀이되지만 다음과 같은 형태가 드러난다.

고백하다!(22a절)
  (A) 제단은 반역이나 제사를 위해 쌓은 것이 아니다(22b-23절)
    (B) 동기: 자손들 간의 분열에 대한 두려움(24-25절)
      (C) 제단은 증거, 충성의 징표, 연합의 유지를 위해 쌓았다
        (26-27절)
    (B′) 동기: 자손들 간의 분열을 피하기 위함(28절)
  (A′) 제단은 반역을 위해 쌓은 것이 아니다, 제사를 드리는 제단은 단
    하나 뿐이다(29절)

이 교차대구 구조에 장점이 있다면, 요단 동편 지파들의 발언이 전반적 교차 구조의 중앙에 놓여있고 그 중앙에는 이 제단의 목적에 관한 진술이 있다는 것이다. 그 목적은 요단 동편 지파들이 이스라엘의 나머지 지파들로부터 상속권이 박탈되는 것을 막고 따라서 민족의 통일성을 지키는 것이라고 한다.

〰〰〰   주석   〰〰〰

22:1-6 르우벤과 갓과 므낫세 반 지파가 요단 서편을 정복하는 동안 이스라엘의 나머지 지파들과 함께하는 책임에서 면제된 것은 이 책의 초반으로 되돌아가게 한다. 1:12-15에서 이 지파들은 요단 동편 기업을 허락받는 조건으로 모세가 준 명령을 존중할 그들의 의무를 기억하라는 말을 들었다. 마침내 "안식"이 하나님을 통해 이스라엘에게 임했을 때(1:15), 그들은 그들의 "안식"으로 되돌아갈 수 있었다(1:13). 여기에 나온 여호수아

의 발언은 이전에 이 지파들에게 한 말과 상당히 겹치고, 이번에는 그들이 신실하게 복무했음을 인정하고 있다(2-3절). 공식적인 방면 이후(4절) 여호수아와 요단 동편 지파들이 서언에서 취했던 역할이 역전된다. 거기서는 이 지파들이 기꺼이 모세와 여호수아의 말에 그리고 주님의 말씀에 순종하겠다고 했다(1:16-18). 이제는 그 임무를 완수한 만큼, 여호수아가 그들에게 신명기의 표현을 강하게 반향하는 언어로 그들의 하나님에 대한 사랑으로 율법에 순종하라고 권면할 차례다. 하지만 독특한 어구들이 쌓이는 바람에 신명기의 어느 한 대목도 원본의 역할을 할 수 없다. 아마도 신명기 10:12-13이 가장 집중된 대목이겠지만 다른 여러 구절도 여호수아 22:5의 어구들과 뚜렷하게 연결된다.[127] 이는 전심을 다해 충성하라는 강한 요청이다.

이제는 여호수아가 14:13에서 오랜 동지인 갈렙에게 한 것처럼, 그의 축복을 더해주고 그들을 집으로 보내는 일만 남는다. 이처럼 축복하고, 보내고, "자기 장막"으로 가는 행동이 다함께 나오는 곳은 열왕기상 8:66뿐이다. 그곳은 성전 봉헌 기도를 드린 후 솔로몬이 백성을 집으로 보내는 장면이다. 그 직후인 열왕기상 9장에는 왕에게 장래의 불순종과 다른 신들을 섬기는 위험을 경고하는 내용이 나온다.

22:7-8 므낫세가 요단에 의해 둘로 나눠진 지파라는 내레이터의 언급이 (7절) 여기서는 어색하게 보인다. 하지만 바로 이 문학적 어색함이 흐름을 잠시 멈추게 하고, 이 말은 곧 발생할 긴장을 암시하는 듯하다. 어쨌든 여호수아는 이제 전사들에게 "돌아가서"[히브리어 동사 슈브(*shub*)의 한 형태, 8절] 민수기 31:25-27에서 정한 원칙에 따라 군사행동 동안 요단 동편에 남아 있던 사람들("아내들과 어린 아이들과 집짐승들", 수 1:14, 새번역)과 전리품을 나누

---

127 참고. Elie Assis, "For It Shall Be a Witness between Us: A Literary Reading of Josh 22," *SJOT* 18/2 (2004): 211-212. 아시스는 추가로 신명기 11:22; 19:9; 30:20을 열거한다. 여기에다 배교에 대한 경고로 이 어구들을 사용하는 본문인 신명기 13:4-5도 더해야 한다.

라고 지시한다. 이런 지시를 전달한 후 여호수아의 목소리는 차츰 사라지고, 그 자신도 이 내러티브로부터 모습을 감춘다. 그는 23장까지 다시는 모습을 보이지도 않고 목소리를 내지도 않을 것이다.

'돌아가다'(슈브)란 동사는 '돌이키다' 또는 '되돌아가다'를 의미할 수 있고(또는 '회개하다'란 뜻일 수 있으나 이번 장에서는 그런 뉘앙스를 지니지 않는다) 이번 장을 실처럼 관통하고 있다. 이는 이 형태로 일곱 번이나 사용된다[대표단의 발언에서(8, 9, 16, 18절), 요단 동편 지파들의 발언에서(23, 29절), 대표단이 "가나안 땅으로" 되돌아갈 때(32절)].

22:9-12 한 순간에 모든 것이 물거품이 되는 듯하다. 르우벤, 갓, 므낫세 반 지파에 속한 남자들이 실로를 떠나 그들의 땅으로 되돌아간다(히브리어로는 슈브가 9절의 첫 단어다). 그들이 가는 중에("가나안 땅…에서") "보기에 큰 제단"[미즈베아흐 가돌 레마레(*mizbeah gadol lemarʿeh*), 10절]을 쌓는데, 이는 그 규모가 크다기보다 눈에 잘 보인다는 것을 강조한다. 그래서 여러 영어번역본이 "conspicuous"('눈에 띄는', EHV, TLV)로 번역하는 것이다. 이 소식이 이스라엘의 나머지 지파들(11절)에게 들리고 실로에서 긴급 대책 회의가 열린다(12절).

현기증 나는 속도로 이스라엘을 이 시점까지 이르게 한 노고와 시련과 트라우마의 유익이 곧 물거품이 될 듯이 보인다. 이 제단을 향해 이스라엘과 훗날의 독자들이 공유하는 역겨움이 너무나 빠르고 자연스럽게 솟구쳐서 도대체 그 제단을 왜 쌓았는가 하는 질문이 떠오르지 않는다. 여호수아는 친히 에발산에 쌓은 제단에서 언약 행사를 인도했고, 그 제단의 건설은 다소 신중하게 서술되어 있다(8:30-31, 참고. 8:30-32 주석; 8:34-35a 주석). 아브라함(창 12:7-8; 13:18; 22:9), 이삭(26:25), 야곱(33:20; 35:7)은 모두 제단을 쌓은 인물들이었다. 여호수아 시대 이후에는 기드온이 제단을 쌓았고(삿 6:24) 마노아의 "바위"[추르(*tsur*)]가 "제단"으로 불린다(삿 13:19-20).

일반적으로 현대의 주석가들은 그 제단의 위치를 밝히는 데(이는 불가능하다) 더 관심이 있는 반면, 그것이 애초에 왜 문제가 되는지 그 이유는 묻지 않는다. 적어도 칼빈은 그 질문을 다룬다. 그 제단의 무례함에 대한 칼빈의 분노를 감지할 수 있는데('그 작업이 악하게 간주될 수 있다', '신성모독적인 무례함을 혐오하다' 등), 그는 출애굽기 20:24을 두 개의 제단에 대한 율법의 "엄격한 금지사항"으로 제시한다(비록 이것이 그 입법의 본래 관심사가 아니지만).[128] 케일은 거의 똑같은 논지를 제안하지만 다른 본문에 근거해서 그렇게 한다. 말하자면, 신명기 12:4에 나오는 예배의 중앙 집중화와 관련된 규정들을 거론한다(비록 여기에도 단 하나의 제단에 국한시키라는 것이 명시적으로 나오지 않지만).[129] 중세 유대인 주석가였던 라쉬는 12절의 반응을 "일단 회막이 실로에 세워진 다음에는 산당이 금지되었다"라는 주장으로 설명한다. 실로의 새로운 위상(참고, 18:1 주석)이 그 문제의 열쇠를 제공한다. 신명기 12장이 참으로 그 설명을 제공하지만 그중에서도 신명기 12:13-14일 가능성이 더 많다 ("너는 삼가서 네게 보이는 아무 곳에서나 번제를 드리지 말고 오직 너희의 한 지파 중에 여호와께서 택하실 그곳에서 번제를 드리고 또 내가 네게 명령하는 모든 것을 거기서 행할지니라"). 실로가 이런 제한을 주도하는 것으로 밝히는 라쉬의 견해가 그 논리를 분명히 한다.

내레이터는 이례적으로 이 대목 내내 이름들을 되풀이함으로써 급증하는 긴장을 강조한다. "르우벤 자손과 갓 자손과 므낫세 반 지파"가 9, 10, 11절에서 도합 세 번이나 명시적으로 밝혀져 있다. 또한 11절과 12절(이 짧은 구절에는 두 번)에서 "이스라엘 자손"[베네 이스라엘(bene yisra'el)] 역시 세 번이나 거명되어 있다. 따라서 이 문제의 주역들이 독자의 눈앞에 확실히 놓여 있는 것이다.

이처럼 반목하는 파당들의 이름이 되풀이될 뿐 아니라 지형상의 특징도 줄곧 상세히 묘사되어 있다. 9절에서 떠나는 전사들은 "그들이 얻어 소유하게 된 땅 곧 길르앗 땅"으로 돌아간다. 그들이 제단을 쌓는 일은 "요단강

---

128 Calvin, *Book of Joshua*, 253-254.

129 Keil, *Joshua, Judges, Ruth*, 218.

서쪽 지역의 강가"(10절), 곧 11절에 "요단강 서쪽 지역의 강 가까운 그릴롯"이라고 기록된 곳에서 일어난다(이상 새번역 인용). 그러므로 요단강이 경계선으로서 멀어진 지파들 간의 초입 지대가 된다. 이스라엘의 땅을 9, 10, 11절에서 세 번이나 "가나안 땅"으로 부르는 것은 주역들의 이름처럼 충격적이다. 이 호칭은 맨 처음 실로의 위치에 대한 해설(9절)로 사용되는데, 그곳은 알고 보니 요단 동편 지파들이 해방되는 장소이다. 그리고 그들이 실로로부터 떠났고, 12절에서는 이스라엘의 나머지 지파들이 "그들과 싸우러" 실로에서 모인다. 실로가 이 몇 구절을 괄호처럼 묶고 있는 셈이다.

이곳이 여호수아서에서 실로가 거명되는 마지막 대목이다. 이스라엘이 마지막 집회를 여는 곳은 세겜이다(24:1). 다음에 실로를 만나게 될 곳("내가 처음으로 내 이름을 둔 처소 실로", 렘 7:12)은 내전의 전주곡에 해당되는 구절(삿 18:31)이다.

22:13-14 하지만 긴급 대책 회의는 즉시 군대를 파병하기보다 열 명의 지파 지도자들로 구성된 대표단을 보낸다. 달리 말하면, '아홉 지파와 반 지파'에서 각각 한 명씩 대표[므낫세의 서쪽 반 지파(22:7)의 대표 한 명을 포함해]를 파견하고 레위 지파에 속한 비느하스를 우두머리로 삼았다. 여호수아와 엘르아살이 이 시점에 이르기까지 함께 이스라엘에서 리더십을 발휘했는데(14:1; 17:4; 19:51; 21:1) 둘 중 하나도 관여하지 않은 것이 이상하게 보일지 모른다. 그러나 비느하스가 이런 사명을 수행하는 데 적절한 인물이다. 그는 엘르아살의 아들(그리고 아론의 손자, 출 6:25)로서 브올에서 하나님의 심판으로 전염병이 퍼진 가운데 재빠르고 격렬하고 결정적인 행동으로 두각을 나타낸 적이 있다(민 25:1-13). 이 행동으로 그와 그의 후손이 "영원한 제사장 직분"(민 25:13)을 얻었다. 그는 예전에 미디안에 대한 군사행동에서 리더십 역량을 발휘했고(민 31:6), 공동체가 배신한 순간에 주님을 향한 열정을 입증했을 뿐 아니라 이스라엘의 군대를 위해 제사장적 초점을 제공하는 역량도 행사했다.

22:15-20 대표단과 요단 동편 지파들이 만난 장소는 기록되지 않았으나, 이 내러티브는 분규를 일으킨 제단이 있는 곳이라고 암시한다. 양측에서 한 발언 이외에 다른 세부사항은 없다. "가나안 땅"의 이스라엘에서 온 대표단(22:9)이 먼저 말하면서 16-20절에 나온 근거로 그들을 규탄한다. "여호와의 온 회중"을 대신하여 느닷없이 여호와에 대한 반역에 뿌리박은 배교의 혐의를 퍼부으면서(16절) 이 몇 구절에서 히브리어 마라드(*marad*, '반역')를 네 번이나 사용한다[16, 18, 19절(2번)]. 그런데 그들은 전쟁을 위협하기보다 19절에서 그 지파들에게 호소하는데, 그 내용은 요단의 서편에 있는 "여호와의 성막이 있는 여호와의 소유지"로 옮겨 오라는 것이다. 이 간청은 제단 쌓기가 요단 동편 지파들이 그들의 땅을 거룩하게 하려는 왜곡된 시도라는 가정에 기초해 있는 듯하다.

대표단이 제단을 쌓은 자들에게 불순종에 대한 하나님의 심판의 위협 아래 그들의 행동과 그들의 유산을 재고하도록 애원하며 권유하는데, 이 발언의 앞뒤에 두 가지 전례를 거론한다. 첫째는 바알브올과 관련된 배교의 사건과 그 파괴적 결과로, 비느하스가 깊이 개입되었던 사례다(17-18절, 참고. 민 25:1-18). 둘째는 보다 최근에 일어난 아간의 불순종 사건으로, 하나님의 "진노"[케체프(*qetsef*)]로 인해 "멸망한 자가 그 한 사람[이쉬 에하드('*ish 'ehad*)]만이 아니었[던]"(20절) 사례다. 후자의 사례에 대해서는 여기에 나온 표현이 민수기 16:22을 연상시킨다고 한다.[130] 그 구절은 하나님께서 고라의 반역으로 인해 온 "회중"을 멸망시키겠다고 위협하시자 모세와 아론이 보인 반응을 기록한다. "그 두 사람이 엎드려 이르되 '하나님이여 모든 육체의 생명의 하나님이여 한 사람[이쉬 에하드]이 범죄하였거늘 온 회중에게 진노하시나이까[티크초프(*tiqtsof*)]?'" 히브리어 성경에서 하나님의 진노와 무해한 듯한 "한 사람"이 함께 나오는 경우는 이 두 곳뿐이다. 더 나아가, 텍스트 상호간의 관계를 살펴보면 대표단이 인지했던 상황이 얼마나 중대한

---

130 A. Graeme Auld, "Pluralism Where Least Expected? Joshua 22 in Biblical Context," *ExpTim* 122/8 (2011): 376-377.

지를 알 수 있다. 그 상황은 민족의 생존 자체가 걸려있는 문제였다.

22:21-29 요단 동편 지파들이 즉시 반역적 행동(마라드, 22, 29절. 참고. 22:15-20 주석)의 혐의에 반박한다. 그들은 이스라엘의 하나님에 대한 삼중적 신앙고백으로 시작하고, 이를 두 번이나 강조체로 선언한다(22절). 그들은 그 제단을 그 어떤 종류의 제사에라도 사용할 의향이 있다는 것을 강경하게 부인한다. 반면에 그들이 하나님의 뜻에 의해 민족의 나머지 지파들로부터 분리되어 요단 건너편에 사는 지파들의 자손들에게 배척을 받을까봐 두려워하여 그것을 건설했다고 주장한다(24-25절). 이를 전제로 삼아 26-27절은 이 제단을 쌓은 그들의 의향을 설명한다. 그 제단은 제사의 장소로 제공되지 않고 오히려 그들의 자손이 주님께 헌신되어 있다는 증거로 서 있을 것이라고 한다. 28절은 이 제단이 그들 자손들 간에 멀어지는 것을 방지할 것이라고 한 번 더 설명한다. 이 발언은 29절에서 반역에 대한 반박을 되풀이하고 주님의 유일한 제단은 성막에 놓여있다는 것을 인정하는 말로 마무리된다.

이 답변의 강렬하고 반복적인 수사는 그것이 긴급하게 전달되고 있다는 증거다. 대표단의 발언처럼 요단 동편 지파들의 답변 역시 그 논리를 뒷받침하는 상호텍스트적인 요소들을 담고 있는데, 이전 발언에 내포된 그런 요소들과 달리 그것들이 명시적으로 나타나진 않는다. 그들이 발언을 시작할 때 고백하는 하나님의 세 가지 이름의 조합(22절)은 시편 50:1에만 다시 나온다. 후자는 이 하나님이 "해 돋는 데서부터 지는 데까지[동에서 서까지] 세상을 부르[시는]" 분임을 상기시킨다. 이후 하나님은 그분의 언약 백성을 다함께 불러내어, 그들에게 그분은 그들의 제사가 필요하지 않다고 알려주신다(시 50:5-15). 이는 요단 동편 지파들의 관심사와 강한 공명을 일으킨다. 그들의 발언(22절)에 나오는 두 번째 어구는 또 다른 시편인 시편 44편을 상기시킨다. "하나님…께서 아시나니"라는 표현, 곧 하나님의 지식에 대해 사용되는 이 문법적 형태는 이곳과 시편 44:21에만 나오는데, 후자는 그분이 "마음의 비밀"을 아신다고 주장하는 무죄함의 항변에 속하는 어구다.[131] 이런 상호텍스트적인 요소들을 살펴보면 세심한 독자들의 눈에는 요단 동편 지파들이 펴는 무죄함의 주장이 더욱 돋보인다.

25절에 나오는 차세대 이스라엘 사람의 가설적 발언에 이례적 특징이 나온다. 르우벤과 갓은 거명되고 므낫세는 빠져 있다. 이 패턴이 22:32, 33, 34에 계속 이어지는 한편, 대표단의 반응인 22:30-31에는 이 셋의 이름이 다시 나온다. 22:7에 맨 처음 언급된 분립된 므낫세의 존재가 여기서 다시금 일정한 역할을 하는 듯이 보인다.

22:30-31 비느하스와 대표단은 이 발언을 듣고 승인한다. 31절에 나오는 간략한 대답은 암시적인 색채를 띠고 있으나 매우 다른 주장을 시사한다. "여호와께서 우리 중에 계신[다]"라는 표현은 하나님의 거룩한 임재를 주장하는 말이다. 가장 비슷한 표현이 출애굽기 29:45-46에 나오는데, 이는 제사장의 위임식과 제사를 통한 하나님과 백성의 만남이 절정에 이르는 대목이다. 비느하스가 여기서 사용하는 말이 나오는 다른 곳은 단 한 군데밖에 없다. 이 본문(22:20)에서 이미 언급한 바 있는 고라의 반역 맥락에 나오는 민수기 16:3이다. 그런데 민수기에 나오는 이 말은 반역자들, 곧 그들도 모세와 아론과 동등하다고 주장하는 레위 지파와 르우벤 지파에 속한 자들이 사용한 것이다. 따라서 이 말은 약간 애매모호한 자료다. 어쨌든 여기서는 이 말이 하나님의 심판의 개시가 아닌 종말을 장식한다.

22:32-34 대표단은 하나님의 영예가 손상되지 않고 이스라엘의 충성이 건재하고 있음에 만족하며 "가나안 땅 이스라엘 자손에게" 되돌아간다. 이제 요단 동편 지파들이 22:27에서 설명한 제단의 목적("우리와 너희 사이와 우리의 후대 사이에 증거가 되게" 하는 것)이 바로 그 제단을 알리는 이름이 된다.

---

131 참고. 같은 책, 377-378. '하나님께서 아신다'에 관해서는 오직 하나님만 "하늘 아래 있는 모든 것"을 아신다고 고백하는 욥기 28:23-24(이 히브리어 동사의 다른 형태를 사용하는)도 참고하라.

≋≋≋ 응답 ≋≋≋

서로 뒤얽힌 두 개의 주제가 여호수아 22장을 지배한다. 연합의 성격과 충성의 중요성이다. 한 파당의 추정된 배신 때문에 민족적 통일이 위협을 받는 역사를 주석가들은 종종 긍정적으로 간주하는데, 이유인즉 결국에는 민족적 통일이 단언되고 또 진정한 예배가 견지되기 때문이다. 다른 주석가들은 그런 현상을 거품처럼 사라지는 긴장의 순간으로 본다. 그 위협은 단지 환상일 뿐이고, 그 배신은 고소인들의 마음속에 있는 가설에 불과하다. 그럼에도 이 사건은 유익한 교훈으로 남아있다. 이 에피소드가 이스라엘에 '합류하는 것'(참고. 라함과 기브온 주민)이 이스라엘로 '남는 것'만큼 위험할 수 있음을 입증하는 것은, 그들의 부정적 상대역인 아간이 그 상황의 잠재적 심각성을 예증하는 인물로 명시되고 있기(20절) 때문이다. 그러나 그 모든 문제는 (다름 아닌 비느하스가 이끄는) 대표단이 그것이 하나의 실수였다는 것을 발견하면서 다 증발하고 만다. 그 이야기가 마무리될 때, 모든 당사자는 그들의 현 순간이 평화로울 수 있을 뿐 아니라 하나님 앞에서 그들의 공동의 장래도 보장받았다는 사실에 무척 만족한다.

하지만 염려거리가 계속 남아있다. 제사를 지내지 않는 제단은 장래 세대들이 하나님 앞에서 그들의 연대를 기억하도록 남기는 기념비 중에 가장 이상한 것이다. 그런 제단의 개념 자체가 읽히지 않도록 쓴 책, 자르지 않기 위한 칼 또는 쏘지 않기 위한 총처럼 하나의 형용모순처럼 보인다. 한 차원에서는 돌로 만든 암묵적 증언과 유사한 것을 이 책에서 마주친 적이 있다. 3-4장에서 요단 횡단의 일부로 기념용 돌을 쌓은 것이 가장 좋은 실례이다. 비록 장래 세대를 위한 메시지를 지닌 그 돌들이 이스라엘의 적들의 시체 위에 세운 돌무덤에서 섬뜩한 상대역을 찾지만 말이다. 그렇다 해도 요단강 곁에 세운 기념용 돌들이 요단강 곁에 쌓은 크고 매력적인 제단보다 훨씬 안전한 상징처럼 보인다!

이 단락의 마지막에 나오는 상호텍스트적인 요소들이 약간 애매모호하다는 점(참고. 22:30-31 주석)은 불길한 조짐을 암시한다. 실로가 하나님께서 그의 백성의 제물을 받으려고 선택하신 유일한 장소임이, 즉 그곳의 합법성과 중심성이 인정되었으나 곧 파괴될 것이다(참고. 시 78:58-61). 그렇다. 비느하스가 이끌고 있다. 그러나 여호수아가 적어도 한 번 그랬던 것처럼 그의 판단도 빗나가는 것이 아닐까? 우리가 비느하스를 포착하는 다음번이자 마지막 번에는 그가 다시금 폭력의 한복판에 놓여있는데, 이 경우에는 전면적인 내전이 일어나서 이스라엘 사람 삼만 명이 이틀 동안 베냐민 지파에게 죽임을 당했던 때다(삿 20:28). 그때에 이르면 사태가 잘못되었다는 것이 분명해진다.

여기에 연합이 위협 받는 상황 가운데 있는 하나님의 백성을 위한 교훈이 있다. 교회의 역사를 살펴보면 그런 교훈을 계속 배울 필요가 있음을 증언하는 파편화된 공동체들이 곳곳에 흩어져 있다. 여기서 배우는 교훈은 연합의 보존이 관대한 다원성을 증진하는 것이 아니라는 점이다. 이 단락이 옳게 전달하듯이, 가장 치명적인 적은 가나안 사람이 아니라 우상숭배에 빠지기 쉬운 이스라엘의 성향이다. 공동체적 차이점이 이런 특성을 지니게 되면, 위험에 처하는 것은 단지 하나님 백성의 "연합"이 아니라 오히려 그들이 다함께 하나님을 주목하는 일이다.[132] 하나님과의 세심한 관계를 위태롭게 하는 문제가 무엇이든 간에 이스라엘이 그 이상한 제단에 경각심을 품은 것은 충분한 근거가 있다. 우리는 훗날의 비느하스가 문자 그대로 창을 들고 오지 않는 것에 감사할 수 있다. 그 대신 창에 찔린 분이 있었다. 그렇지 않았다면 우리는 비느하스와 함께 최후의 순간을 맞이해야 마땅했을 것이다. 이스라엘의 지파들이 맺는 상호관계보다 더 중요한 것은 그들이 하나님 앞에서 공유하는 입장이다.

그 문제는 이번 장 끝에서 해결된 듯이 보인다. 그러나 돌로 만든 이 기념비의 성격에 대한 염려는 여전히 남아있고 내레이터는 사태가 더 나아질 수 있었다는 암시를 남겨놓는다. 이 둘은 세심한 청취자와 독자에게 경

---

132 데이비드 라이머의 다음 글의 결론에서 각색한 것. David Reimer, "The Old Testament and the Unity of the People of God," *SBET* 30/1 (Spring 2012): 17-19.

고를 주고, 이 책의 23-24장에 실린 여호수아의 마지막 두 발언에서 나올 명시적 경고를 예비하는 역할을 한다. 그러나 경고의 소리를 발하는 것은 마지막 두 장만이 아니다. 이번 장도 확실히 그런 역할을 한다.

1 여호와께서 주위의 모든 원수들로부터 이스라엘을 쉬게 하신 지 오랜 후에 여호수아가 나이 많아 늙은지라 2 여호수아가 온 이스라엘 곧 그들의 장로들과 수령들과 재판장들과 관리들을 불러다가 그들에게 이르되 나는 나이가 많아 늙었도다 3 너희의 하나님 여호와께서 너희를 위하여 이 모든 나라에 행하신 일을 너희가 다 보았거니와 너희의 하나님 여호와 그는 너희를 위하여 싸우신 이시니라 4 보라 내가 요단에서부터 해 지는 쪽 대해까지의 남아 있는 나라들과 이미 멸한 모든 나라를 내가 너희를 위하여 제비 뽑아 너희의 지파에게 기업이 되게 하였느니라 5 너희의 하나님 여호와 그가 너희 앞에서 그들을 쫓아 내사 너희 목전에서 그들을 떠나게 하시리니 너희의 하나님 여호와께서 너희에게 말씀하신 대로 너희가 그 땅을 차지할 것이라 6 그러므로 너희는 크게 힘써 모세의 율법 책에 기록된 것을 다 지켜 행하라 그것을 떠나 우로나 좌로나 치우치지 말라 7 너희 중에 남아 있는 이 민족들 중에 들어가지 말라 그들의 신들의 이름을 부르지 말라 그것들을 가리켜 맹세하지 말라 또 그것을 섬겨서 그것들에게 절하지 말라 8 오직 너희의 하나님 여호와께 가까이 하기를 오늘까지 행한 것 같이 하

라 9 이는 여호와께서 강대한 나라들을 너희의 앞에서 쫓아내셨으므로 오늘까지 너희에게 맞선 자가 하나도 없었느니라 10 너희 중 한 사람이 천 명을 쫓으리니 이는 너희의 하나님 여호와 그가 너희에게 말씀하신 것 같이 너희를 위하여 싸우심이라 11 그러므로 스스로 조심하여 너희의 하나님 여호와를 사랑하라 12 너희가 만일 돌아서서 너희 중에 남아 있는 이 민족들을 가까이 하여 더불어 혼인하며 서로 왕래하면 13 확실히 알라 너희의 하나님 여호와께서 이 민족들을 너희 목전에서 다시는 쫓아내지 아니하시리니 그들이 너희에게 올무가 되며 덫이 되며 너희의 옆구리에 채찍이 되며 너희의 눈에 가시가 되어서 너희가 마침내 너희의 하나님 여호와께서 너희에게 주신 이 아름다운 땅에서 멸하리라

1 A long time afterward, when the Lord had given rest to Israel from all their surrounding enemies, and Joshua was old and well advanced in years, 2 Joshua summoned all Israel, its elders and heads, its judges and officers, and said to them, "I am now old and well advanced in years. 3 And you have seen all that the Lord your God has done to all these nations for your sake, for it is the Lord your God who has fought for you. 4 Behold, I have allotted to you as an inheritance for your tribes those nations that remain, along with all the nations that I have already cut off, from the Jordan to the Great Sea in the west. 5 The Lord your God will push them back before you and drive them out of your sight. And you shall possess their land, just as the Lord your God promised you. 6 Therefore, be very strong to keep and to do all that is written in the Book of the Law of Moses, turning aside from it neither to the right hand nor to the left, 7 that you may not mix with these nations remaining among you or make mention of the names of their gods or swear by them or serve them or bow down to them, 8 but you shall cling

to the Lord your God just as you have done to this day. 9 For the Lord has driven out before you great and strong nations. And as for you, no man has been able to stand before you to this day. 10 One man of you puts to flight a thousand, since it is the Lord your God who fights for you, just as he promised you. 11 Be very careful, therefore, to love the Lord your God. 12 For if you turn back and cling to the remnant of these nations remaining among you and make marriages with them, so that you associate with them and they with you, 13 know for certain that the Lord your God will no longer drive out these nations before you, but they shall be a snare and a trap for you, a whip on your sides and thorns in your eyes, until you perish from off this good ground that the Lord your God has given you.

14 보라 나는 오늘 온 세상이 가는 길로 가려니와 너희의 하나님 여호와께서 너희에게 대하여 말씀하신 모든 선한 말씀이 하나도 틀리지 아니하고 다 너희에게 응하여 그 중에 하나도 어김이 없음을 너희 모든 사람은 마음과 뜻으로 아는 바라 15 너희의 하나님 여호와께서 너희에게 말씀하신 모든 선한 말씀이 너희에게 임한 것 같이 여호와께서 모든 불길한 말씀도 너희에게 임하게 하사 너희의 하나님 여호와께서 너희에게 주신 이 아름다운 땅에서 너희를 멸절하기까지 하실 것이라 16 만일 너희가 너희의 하나님 여호와께서 너희에게 명령하신 언약을 범하고 가서 다른 신들을 섬겨 그들에게 절하면 여호와의 진노가 너희에게 미치리니 너희에게 주신 아름다운 땅에서 너희가 속히 멸망하리라 하니라

14 "And now I am about to go the way of all the earth, and you know in your hearts and souls, all of you, that not one word has failed of all the good things¹ that the Lord your God promised concerning you. All

have come to pass for you; not one of them has failed. ¹⁵ But just as all the good things that the Lord your God promised concerning you have been fulfilled for you, so the Lord will bring upon you all the evil things, until he has destroyed you from off this good land that the Lord your God has given you, ¹⁶ if you transgress the covenant of the Lord your God, which he commanded you, and go and serve other gods and bow down to them. Then the anger of the Lord will be kindled against you, and you shall perish quickly from off the good land that he has given to you."

1 Or *words*; also twice in verse 15

〰〰〰 단락 개관 〰〰〰

여호수아서가 종결에 가까워질수록 그 초반과 연결되는 모습이 강하게 나타난다. 여기에 나오는 여호수아의 말은 이 책의 첫 장으로 분명히 되돌아간다. 첫 장에서 하나님께서 여호수아에게 주신 말씀이 여기서는 여호수아가 그 백성에게 말하는 내용으로 사용된다.

주석가들은 흔히 이 단락의 구조적 분석이 어렵다고 한탄하고 그 흐름을 포착하기 위해 엄청나게 많은 개관을 제안한다. 이 본문은 구성상의 통일성을 드러내고 전반적으로 진전되는 느낌을 주지만, 정교한 차원에서 보면 비슷한 염려와 주제가 줄곧 되풀이되어 명백한 구조를 알아내기가 어렵다. 이 분석은 서로 맞물린 두 가지 패턴에 기반을 둔다. 큰 차원에서 보면 여호수아의 말은 두 부분으로 나눌 수 있다. 2-10절은 과거의 관찰에 근거하여 주로 긍정적 권면을 제공하고, 11-16절은 미래의 가능성에 근거하여 주로 부정적 경고를 한다.

이와 동시에 세 가지 상황과 반응의 흐름 또한 식별할 수 있어서 약간 다르게 나누는 것도 가능하다. 첫째 상황은 주님과 여호수아가 행한 일(2b-5절)을 돌아보고 이에 상응하는 격려를 발생시킨다(6-8절). 둘째 상황은 하나님과 백성 자신이 행한 일(9-10절)을 묘사하고 따라서 참된 하나님께 헌신하라는 결론에 도달한다(11-13절). 마지막 상황은 여호수아의 임박한 죽음과 하나님의 입증된 신실하심을 다루고(14절), 이는 하나님의 언약을 버리면 분명히 그들을 멸망시키는 반응을 초래할 것이라는 경고로 이어진다(15-16절). 아래에 나오는 분석적 개요는 이 두 번째 패턴에 기반을 두고 있다.

두 가지 분석 중 어느 쪽을 택하든지 여호수아의 말은 뚜렷한 통일성이 있다. 먼저는 이스라엘이 하나님의 신실하심을 통해 약속의 땅에 거주하게 된 것을 기뻐하고, 마지막에는 그들이 불성실한 것으로 드러나면 그 땅을 향유하는 일을 빼앗기게 될 것이라고 전망한다.

~~~~~~~~ 단락 개요 ~~~~~~~~

III. 약속의 땅에서의 삶(22:1-24:33)
  B. 그러면 이스라엘이 어떻게 살 것인가?(23:1-16)
    1. 여호수아가 이스라엘을 소집하다(23:1-2a)
    2. 여호수아가 이스라엘에게 순종을 권면하다(23:2b-16)
      a. 하나님께서 이스라엘을 위해 싸우셨다, 여호수아가 땅을 분배했다(23:2b-5)
      b. 권면: 하나님의 말씀에 대한 순종(23:6-8)
      c. 하나님께서 여러 나라를 쫓아내셨고, 이스라엘은 멈출 수 없는 나라다(23:9-10)

d. 권면: 하나님께 대한 헌신(23:11-13)

e. 여호수아의 임박한 죽음, 하나님의 완전한 신실하심
    (23:14)

f. 경고: 이스라엘이 불성실한 것으로 드러나면 버림받을
   수 있다(23:15-16)

〰〰〰〰   주석   〰〰〰〰

23:1-2a 여호수아서의 내레이터는 전반적으로 연대기를 가리키는 데 큰 노력을 기울이지 않는다. 초반의 몇 장에서 "사흘"(예. 1:11; 2:16)이란 표현의 세부사항이 문젯거리로 드러났고, 그밖에도 일정한 시간에 대한 언급이 드문 편이다. 여기서도 마찬가지다. 이 본문의 어구가 이전의 언급(13:1; 18:3)과 결합된 결과 독자에게 2-11장에 나오는 신속한 군사행동들 이후로 시간이 상당히 경과되었다는 느낌을 주지만 말이다.

장소가 명시되진 않았으나 온 민족이 소환된다. 우리는 실로로 가정하지만, 이는 추측에 불과하다. 이 소집은 "오랜 후에" 일어나기 때문이다. 추정컨대 여호수아는 실로에서 그리 멀지 않은 딤낫-세라에 잘 정착했을 것이다. 이어지는 연설은 특히 이스라엘의 리더십, 곧 문관("장로들과 수령들")과 행정관("재판장들과 관리들") 등 두 범주에 속한 네 가지 호칭으로 알려진 사람들에게 전달한 것이다. 마지막 호칭이 이 책의 초반으로의 복귀를 마치는 이유는 요단을 건너는 일이 일어날 때 "관리들"이 여호수아의 명령을 실행할 책임을 졌던 집단이었기 때문이다(1:10; 3:2). 이 호칭들의 완전한 배열은 성경에서 24:1에만 다시 나오는 만큼 이 두 장을 함께 묶어주는 역할을 한다. 비록 이 호칭들 가운데 셋("수령들"이 없이)은 앞서 에발산에서 행한 언약 행사에도 나오지만 말이다(8:33).

23:2b-5 여호수아의 연설이 시작될 때 그 내용은 하나님께서 여호수아에게 주신 첫 번째 말씀(1:2-9)과 놀랄 만큼 비슷하다. 둘 다 서술 상황을 되풀이하고, 땅의 선물을 언급하며, 그 경계를 간략하게 묘사하고, 이스라엘을 위해 행하실 하나님의 능력에 대한 확신을 준다. 1장에 나온 내용 중에 여기에 없는 요소는 하나님의 말씀에 순종할 필요성이며, 이는 여호수아가 23:6-8에서 반응의 일환으로 요구하게 될 것이다. 여기서 온 이스라엘에게 주는 여호수아의 연설을 이 책의 초반에 나오는 하나님의 여호수아를 향한 말씀에 맞추는 데에는 어떤 의도가 있는 것이 분명하다.

또 다른 종류의 상호텍스트적인 연계성이 3절에서 "너희의 하나님 여호와 그는 너희를 위하여 싸우신 이시니라"는 말로 맺어진다. 이는 10:14, 42에서 사용되어 놀라운 영향을 미친 말로, 이스라엘을 이끌어들인 영토 전쟁들 중 첫째 것을 특징지었다. 그것은 먼저 기브온 주민과의 언약에 대한 가나안 사람의 반응으로 일어난 전쟁에 대해, 나중에는 잇따라 일어난 전투의 결과에 대해 묘사한 말이었다. 이 어구는 23:10에서 다시 사용되어 이 연설의 전반부를 장식할 것이다(참고. 23:1-16 단락 개관). 이 어구가 나오는 이 두 경우는 10장에 나오는 두 경우, 출애굽기 14:14, 25에 나오는 두 경우(추격하는 이집트 사람과 관련하여 홍해를 건널 때) 그리고 신명기 1:30, 3:22에 나오는 두 경우(요단을 건너게 하시는 하나님의 행동을 모세가 기대할 때)와 나란히 맞춰진다. 이런 언급들은 다함께 출애굽 이야기 전체를 하나로 엮어준다. 약속의 땅에 들어가는 것과 이집트에서의 탈출 사이의 이런 병행 관계가 이 책의 초반에는 훨씬 많이 나왔는데 여기서 계속 이어지고 있다. 24장에 나오는 여호수아의 연설은 암시를 넘어 직접적인 서술로 나아갈 것이다.

5절은 비록 안식의 장소는 확보되었으나 모든 것이 아직 끝나지 않았다는 것을 알려준다. 장래에 치를 싸움이 예상되고 있고, 이는 이번 장의 후반부(13절)에 다시 나타난다.

23:6-8 하나님께서 이스라엘을 위해 여러 나라를 쫓아내시고 여호수아

가 땅을 분배했다는 발언에 대해 그들이 마땅히 보일 반응은 모세의 율법을 통해 알려진 대로 하나님의 말씀에 순종하는 것이다. 여호수아가 이제 이런 것들에 비추어 보일 반응을 설명하는 만큼, 여호수아의 연설의 앞부분과 1장에 나온 여호수아를 향한 하나님의 말씀 사이에 병행관계가 있다면, 이 두 연설 간의 연계성은 구두적 중첩까지 심화되며 특히 1:7과 23:6-7이 겹친다(참고. 표7).

1:7	23:6-7
오직 **강하고 극히** 담대하여 나의 종 **모세**가 네게 명령한 **그 율법을 다 지켜 행하고 우로나 좌로나 치우치지 말라** 그리하면 어디로 가든지 형통하리니	그러므로 너희는 **크게 힘써** 모세의 **율법** 책에 기록된 것을 **다 지켜 행하라** 그것을 떠나 **우로나 좌로나 치우치지 말라** 너희 중에 남아 있는 이 민족들 중에 들어가지 말라...

주: 중첩된 부분은 굵게 표시   표 7. 여호수아 1:7과 23:6-7 사이의 중첩

6절에 언급된 "율법 책"은 마찬가지로 1:8에 거명되어 있다. 하나님 편에서 그토록 관대함과 신실함을 베푸신 만큼 이스라엘에게 완전한 헌신을 요구하는데, 부정적인 말로는 이방 신들의 이름을 부르지 않고 그들을 섬기거나 그들에게 절하지 않는 것으로 표현되어 있다. 마지막 두 가지 행동은 또한 23:16에서 하나님의 진노를 유발하는 것으로 묘사되어 다시금 이 연설의 전반부와 후반부 사이에 상응관계가 있음을 보여준다(7절). 긍정적으로 말하면, 거짓 신들을 배척한다는 것은 참된 하나님께 "가까이 하[는]" 것을 의미하거나 요구하며, 이는 모세가 신명기에서 이스라엘의 동일한 세대에게 특별히 권면한 내용 중의 하나다[신 10:20; 11:22; 13:4(히브리어 성경은 5절); 30:20].

23:9-10 23:2b-5에 나오는 첫 번째 전제는 하나님의 행동을 여호수아와 묶었다. 두 번째 전제는 하나님의 행동을 이스라엘과 연관시킨다. 하나님께서 많은 나라를 쫓아내셨고, "너희의 하나님 여호와 그가⋯너희를 위

하여 싸우[시므로]" 이스라엘은 멈출 수 없는 나라로 입증되었다. 여기에
나온 여호수아의 말은 레위기 26:8에 나오는 언약의 약속에 뿌리박고 있
다. "또 너희 다섯이 백을 쫓고 너희 백이 만을 쫓으리니." 하지만 이 표현
은 오히려 모세의 노래가사(신 32:30)와 더 비슷한데, 후자는 이스라엘이 하
나님을 버리는 바람에 적들에게 넘겨지는 것을 묘사하려고 동일한 표현을
사용하는 본문이다.

> 그들의 반석이 그들을 팔지 아니하였고
>> 여호와께서 그들을 내주지 아니하셨더라면
> 어찌 하나가 천을 쫓으며
>> 둘이 만을 도망하게 하였으리요?

그렇다면 여기에 하나의 아이러니가 있는 셈이다. 여호수아가 언약의 복
에서 끌어낸 긍정적 진술을 하고 있으나 모세의 노래의 부정적 이미지를
상기시키고 있으니 말이다. 그 노래가 상상하는 시나리오는 바로 여호수
아의 권면이 예방하려고 하는 것이다.

23:11-13 그래서 이스라엘에게 요구하는 두 번째 반응은 "너희의 하나님
여호와를 사랑하라"는 것이다. 여호수아서에서는 "가까이 하[라]"(23:8)는
권면과 "사랑하라"는 권면이 첫째 반응과 둘째 반응으로 구분되어 있으나,
모세는 이런 권면들을 신명기 11:22(모든 나라를 쫓아내는 것과 연관된 권면)과
신명기 30:19-20(이스라엘에게 "생명을 택하[라]"고 한 권면)에서 한꺼번에 묶어
놓고 있다. 여호수아도 이제 여호수아 24장에서 후자의 권면을 하게 될 것
이다. 그렇게 하지 않으면 하나님께서 "이 민족들을 너희 목전에서 다시는
쫓아내지 아니하시리니"라고 말하면서 그에 따른 무서운 결과를 생생하게
묘사한다. 그런데 결국 이런 비극이 일어나고 만다. 여호수아가 미리 배제
시키려고 했던 결과가 바로 사사기 2:3에서 이스라엘의 불순종으로 인해
경험하게 되는 것이다. 여호수아의 연설이 어느 정도 효과가 있었는지 몰

라도 그것은 그리 오래 가지 않았다(참고. 수 24:31).

23:14 이 연설에 담긴 또 하나의 요소인 여호수아의 죽을 운명이 이 책의 앞부분과 맺는 연결점이 된다. 13-21장에 나온 정착 기사의 결론은 하나님께서 단연코 이스라엘에게 주신 약속에 대해 완전히 신실하셨다는 진술이었다(21:43-45). 그 결론의 끝부분이 이곳 적절한 반응을 요구하는 여호수아의 마지막 장면 속에 엮여져 있다(참고. 표8).

21:45	23:14
여호와께서 이스라엘 족속에게 **말씀하신 선한 말씀이** 하나도 남음이 없이 다 **응하였더라**	너희의 하나님 **여호와께서** 너희에게 대하여 **말씀하신 모든 선한 말씀이 하나도** 틀리지 아니하고 다 너희에게 **응하여** 그중에 하나도 어김이 없음을

주: 중첩된 부분은 굵게 표시   표8. 여호수아 21:45과 23:14 사이의 중첩

이 두 구절 사이에는 약간의 차이밖에 없고, 그 표현은 번역문보다 히브리어에서 더 비슷하게 나온다. 마치 하나님의 지도 아래 이스라엘이 약속의 땅으로 되돌아가는 여정의 시초가 이 연설의 초반에 결합되어 있듯이, 그 땅에서 정착된 삶을 즐기는 모습의 종착지 역시 그 과정의 끝과 연결되어 있다.

23:15-16 23:13은 과거의 반응에서 미래의 가능성으로 전환했고, 만일 이스라엘이 여호와와 맺은 언약을 이행하지 않으면 미래에 문제가 생길 수 있었다. 이처럼 고통스럽고 비극적인 미래가 임할 수 있는 가능성이 이 연설의 결론으로 펼쳐진다. 여호수아는 낙관적 희망이 아니라 오히려 현실적인 경고로 메시지를 끝낸다. 이스라엘은 기나긴 출애굽 여정에서 너무도 많은 방식으로 배교의 능력을 보여주었고 심지어 정복의 사명을 수행하는 동안에도 아간을 통해 그런 모습을 드러냈다(7장). 배교의 경우에 불가피한 결과는 하나님께서 "이 아름다운 땅에서 너희를 멸절하기까지

하실 것이라"(15절)는 것이다. 이 행동은 '말살하다'로 번역될 수도 있는데, 이는 물건이나 적을 파멸시켜야 할 의무를 반영하는 말이다. 여호수아서를 관통하는 이 어휘소의 맥락은 무척 교훈적이다. 이 어휘소가 아간이 취한 헤렘의 물건과 관련해 사용되는 7:12을 제외하면 그것이 가나안 사람에 대한 여호와나 이스라엘의 행동에 사용되었다[9:24; 11:14, 20; 24:8(요단 건너편 아모리 족속에 대해)]. 여기서는 그것이 (적어도 잠재적으로) 이스라엘 사람에게 적용되었다.

23:7에서 처음 제기된 이 으스스함(specter), 즉 이스라엘이 "가서 다른 신들을 섬겨 그들에게 절[할]"(16절) 수 있는 가능성이 다시금 이스라엘 앞에 제시된다. 물론 23:7에서는 그들이 순종의 삶을 사는 가운데 피해야 할 것에 관한 진술로 나오지만 말이다. 여기서는 그런 행동이 하나님의 진노를 불러일으키는 것으로 묘사되어 있다. 이 연설은 하나님 아래 약속의 땅에서 정착한 복된 삶에 감사하면서 시작했으나 마지막에는 그 땅에서 멸망할 수 있는 위험(이것도 하나님 아래서)에 대한 경고로 끝난다. 달리 말하면, 그들이 여호와께 반대하는 방식으로 살게 되면 그들 역시 가나안 사람과 똑같은 운명에 처하게 될 것이라고 한다.

≈≈≈≈ 응답 ≈≈≈≈

현대인의 귀에는 늙은 여호수아의 마지막 격려가 매우 용기를 북돋는 말로는 들리지 않을 것이다. 그러나 그 말은 단연코 이스라엘이 들을 필요가 있으며, 훗날의 하나님의 백성 역시 듣는 것이 좋은 말이다.

이 연설의 '상황과 반응' 구조는 두 가지 요소를 전면에 가져온다. 첫째는 시종일관 하나님께서 이스라엘을 위해 행하신 일에 대한 강조다. 이스라엘의 역할은 매우 수동적인 듯이 보인다. 널리 알려진 이스라엘 군대의 승리를 일일이 열거할 때에도 그 모두가 이스라엘을 위한 주님의 행동으로 요약된다. 주님이 싸우시고 이스라엘이 차지한다.

이 연설의 서두는 1:1-9에 나오는 여호수아를 향한 하나님의 말씀을 불러오는데, 이는 곧 마무리될 책을 마감하는 긴 서사적 궁형을 제공하는 것 이상의 역할을 한다. 뿐만 아니라, 여호수아가 생애의 마지막에 이르러 그의 리더십 초기에 받은 하나님의 말씀을 정착한 민족 쪽으로 돌리는 것은 사실상 한 민족을 '여호수아들'로 만드는 것이다. "그 책이 시작될 때 한 개인으로서 여호수아 위에 놓인 신중한 순종이 이제는 온 백성과 그들의 집합적 리더십의 의무가 된다."[133]

요컨대, 이는 긍정적으로는 순종의 반응을 그리고 부정적으로는 배교의 거부를 요구한다. 여호수아가 말하듯이, 기억이 헌신에 대한 요구의 양면을 뒷받침하고 있다. 한편으로는 언약의 하나님을 가까이 하며 사랑하는 것이고, 다른 한편으로는 거짓 신이나 경쟁자를 내쫓고 거부하는 것이다. 따라서 하나님께서 '행하신' 일에 대한 강조가 이스라엘이 '마땅히' 할 일을 수립한다. 피상적 차원에서는 이것이 바울이 빌립보 교인들에게 보낸 감정적 편지에서 선언하는 것과 반대되는 것처럼 보인다. "오직 한 일 즉 뒤에 있는 것은 잊어버리고 앞에 있는 것을 잡으려고 푯대를 향하여 그리

133 Nelson, *Joshua*, 258.

스도 예수 안에서 하나님이 위에서 부르신 부름의 상을 위하여 달려가노라"(빌 3:13-14). 올리브 오도노반은 바울의 글을 이렇게 설명한다.

> 피상적으로 보면 바울은 한마디로 기억하는 일에 반대한다…그러나 실제로 바울은 당연히 기억하는 일을 멈춘 적이 없다. 이 단락 전체는 그의 다른 글과 마찬가지로 무한히 결실을 맺는 기억의 초점, 곧 다메섹 도상에서 일어난 사건에서 솟아난다. 그래서 문제는 기억하는지 여부가 아니라 어떻게 기억하는지에 있다. 기억은 지성의 다른 모든 움직임과 같이 위를 향하는 부르심을 섬겨야 한다. 기억은 그 순간을 인식하도록 우리를 준비시켜야 하지 그것을 보지 못하게 우리를 가려서는 안 된다…건설적으로 기억한다는 것은 어느 의미에서 과거와 인연을 끊는 것이지 과거를 부인하는 것이 아닌데, 바울의 은유를 빌리자면 다른 지평에서 우리에게 제공되는 유익에 비해 과거와 거리를 좁히는 것, 과거의 가치를 감소시키는 것이다. 그러면 우리는 어떻게 과거의 가치를 감소시키는가? 그것을 하나님의 계산대에 내놓음으로써 감소시킨다. 이 때문에 사도들이 우리에게 그토록 자주 감사하라고 말하는 것이다. 감사하는 기억은 사건들을 우리 자신의 행동 분야에서 우리를 위한 하나님의 행동에 대한 기록으로 전이시킨다.[134]

오도노반이 옳다면, 바울이 가르친 기억의 "방법"은 여호수아가 이스라엘과 그 지도자들에게 촉구한 것과 똑같은 종류다. 그들이 즐기는 모든 것은 하나님의 행위 덕분이다. 그러면 그들은 어떻게 살 것인가? 그 좋은 말씀으로 그들에게 생명을 가져다주시는 그 하나님을 가까이 하고 또 사랑함으로써 살아가야 한다.

---

134 Oliver O'Donovan, *The Word in Small Boats: Sermons from Oxford* (Grand Rapids, MI: Eerdmans, 2010), 158-159.

마지막에는 경고가 나온다. 여기에도 바울과의 유사점이 있다. 바울 역시 로마에 있는 이방인 그리스도인들을 향해 경고를 하며 그 경고에는 유대인 그리스도인들도 포함되어 있기 때문이다. "그들은 믿지 아니하므로 꺾이고 너는 믿으므로 섰느니라 높은 마음을 품지 말고 도리어 두려워하라 하나님이 원 가지들도 아끼지 아니하셨은즉 너도 아끼지 아니하시리라"(롬 11:20-21). 바울만 그런 것이 아니다. 예수님도 밧모에 있는 요한을 통해 아시아 교회들에게 그의 메시지를 전달하면서 에베소 교인들에게 이렇게 경고하신다. "만일…회개하지 아니하면 내가 네게 가서 네 촛대를 그 자리에서 옮기리라"(계 2:5, 참고. 2:16; 3:3, 17, 19). 여호수아의 연설은 하나님의 백성에게 승리의 결과로 얻은 만족이 안일함을 위한 시간이 아니라 깊은 관심과 헌신을 위한 시간임을 보도록 권면한다.

Joshua
여호수아
24:1-28

1 여호수아가 이스라엘 모든 지파를 세겜에 모으고 이스라엘 장로들과 그들의 수령들과 재판장들과 관리들을 부르매 그들이 하나님 앞에 나와 선지라 2 여호수아가 모든 백성에게 이르되 이스라엘의 하나님 여호와께서 이같이 말씀하시기를 옛적에 너희의 조상들 곧 아브라함의 아버지, 나홀의 아버지 데라가 강 저쪽에 거주하여 다른 신들을 섬겼으나 3 내가 너희의 조상 아브라함을 강 저쪽에서 이끌어 내어 가나안 온 땅에 두루 행하게 하고 그의 씨를 번성하게 하려고 그에게 이삭을 주었으며 4 이삭에게는 야곱과 에서를 주었고 에서에게는 세일 산을 소유로 주었으나 야곱과 그의 자손들은 애굽으로 내려갔으므로 5 내가 모세와 아론을 보내었고 또 애굽에 재앙을 내렸나니 곧 내가 그들 가운데 행한 것과 같고 그 후에 너희를 인도하여 내었노라

1 Joshua gathered all the tribes of Israel to Shechem and summoned the elders, the heads, the judges, and the officers of Israel. And they presented themselves before God. 2 And Joshua said to all the people, "Thus says the Lord, the God of Israel, 'Long ago, your fathers lived beyond the Euphrates,[1] Terah, the father of Abraham and of Nahor;

and they served other gods. ³ Then I took your father Abraham from beyond the River² and led him through all the land of Canaan, and made his offspring many. I gave him Isaac. ⁴ And to Isaac I gave Jacob and Esau. And I gave Esau the hill country of Seir to possess, but Jacob and his children went down to Egypt. ⁵ And I sent Moses and Aaron, and I plagued Egypt with what I did in the midst of it, and afterward I brought you out.

⁶ 내가 너희의 조상들을 애굽에서 인도하여 내어 바다에 이르게 한즉 애굽 사람들이 병거와 마병을 거느리고 너희의 조상들을 홍해까지 쫓아오므로 ⁷ 너희의 조상들이 나 여호와께 부르짖기로 내가 너희와 애굽 사람들 사이에 흑암을 두고 바다를 이끌어 그들을 덮었나니 내가 애굽에서 행한 일을 너희의 눈이 보았으며 또 너희가 많은 날을 광야에서 거주하였느니라 ⁸ 내가 또 너희를 인도하여 요단 저쪽에 거주하는 아모리 족속의 땅으로 들어가게 하매 그들이 너희와 싸우기로 내가 그들을 너희 손에 넘겨 주매 너희가 그 땅을 점령하였고 나는 그들을 너희 앞에서 멸절시켰으며 ⁹ 또한 모압 왕 십볼의 아들 발락이 일어나 이스라엘과 싸우더니 사람을 보내어 브올의 아들 발람을 불러다가 너희를 저주하게 하려 하였으나 ¹⁰ 내가 발람을 위해 듣기를 원하지 아니하였으므로 그가 오히려 너희를 축복하였고 나는 너희를 그의 손에서 건져내었으며 ¹¹ 너희가 요단을 건너 여리고에 이른즉 여리고 주민들 곧 아모리 족속과 브리스 족속과 가나안 족속과 헷 족속과 기르가스 족속과 히위 족속과 여부스 족속이 너희와 싸우기로 내가 그들을 너희의 손에 넘겨주었으며 ¹² 내가 왕벌을 너희 앞에 보내어 그 아모리 족속의 두 왕을 너희 앞에서 쫓아내게 하였나니 너희의 칼이나 너희의 활로써 이같이 한 것이 아니며 ¹³ 내가 또 너희가 수고하지 아니한 땅과 너희가 건설하지 아니한 성읍들을 너희에게 주었더니 너

희가 그 가운데에 거주하며 너희는 또 너희가 심지 아니한 포도원과 감람원의 열매를 먹는다 하셨느니라

6 "'Then I brought your fathers out of Egypt, and you came to the sea. And the Egyptians pursued your fathers with chariots and horsemen to the Red Sea. 7 And when they cried to the Lord, he put darkness between you and the Egyptians and made the sea come upon them and cover them; and your eyes saw what I did in Egypt. And you lived in the wilderness a long time. 8 Then I brought you to the land of the Amorites, who lived on the other side of the Jordan. They fought with you, and I gave them into your hand, and you took possession of their land, and I destroyed them before you. 9 Then Balak the son of Zippor, king of Moab, arose and fought against Israel. And he sent and invited Balaam the son of Beor to curse you, 10 but I would not listen to Balaam. Indeed, he blessed you. So I delivered you out of his hand. 11 And you went over the Jordan and came to Jericho, and the leaders of Jericho fought against you, and also the Amorites, the Perizzites, the Canaanites, the Hittites, the Girgashites, the Hivites, and the Jebusites. And I gave them into your hand. 12 And I sent the hornet before you, which drove them out before you, the two kings of the Amorites; it was not by your sword or by your bow. 13 I gave you a land on which you had not labored and cities that you had not built, and you dwell in them. You eat the fruit of vineyards and olive orchards that you did not plant.'

14 그러므로 이제는 여호와를 경외하며 온전함과 진실함으로 그를 섬기라 너희의 조상들이 강 저쪽과 애굽에서 섬기던 신들을 치워 버리고 여호와만 섬기라 15 만일 여호와를 섬기는 것이 너희에게 좋지 않게 보이거든 너희 조상들이 강 저쪽에서 섬기던 신들이든지 또는 너

희가 거주하는 땅에 있는 아모리 족속의 신들이든지 너희가 섬길 자를 오늘 택하라 오직 나와 내 집은 여호와를 섬기겠노라 하니

14 "Now therefore fear the Lord and serve him in sincerity and in faithfulness. Put away the gods that your fathers served beyond the River and in Egypt, and serve the Lord. 15 And if it is evil in your eyes to serve the Lord, choose this day whom you will serve, whether the gods your fathers served in the region beyond the River, or the gods of the Amorites in whose land you dwell. But as for me and my house, we will serve the Lord."

16 백성이 대답하여 이르되 우리가 결단코 여호와를 버리고 다른 신들을 섬기기를 하지 아니하오리니 17 이는 우리 하나님 여호와께서 친히 우리와 우리 조상들을 인도하여 애굽 땅 종 되었던 집에서 올라오게 하시고 우리 목전에서 그 큰 이적들을 행하시고 우리가 행한 모든 길과 우리가 지나온 모든 백성들 중에서 우리를 보호하셨음이며 18 여호와께서 또 모든 백성들과 이 땅에 거주하던 아모리 족속을 우리 앞에서 쫓아내셨음이라 그러므로 우리도 여호와를 섬기리니 그는 우리 하나님이심이니이다 하니라

16 Then the people answered, "Far be it from us that we should forsake the Lord to serve other gods, 17 for it is the Lord our God who brought us and our fathers up from the land of Egypt, out of the house of slavery, and who did those great signs in our sight and preserved us in all the way that we went, and among all the peoples through whom we passed. 18 And the Lord drove out before us all the peoples, the Amorites who lived in the land. Therefore we also will serve the Lord, for he is our God."

24장

19 여호수아가 백성에게 이르되 너희가 여호와를 능히 섬기지 못할 것은 그는 거룩하신 하나님이시요 질투하시는 하나님이시니 너희의 잘못과 죄들을 사하지 아니하실 것임이라 20 만일 너희가 여호와를 버리고 이방 신들을 섬기면 너희에게 복을 내리신 후에라도 돌이켜 너희에게 재앙을 내리시고 너희를 멸하시리라 하니 21 백성이 여호수아에게 말하되 아니니이다 우리가 여호와를 섬기겠나이다 하는지라 22 여호수아가 백성에게 이르되 너희가 여호와를 택하고 그를 섬기리라 하였으니 스스로 증인이 되었느니라 하니 그들이 이르되 우리가 증인이 되었나이다 하더라 23 여호수아가 이르되 그러면 이제 너희 중에 있는 이방 신들을 치워 버리고 너희의 마음을 이스라엘의 하나님 여호와께로 향하라 하니 24 백성이 여호수아에게 말하되 우리 하나님 여호와를 우리가 섬기고 그의 목소리를 우리가 청종하리이다 하는지라 25 그날에 여호수아가 세겜에서 백성과 더불어 언약을 맺고 그들을 위하여 율례와 법도를 제정하였더라 26 여호수아가 이 모든 말씀을 하나님의 율법책에 기록하고 큰 돌을 가져다가 거기 여호와의 성소 곁에 있는 상수리나무 아래에 세우고 27 모든 백성에게 이르되 보라 이 돌이 우리에게 증거가 되리니 이는 여호와께서 우리에게 하신 모든 말씀을 이 돌이 들었음이니라 그런즉 너희가 너희의 하나님을 부인하지 못하도록 이 돌이 증거가 되리라 하고 28 백성을 보내어 각기 기업으로 돌아가게 하였더라

19 But Joshua said to the people, "You are not able to serve the Lord, for he is a holy God. He is a jealous God; he will not forgive your transgressions or your sins. 20 If you forsake the Lord and serve foreign gods, then he will turn and do you harm and consume you, after having done you good." 21 And the people said to Joshua, "No, but we will serve the Lord." 22 Then Joshua said to the people, "You are witnesses against yourselves that you have chosen the Lord, to serve him." And

they said, "We are witnesses." 23 He said, "Then put away the foreign gods that are among you, and incline your heart to the Lord, the God of Israel." 24 And the people said to Joshua, "The Lord our God we will serve, and his voice we will obey." 25 So Joshua made a covenant with the people that day, and put in place statutes and rules for them at Shechem. 26 And Joshua wrote these words in the Book of the Law of God. And he took a large stone and set it up there under the terebinth that was by the sanctuary of the Lord. 27 And Joshua said to all the people, "Behold, this stone shall be a witness against us, for it has heard all the words of the Lord that he spoke to us. Therefore it shall be a witness against you, lest you deal falsely with your God." 28 So Joshua sent the people away, every man to his inheritance.

1 Hebrew *the River* *2* That is, the Euphrates; also verses 14, 15

≋≋≋≋ 단락 개관 ≋≋≋≋

이번 장과 앞 장이 서로 공명한다는 것은 대충 읽어도 분명히 드러난다. 국가 지도자가 백성을 소환하고 그들의 지도자들에게 연설하는 장면이다. 그 내용은 그들이 그들을 위한 하나님의 행동의 결과로 즐기는 유익을 개관하고, 그들의 번성을 위해 하나님께서 요구하시는 사항을 역설하며, 이 하나님에 대한 그들의 헌신이 흔들리거나 실패하면 닥칠 무서운 결과에 대해 경고한다. 그런데 이 피상적 차원을 넘어서면 이 마지막 두 장은 상호보완적이되 그 내용을 상당히 다르게 채우고 있다. 23장에서는 여호수아가 자기 목소리로 하나님께서 이스라엘을 위해 행하신 일에 대해 일반적인 말로 표현할 뿐 그에 대한 응답이 없다.

이와 대조적으로, 24장에서는 여호수아가 온 백성을 세겜(23장의 배경은 명시되지 않았다)에 모은 후 선지자의 모습(persona)으로 하나님의 말씀을 전달한다. 여기서 여호수아는 이스라엘을 위한 하나님의 행동을 담은 이야기를 하나님을 대신해 일인칭으로 들려주면서 하나님께서 그 민족의 삶에 결정적으로 개입하신 순간들을 상세히 열거하는데, 맨 먼저 위대한 족장 아브라함에게 주신 언약의 약속부터 그들이 새로운 집으로 삼은 그 땅에서 즐기는 현 순간까지를 모두 섭렵한다(1-13절). 여호수아는 설교자처럼 이 '텍스트'를 그의 회중(즉, 온 이스라엘)에게 적용하면서 그들에게 이 말씀에 비추어 냉혹한 선택을 내리도록 도전한다. 바로 '이' 하나님을 섬기든지, 아니면 그들의 먼 조상들이 이 하나님을 알기 전에 섬겼던 다른 신들을 섬기라고 한다(14-15절, 2절을 암시한다). 이 지점까지 23장과 다른 내용을 담고 있으나 서로 공명하는 것은 분명하다.

이 지점부터 놀라운 논쟁이 백성과 여호수아 사이에 터져 나온다. 고소와 맞고소가 연속되는 극적인 주고받음에서 이스라엘은 이 하나님을 기꺼이 섬기겠다는 결단을 선언하는 한편, 여호수아는 그들의 소원과 그 의도를 이행할 그들의 능력에 대해 강력하게 반박한다(16-24절). 여호수아가 마침내 수긍하고 하나님과 백성 간의 언약이 확증된다(25-27절). 이 언약은 에발산에서 세겜을 내려다보며 열렸던 언약 행사(8:30-35)와 보다 최근에 22장에서 서술된 비(非)제사용 제단을 둘러싼 위기의 해결(참고. 27절 및 22:34)을 상기시켜준다. 이와 함께 백성이 해산되어 그들의 집으로 돌아간다(28절).

여호수아서를 마감하는 이 마지막 에피소드(이후에는 간략한 전기적 해설만 남는다. 참고. 24:29-33 주석)에는 뜻밖의 요소들이 상당히 많다. 여호수아의 선지자적 목소리는 전혀 뜻밖이고 이스라엘의 '선택'(22절)에 대한 그의 저항의 성격도 마찬가지다. 여기에는 이후에 행복하게 살았다는 상투적인 종결이 없고, 오히려 그 정반대다. 이번 장에서 드러나는 지배적인 주제, 곧 응답의 일환으로 골라낼 주제는 바로 '섬김'이다. 여호수아서에서 히브리어 동사 아바드('abad, '섬기다')는 후반부에 속하는 22:5에서 처음 사용되고, 위기가 해결되는 22:27의 대목에서 다시 나타난다. 이 단어는 여호수아의 이전 연설에서 두 번 더 사용된다(23:7, 16). 그런데 이번 장에서는 그것이 15번이나 사용되고[2, 14(3번), 15(4번), 16, 18, 19, 20, 21, 22, 24절], 이스라엘이 여호수아가 사는 날 동안 주님을 "섬겼더라"라고 기록하는 최후의 전기적 해설(31절)에 한 번 더 사용된다. 따라서 이 책이 결말에 이르는 순간에 섬김이 대표적인 관심사임은 분명하다.

$\approx\approx\approx$ 단락 개요 $\approx\approx\approx$

III. 약속의 땅에서의 삶(22:1-24:33)

    C. 이스라엘은 누구를 섬길 것인가?(24:1-28)

        1. 여호수아가 이스라엘을 세겜으로 소집하다(24:1)

        2. 여호수아의 예언적 선언(24:2-15)

          a. 하나님의 역사적 회고(24:2-13)

          b. 여호수아가 신실한 섬김을 요구하다(24:14-15)

        3. 이스라엘의 반응, 도전, 그리고 결의(24:16-27)

          a. 이스라엘이 충성을 선언하다(24:16-18)

          b. 여호수아의 단호한 반박(24:19-20)

          c. 이스라엘이 다시 단언하다(24:21)

          d. 여호수아의 첫째 명령과 이스라엘의 응답(24:22)

          e. 여호수아의 둘째 명령과 이스라엘의 응답(24:23-24)

          f. 언약이 증거의 돌로 확증되다(24:25-27)

        4. 여호수아가 이스라엘을 세겜에서 해산하다(24:28)

24장

24:1 세겜은 여호수아가 이스라엘의 지파들을 모으기에 이례적인 장소로 보일지 모른다. 그동안은 실로가 전국적인 예배 장소로 세워졌고 이전에 치러진 전국적인 집회의 무대가 되어왔다(18:1; 22:12). 하지만 8:30-35 주석이 언급했듯이, 그리심산과 에발산 사이에 자리 잡은 세겜은 오랫동안 언약 체결(참고. 신 11:29)과 연관이 있을 뿐 아니라 여호수아의 리더십 아래 이전에 그런 행사를 치른 장소이기도 하다. 이는 여호수아가 지파들을 불러 모으는 장소가 되기에 충분한 이유다. 또한 세겜이 실로와 달리 고대 도로망의 연결점에 놓여있다는 사실 역시 그 장소에 실제적인 이점을 부여한다.

여호수아의 소환에 반응하여 "그들이 하나님 앞에 나와 선지라"라는 마지막 문구는 이 집회를 이전 모임과 구별시키고 그들이 곧 여호수아로부터 받을 메시지를 위한 무대를 설정한다. 여호수아가 그들을 다함께 불렀을지 몰라도 그들이 서 있는 곳은 하나님 앞이다.

24:2a 이번 장이 앞 장과 공명한다는 사실을 감안하면, 이 시작 부분에 데자뷰(déjà vu)의 느낌이 있다. 하지만 여기서 무언가 다른 일이 일어나고 있다는 암시가 이미 1절에서 주어졌다. 여호수아가 말하기 시작할 때 그런 느낌이 고조된다. 여호수아가 하나님과 만나도록 소환할 뿐 아니라 그가 말하기 시작할 때 이스라엘이 하나님의 말씀을 듣는다는 느낌이다. "여호와께서 이같이 말씀하시기를"은 선지자적 메시지의 전형적인 서언이다. 여호수아가 말을 이어갈 때, "나"라는 일인칭 지시 대상은 여호수아가 아니라 하나님이다. 23장에서는 여호수아가 보다 개인적인 말을 전달했던 반면, 여기서는 하나님께서 선지자 여호수아를 통해 그분의 백성에게 말씀하시는 선지자적 말씀에 가깝다.

24:2b-13 이 말씀은 이스라엘 역사에 대한 하나님의 관점으로 이뤄져

있고, 저 멀리 아브라함 이전까지 되돌아갔다가 그 이야기를 바로 현 순간까지 끌어온다. 이와 가장 비슷하게 역사적 회고의 특성을 지닌 이야기는 에스겔 20장이며, 그것 역시 이스라엘 역사에 관한 신탁의 기사이다. 신약에서는 사도행전 7장에 나오는 스데반의 말이 이런 속성을 어느 정도 지니고 있으나, 그것은 어디까지나 하나님의 말씀이 아니라 스데반의 말이다.

일련의 에피소드들은 세 단계를 거치고 두 가지 특징이 강조되어 있다. 첫째 단계는 창세기의 역사에 부합하고, 아브라함의 아버지 데라가 메소포타미아(참고. 창 11:27-32), 곧 아브라함의 조상들이 "다른 신들을 섬겼[던]"(24:2) 지역에 살던 때로부터 시작된다. 3-4절은 야곱의 아들들(이스라엘 열두 지파의 이름들의 시조들)이 이집트로 내려갈 때까지의 족장 세대들을 빠르게 서술한다. 창세기에 나온 이 역사는 특히 자녀에게 준 선물에 강조점을 두고, 그들은 결국 이집트에서 번성하여 한 민족이 되었다. 모세와 아론은 그 이야기의 둘째 단계, 곧 이스라엘이 광야에서 고생하던 단계(6-10절)를 위해 이집트를 떠날 때 중요한 역할을 한다(5절). 이 단계는 출애굽기와 이집트에서의 출발 때로부터 민수기의 이야기들, 특히 아모리 족속과의 무력 충돌(민 21:21-35)과 발람이 상승시킨 예언적 반대(민 22-24장)의 이야기까지 아우른다. 마지막 단계는 요단 횡단(수 3-4장)에서 현재의 정착된 생활까지 여호수아서 자체의 사건들(24:11-13)을 포함한다. 둘째와 셋째 단계에서는 하나님이 승리를 "주셨다"는 점(8, 11절)과 그들이 거주하는 땅(13절)에 강조점을 둔다.

이 간결한 이야기에 뿌리박힌 여러 독특한 관점들로 인해 이것은 그저 하나님과 백성 간의 관계에 있었던 순간들의 목록으로 그치지 않는다. 이야기를 데라로 시작하는 것은 이례적이다. 창세기에서 하나님이 데라를 다루는 짧은 대목 이외에 구약에서 그가 언급되는 곳은 역대상 1:26의 족보밖에 없다. 여기서 데라로 시작하는 목적은 분명하다. 하나님의 약속이 아브라함과 그의 자녀를 하나님의 소유로 주장하기 이전에는 하나님 백성의 뿌리가 "다른 신들을 섬겼[던]"(24:2) 메소포타미아의 조상들에 있었다. 이 말은 여호수아에게 그 말씀을 적용하고 이후의 통렬한 언쟁을 주고받

24장

을 수 있는 계기를 마련해준다. 족장 단계와 아브라함 후손의 수적 증가에 대한 강조는 하나님께서 아브라함에게 주신 약속의 첫째 요소("내가 너로 큰 민족을 이루고", 창 12:2)를 반영하지만 영토를 허락하시는[이 경우에는 에서(에돔)에게 주신, 수 24:4] 하나님의 능력과 권세를 포함한다.

하나님께서 이스라엘을 이집트에서 "인도해 내어"(6절) "아모리 족속의 땅"(8절)으로 들어가게 하신 민족의 이야기(6-13절)에는 이스라엘이 괴로움과 반대를 경험하는 일련의 사태와 하나님께서 그분의 백성을 구출하고 그들에게 복 주시는 일련의 과정이 있다. 이스라엘의 생명에 대한 위협은 적의 공격적이고 적대적인 의향에서 생기는 것으로 일관되게 묘사되어 있다. 예컨대, 11절에 나오는 여리고와의 무력 충돌의 특징을 묘사하는 방식("여리고 주민들…이 너희와 싸우기로")은 6장에 서술된 에피소드를 재구성하는 가장 자연스러운 방법은 아닐 것이다. 괴로움과 구출의 패턴은 앞으로 사사기에서 심화되고 악화될 순환을 예시하는 면이 있다. 이 내러티브에서 행동을 추진하는 일련의 주된 동사는 대체로 이스라엘을 위한 하나님의 행동을 묘사하는 일인칭 동사들로 되어 있다. 여기서 "너희"['너희가 이르렀다'(6절), '너희가 거주하였다'(7절), '너희가 점령하였다'(8절), '너희가 요단을 건너 여리고에 이르렀다'(11절), '너희가 거주하며…너희가 먹는다'(13절)]라고 불리는 이스라엘의 모든 의미심장한 행동은 하나님께서 그들을 위해 행하신 일의 결과로 나온다. 하나님께서 그들의 역할을 맡아서 그들을 구원하고, 그들을 위해 싸우고, 그들에게 주시지 않았다면, 이스라엘은 아무것도 갖지 못하고 아무 곳에도 없을 것이다. 이스라엘의 존재 자체가 바로 그들을 위한 하나님의 전능한 행동 덕분이다.

24:14-15 "여호와께서 이같이 말씀하시기를"이라는 동기를 부여하는 말을 한 후 이제는 진정한 선지자적 방식으로 여호수아의 목소리로 전달된 연설이 따라온다. 하나님께서 접촉하신 씨족에 대해 맨 처음 한 말은 그들이 "다른 신들을 섬겼[다]"(24:2)는 것이다. 수사적으로는 그 출발점이 뒤에 남겨진 듯 보이지만 그것이 제기하는 염려가 이제 나머지 조처를 지배

하게 된다. 여호수아는 이스라엘이 주님으로부터 받은 것에서 발생하는 명백한 의무를 요구사항으로 제시한다. "온전함과 진실함으로 그를 섬기[는]" 것이다. 이스라엘에게 그럴 의향이 있다면 당연히 그들은 "너희의 조상들이 강 저쪽과 애굽에서 섬기던 신들을 치워 버[려야]" 한다. 이는 참으로 놀랄 만한 일이다. 심지어 이 시점에도 그런 신들이 이스라엘의 한 가운데 어딘가에 어느 정도 잠복하고 있다는 뜻이다(참고. 24:23: 24:21-24 주석). 그들의 우상숭배가 겉으로 보이는 것보다 더 깊이 자리 잡고 있는 것 같다.

이것은 이스라엘에게 하나의 도전으로 제시되고(15a절), 만일 그들이 여호와를 저버린다면 이방 신들 중에서 그들의 주인을 선택하라는 제안이 나온다(15b절). 여호수아에게 이것은 선택의 문제가 아니다. 이 연설의 감동적이고 잊지 못할 대단원에서 그는 "오직 나와 내 집은 여호와를 섬기겠노라"(15절)라고 선언한다. 이 책의 마지막에 이르러서야 우리는 처음으로 이스라엘의 위대한 사령관을 둘러싼 집안을 흘끗 보게 된다. 모세의 가족은 알려져 있는 것에 비해(비록 출애굽 이야기에 많이 나오진 않지만) 비해 여호수아는 아내도, 자녀도, 심지어 형제도 없다. 때때로 알려지지 않은 세부 사실을 제공하는 역대상의 족보는 여호수아를 가계의 마지막 인물로 포함한다(대상 7:25-27). 그는 고립된 인물로 나온다.

아직 미해결 상태에 있는 문제는 과연 여호수아가 여호와께 헌신하는 유일한 사람이 될 것인가 하는 것이다. 이 짧은 적용 부분에서도 여호수아는 '섬기다'라는 단어를 일곱 번이나 사용한다. 그래서 그 요점을 도무지 놓칠 수 없다.

24:16-18 참으로 대중적인 반응이 즉시 응답으로 나온다. 그 답변은 선지자적인 말처럼 다른 신들을 섬기는 것(16절)과 참된 하나님을 섬기는 것(18절)과 관련되어 있다. 여호수아의 예언처럼 그 답변은 그 백성을 위한 하나님의 행동을 기억하는 것으로, 주님의 역사적 회고만큼 빠른 속도로 똑같은 땅을 섭렵하는 것으로 주어진다. 이것은 그 이야기에 대한 이스라

엘의 관점으로, 하나님께서 그들을 위해 행하신 것을 인정하며 여호수아의 평가와 완전히 일치한다.

24:19-20 여호수아의 선지자적 도전과 백성의 긍정적 답변이 딱 들어맞는 것을 감안하면, 여호수아의 반응은 깜짝 놀랄 만하다. 그것은 그 자신이 5:14에서 여호와의 군대 대장으로부터 받은 귀에 쟁쟁한 '아니다'를 어느 정도 상기시킨다.

이 쟁점은 하나님과 백성 간의 '성품'의 충돌에 있다. 먼저 그 문제는 여호와가 누군신지에 달려 있다. 이는 우리가 예상하기 어려운 답변이다. 그래서 한 주석가는 이렇게 말한다. "섬기겠다는 이스라엘의 열망을 헛되게 만드는 것은 이스라엘의 연약함이나 사악함이기보다는 그들이 선택한 그 하나님의 고유한 본성이다."[135] 그러면 이분은 어떤 종류의 하나님인가? 요컨대, 주위의 나라들이 섬기는 신들과 다른 분이다. 여호수아가 이 하나님을 묘사하는 말은 이 책 내의 전통들에서 끌어낸 것이 아니라 그의 예언처럼 출애굽까지 거슬러 올라가는 것이다.

(1) 거룩하신 분: 하나님은 모세의 노래에서 거룩하신 분으로 밝혀져 있다. 출애굽기 15:11은 여호와를 모든 경쟁적인 신으로부터 구별시키고, 따라서 그에 대한 반응으로 이스라엘에게 거룩함을 요구한다(출 19:6).

(2) 질투하시는 분: 십계명에서 하나님의 성품의 이 측면은 그분이 우상숭배자들의 예배를 거부하신다는 것을 의미한다(출 20:5). 출애굽기 34:14에서는 금송아지 사건 이후 모세가 시내산에서 언약을 갱신할 때 여호와의 "이름"으로 한다.

(3) 그들의 불가피한 "잘못과 죄들을 사하지[잇사(*yissa'*)] 아니하실" 분:

---

135 Nelson, *Joshua*, 270.

이 표현은 출애굽기 23:21에 나오는 것과 비슷하다. 그 구절은 죄와 동일시되는 이스라엘의 반역과 관련하여 주어진 경고다.

여호수아는 왜 감정적이고 순간적인 고조와 경험이 믿을만하지 못한지를 명백히 보여준다. 자기기만에 빠지기가 너무나 쉽기 때문이다(요일 1:8). 이후 이스라엘의 행위에 대한 여호수아의 예측(그들이 "여호와를 버리고 이방 신들을 섬[길]" 것이다)과 하나님의 불가피하고 필요한 반응("돌이켜…재앙을 내리시고…멸하시리라", 20절)은 여호와를 섬기겠다는 백성의 선언에 대한 그의 반박을 마무리하고, 놀랍게도 장차 이 책의 속편인 사사기에서 일어날 일을 얼핏 보여준다.

24:21-24 백성은 스스로 '아니다'라는 말로 답변하면서 짧고 날카로운 담판을 벌인다. 이런 모습은 5:14에 나오는 군대 대장의 투박한 반응을 상기시키고 단연코 여호와를 섬기겠다는 앞선 약속을 긍정하는데, 이는 여호수아가 그들의 '선택'(22절)으로 인정했던 것이다. 이 단락에 대한 개관에서 언급했듯이, 이 언쟁은 22장에 나오는 제단 위기에 대한 해결책, 특히 거기에 나오는 '증인'("witness", 개역개정은 "증거")이란 용어를 상기시켜주는데, 이는 법정의 증언과 법적 의무와 관련이 있는 말이다. 이 언쟁에서 이스라엘이 여호와를 "섬기고…청종하리이다"(24절)라는 마지막 말은 덜 명백하다. 이 말은 여호수아가 22:2에서 이스라엘을 그들의 집으로 돌려보낼 때 사용했던 것이다. 아울러 그 너머에 있는 신명기 13:5의 표현, 곧 이스라엘의 언약의 하나님에 대한 배타적 충성과 관련이 있는 또 하나의 구절로 되돌아간다.

24:25-28 여호수아는 수긍하면서 이제 언약을 맺고 언약 협정의 조건을 기록하고 기념용 돌을 증인으로 세운다. 이는 4장에서 요단의 돌들을 세우고 그 돌을 '증인'(개역개정은 "증거")으로 불렀던 것과 같다(22:28, 34). 이 장면은 대체로 에발산에서 열렸던 이전 행사(8:30-35)로부터 친숙한 편이

지만 한 가지 차이점이 있다. 이번에는 제사가 없다. 세겜은 언약을 맺는 장소인 반면, 실로는 이 순간 회막의 집, 곧 하나님의 백성 가운데서 제사를 지내는 유일한 장소다.

≋≋≋≋ 응답 ≋≋≋≋

저 멀리 이 백성의 시발점으로 되돌아가는 것은 기나긴 서사적 궁형을 제공하는 것 이상의 역할을 한다. 그것은 그들의 뿌리를 위대한 조상인 아브라함 이전에 두고, 아울러 요단보다 더 멀리 떨어진 강 유프라테스 너머에 두고 있다. 그들의 조상들은 참되고 살아계신 하나님이 아닌 '다른' 신들을 예배하던 '이방인'이었다. 이번 장을 관통하는 염려는 이것이 언약을 불이행하는 이스라엘의 입장일지 모른다는 것과 그들 스스로 주님을 섬기는데 헌신하는 일이 거의 불가능한 것으로 드러날 수 있다는 것이다. 그런데도 주님은 은혜롭게 본래 그분을 섬길 능력이 없는 사람들과도 언약을 맺으실 것이다(24-25절). 이 책의 틀 안에서 이것은 9장에 나오는 기브온 주민의 책략에 대해 또 하나의 관점을 제공한다. 뿐만 아니라, 우리는 충성스러운 순종이 백성의 마음속에 뿌리를 박고 영구적이고도 안정적으로 존속하려면 새로운 종류의 언약(렘 31:31-34; 히 8장)이 필요할 것임을 보게 된다.

여기서 그들의 삶에서 하나님의 사역을 인식하고 경험한 사람들을 겨냥한 배타적 섬김의 권면은 하나의 복음 메시지다. 여호수아의 말이 현재 이뤄지는 우상숭배의 행습을 유념하는 한, 이들은 혼합되지 않은 군중이 아니다. 유비가 거슬릴지 몰라도 이 메시지는 순종적으로 사는 이들과 그렇지 못한 이들 모두에게 전파된다. 하지만 일단 하나님의 손길이 그들에게 복과 구원과 보존을 베풀었다는 것을 인정한다면, 그들의 유일하게 적절한 반응은 모든 복의 근원이신 하나님을 섬기는 것이다. 이 대목에서 '섬기다'라는 어휘가 돋보인다는 것은 앞에서 언급한 바 있다. 기독교 시대 이전에 여호수아서를 헬라어로 번역한 사람은 히브리어 아바드를 헬라어로 번

역할 때 동의어를 선택해야 했다. 가장 흔한 동의어는 둘류에인(douleuein)으로 종의 노역과 연관된 단어다. 하지만 아바드는 종종 라트류에인(latreuein)으로도 번역되는데, 여기에 나오는 모든 경우가 그렇다. 이 단어는 '고용되어 일하는 것'에 사용되지만, 중요한 사실은 종교적 섬김에도 사용된다는 것이다. 그래서 종종 "예배"로 번역된다. 예컨대, 성경(개역개정)에서 히브리서 9:9의 "이에 따라 드리는 예물과 제사는 '섬기는 자'[ESV는 "worshiper"(예배하는 자)]를 그 양심상 온전하게 할 수 없나니"와 9:14의 "그리스도의 피가 어찌 너희 양심을 죽은 행실에서 깨끗하게 하고 살아 계신 하나님을 '섬기게' 하지 못하겠느냐?"를 비교해보라. 이 두 구절은 모두 라트류에인을 사용하고 있다. 이것은 예배로서의 섬김이다. 밥 딜런(Bob Dylan)의 대중가요가 표현하듯이, "당신은 누군가를 섬겨야 할 것이다."[136] 이스라엘 앞에 놓인 선택의 대상은 신들이 아니었던 자들(참고. 신 32:17) 아니면 참되고 살아 계신 하나님이다. 현대어로 표현하면, 이는 사탄 또는 하나님으로 요약된다. 이것은 진정 하나의 복음 메시지다.

23장에 나오는 여호수아의 이전 연설은 정체성의 형성과 결단의 촉구에서 기억의 작동에 두드러진 역할을 부여했다. 24장도 마찬가지다. 여기서 과거의 이야기는 현재의 주장에 대한 토대의 역할을 하고, 이는 여호수아가 하나님을 대신해 선지자적으로 말할 때와 백성이 그의 호소에 기꺼이 응답할 때에 일어난다. 하나님께서 그분의 백성의 삶에서 행하신 일에 대한 증언은 계속해서 신실함을 격려하는 데 일정한 역할을 한다.

> 기억은 우리의 눈앞에 우리를 죽음에서 구출하시고 그분의 생명에 참여하게 하신 하나님의 위대한 행위를 두는 긴급한 작용이다. 기억, 곧 과거를 기억하는 일은 우리의 현재와 우리의 미래를 지배한다…우리는 현재 어떻게 행동해야 할까? 우리는 이런 전능한 행위

---

136 "Gotta Serve Somebody," 1979.

여호수아 24:1-28 _ 419

를 있는 그대로 뒤돌아보고, 그 행위들 아래 서고, 그것들을 하나님
의 은혜에 순종하는 구별된 삶에 대한 부름으로 인정하는 자들로서
행동해야 한다.[137]

웹스터(Webster)의 표현대로 "하나님의 은혜에 순종하는 구별된 삶"을 살
라는 여호수아의 호소는 모든 시대에 하나님의 백성에게 쏟아진다. 여호
수아가 앞에서 순종을 권유했던("그러면 이제 너희 중에 있는 이방 신들을 치워 버
리고", 23절) 이 백성에게 지금 요청하는 것은 우리가 늘 깨어있어야 한다는
것을 상기시켜준다. 그렇지 않으면 거짓 신들의 매력에 빠져서 우리의 차
별성이 사라지고 말 것이다.

---

137 John Webster, *Confronted by Grace: Meditations of a Theologian* (Bellingham, WA: Lexham, 2015),
151-152.

²⁹ 이 일 후에 여호와의 종 눈의 아들 여호수아가 백십 세에 죽으매 ³⁰ 그들이 그를 그의 기업의 경내 딤낫 세라에 장사하였으니 딤낫 세라는 에브라임 산지 가아스산 북쪽이었더라

²⁹ After these things Joshua the son of Nun, the servant of the Lord,died, being 110 years old. ³⁰ And they buried him in his own inheritance at Timnath-serah, which is in the hill country of Ephraim, north of the mountain of Gaash.

24장

³¹ 이스라엘이 여호수아가 사는 날 동안과 여호수아 뒤에 생존한 장로들 곧 여호와께서 이스라엘을 위하여 행하신 모든 일을 아는 자들이 사는 날 동안 여호와를 섬겼더라

³¹ Israel served the Lord all the days of Joshua, and all the days of the elders who outlived Joshua and had known all the work that the Lord did for Israel.

³² 또 이스라엘 자손이 애굽에서 가져 온 요셉의 뼈를 세겜에 장사하

였으니 이곳은 야곱이 백 ¹⁾크시타를 주고 세겜의 아버지 하몰의 자손들에게서 산 밭이라 그것이 요셉 자손의 기업이 되었더라

³² As for the bones of Joseph, which the people of Israel brought up from Egypt, they buried them at Shechem, in the piece of land that Jacob bought from the sons of Hamor the father of Shechem for a hundred pieces of money.¹ It became an inheritance of the descendants of Joseph.

³³ 아론의 아들 엘르아살도 죽으매 그들이 그를 그의 아들 비느하스가 에브라임 산지에서 받은 산에 장사하였더라

³³ And Eleazar the son of Aaron died, and they buried him at Gibeah, the town of Phinehas his son, which had been given him in the hill country of Ephraim.

1) 크시타는 옛 무게 단위로서 정확한 중량은 불분명함
1 Hebrew for a hundred qesitah; *a unit of money of unknown value*

≈≈≈≈≈ 단락 개관 ≈≈≈≈≈

창세기는 야곱이 죽은 지(창 49장) 얼마 후에 일어난 요셉의 죽음(50:22-26)으로 끝난다. 신명기는 모세의 죽음으로 끝난다(신 34:1-8). 이와 같이 이 책이 마무리되는 대목도 여호수아의 죽음에 대한, 그와 더불어 여호수아가 가나안으로 인도했던 세대의 장로들과 그 자신이 무대에서 사라질 때 그 민족이 처한 운명에 관한 말이다(29-31절). 이 장면에 두 번의 장사가 더 합쳐져 있는데, 그중 하나는 그 유골이 마침내 최후의 안식처에 도착하는 요셉의 장사다(32절). 마지막으로 언급되는 것은 엘르아살의 장사인데(33절),

그는 모세와 더불어 이스라엘의 리더십을 맡았던 아론이 죽은 후 그를 계승하여 "아론"의 역할을 수행했던 인물이다(사실은 한동안 모세와 나란히 섬겼다, 민 3:32; 33:38-39). 처음에 유다의 명성이 높아진 것을 감안하면, 이 세 명의 위대한 지도자들이 모두 북부를 대표한다는 사실은 주목할 만하다. 요셉(북부 지파인 에브라임과 므낫세의 아버지)은 세겜에 장사된 한편, 여호수아와 엘르아살은 에브라임 영토에 장사되었다. 그래서 13-19장과 사사기의 첫 부분을 살펴보면, 이제 추진력은 유다 지파로 넘어갔으나 마지막에 리더십은 북부 지파에 남은 셈이다. 따라서 이스라엘의 리더십이 북부에서 죽는만큼 이런 언급에는 어떤 상징적 가치가 있을지도 모른다.

≈≈≈≈≈ 단락 개요 ≈≈≈≈≈

III. 약속의 땅에서의 삶(22:1-24:33)

   D. 두 명의 죽음과 세 번의 장사(24:29-33)

      1. 여호수아가 죽어 딤낫 세라에서 장사되고 이스라엘이 충성하다(24:29-31)

      2. 요셉이 세겜에서 장사되다(24:32)

      3. 엘르아살이 죽어 기브아에서 장사되다(24:33)

24장

≈≈≈≈≈ 주석 ≈≈≈≈≈

24:29-31 여호수아는 요셉이 죽을 때와 같은 나이인 110세에 죽음을 맞는다. 여호수아의 기업에 관한 기사로 땅의 분배에 관한 기나긴 묘사는 막을 내린다. 딤낫 세라는 여호수아가 하나님의 손길 아래 경험한 가장 극적인 승리의 장면들 중 하나에서 멀지 않은 곳에 있다(참고. 19:49-50 주석).

31절은 24장의 핵심 단어인 '섬기다'가 마지막으로 사용된 곳이다. 이 진술을 칭찬과 재가로 해석할지, 아니면 명백한 비판은 아닐지라도 불길한 조짐을 함축하는 것으로 해석할지는 알기 어렵다. 앞 대목은 신실한 섬김을 주관심사로 삼았고, 그런 섬김이 신중하게 탐구되고 언약 형식으로 비준되었다. 여호수아와 백성 간의 합의가 당시의 지도자들의 생애 동안 이행되는 것은 여호수아가 백성에게 던진 도전의 능력을 보여준다. 그런데 그런 모습이 이 세대보다 더 지속되지 못할 것이라는 뉘앙스가 있다. 그래서 이 세대를 암묵적으로 비판하는 듯하다(참고. 시 78:5-8).

24:32 요셉의 장사는 그가 죽을 때 이끌어낸 약속, 즉 창세기 50:25에 기록된 대로 그의 뼈를 이집트에서 약속의 땅으로 옮기라는 말을 상기시킨다. 여기에 묘사된 이 서사적 궁형은 창세기 33:19 및 야곱이 세겜에서 땅을 구입한 것까지로 더 멀리 거슬러 올라간다. 이처럼 간략하지만 의도적인 창세기로의 연결은 여호수아서를 그 첫 번째 책과 연결시키는 의미 있는 작업이다. 구성 이론을 제쳐 놓더라도, 이 책이 어째서 오경을 확장해 여섯 권으로 이뤄진 육경(六經)을 만들 수 있는지를 분명히 볼 수 있다.

24:33 끝으로 엘르아살의 죽음과 장사가 기록되어 있다. 여기서 주목할 만한 요소는 그의 장지를 밝히기 위해 비느하스를 거명한 것이다. 비느하스는 22장에서 내전을 일으킬 수 있었던 분쟁을 해결하는 데 큰 역할을 했고, 사사기에 나오는 이스라엘 역사의 훗날의 이야기들과 연결점이 되는 살아있는 인물이다.

≋≋≋≋ 응답 ≋≋≋≋

따라서 마지막까지 이 책은 확신의 징표와 경고의 신호를 담고 있다. 이 주석에서 여러 번 지적했듯이, 여호수아서와 사사기의 지배적인 어조와 궤도가 표면적으로는 그토록 달라 보여도 더 깊은 차원에서는 서로 연결되고 연속성이 있다. 그리고 그런 연결성은 흔히 생각하는 것보다 더 깊이 맺어져 있다. 사사기가 시작될 때는 여호수아의 죽음이 다시 서술되어 독자를 여호수아서로 되돌아가게 한다.[138] 그리고 여호수아서의 이중적 종결은 독자로 하여금 사사기의 이중적 서막으로 향하도록 해준다.

성경의 선물 중 하나는 우리에게 두 책이 다 있다는 것이다. 두 책은 함께 하나님의 이야기와 그 속에서의 이스라엘의 위상에 관한 영속적인 내러티브보다 더 많은 역할을 한다. 다른 책을 의식하면서 한 책을 읽으면 두 책에 대한 이해가 더욱 심화된다. (1) 인간 실패와 불순종의 씨앗이 뿌리를 박고 자람에 따라 사사기의 패배들은 여호수아의 승리들을 제한시킨다. (2) 이와 동시에, 여호수아의 승리들은 사사기의 패배들을 완화시킨다. 하나님의 목적은 궁극적으로 인간의 연약함에 의해 좌절되지 않을 것이기 때문이다.

---

138 이 연결성에 관해 신중하게 탐구한 다음 글을 참고하라. Serge Frolov, "Joshua's Double Demise (Josh. xxiv 28-31; Judg. ii 6-9): Making Sense of a Repetition," VT 58/3 (2008): 315-323.

성경구절 찾아보기

창세기		36:1-11	291	11:7	228	16:35	121
1:28	329	36:40-43	291	12:3	105	17장	117, 125
3:1	204주	37:25	126주	12:8	120	17:3	104
4:10	351	37:26-27	309	12:13	78, 90주	17:8-13	127, 184
4:13-15	347	38장	309	12:14	102	18:5	116
11:27-32	413	44:18-34	309	12:19	192	19장	95
12:2	414	45:25	104	12:23	90주	19:5	24
12:7-8	381	48:14-20	317	12:26	102	19:6	362, 416
13:18	381	49장	422	12:27	90주	19:9	95
17장	117	49:8-12	309	12:33	103, 109	19:10	95
17:8	52	50:22-26	422	12:38	192	19:13	143
18:2	126주	50:23	319	12:41	128	20:5	416
18:33	92	50:25	424	12:44	119주	20:24	382
19:1-26	92			12:48	119주	21:12-14	347
19:14	151	출애굽기		12:49	192	21:14	204
19:27	92, 92주	1장	71	13:5	120	23:21	417
20:8	92주	2장	46	13:5-6	120	24:4	92주, 101
21:14	92주	2:11-15	351	13:14	102	24:13	47
22:3	92주	2:23	351	13:21-22	93	25:4	78
22:9	381	3장	125	14-15장	147	29:42	343
24:1	270	3:2	141	14:14	396	29:45-46	386
24:49	77	3:4	141	14:16	184	32:1	104
24:63	126주	3:5	95, 129,	14:21	184	32:4	104
26:25	381		130	14:24	93	32:7	104
27장	72	3:8	104	14:25	251, 396	32:8	104
28:18	92주, 101	3:15-16	328	14:26-27	184	32:11-14	163
28:22	101	4:5	366	15:3	131, 146	32:12	163
29:25	207	4:24-26	118	15:4	251	32:17	127
31:55	92주	5장	57	15:11	416	32:27-28	31
33:19	424	5:6	57	15:15	74주	32:29	362
33:20	381	6:25	383	15:16	74	33장	49
34장	118	9:13-35	225	15:22-16:36	121	33:1	104
34:14	120	9:19	225	15:27	307주	34:6-7	25
34:25	120	9:25	225	16:3	163	34:8	129
35:7	381	9:26	225	16:4	121	34:10	95
35:14	101	11:3	182	16:22	209	34:14	416

40:36-38	93	14:2	163	32장	58	3:28	50
		14:6-9	321	32:1-32	284	4:1	328
레위기		14:6-10	69	32:2	209	4:19	129
1:3	145	14:7-9	127	32:12	291	4:39	76
3장	191	14:8	80	32:19-32	58	4:42	349
7:11-18	191	14:22	119	32:22	327	4:43	350
17:15	192	14:24	291	32:27	103	5:10	77
18:26	192	14:30	69, 266	32:29	327	5:24-29	108
19:34	192	14:44-45	169	32:33-42	280	5:26	97, 98
25장	143	15:29-30	192	32:39-40	319	6:10-12	321
25:9-10	143	16:3	386	33:38-39	423	6:11	121
25:23	143, 274	16:13	104	33:48-49	68	6:20-25	102주
26:1	101	16:22	384	33:54	290	7장	30, 205,
26:7-8	240	18:21-24	281	34장	303		238
26:8	398	20:25-28	47	34:1-4	303	7:1	98
27:28-29	145, 151	21장	280	34:1-12	49	7:1-5	145
		21:21-24	75	34:6	303	7:2	76, 147,
민수기		21:21-35	262, 413	34:13	290		205
1:32-35	318	21:24	262	34:13-15	290	7:17-26	145
1:33	318	21:25	280	35장	349, 358	7:24	224주
1:35	318	21:33-35	75	35:1	347	7:25-26	167
2:3	309	21:35	280	35:1-8	282, 290	7:26	146, 167,
2:9	309	22-24장	413	35:2	358		168
3-4장	142	22:23	126	35:6	361	8:3	206
3:32	423	22:31	126	35:6-8	358	9:1-3	255
4:5	94	25:1	68	35:9-34	347	10:8	94, 362
4:15	94	25:1-13	383	35:11	349	10:9	358
4:34	209	25:1-18	384	35:12	350	10:12	107
8:19	362	25:3	68	35:13-14	349	10:12-13	380
9:3	120	25:4	230	35:15	350	10:16	123
10:8-10	143주	25:6-12	59	36:1-12	320	10:20	397
10:33-36	94주	25:13	383			11:18-21	102주
11:5	163	26장	320	**신명기**		11:19	101
11:16	57	26:28-37	318	1-3장	76	11:22	380주, 397,
11:18	95	26:34	318	1:7	116		398
11:18-20	163	26:37	318	1:8	116	11:24-25	49
11:28	47, 127	26:52-56	289	1:21	328	11:25	49
11:28-29	26주	26:55-56	290	1:28	163, 255	11:26-32	190
13장	266	26:62	290	1:30	396	11:29	190, 412
13-14장	291	27:1-11	320	1:33	93	12장	382
13:1-2	162	27:12-23	45, 129	1:36	291	12-26장	190
13:1-16	69	27:22	49	2:26-3:11	262	12-31장	208주
13:4-15	101	31장	209	3:11	281	12:4	382
13:28-33	255	31:6	383	3:12-17	262, 263,	12:5	222
13:30	69	31:8	282		280	12:10	58, 366
13:32-14:4	169	31:13	209	3:18-20	58	12:12	358
13:33	255	31:25-27	380	3:22	396	12:13-14	382

13:4	397	33:11	47		395		115, 141, 145, 205
13:4-5	380주	34장	46, 48, 367	1:10-11	56, 69, 93	2:11	73, 76, 80, 98, 163
13:5	417	34:1	68	1:10-18	42, 54-56, 57, 395	2:11-12	152
13:17	168	34:1-8	422	1:11	58, 395	2:11a	76
14:27	358	34:5	46	1:12-15	58, 103, 264, 376, 379	2:11b	76
16:18	57	34:8	68			2:12	73, 77, 81, 207
16:22	101	34:9-12	45	1:12-18	261, 284	2:12-13	72
17:3	129	34:10	47, 108	1:13	58, 191, 255주, 257, 379	2:12-14	77
17:18-20	50, 192, 241	34:10-12	46			2:13	77
18:1	358	**여호수아**		1:13-15	366	2:14	73
18:1-2	282	1장	41, 68, 69, 89, 93, 96, 104, 129, 144, 159, 396, 397	1:14	380	2:15	68, 78
18:15	46, 108			1:15	255주, 257, 379	2:15-21	77, 78
19장	349			1:16-18	56, 59, 380	2:16	78, 79, 395
19:1-13	347			1:17	108	2:17	207
19:2	349	1-12장	20, 28, 41, 42, 265	1:18	50, 59	2:17-20	78
19:4	349			2장	23, 25, 42, 57, 65, 89, 92, 99, 114, 125, 139, 140, 151, 178, 182, 183, 201	2:19	151
19:8-9	349	1:1	45, 46, 253, 263, 348			2:21	68,
19:9	380주					2:21a	79
20장	205	1:1-2	270			2:21b	79
20:5-9	57	1:1-9	42, 43-44, 45, 401			2:22	57, 78, 81
20:10-11	208	1:1-18	23			2:22-24	67, 79
20:15	205	1:2	45, 47, 48, 69, 73, 348	2-6장	159	2:23	79, 140
21:22	229	1:2-4	45	2-11장	395	2:24	73, 79, 130
21:22-23	184, 229	1:2-9	51, 271, 396	2:1	57, 66, 79, 93	3장	90, 96, 101, 105, 108, 144
21:23	230	1:3	45, 48	2:1-24	45, 61-65	3-4장	24, 42, 89, 90, 93, 114, 139, 193, 227, 318, 326, 362, 387, 413
25:19	366	1:3-4	48	2:1a	68		
26:2	20	1:4	45, 49	2:1b	69		
27:1-8	190	1:4-5	49	2:2-7	66, 67, 70, 74, 81, 178, 204		
28:1	193주	1:5	49, 50, 51, 52, 59, 96, 108				
28:7	193주			2:4	68, 70	3-5장	159
28:10	193주			2:4-5	70	3:1	92, 165
30:6	123	1:5-9	45	2:6	68	3:1-6	90
30:19-20	398	1:6	50, 51, 59, 367	2:7	68, 71, 140	3:1-4:24	82-89
30:20	380주, 397	1:6-9	50	2:8	68, 72	3:1-5:15	45
31장	49	1:7	50, 59, 191, 397	2:8-14	72	3:2	57, 92, 93, 105, 395
31:1-8	45	1:7-8	50, 271	2:8-21	66, 67		
31:4	75	1:8	52, 397	2:9	73, 75, 76, 115, 211	3:2-4	93, 105, 120, 142
31:6	49	1:9	50, 51, 58, 59, 179				
31:6-7	50	1:10	57, 93, 192,	2:9-11	72, 210	3:5	24, 95, 96, 101
31:8	49, 179			2:10	73, 74, 75, 76, 98, 109,		
31:9	94					3:6	95, 99
31:23	49, 50						
32:17	419						
32:30	398						
32:39	31, 32, 149						
32:41	149						

3:6a 96	4:10b 109	5:5 117, 118	6:5 142, 144, 146
3:6b 96	4:11 103, 104	5:5-6 117	6:6 142, 143, 144
3:7 47, 90, 96, 104, 108, 148, 253	4:12 58	5:6 117, 119, 120, 367	6:6-7 144
3:7-8 96, 101	4:12-13 103	5:6-7 118	6:7 142, 144
3:7-13 90	4:14 90, 104, 108, 114, 129, 130, 148, 253	5:7 117, 119	6:8 142
3:8 97		5:8 117, 119	6:8-14 144
3:8-13 116	4:15-17 104	5:8-9 116, 119	6:10 144
3:9 97	4:15-18 94, 103, 104	5:9 22주, 117, 118, 120, 326	6:11 24, 144
3:9-13 97, 263	4:15-24 91		6:12 92주, 165
3:10 97, 98, 116, 263	4:16 104	5:10 119, 120, 326	6:13 24, 142
3:11 97, 98	4:17 104	5:10-12 25, 114	6:14 140, 144
3:12 90, 99, 101, 109	4:18 103, 104	5:11-12 121	6:15 165
3:13 98, 98, 99, 100, 255주	4:19 105, 119, 120, 326	5:13 126, 129	6:15-19 143, 143주, 145, 167, 205
3:14 96, 99	4:20-21 106	5:13-14a 125	
3:14-16 99	4:20-24 106	5:13-15 80, 95, 114, 124-125, 141	6:15-21 140
3:14-17 90, 99	4:21-22 106		6:16 145, 145주
3:15a 99	4:21-24 101		6:17 69, 140, 145, 146, 206
3:15b 99	4:22 89	5:13-6:27 42	
3:16 99, 100	4:23 75, 106, 115	5:14 128, 141, 416, 417	6:17-19 167
3:17 90, 100	4:23-24 106	5:14b-15 125	6:18 146
3:17-4:1 89	4:24 107	5:15 24, 126, 129	6:19 146, 148
4장 90, 99, 100, 101, 108, 109, 168, 417	4:24a 114	6장 23, 25, 81, 93, 94, 99, 114, 130, 138, 139, 151, 171, 177, 182, 183, 201, 252, 362, 414	6:20 144
	4:24b 114		6:20-21 146
	5장 106, 108, 114, 140, 189		6:21 147
			6:22 69
4:1 90			6:22-25 140, 147
4:1-13 91	5:1 114, 115, 116, 141, 163, 182, 212		6:23 147, 255주
4:1a 100			6:24 147, 167
4:1b-3 101		6-7장 75	6:25 22주, 69, 147, 171, 206
4:2 90, 101	5:1-12 42, 111-113	6-12장 106	
4:3 101, 255주		6:1 81, 140	6:26 22, 140, 147
4:4-7 101	5:2 117, 118	6:1-27 133-138	
4:4-9 106	5:2-3 116, 117, 119, 120	6:1-12:24 45	6:27 140, 148
4:6-7 106		6:2 131, 141, 179, 183, 144	7장 23, 24, 25, 171, 185, 240, 399
4:7 107	5:2-9 24, 114, 116		
4:8 102, 106, 255주		6:2-14 140	7-8장 159, 201
	5:2-12 114	6:3 140	7:1 161, 164
4:8-9 102	5:3 117	6:3-5 142	7:1-26 79, 153-158
4:9 22주, 102	5:4 117, 118		
4:10 103, 191, 253	5:4-5 118	7:1-8:29 42
	5:4-7 116, 118	6:4 142	7:2-3 69, 161
4:10-11 89, 103			7:2-5 159, 177

7:3	162, 179, 180	8:14	179, 181, 183		209	10:2	220
7:4–5	162	8:16–17	183	9:2	211		203, 223, 241
7:6	93, 209	8:17	181	9:3	205	10:3	223
7:6–9	163	8:18	177, 183	9:3–4	223	10:3–4	223
7:6–15	159	8:19	183	9:3–5	203	10:4	223, 225
7:9	163	8:23	183, 185	9:3–15	201	10:5	230
7:10	164	8:25	180	9:3–27	42	10:6	223
7:10–13	51주	8:26	177	9:4–5	205	10:6–8	223
7:10–15	164	8:27	184	9:5–7	204	10:6–14	24, 231
7:11	164	8:27–29	184	9:6	204, 205, 209, 210	10:6–15	221
7:12	400	8:28	22주, 184	9:7	205, 209	10:7	180주, 224
7:13	95, 164	8:29	22주, 171, 177, 178, 179, 183, 184, 185, 189, 229	9:8	205, 206	10:8	224, 231, 251
7:15	165			9:8–13	75주, 205		
7:16	92주			9:9	211	10:9	224, 251, 254
7:16–18	165			9:9–10	75주, 208, 210		
7:16–25	159					10:9–11	224
7:19	165	8:30–31	381	9:9–13	205	10:10	224, 227
7:20–21	166, 180	8:30–32	191, 381	9:11	210	10:10–11	225
7:21	180	8:30–35	42, 109, 187-188, 189, 203, 410, 412, 417	9:14	206, 209, 210	10:12	23, 225
7:22–25	167					10:12–13	23
7:26	22주, 168, 171, 178, 184			9:14–15	205, 206	10:12–14	225, 343
				9:15	201, 209	10:13	221, 225
		8:31	191	9:16–17	207	10:14	226, 239, 240, 396
8장	159, 161, 171, 189, 227	8:32	191	9:16–27	202		
		8:33	57, 93, 191, 192, 209, 212, 395	9:17	201, 203, 207, 223	10:15	227, 326
8–11장	23					10:16	230, 236
8:1	177, 180주, 181, 183			9:18	208, 209	10:16–21	227
		8:34	191	9:18–21	207	10:16–28	221
8:1–2	51주, 179, 181, 184	8:34–35	191	9:21	207	10:19	227, 231
		8:34–35a	191, 381	9:22–23	207	10:20	227
8:1–29	172-177	8:35	147, 188, 212	9:23	202	10:21	228
8:2	183			9:24	210, 400	10:22–27	50주, 184, 228
8:3	180, 180주, 181	8:35b	192, 193	9:24–25	208		
		9장	162, 188, 189, 213, 214, 418	9:25	210, 211, 212	10:24	228
8:3–9	177, 204			9:26–27	208	10:25	50주, 229
8:4–8	181			9:27	22주, 189, 208주	10:26	230
8:6	181	9–10장	25			10:26–27	229
8:7	181	9–13장	75	10장	247, 396	10:28	230, 235, 236
8:8	181	9:1	114, 116, 188	10–12장	51		
8:9	180, 181			10:1	114, 116, 249	10:29–39	230, 237
8:10	92주, 209	9:1–2	42, 188, 192, 194, 201, 203, 212			10:29–43	42, 220, 232-235
8:10–26	181			10:1–5	203, 212, 221, 222	10:30	238
8:10–29	177					10:32	238
8:11	180주			10:1–15	221	10:33	237, 239
8:12	181	9:1–27	196-200,	10:1–28	42, 215-	10:35	239

10:38	305		292	13:3	273	14:6	106, 291,
10:38-39	228	12장	24, 41, 42,	13:6	266, 273		301, 309,
10:40	240		263주, 281	13:6b	269		326, 329
10:40-43	239	12:1	262, 264	13:6b-7	271	14:6-12	290, 309
10:42	25, 227,	12:1-6	261, 280	13:7	266, 269,	14:6-14	288
	239, 240,	12:1-24	258-260		272, 279,	14:6-15	266, 305
	396	12:2-3	262		284	14:8	293, 329
10:43	326	12:4	262, 281	13:8-13	279, 281	14:9	291, 320
11장	241, 263,	12:4-5	262	13:8-32	261	14:9-12	342
	264	12:5	262, 281	13:8-33	266, 275-	14:12	291, 292,
11:1	114, 116,	12:6	58, 263,		279, 280		329
	249		264	13:9-11	262	14:13	322, 380
11:1-5	203, 212,	12:7	264	13:11	262	14:13-14	292
	221, 247,	12:7-8	263	13:13	22주, 262,	14:13-15	228
	249	12:7-24	261		281	14:14	22주, 291,
11:1-19	42	12:9	181, 263	13:14	279, 281,		293, 349
11:1-23	243-247	12:9-24	23, 263		282, 290,	14:15	255, 288,
11:2-3	250	12:10-16a	263		358		292, 305
11:4	250	12:13	263	13:15-23	279, 282	15장	321, 341
11:5	250	12:14	181, 263	13:21	282	15-17장	340
11:6	256	12:15	263	13:24-28	279, 282	15:1-4	303
11:6-9	247, 251	12:16b-18	263	13:27	282	15:1-12	301, 303,
11:7	180주, 254	12:18	263	13:29	58		308
11:10-13	252	12:19-24a	263	13:29-31	279	15:1-63	295-301
11:10-15	247	12:23	263	13:29-32	283	15:1-17:18	266
11:11	252, 256	13장	264, 265,	13:30	282	15:5	303
11:11-12	252		273	13:32	279	15:5a	303
11:12	253, 256	13-19장	23, 49,	13:33	279, 281,	15:5b-11	303
11:13	252		210, 423		282, 290,	15:8	303, 304,
11:14	253, 400	13-21장	21, 29, 272,		358		308, 310
11:15	253		325, 365,	14-17장	265, 329	15:12	303, 307
11:16	253		376, 399	14-19장	281	15:13	342
11:16-20	241, 248,	13-22장	272주	14-21장	290	15:13-15	304, 305
	253	13:1	270, 288,	14:1	289, 383	15:13-19	301, 304
11:17	254		293, 328,	14:1-5	266, 288,	15:15	228
11:18	254		348, 395		289, 329	15:16-17	304, 305
11:19	256	13:1-7	47, 238,	14:1-15	285-288	15:16-19	23
11:20	241, 256,		266, 268-	14:2	266, 279,	15:17	306
	400		269, 289,		284, 288,	15:18	306
11:20-22	42		365		289, 290,	15:18-19	304, 306,
11:21	256, 327	13:1-19:51	45		302, 328		317, 320
11:21-22	248, 255,	13:1-21:45	265-268,	14:2-5	272주	15:18a	306
	292		270, 288,	14:3	282, 290,	15:19	307, 322
11:22	238, 256		325		328	15:20	307
11:22-23	366	13:1a	269	14:3-4	358	15:20-62	301, 307
11:23	42, 255,	13:2	269, 279	14:4	282	15:21-44	308
	257, 271,	13:2-6a	269, 271	14:5	289, 290	15:45-47	308

15:48-62	308	18:2	325, 328	20:3	348, 349	22-24장	21
15:63	22주, 238, 304, 308, 310, 327	18:3	329, 395	20:5	348, 349	22:1	368, 377
		18:3-7	325, 328	20:7	350	22:1-6	379
		18:6	329, 330	20:7-8	347, 348, 349	22:1-8	376, 377
		18:7	58, 282, 329, 358			22:1-34	369-376
16-17장	341			20:8	350	22:1-24:33	45, 368
16:1	265	18:8	325, 329, 330	20:9	347, 348, 349, 350	22:2	23, 417
16:1-3	317, 318, 319					22:2-3	377, 380
16:1-17:18	311-316	18:8-10	329	21장	265, 288, 290, 360	22:2-5	23
16:4	265, 318	18:9	329			22:3	22주
16:5-6a	319	18:9-10	325	21:1	383	22:4	58, 255주, 257, 377, 380
16:5-9	319	18:10	329, 330	21:1-2	359		
16:5-10	317	18:11-20	341	21:1-3	358, 359		
16:6b-7	319	18:11-28	340, 341	21:1-42	352-357	22:5	23, 377, 380, 410
16:8a	319	18:1-19:48	266	21:2	359		
16:8b-9	319	18:11-19:51	332-340	21:3	343	22:6	377
16:10	22주, 319, 320	18:12-19	303	21:4	360	22:7	377, 380, 383, 386
		18:14	342	21:4-7	358, 359		
17:1-2	319	18:16	304	21:5	360	22:7-8	377, 380
17:1-13	317	18:21-28	341	21:6-7	360	22:8	23, 377, 381
17:3-6	304, 317, 319, 320	19장	288	21:8	343, 358		
		19:1-9	340	21:8-40	360	22:9	377, 381, 382, 383, 384
17:4	320, 329, 359, 383	19:1-39	342	21:9	360		
		19:9	342	21:9-40	358		
17:5	320	19:10-16	340	21:13	361	22:9-12	377, 378, 381
17:7-13	320	19:17-23	340	21:13-16	360		
17:7a	320	19:24-31	340	21:19	94	22:9-34	378
17:7b-10	320	19:32-39	340	21:21	360, 361	22:10	381, 382, 383
17:11	320	19:40-48	340, 342	21:27	361		
17:12	320	19:47a	342	21:32	360, 361	22:11	381, 382, 383
17:13	320	19:47b	342	21:36	361		
17:14	321, 322, 330	19:49	343	21:38	361	22:12	381, 382, 383, 412
		19:49-50	266, 288, 342, 424	21:41-42	358, 361		
17:14-18	317, 321, 322	19:50	330, 343	21:43	365	22:13-14	383
		19:51	266, 327, 330, 343, 344, 359, 383	21:43-44	366	22:13-20	377, 378
17:15	321			21:43-45	25, 266, 364, 399	22:15-20	384, 385
17:16	321			21:44	58주, 224, 255주, 365, 366, 376	22:16	381, 384
17:17-18	321					22:16-20	384
18장	34					22:17-18	384
18-19장	265, 290	20장	265, 288	21:45	366, 399	22:18	22주, 58주, 381, 384
18:1	21, 109, 325, 326, 329, 343, 344, 382, 412	20-21장	23, 265, 282	22장	21, 23, 58, 59, 264, 284, 368, 376, 387, 410, 417, 424	22:19	384
		20:1	348			22:20	161, 255, 384, 386, 387
		20:1-6	47, 347				
		20:1-9	345-346				
18:1-10	266, 323-325	20:1-21:42	266			22:21-29	377, 378, 385
		20:2-6	348				

22:22	385		397	24:16-18	415	7:9-14	130
22:22a	379	23:10	396	24:16-24	410	8:28	255주
22:22b-23	379	23:11-13	394, 398	24:18	411, 415	11:30-31	310
22:23	381	23:11-16	393	24:19	25, 411	11:34-40	310
22:24-25	379, 385	23:13	396, 399	24:19-20	416	13:19-20	381
22:25	386	23:14	25, 394,	24:20	411, 417	17-18장	368
22:26-27	379, 385		399	24:21	132, 411	17:1-4	168
22:27	386, 411	23:15	400	24:21-24	415, 417	18:1	342
22:28	379, 385,	23:15-16	394, 399	24:22	410, 411,	18:7	255주
	417	23:16	397, 400,		417	18:7-10	342
22:29	379, 381,		411	24:23	415, 420	18:31	383
	385	24장	189, 274,	24:24	411, 417	19-21장	368
22:30	209주		368, 396,	24:24-25	418	20:28	388
22:30-31	377, 378,		398, 410,	24:25-27	410	21:11	241
	386, 387		419, 424	24:25-28	417		
22:31	386	24:1	57, 368,	24:27	410	**사무엘상**	
22:32	381, 386		383, 395,	24:28	410	1:3	128
22:32-33	377		412	24:29	46	4장	96
22:32-34	378, 386	24:1-13	410	24:29-31	422, 424	4:4	128
22:33	386	24:1-28	404-409	24:29-33	410, 421-	10:20-21	165
22:34	386, 410,	24:2	410, 411,		422	11:14-15	106
	417		413, 414	24:31	399, 411,	12:13-15	241
23장	368, 381,	24:2-13	23		424	13:14	309
	409, 410,	24:2-15	23	24:32	422, 424	13:19-21	321
	412, 419	24:2a	412	24:33	422, 424	14:41-42	165
23-24장	21, 25, 368,	24:2b-13	412			15장	170, 241
	389	24:3-4	413	**사사기**		15:3	170
23:1	58주, 255주,	24:4	414	1:5-7	186, 223	15:8-9	170
	270	24:5	413	1:6-7	249	15:21	106
23:1-2a	395	24:6	414	1:10-15	304	15:33	106
23:1-16	23, 390-	24:6-10	413	1:15	307주	17:6	183주
	393, 396	24:6-13	414	1:29	239	17:20	92주
23:2	57, 270,	24:7	414	2:1	106	17:26	97, 98
	368	24:8	400, 413,	2:3	398	17:36	97, 98
23:2-10	393		414	2:8	46	17:45	183주
23:2b-5	394, 396,	24:11	99, 413,	2:12	328	19:17	207
	397		414	3:7-11	304	21-22장	213
23:3	396	24:11-13	413	3:9-10	306	24:8	129
23:5	396	24:13	25, 121,	3:11	255주	30:14	292
23:6	397		413, 414	3:30	255주		
23:6-7	397	24:14	411	4:2	249	**사무엘하**	
23:6-8	394, 396	24:14-15	343, 410,	4:17-22	72	1:18	226
23:7	397, 400,		414	5:24	72	5:6-10	308
	411	24:15	411, 415	5:31	255주	5:22-25	181
23:8	22주, 398	24:15a	415	6:12	141	6:2	128
23:9	22주, 224	24:15b	415	6:14	141	6:7-8	105
23:9-10	25, 394	24:16	411, 415	6:24	381	7:1	366

11:27	72	7:14–15	319	18:13–14	225	146:3–6	51
14:4	129	7:25–27	415	18:25	152	148:2	129
14:22	129	15:2	142	18:38	229주		
18:17	184	16:4–6	142	24:1	274	**잠언**	
21:1–14	213	16:39	213	26:6	143	1:4	204
24:1	169, 307	21:16	127	36편	46	3:3	77
		21:29	213	42:2	97, 98	7:10–20	70
열왕기상		21:30	127	44편	385	8:5	204
1:1	270-271	22:9	366	44:21	385	8:12	204
3:1	319	22:13	229	46:9	251	18:9	328
3:4	213	22:18	58주, 328	50:1	385	23:27–28	70
3:4–15	213	23:4	57	50:5–15	385	24:10	328
4:19	283	26:29	57	50:12	274	31:10–31	310
8장	34	28:20	50주, 229	66:2–3	165	31:16	310
8:23	76			71:18	293		
8:66	380	**역대하**		72:1–4	241	**이사야**	
9장	380	1:3	46	73:18	169	19:19	101
9:16	239, 319	19:11	57	73:21–22	169	30:30–31	225
14:23	101	24:6	46	76:6	257	33:22	241
16:34	140	32:7–8	229	76:8	257	36:18	307
21:25	307	34:13	57	76:9	257	37:4	97, 98
22장	72			76:12	257, 274	37:17	97, 98
22:22	72	**느헤미야**		77:19–20	74	42:12–13	166
22:23	72	1:9	208주	78:1–8	101	42:19	46
		9장	122	78:5–8	424	49:7	150
열왕기하		9:22	283	78:58–61	388	52:13–53:12	150
5:20–23	166	9:23–25	122	78:60	327	54:17	46주
9:7	46주	9:26	123	81:1	145		
10:23	46주			81:3	145	**예레미야**	
17:10	101	**에스더**		84:2	97, 98	4:4	123
18:12	46, 119	9:2	224주	85편	32	6:23	183주
19:4	97, 98			85:9	32	7:1–15	34
19:16	97, 98	**욥기**		97:5	98	7:12	327, 383
22:10–11	195	5:12	204주	98:6	145, 145주	10:10	97
23:4–5	129	15:5	204주	103편	32	19:13	129
23:26	168	28:23–24	386주	105편	168	23:5–6	241
		36:16	307	106편	168	23:36	97
역대상		38:22–23	225	106:40	161	31:31–34	418
1:26	413	39:23	183주	110:1	229주	42:18	120
2:42–50	305	41:21	183주	113:1	46주	43:7	119
4:15	305			134:1	46주	44:23	119
6장	361	**시편**		135:1	46주	50:42	183주
6:39–41	360	2편	24, 75,	135:9	74		
6:42–44	360		122, 194,	135:11	283	**예레미야애가**	
6:54–81	358		221, 257	136편	77	3:22–32	77
6:61	360	2:10–13	147	136:19–20	283	3:61	120
6:64	343	18편	46	146:3	210		

에스겔
18:23   214
18:32   28, 214
20장   413
21장   149
33:11   214
34:14   242
34:24   242
47:13-20   49
47:22   193
48:35   34

다니엘
5:18-19   32
8:3   126주
10:5   126주

호세아
1:10   97
5:8   145
9:15   106
10:1-2   101

요엘
2:1   145

아모스
4:4   106
9:7   274

미가
4:13   98
6:5   106

나훔
3:4   70

하박국
3:11   226

스가랴
1:18   126주
2:1   126주
4:14   98
5:1   126주
5:9   126주
6:1   126주

6:5   98

말라기
4:6   145

마태복음
1:5   27
5:11-12   150
7:13-14   231
15:21-28   27주
22:44   229주

마가복음
8:34-38   150
9:38-40   26주

누가복음
8:18   195
11:47-52   122

요한복음
3:10
5:14   169
6:30-34   121
6:66-69   108

사도행전
1:8   221
1:12   94주
5장   28, 170
7장   413
7:45   27
8:1-4   221
13:22   309

로마서
1:26   170
2:3-5   170
2:28-29   123
8:32   33
11:20-21   403
11:22   33
13:1-4   150

고린도후서
3:15-16   195

갈라디아서
3:1   169

에베소서
2:12   195
2:13-18   274
2:17   195
2:20   194
3:2-6   195

빌립보서
2:8-10   231
3:11   294
3:13-14   402
3:14   293

골로새서
1:19-20   150

디모데전서
1:16   170

디모데후서
4:7   293

히브리서
1:1-2   109
1:13   229주
3:2   58
3:3   58
3:5   58
3:16   58
4장   34
4:6   185
4:8   27, 58, 109, 257
4:11   185
5:4   58
8장   418
9:9   419
9:14   419
10:31   230
10:32-36   150
10:32-39   274
11:1   149
11:4   351
11:16   34

11:30   149, 151
11:31   27, 70, 151
12:12   274
12:24   351
13:5   53

야고보서
2:13   152
2:25   27, 70, 81

베드로전서
2:5   194
2:9   362

베드로후서
1:3-5   331
1:10   331
3:9   214
3:14-15   170

요한일서
1:8   417

요한계시록
2:5   403
2:16   403
2:20-23   169
3:3   403
3:17   403
3:19   403
7:9   195, 274
7:15-17   242
13:10   274
14:12   274
17:14   131
19:11-16   131
21:3   52
21:22   52

국제제자훈련원은 건강한 교회를 꿈꾸는 목회의 동반자로서 제자 삼는 사역을 중심으로
성경적 목회 모델을 제시함으로 세계 교회를 섬기는 전문 사역 기관입니다.

ESV 성경 해설 주석

여호수아

초판 1쇄 인쇄 2023년 11월 2일
초판 1쇄 발행 2023년 11월 15일

지은이 데이비드 라이머
옮긴이 홍병룡

펴낸이 오정현
펴낸곳 국제제자훈련원
등록번호 제2013-000170호(2013년 9월 25일)
주소 서울시 서초구 효령로68길 98(서초동)
전화 02) 3489-4300 **팩스** 02) 3489-4329
이메일 dmipress@sarang.org

ISBN 978-89-5731-883-6 94230

　　　978-89-5731-825-6 94230(세트)

※ 책값은 뒤표지에 있습니다. 잘못된 책은 구입하신 곳에서 교환해드립니다.